全国财经专业（新课程标准）精品教材

管理学基础
GUANLIXUE JICHU

主　编　姚锋敏　王鹏程　韩宇峥
副主编　晁伟鹏　张小军　田　坤　冯　娇

浙江工商大学出版社
ZHEJIANG GONGSHANG UNIVERSITY PRESS

图书在版编目(CIP)数据

管理学基础 / 姚锋敏,王鹏程,韩宇峥主编. — 杭
州 : 浙江工商大学出版社,2016.3

ISBN 978-7-5178-1471-9

Ⅰ. ①管… Ⅱ. ①姚… ②王… ③韩… Ⅲ. ①管理学
– 教材 Ⅳ. ①C93

中国版本图书馆 CIP 数据核字(2015)第 309881 号

管理学基础

主　　编	姚锋敏　王鹏程　韩宇峥	

责任编辑	李相玲　姚　媛
封面设计	宣是设计
责任印制	包建辉
出版发行	浙江工商大学出版社
	(杭州市教工路 198 号　邮政编码 310012)
	(E-mail:zjgsupress@163.com)
	(网址:http://www.zjgsupress.com)
	电话:0571-88904980,88831806(传真)
排　　版	奥创工作室
印　　刷	北京文良精锐印刷有限公司
开　　本	787mm×1092mm　1/16
印　　张	18.25
字　　数	468 千
版 印 次	2016 年 3 月第 1 版　2016 年 3 月第 1 次印刷
书　　号	ISBN 978-7-5178-1471-9
定　　价	39.00 元

前　言

　　本教材由从事管理教学的一线教师结合多年的教学经验和管理实践,参考大量的书籍和资料,结合现代管理的先进理念编写而成。本教材尽量贴近行业和企业的要求编写,符合当前课程和教材改革的潮流。

　　本教材具有以下特点:

　　1.内容新颖。每个模块均设计学习目标(知识点和技能点),从管理聚焦入手,理论知识部分穿插知识链接、阅读资料,每个模块结束后都设有知识小结、技能练习(包括判断题、单项选择题、多项选择题、简答题和论述题、案例分析、实训活动等)。这样既可以提高学生的学习兴趣,又做到理论与实践的有机融合,体现了本教材的方向。

　　2.注意吸收国内外管理理论和实践研究的新成果,突出案例,注重应用,做到由浅入深、循序渐进。

　　3.本教材既重视提高学生的管理理论水平,又注重培养学生从事管理工作的技能。注重学生岗位技能的训练,有较强的针对性。

　　4.结构合理。本教材在总体布局上分为"基础篇""职能篇"两大部分。"基础篇"主要介绍管理学的基础知识和管理思想的演进;"职能篇"主要介绍管理的基本职能,即计划管理、组织管理、领导管理、控制管理和创新管理,这部分是本书的重点和主体部分。本教材体系完整,逻辑性强,便于学生学习。

　　本书在编写过程中,参考了国内外几十位专家、学者的著作及相关文献资料,在此对他们表示由衷的感谢。由于编写人员水平所限,加之时间仓促,书中错漏之处在所难免,敬请广大专家、学者、读者批评指正。

编　者

目 录
Contents

基础篇

模块 一 管理学基础知识

学习目标

★知识点

(1)了解管理环境、管理对象。

(2)理解管理方法、管理特征、管理学。

(3)掌握管理的概念、管理职能、管理性质、管理者的技能、管理者的素质。

★技能点

(1)培养对管理的艺术性和技能性的感悟。

(2)初步具备开展管理工作的能力。

(3)具备能够运用管理知识解决实际问题的能力。

关键概念

管理　管理者　管理职能　管理学

管理聚焦

丁渭的"一举三得"重建皇宫

北宋宋真宗时期,皇城失火,皇宫被焚,宋真宗命丁渭重修皇宫。这是一个复杂的工程,不仅要设计施工,运输材料,还要清理废墟,任务十分艰巨。丁渭首先在皇宫前开沟渠,然后利用开沟取出的土烧砖,再把京城附近的汴水引入沟中,使船只运送建筑材料直达工地。工程完工后,又将废弃物填入沟中,复原大街,这就很好地解决了取土烧砖、材料运输、清理废墟三个难题,"一举三得",使工程如期完成。工程建设的过程,同现代系统管理思想何其吻合。丁渭主持的皇宫修建工程体现了中国古人高超智能的管理实践。

任务一 管理概述

一、管理的含义

管理是人类最基本的社会实践活动之一，广泛存在于社会生活的各个领域，任何组织都离不开管理，可以说大到国家、军队，小到企业、医院、学校家庭等。凡是一个由两人以上组成的，有一定活动目标的集体都离不开管理。管理是一切有组织的活动中必不可少的组成部分。

(一)管理学者对管理的定义

不同时期，中外管理学者从不同的角度给予管理不同的解释，以下是具有代表性的几种观点，它们从某个侧面反映了管理的内涵。

1911年，科学管理之父泰勒认为："管理就是确切地知道你要别人去干什么，并使他们用最好、最经济的方法去干。"

1916年，法国管理学家亨利·法约尔认为："管理是指计划、组织、指挥、协调和控制。"

小詹姆斯·H.唐纳利认为："管理就是由一个或更多的人来协调他人的活动，以便收到个人单独活动不能收到的效果而进行的活动。"

哈罗德·孔茨认为："管理就是设计并保持一种良好环境，使人在群体里高效率地完成既定目标的工程。"

斯蒂芬·P.罗宾斯认为："管理是指同别人一起，或通过别人使活动完成得更有效的过程。"

赫伯特·A.西蒙认为："管理就是决策。"

国内学者杨士文认为："管理就是在一定组织中的管理者，通过实施计划、组织、领导、控制等职能来协调他人的活动，使别人同自己一起实现既定目标的活动过程。"

徐国华等认为："管理就是通过计划、组织、控制、激励和领导等环节来协调人力、物力和财力资源，以期更好地达成组织目标的过程。"

周三多等认为："管理是指组织为了达到个人无法实现的目标，通过各种职能活动，合理分配、协调相关资源的过程。"

(二)管理的定义

综合以上各家之说，可知，管理是指管理者为了实现一定的目标，在一定的环境条件下，通过实施计划、组织、领导、控制和创新等职能，以人为中心来协调各种资源，以便有效地实现个人无法实现的组织目标的过程。

管理的定义可以从以下几个方面加以理解。

(1)管理的本质是合理分配和协调各种资源的过程。这个过程由计划、组织、领导、控制和创新构成,并最终要落在计划、组织、领导、控制和创新等一系列管理职能上,在组织中循环往复。

(2)管理的目的是实现既定的目标。世界上既不存在无目标的管理,也不可能实现无管理的目标。管理活动的最主要目的就是要实现仅凭个人的力量无法实现的组织目标。一个组织在一段时间内要实现的目标往往是多样的,比如,一个组织,不仅要满足社会的要求,提高资源的利用率,实现最大的效益,还要创造条件促进员工的发展。

(3)管理的对象是相关资源,包括人力资源在内的一切可以利用的资源。可以利用的资源通常包括原材料、人员、资本、土地、设备、顾客和信息等。在这些资源中,人员是最重要的。在任何类型的组织中,都同时存在人与人、人与物的关系。但人与物的关系最终还是表现在人与人的关系,任何资源的分配、协调实际上都是以人为中心。所以,管理应以人为中心。

(4)管理的载体是组织。组织包括企事业单位、国家机关、政治党派、社会团体以及宗教组织等。管理不能脱离组织而存在,同样,组织中必定存在管理。

(5)管理的职能是计划、组织、领导、控制和创新。所谓职能是指人、事物或机构应有的作用。每个管理者工作时都是在执行这些职能中的一个或几个。

二、管理的性质

管理具有两重性。这是由生产过程本身的两重性决定的。由于生产过程是由生产力和生产关系组成的统一体,也就决定了管理具有组织生产力和协调生产关系两重功能,从而使管理具有两重性。

管理的两重性,一方面是指管理是人类共同劳动的产物,具有同生产力和社会化大生产相联系的自然属性;另一方面是指管理同生产关系、社会制度相联系,具有社会属性。

(一)管理的自然属性

管理的自然属性也称管理的生产力属性或一般性,与生产力和社会化大生产相联系。在管理过程中,为了有效实现目标,应将人、财、物等资源合理配置,对供、产、销以及其他职能活动进行协调,以实现生产力的科学组合。这种组织生产力的管理功能,是由生产力引起的,反映了人与自然的关系,故称为管理的自然属性。社会化大生产中的协作活动需要管理,与具体的生产方式和特定的社会制度无关,是一种客观存在。

(二)管理的社会属性

管理的社会属性也称管理的生产关系属性或管理的特殊属性,与生产关系和社会制度相联系。在管理的过程中,为维持生产资料所有者利益,需要调整人们之间的利益分配,协调人与人之间的关系。这种调整生产关系的管理功能,反映的是生产关系与社会制度的性质,故称管理的社会属性。管理是为统治阶级服务的,受一定生产关系、政治制度和意识形态的影响和制约。

三、管理的特征

1. 管理的核心是处理好各种人际关系

在管理过程中的各个环节都必须与人打交道,只有妥善地处理好各种人际关系,才能更好地使别人与自己一道去实现管理目标。

2. 动态性

环境最大的特征是不确定性,其原因就在于环境是不断变化的。不仅组织的外部环境是不断变化的,而且组织的内部环境也是不断变化的,尤其以构成组织的人员的变化最为明显。这种环境的不稳定性就决定了管理必须是动态的,而不是静态的。

3. 创造性

美国资深记者斯图尔特·克雷纳说:"管理只有恒久的问题,没有终结的答案。"在以不确定性为主要特征的组织环境中,管理者面对的可能永远都是新问题、新现象,甚至管理者所熟知的下属也在天天成长,不断变化。因此,在决策原则上没有现成的先例可循,管理者只有根据不断变化的环境,创造性地做出决策,才能有效地进行管理。

4. 科学性与艺术性

管理既是一门科学,又是一门艺术,它是科学性和艺术性的统一。

管理的科学性是指管理作为一个活动过程,其间存在着一系列基本客观规律。管理是一门科学,它以反映管理客观规律的管理理论和方法为指导,有一套分析问题、解决问题的科学的方法论。

管理的艺术性就是强调管理的实践性,没有实践就无所谓艺术。管理的艺术性除了要掌握一定的理论和方法外,还要掌握灵活运用这些知识和技巧的技能与诀窍。

管理的科学性和艺术性是相辅相成的,而不是相互排斥的。

5. 管理的载体是组织

管理活动存在于组织活动中,或者说管理的载体是组织。社会生活中各种组织的具体形式虽因其社会功能的不同而存在差异,但构成组织的基本要素是相同的。一个组织的建立,既要具备基本的内部要素,又要受外部环境的影响和制约。

四、管理的职能

管理的职能是指管理者为了进行有效的管理所必须具备的功能,即管理者在执行其职务时应该做些什么。

最早对管理的具体职能加以概括和系统论述的是亨利·法约尔。他在 1916 年出版的《工业管理与一般管理》一书中指出,管理就是实行计划、组织、指挥、协调和控制。法约尔对管理职能的论述形成了自己的学派,被称为"五功能学派"。后来许多管理学者对管理职能又从不同的角度用不同的语句进行了阐述,出现了不同的学派。但从总体上看,只是繁简不同,表述不一,并没有实质性的差异。最常见的管理职能的提法是计划、组织、领导和控制。

随着管理理论的不断发展,对管理职能的认识也有所发展。目前,较为认可的管理职能包括计划、组织、领导、控制和创新五种。这五种职能是一切管理活动最基本的职能。

(一)计划职能

计划是对未来活动的预先筹划和安排。人们在从事一项活动之前一般首先要制订计划,这是进行管理的前提。

计划职能是决策的具体化。在决策目标方案既定的前提下,还要详细分析为了实现该目标需要采取哪些具体的行动,这些行动对组织的各个部门和环节在未来各个时期的工作提出了哪些具体的要求。因此,编制行动计划的工作实质上是将决策目标在时间和空间上分解到组织的各个部门和环节,对每个单位、每个成员的工作提出具体要求。

(二)组织职能

为保证计划的顺利实现,管理者要根据计划对组织活动中的各种要素和人们在工作中的分工合作关系进行合理的安排,这就是管理的组织职能。组织职能有两层含义:一是进行组织结构的设计、构建和调整;二是为了达到计划目标所进行的必要的组织过程。

(三)领导职能

组织中最重要的资源是人,管理者的任务是不仅要设计合理的组织,把每个成员安排在适当的岗位上;而且更主要的任务是指导和协调组织成员,调动其工作积极性,发挥其主观能动性,努力使每位员工以高昂的士气、饱满的热情投身到组织活动中去。所谓领导是指管理者利用组织赋予的权力和自身的能力去指挥和影响下属为实现组织目标而努力工作的一种具有很强艺术性的管理活动过程。为了使领导工作卓有成效,管理者必须了解个人和组织行为动态特征、激励员工的方法并进行有效的沟通。

(四)控制职能

控制是指为了确保组织目标能够顺利实现而制订的行动方案。在方案计划的实施过程中,根据反馈的信息将计划实施结果与计划目标进行对比分析,发现或预见到偏差,及时采取措施予以纠正或修改目标的管理活动。控制职能与计划职能具有十分密切的关系,计划是控制的标准和前提,控制的目的是为了计划的实现。

(五)创新职能

创新是一项重要的管理职能,在科技迅猛发展、环境瞬息万变的社会里,任何因循守旧、墨守成规、缺乏创新的组织都将在激烈的竞争中被淘汰出局。经济学家约瑟夫·熊彼特认为,资本主义的发展主要依赖组织家的创新活动这一"内在因素"。这种创新包括引进新产品、采用新技术、开辟新市场、发掘原材料新来源等技术创新及改进组织等制度创新。现代社会创新的内容更加广泛,除了技术创新与制度创新以外,还包括产品创新、观念创新、管理创新、文化创新等内容。

以上五项管理职能在管理实践中不是互相独立的,而是相互联系、相互制约、相互渗透的一个统一体,是一个完整的管理活动所包含的各项工作内容。作为一个管理者不能机械地按照这五项职能来依次从事管理工作,卓越的管理是这五项职能在运作上的高度契合,成功的管理者应该用联系的、发展的、辩证的眼光看待这些职能。五项管理职能的关系如图1-1所示。

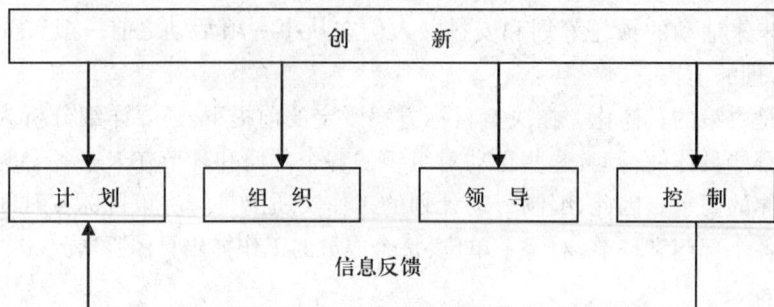

图1-1 管理职能的关系

五、管理方法

管理的方法是指为保证管理活动顺利进行,实现管理目标,在管理过程中管理主体对管理客体进行有目的运作的方式、手段、办法、措施、途径的总和。具体包括行政方法、法律方法、经济方法和思想教育方法四种类型。

(一)行政方法

行政方法是指依靠行政组织的权威,运用命令、规定、指示、条例等行政手段,按照组织行政系统以权威和服从为前提,直接指挥下属工作。行政方法的实质是通过行政机构中的职务和职位来进行管理。

行政命令方法的运用有以下几个要点。

(1)命令必须建立在符合客观规律的基础上,符合被管理者的根本利益和实际情况,按客观规律办事。

(2)组织机构的建立必须贯彻精简、统一、高效、服务的原则,做到以任务为中心,因任务设机构,因机构定职务,因职务择人。

(3)突出目标导向,努力协调管理者与被管理者的目标,使其在最大程度上保持一致。

(4)与其他方法结合使用,并尽量减少其使用频率。因为这种方法有横向协调、沟通困难,被管理者主动性、创造性受到限制,容易使人产生"人治"印象等弊端。

(二)法律方法

法律方法是指通过法律、法令、条例和司法、仲裁工作,调整社会经济总体活动和相应的各种关系,以保证和促进社会发展的管理方法。它既包括国家正式颁布的法律,也包括各级机构和各个管理系统制定的具有法律效力的规范。

法律方法的运用要求必须有有效的法律机构和配套措施来保证其科学实施,并且要在全社会以及组织系统中进行必要的法律、法规宣传教育,以强化法治意识,树立法律的权威性。法律方法的作用取决于社会对法律的认识和接受程度,取决于公民的法律意识和执法机关的公平执法水平。

(三)经济方法

经济方法是指根据客观经济规律,运用各种经济手段,调节各种不同经济利益之间的关系,以提高组织的经济效益与社会效益的方法。

在市场经济条件下,经济方法是各类组织的管理活动中极其重要的管理方法。由于经济方法的具体形式与内容相当丰富,适用范围十分广泛,因而,在具体运用时必须以遵循经济规律为前提,正确处理好各方面的经济利益关系,综合协调运用。

(四)思想教育方法

思想教育方法就是通过教育向组织成员宣传组织认可的价值观念、行为准则等,促进组织成员的思想观念、行为方式向组织所期望的方向转化,从而有利于组织目标实现的方法。

思想教育方法要与行政方法、法律方法、经济方法等结合使用。其具体运用要做到理论联系实际,坚持批评与表扬相结合,与解决实际问题相结合,遵循民主平等原则,突出思想教育与道德教育。

任务二　管理的主体与客体

一、管理主体——管理者

(一)管理主体的概念

管理活动的主体是人,从管理目标的制定到管理活动的实施,再到管理活动的控制,到最终管理目标的实现,都离不开人这个管理活动的主体。所有管理活动都是由管理者来组织的,离开了管理者,管理的职能就无法实现,所以管理者在管理活动中有着重要的地位,发挥着重要的作用。

管理主体即管理者,是由组织任命的,具有组织赋予的权力,并运用这一权力履行其管理职能,实现组织目标的人。

(二)管理主体的分类

1. 按管理者所处的管理层次划分

管理者按其所处的管理层次的不同,可以分为高层管理者、中层管理者和基层管理者。如图1-2所示。

(1)高层管理者。高层管理者是指处于一个组织中最高领导层,对整个组织的管理全面负责的人。他们拥有组织最高的管理权力。

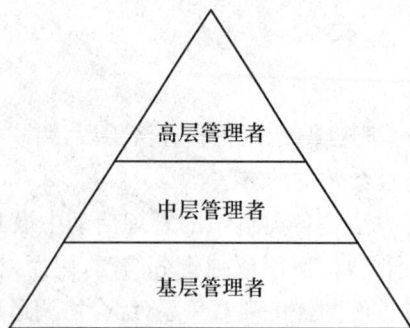

图 1-2　管理者的分类

高层管理者的主要职能是制定组织的总目标、总战略,负责组织的总体决策,他们侧重组织的长远发展和组织重大决策的制定,通常以组织代表人的身份与外界进行接触。高层管理者主要执行的是战略性管理。

(2)中层管理者。中层管理者是处于高层管理者与基层管理者之间的一部分管理者,他们是高层管理者决策的执行者。中层管理者的主要职能是贯彻、执行高层管理者的决策任务,负责制订完成任务的具体计划并执行,同时就计划的完成情况向高层管理者进行汇报。中层管理者主要执行的是战术性管理。

(3)基层管理者。基层管理者是处于组织最低层次的管理者,他们处于生产经营的第一线。基层管理者的主要职能是负责在基层层面对组织的决策进行落实,他们主要负责现场作业的制定、现场工作的指挥和监督。基层管理者主要执行的是作业性管理。

2. 按管理者所从事的工作领域不同划分

管理者按其所从事的工作领域不同,可分为综合管理者和专业管理者。

(1)综合管理者。综合管理者是在组织中全面负责管理活动的管理人员,他们管理的内容涉及整个组织及组织的多重方面,对组织目标的实现负有全面责任。

(2)专业管理者。由于管理者所擅长的专业领域不同,根据不同的需要,只负责组织中某一个方面管理的人员称为专业管理者。如生产部门管理人员、营销部门管理人员、人事部门管理人员、财务部门管理人员、研究部门管理人员等。这一类管理者只负责组织中某一个职能或专业领域的某方面目标的实现,只在其专业领域内实行职权。

3. 按职权关系的性质划分

管理者按职权关系的性质,可以分为直线管理人员和参谋人员。

(1)直线管理人员。直线管理人员是指有权对下级进行直接指挥的管理者。他们与下级之间存在着领导隶属关系,是一种命令与服从的职权关系。直线管理人员的主要职能是决策和指挥。直线管理人员主要是指组织等级链中各级主管,即综合管理者。

(2)参谋人员。参谋人员是指对上级提供咨询、建议,对下级进行专业指导的管理者。他们与上级的关系是一种参谋、顾问与主管领导的关系,与下级是一种非领导隶属的专业指导关系。他们的主要职能是咨询、建议和指导。参谋人员通常是指各级职能管理者。

(三)管理者的角色

"管理者的角色"这一概念,最早是由美国管理学家彼得·F.德鲁克在1955年提出。所谓管理者的角色是指特定的管理行为类型。20世纪60年代末,亨利·明茨伯格认为,管理者做什么可以通过考察管理者在工作中所扮演的角色来恰当地描述。他对管理者所从事的工作进行了仔细的研究,提出了一个管理者在做什么的分类框架。他得出的结论是:管理者实际上在三个方面扮演着10种不同但高度相关的角色。创建了管理者角色理论,如图1-3所示。

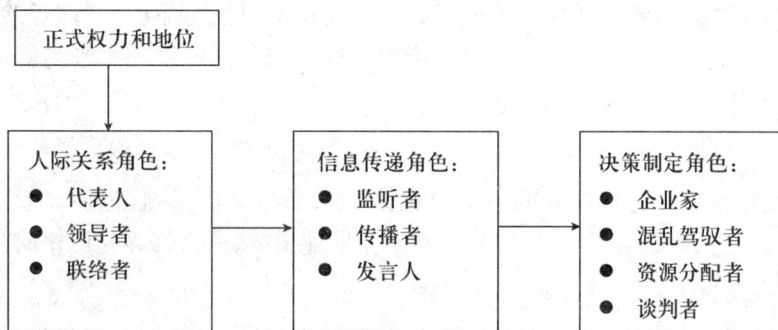

```
                    ┌──────────────────┐
                    │  正式权力和地位   │
                    └────────┬─────────┘
                             ↓
┌─────────────────┐  ┌─────────────────┐  ┌─────────────────┐
│ 人际关系角色:    │  │ 信息传递角色:    │  │ 决策制定角色:    │
│  ● 代表人        │→ │  ● 监听者        │→ │  ● 企业家        │
│  ● 领导者        │  │  ● 传播者        │  │  ● 混乱驾驭者    │
│  ● 联络者        │  │  ● 发言人        │  │  ● 资源分配者    │
│                  │  │                  │  │  ● 谈判者        │
└─────────────────┘  └─────────────────┘  └─────────────────┘
```

图1-3　管理者的角色

1. 人际关系角色

人际关系角色是指管理者在处理人与人(包括下级和组织外的人)之间各种关系和参加其他具有礼仪性、象征性活动时所扮演的角色。主要有以下三种角色。

(1)代表人。当管理者是本单位、本部门的首脑时,由于这种"领导人"的特殊地位,他必须经常参加某些礼仪性的活动。如接待来访者、签署法律文件等。

(2)领导者。管理者是组织氛围的创造者和主导者,他们通过扮演领导者的角色来下达任务,分配工作,激励下属,解决冲突并提供绩效反馈。

(3)联络者。管理者必须维护和拓展已经建立起来的外部关系和信息来源,以便从中得到帮助和获得有价值的信息。

2. 信息传递角色

信息传递角色就是管理者在做接收、收集和传播信息的工作时所扮演的角色。主要有以下三种角色。

(1)监听者。管理者寻求和获取各种内部和外部的信息,以便透彻地理解组织与环境的活动。如阅读期刊和报告等。

(2)传播者。由于管理者所掌握信息的特殊地位,使他们能够从外部人员和下级那里获取的信息方便地传递给组织的其他成员,而且必须进行这样的传递。

(3)发言人。管理者向外界发布组织的计划、政策、行动及其结果等的活动。

3. 决策制定角色

决策制定角色是管理者做出抉择活动这一管理工作中最重要的活动时扮演的角色。

(1)组织家。管理者不断提出新思路、新方法,以发起变革,改善组织目前的状况。如主持制定和调整组织战略、开发新项目等。

(2)混乱驾驭者。当组织面临重大、意外的混乱或危机时,负责采取纠正行动。

(3)资源分配者。负责分配组织的各种资源,制定和批准所有与此有关的组织决策。

(4)谈判者。在主要的谈判中作为组织的代表,因为管理者是组织中唯一掌握谈判所需的信息和权力的人。

(四)管理者的素质

管理者的素质是指管理者的与管理相关的内在基本属性与品质,管理者的素质表现在品德、知识水平、能力与身心条件等方面。管理者的素质是形成管理水平与能力的基础,是做好管理工作、取得管理功效极为重要的主观条件。

1. 政治与文化素质

政治与文化素质是指管理者的政治思想修养水平与文化基础,包括政治坚定性、敏感性、事业心、责任感、思想境界与品德情操,特别是职业道德、人文修养与广博的文化知识等。

2. 基本业务素质

基本业务素质是指管理者在所从事工作领域内的知识与能力,包括一般业务素质和专业业务素质。

3. 身体素质

管理者的指挥、协调、组织活动,需要足够的智慧,也需要消耗大量的精力,因此,管理者必须有强健的体魄、充沛的精力。

4. 心理素质

面对复杂多变的环境和各种不同类型的人,管理者要想应付自如、游刃有余,必须具备健康的心理素质,主要包括宽广的胸怀、开放的心态、坚韧的毅力与意志力和个人的控制力等。

(五)管理者的技能

管理是否有效,在很大程度上取决于管理人员是否真正具备了一名管理者所必须具备的管理技能。美国的管理学专家卡特兹在 1955 年发表的论文《有效管理者的技能》一文中,针对管理者的工作特点,提出了技术技能、人际技能和概念技能的概念,他认为,有效的管理者应具备这三种技能,如图 1-4 所示。

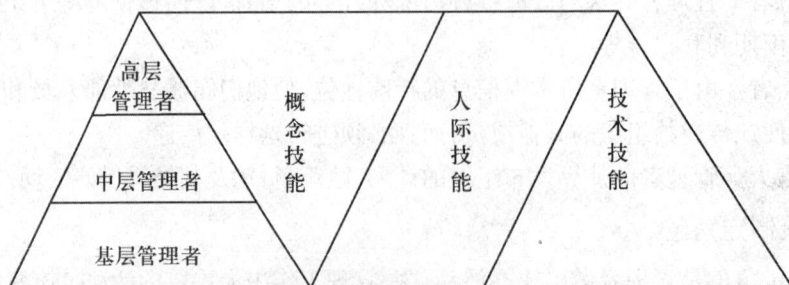

图1-4 各种层次的管理人员所需要的管理技能比例

1. 技术技能

技术技能是指某一专业领域内使用工作程序、技术和知识完成组织任务的能力。它与一个人所从事的工作有关。技术技能包括专业知识、经验、技术、技巧、程序、方法、操作和工具运用熟练程度等。对于管理者,应掌握诸如决策技术、计划技术、组织设计技术、评价技术等管理技术。技术技能是管理者必备的技能,只有懂行、懂技术的人才能对组织进行有效的管理。技术技能对基层管理者最重要,对中层管理者较重要,对高层管理者较不重要。

2. 人际技能

人际技能是指在组织目标的实现过程中与人共事的能力,即与人打交道的能力。管理者应具备与人共事、激励或指导组织中的各类员工或群体的能力。良好的人际技能有利于管理者处理组织内部错综复杂的人际关系,通过观察、理解和交流,掌握组织人员的心理规律,解决组织存在的问题。同时,良好的人际技能有利于管理者增强凝聚力、向心力,团结组织各方面的力量来共同完成组织目标。人际技能对所有层次的管理者的重要性基本相同。

3. 概念技能

概念技能是指综观全局、分析、评价和判断事物的能力,也就是洞察组织与环境相互影响的复杂性,并在此基础上加以分析、判断、抽象、概括,并迅速做出正确判断的能力。概念技能水平的高低一般与人的知识、经验、胆识等因素有关。概念技能对高层管理者最重要,对中层管理者较重要,对基层管理者较不重要。

知识链接

优秀管理者必备的"十商"

1. 德商(MQ)

德商(MQ)是指一个人的德性水平或道德人格品质。德商的内容包括体贴、尊重、容忍、宽恕、诚实、负责、平和、忠心、礼貌、幽默等各种美德。

2. 智商(IQ)

智商(IQ)是一种表示人的智力高低的数量指标,但也可以表现为一个人对知识的掌握程度,反映人的观察力、记忆力、思维力、想象力、创造力以及分析问题和解决问题的能力。

3. 情商(EQ)

情商(EQ)就是管理自己的情绪和处理人际关系的能力。

4. 逆商(AQ)

逆商(AQ)是指面对逆境承受压力的能力,或承受失败和挫折的能力。当今和平年代,应付逆境的能力更能使你立于不败之地。

5. 胆商(DQ)

胆商(DQ)是对一个人胆量、胆识、胆略的度量,体现了一种冒险精神。

6. 财商(FQ)

财商(FQ)是指理财能力,特别是投资收益能力。

7. 心商（MQ）

心商（MQ）就是维持心理健康，调试心理压力，保持良好心理状况和活力的能力。

8. 志商（WQ）

志商（WQ）指一个人的意志品质水平，包括坚韧性、目的性、果断性、自制力等方面。

9. 灵商（SQ）

灵商（SQ）就是对事物本质的灵感、顿悟能力和直觉思维能力。

10. 健商（HQ）

健商（HQ）是指个人所具有的健康意识、健康知识和健康能力的反映。

二、管理客体——管理对象

(一)管理客体的概念

管理客体即管理对象，是指管理者为实现管理目标，通过管理行为作用于其上的客体。任何社会组织为发挥其功能，实现其目标，必须拥有一定的资源与要素。

(二)管理对象的内容

管理对象包括社会组织、资源与要素和职能活动。

1. 社会组织

社会组织是指为达到特定目的，完成特定任务而结合在一起的人的群体。它既包括具有法人资格的群体，如政党、组织、学校、医院，也包括法人组织内部的单位或部门，如生产部门、质检部门、营销部门等。

2. 资源与要素

管理的主要任务除了实现组织与环境相适应，还必须实现人、财、物、时间、信息、技术、信用等一切资源的优化配置，用最少的投入实现最佳的效益。

人的管理。主要涉及人员分配、人力资源开发、工作与能力评价等。

财（资金）管理。主要涉及财务管理、成本控制、资金使用、预算控制、效益分析等。

物的管理。主要涉及资源利用，物资的采购、储存、使用，设备的采购、保养、维修与更新等。

时间的管理。主要是合理利用时间并提高工作效率，在最短时间内实现组织目标等。

信息的管理。主要涉及组织内外信息的收集、传递、反馈、处理、利用等。

技术的管理。主要涉及新技术、新方法、新工艺的研究开发、引进与使用，各种技术标准，方法的制定与实施等。

信用的管理。通过组织的实践活动、媒体宣传、从事公益事业等手段，树立组织良好的社会声誉和社会地位，为组织目标的实现创造良好的环境。

3. 职能活动

管理是使组织的活动效率化、效益化的行为，因此，最经常、最大量管理对象是社会组织实现其基本职能的各种活动。管理的功效,主要体现在组织的各种职能活动更有秩序、更有效率、更有效益。

任务三　管理学

一、管理学概念

管理学作为一门学科的基本思想体系,最初是由法约尔首先提出来的。管理学正式形成于 20 世纪 50 年代,其代表作是美国管理学家孔茨和奥唐奈于 1955 年出版的《管理学原理》,1980 年第 7 版时更名为《管理学》。管理学是一门系统研究管理活动的基本规律和一般方法的科学。管理学是一门交叉学科或边缘学科。

二、管理学的研究对象

管理学的研究对象是管理工作的客观规律性,即如何遵循客观规律的要求来建立一定的理论、原则、组织形式、方法和制度,指导管理的实践,实现管理的预期目标。

由于管理活动总是在一定的社会生产方式下进行的,因此管理学研究对象的范围涉及社会的生产力、生产关系和上层建筑三个方面。

(一)生产力方面

在生产力方面,管理学主要研究如何合理配置组织中的人、财、物,使各生产要素充分发挥作用的问题;研究如何根据组织目标、社会需求,合理使用各种资源,以求得最佳经济效益与社会效益的问题。

(二)生产关系方面

在生产关系方面,管理学主要研究如何处理组织内部人与人之间的相互关系问题;研究如何完善组织机构与各种管理体制的问题,从而最大限度地调动各方面的积极性和创造性,为实现组织目标服务。

(三)上层建筑

在上层建筑方面,管理学主要研究如何使组织内部环境与组织外部环境相适应的问题;研究如何使组织的意识形态(价值观、理念等)、规章制度与社会的政治、法律、道德等上层建筑保持一致的问题,从而维持正常的生产关系,促进生产力的发展。

三、管理与管理学的关系

管理是一种实践活动,是对这种特殊的社会实践活动的概括,是管理学中的一个最基本的范畴。而管理学则是一门理论科学体系。管理学是一门系统研究管理活动的基本规律和一般方法的科学。管理的发展和管理学的发展是相互促进的。管理实践直接为管理学研究提供对象和素材,直接推动管理学的发展。管理学对管理实践又具有特别重要的指导作用,它产生于实践,又服务于实践。在管理学指导下的管理实践才是自觉的管理,管理的效率才能够等到保证。

四、管理学的特点

(一)一般性

管理学是从一般原理、一般情况的角度对管理活动和管理规律进行研究,不涉及管理分支学科的业务和方法的研究;管理学是研究所有管理活动中的共性原理的基础理论科学,无论是"宏观原理"还是"微观原理",都需要管理学的原理做基础来加以学习和研究,管理学是各门具体的或专门的管理学科的共同基础。

(二)综合性

从管理内容上看,管理学涉及的领域十分广阔,它需要从不同类型的管理实践中抽象概括出具有普遍意义的管理思想、管理原理和管理方法,从影响管理活动的各种因素上看,除了生产力、生产关系、上层建筑这些基本因素外,还有自然因素、社会因素等,从管理学科与其他学科的相关性上看,它与经济学、社会学、心理学、数学、政治学、历史学、统计学、运筹学、系统学、信息科学、计算机科学等都有密切关系,是一门非常综合的学科。

(三)实践性

管理学所提供的理论与方法都是实践经验的总结与提炼,同时管理的理论与方法又必须为实践服务,才能显示出管理理论与方法的强大生命力。

(四)社会性

构成管理过程主要因素的管理主体与管理客体,都是社会最有生命力的人,这就决定了管理的社会性;同时管理在很大程度上带有生产关系的特征,因此没有超阶级的管理学,这也体现了管理的社会性。

(五)历史性

管理学是对前人的管理实践、管理思想和管理理论的总结、扬弃和发展,割断历史,不了解前人对管理经验的理论总结和管理历史,就难以很好地理解、把握和运用管理学。

(六)管理学既是科学又是艺术

管理学既是科学又是艺术,这种科学与艺术的划分是一致的,其间没有明确的界限。说它是科学,是强调其客观规律性;说它是艺术,则是强调其灵活性与创造性。而且这种科学性与艺术性在管理实践中并非截然分开,而是相互作用,共同发挥管理的功能,促进目标的实现。

五、管理学的研究方法

(一)系统分析的方法

管理学是系统性很强的科学,它研究的对象是一个复杂的大系统,是一个系统的经验与理论的总结,只有用系统分析的方法才能提炼出它的客观规律性和相互关系的内在联系性。

(二)案例研究方法

在管理学中广泛使用案例研究方法,即通过选取典型案例进行分析研究,归纳出经验、理论和规律,再用这些经验、理论和规律去指导实践。在运用案例研究方法时,要注意案例的代表性及了解事物发生结果的前提、背景和条件。

(三)借鉴与创新相结合的方法

管理学是正在建设与发展的一门学科,需要吸取历史的和外国的理论与经验,同时还必须有所创新和发展,使管理学不断丰富、提高和更加完善。

(四)比较研究方法

有比较才有鉴别。比较研究方法是指通过纵向与横向的比较,发现异同,探索规律,找出事物结果所产生的原因,为指导管理活动提供依据。

(五)演绎研究方法

演绎研究方法是指根据依据证明了的公理、定理和规律来进行推理的一种研究方法,是由一般到个别、由一般原理得出关于个别事实结论的一种推理方法。

任务四　管理环境

任何组织都是在一定环境中从事活动的,任何管理也都要在一定的环境中进行,这个环境就是管理环境。管理环境的特点制约和影响管理活动的内容和管理活动的进行情况。管理环境的变化要求管理的内容、手段、方式、方法等随之调整,以利用机会,趋利避害,更好地实施管理。

一、组织外部环境

(一)一般环境

一般环境是指可能对组织的活动产生影响,但与组织的相关性尚不清楚的各种因素。它包括政治法律环境、经济环境、社会文化环境、科学技术环境和自然环境等。

1. **政治法律环境**

政治环境包括一个国家的社会制度,执政党的性质,政府的方针、政策、法令等。不同的国家有着不同的社会制度,不同的社会制度对组织活动有着不同的限制和要求。即使社会制度不变的同一个国家,在不同时期,由于执政党不同,其政府的方针特点、政策倾向对组织活动的态度和影响也是不断变化的。

法律环境主要包括对组织活动具有刚性约束力的法律、法规,如《中华人民共和国税法》《中华人民共和国反不正当竞争法》等。法律法规作为国家意志的强制手段,对于规范市场与组织行为具有直接作用。

2. 经济环境

经济环境是影响组织,特别是作为经济组织的组织活动的重要环境因素,它主要包括宏观经济环境和微观经济环境两个方面的内容。宏观经济环境主要指一个国家的人口数量及其增长趋势,国民收入、国民生产总值等。通过这些指标能够反映的国民经济发展水平和发展速度。微观经济环境主要指消费者的收入水平、消费偏好、储蓄情况、就业程度等因素。

知 识 链 接

PMI

PMI 是指制造业采购经理指数,是通过对企业采购经理的月度调查结果统计汇总、编制而成的指数,它涵盖了企业采购、生产、流通等各个环节,是国际上通用的监测宏观经济走势的先行性指数之一,具有较强的预测、预警作用。PMI 通常以 50% 作为经济强弱的分界点,PMI 高于 50% 时,反映制造业经济扩张;低于 50% 时,则反映制造业经济收缩。

每月 1 日,由中国物流与采购联合会、国家统计局服务业调查中心联合发布上月的制造业采购经理指数。

它涉及《国民经济行业分类》(GB/T 4754—2011)中制造业的 31 个行业大类。自 2013 年 1 月起,调查样本从原来的 820 家扩充到 3000 家。

制造业采购经理调查采用 PPS(Probability Proportional to Size)抽样方法,以制造业行业大类为层,行业样本量按其增加值占全部制造业增加值的比重分配,层内样本使用与企业主营业务收入成比例的概率抽取。

(来源:中华人民共和国统计局,http://www.stats.gov.cn/tjsj/zxfb/201506/t20150601_1112334.html)

3. 社会文化环境

社会文化环境包括一个国家或地区的居民受教育程度和文化水平、宗教信仰、风俗习惯、审美观点、价值观念等。文化水平会影响居民的需求层次;宗教信仰和风俗习惯会禁止或抵制某些活动的进行;价值观念会影响居民对组织目标、组织活动以及组织本身存在的认可与否;审美观点则会影响人们对组织活动内容、活动方式以及活动成功的态度。

4. 科学技术环境

科学技术环境反映了组织物质条件的科技水平。科学技术环境除了直接相关的技术手段外,还包括国家对科技开发的投资和支持重点、技术发展动态和研究开发费用、技术转移和技术商品化速度、专利及其保护情况等。科学技术环境具有变化快、变化大和影响广的特点。

5. 自然环境

自然环境包括地理位置、气候条件及资源状况。地理位置是制约组织活动的一个重要因素。

(二)具体环境

一般环境对处在该环境中的所有相关组织都要产生影响,甚至是相同程度的影响。而对某一具体组织而言,有些环境因素对其具有直接的、特殊的和经常性的影响,这些环境因素总称为组织的具体环境。

组织的具体环境包括消费者(用户)、竞争者、同盟者、供应商、运输部门、中间商与批发商、业务主管部门、税务财政部门以及组织所在社区等要素。其中,最主要的是消费者、竞争者、供应商和政府与公众。

1. 消费者

消费者是组织提供的产品或服务的购买者。组织生产的产品或服务只有在满足消费者需求的前提下才能销售出去,组织也才能收回资金,进行再生产活动。所以,消费者决定着组织的生存与发展。

2. 竞争者

任何一个组织都有一个或多个竞争者,尤其是在经济全球化的背景下。这些竞争者可能是一个国家、一个地区同行业或其他国家同行业提供相同产品或服务的组织。它们与本组织争夺消费者、市场和资源。

3. 供应商

组织活动的开展和目标的实现都需要从组织外部环境中不断获取各种资源作为保证。这些资源包括材料、机械设备、人力资源和资金等。它们都是由各种供应商提供的。如组织生产经营所需资金既可以通过银行贷款获得,也可以在资本市场通过发行股票或债券获得。

4. 政府与公众

影响组织活动的直接环境还包括各级政府管理机构、公众组织(如消费者协会、环保组织等)。这些结构或组织对组织活动起着积极或消极的作用,是影响组织决策的重要因素。管理者需要花较多的时间与各级政府和相关的民间组织周旋,为组织的生存与发展谋求宽松的外部环境。

二、组织内部环境

内部环境是指组织内部各种影响因素的总和。它是随组织产生而产生的,在一定条件下内部环境是可以控制和调节的。内部环境随着组织的诞生而产生,对组织的管理活动产生影响。内部环境决定了管理活动的可选择的方式方法,而且在很大程度上影响到组织管理的成功与失败。

(一)人力资源

人力资源对于任何组织都始终是最关键和最重要的因素。人力资源的划分根据不同组织、不同标准有不同的类型。比如,组织人力资源根据他们所从事的工作性质的不同,可分为生产工人、技术工人和管理人员三类。

(二)物力资源

物力资源是指内部物质环境的构成内容,即在组织活动过程中需要运用的物质条件的拥有数量和利用程度。

(三)财力资源

财力资源是一种能够获取和改善组织其他资源的资源,是反映组织活动条件的一项综合因素。财力资源指的是组织的资金拥有情况、构成情况、筹措渠道、利用情况。财力资源的状况决定组织业务的拓展和组织活动的进行等。

(四)文化环境

文化环境是指组织的文化体系,包括组织的精神信仰、生存理念、规章制度、道德要求、行为规范等。

阅读资料

几种经典管理理论

彼得原理

管理学家劳伦斯·彼得从大量失败案例中总结出一条原理:"在一个等级制度中,每个雇员都倾向于上升到不能称职的地位。"每一个职工最终都将达到彼得高地,在该处他的提升商数(PQ)为零。至于如何加速提升到这个高地,有两种方法。其一,是上面的"拉动",即依靠裙带关系和熟人等从上面拉;其二,是自我的"推动",即自我训练和进步等。其中,前者是被普遍采用的。

这是因为组织往往倾向于根据雇员目前的工作成绩,直接将雇员提升到更高级的职位,而忽视了对雇员进行相关考核和培训。可事实上雇员目前的工作成绩与更高级的职位并无必然的关系,一名出色的技术骨干不一定适合做技术主管,一名优秀的销售主管不一定适合做销售经理。其实更高级的职位需要的是更大的胆识、更强的能力、更高的素质,而不是雇员在目前的岗位上做得有多么好。

(来源:人事资料网,http://www.ahsrst.cn/a/201509/56345.html)

酒与污水定律

酒与污水定律是指,如果把一匙酒倒进一桶污水中,你得到的是一桶污水;如果把一匙污水倒进一桶酒中,你得到的还是一桶污水。几乎在任何组织里,都存在几个难弄的人物,他们存在的目的似乎就是为了把事情搞糟。他们到处搬弄是非,传播流言、破坏组织内部的和谐。最糟糕的是,他们像果箱里的烂苹果,如果你不及时处理,它会迅速传染,把果箱里其他苹果也弄烂,"烂苹果"的可怕之处在于它那惊人的破坏力。一个正直能干的人进入一个混乱的部门可能会被吞没,而一个人无德无才者能很快将一个高效的部门变成一盘散沙。组织系统往往是脆弱的,是建立在相互理解、妥协和容忍的基础上的,它很容易被侵害、被毒化。破坏者能力非凡的另一个重要原因在于,破坏总比建设容易。一个能工巧匠花费时日精心制作的陶瓷器,一头驴子一秒钟就能毁坏掉。即使拥有再多的能工巧匠,也不会有多少像样的工作成果。如果你的组织里有这样的一头驴子,你应该马上把它清除掉;如果你无力这样做,你就应该把它拴起来。

(来源:智库网,http://wiki.mbalib.com/wiki/酒与污水定律)

水桶定律

水桶定律是讲,一个水桶能装多少水,完全取决于它最短的那块木板。这就是说任何一个组织都可能面临的一个共同问题,即构成组织的各个部分往往决定了整个组织的水平。构成组织的各个部分往往是优劣不齐的,而劣质部分往往又决定整个组织的水平。"水桶定律"与"酒与污水定律"不同,后者讨论的是组织中的破坏力量,而"最短的木板"却是组织中有用的一个部分,只不过比其他部分差一些,你不能把它们当成"烂苹果"扔掉。强弱只是相对而言的,无法消除。问题在于你容忍这种弱点到什么程度。如果它严重到成为阻碍工作的瓶颈,就不得不有所动作。

(来源:百度文库,http://wenku.baidu.com/link? url=uDU0H8zoo6sf—IkqiK1dZPWjtxjUBi8 Us7tnXJ0uCjFasV24vc8wtLiXOf6i7D2v2p2dRYb4d7lrU_j7ERD5s7—OIyu915TsM329ZuKX3tq)

马太效应

马太效应的名字就来源于圣经《新约·马太福音》中的一则寓言:从前,一个国王要出门远行,临行前叫了仆人来,把他的家业交给他们,依照各人的才干给他们银子。一个给了五千两,一个给了两千两,一个给了一千两,就出发了。领五千两银子的人,把钱拿去做买卖,另外赚了五千两。领两千两银子的人,也照样另赚了两千两。但领一千两银子的人,去掘开地,把主人的银子埋了。过了许久,国王远行回来,和他们算账。领五千两银子的人,又带着那另外的五千两来,说:"主人啊,你交给我五千两银子,请看,我又赚了五千两。"主人说:"好,你这又善良又忠心的仆人。你在很多的事上有忠心,我把许多事派你管理。可以进来享受你主人的快乐。"那个领两千两银子的人也来说:"主人啊,你交给我两千两银子,请看,我又赚了两千两。"主人说:"好,你这又良善又忠心的仆人。"那领一千两银子的人也来说:"主人啊,我知道你是严厉的人,没有种的地方要收割,没有散的地方要聚敛,我就害怕,去把你的一千两银子埋藏在地里。请看,你的原银在这里。"主人回答说:"你这又恶又懒的仆人,你既知道我没有种的地方要收割,没有散的地方要聚敛,就当把我的银子放给兑换银钱的人,到我来的时候,可以连本带利收回。"于是夺过他的一千两银子,给了那个有一万两银子的仆人。马太效应,是指好的愈好、坏的愈坏、多的愈多、少的愈少的一种现象,广泛应用于社会心理学、教育、金融以及科学等众多领域。马太效应揭示了一个不断增长个人和组织资源的需求原理,是影响组织发展和个人成功的一个重要法则。

(来源:亲宝文章网,http://www.qb5200.com/content/2015-12-13/62855.html)

零和游戏原理

零和游戏源于博弈论,现代博弈理论由匈牙利大数学家冯·诺伊曼于20世纪20年代开始创立,1944年他与经济学家奥斯卡·摩根斯特恩合做出版的巨著《博弈论与经济行为》,标志着现代系统博弈理论的初步形成。零和游戏是指一项游戏中,游戏者有输有赢,一方所赢正是另一方所输,游戏的总成绩永远为零,零和游戏原理之所以广受关注,主要是因为人们在社会的方方面面都能发现与零和游戏类似的局面,胜利者的光荣后面往往隐藏着失败者的辛酸和苦涩。

但20世纪以来,人类在经历了两次世界大战、经济的高速增长、科技进步、全球一体化以及日益严重的环境污染之后,零和游戏观念正逐渐被双赢观念所取代。在竞争的社会中,人们开始认识到"利己"不一定要建立在"损人"的基础上。领导者要善于跳出零和的圈子,寻找能够实现双赢的机遇和突破口,防止负面影响抵消正面成绩。批评下属如何才能做到使其接受而不抵触,发展经济如何才能做到不损害环境,开展竞争如何使自己胜出而不让对方受到伤害,这些都是每一个为官者应该仔细思考的问题。有效合作,得到的是皆大欢喜的结局。从零和走向正和,要求各方要有真诚合作的精神和勇气,遵守游戏规则,否则双赢的局面就不会出现,最终吃亏的还是合作者自己。

(来源:百度百科,http://baike.baidu.com/link? url=qxbWHpD5FwpBT6dkJE322DuimeuJtsEW_iPH9yNe0o7ZVmUhz7C3WUgiUbP9Mth75EMKgcI1ilyPECvOPtDfWK)

华盛顿合作规律

华盛顿合作规律说的是:一个人敷衍了事,两个人互相推诿,三个人则永无事成之日。多少有点类似于我们"三个和尚"的故事。人与人的合作,不是人力简单相加,而是要复杂和微妙得多。在这种合作中,假定每个人的能力都为1,那么,10个人的合作结果有时比10大得多,有时甚至比1还小。因为人不是静止物,而更像方向各异的能量,相互推动时,自然事半功倍,相互抵触时,则一事无成。我们传统的管理理论中,对合作研究得并不多,最直观的反映就是,目前大多数的管理制度和行为都是致力于减少人力的无谓消耗,而非利用组织提高人的效能。换言之,不妨说管理的主要目的不是让每个人做到最好,而是避免过多内耗。

(来源:百度百科,http://baike.baidu.com/link? url=qxbWHpD5FwpBT6dkJE322DuimeuJtsEW_iPH9yNe0o7ZVmUhz7C3WUgiUbP9Mth75EMKgcI1ilyPECvOPtDfWK)

知识小结

(1)管理是指管理者为了实现一定的目标,在一定的环境条件下,通过实施计划、组织、领导、控制和创新等职能,以人为中心来协调各种资源,以便有效地实现个人无法实现的组织目标的过程。

(2)管理的基本职能包括计划、组织、领导、控制和创新。

(3)管理主体即管理者,主要包括管理者分类、管理者素质、管理者角色与技能。管理客体即管理对象,包括社会组织、资源与要素和职能活动。

(4)管理方法是管理者为实现管理目标,保证管理活动顺利进行,而在管理活动中采取的各种手段、措施和途径。具体包括行政方法、法律方法、经济方法和思想教育方法四种类型。

（5）管理学是一门系统研究管理活动的基本规律和一般方法的科学。管理学是一门交叉学科或边缘学科。

（6）管理环境是指存在于组织内部与外部的,影响管理职能发挥和管理结果的各种力量、条件和因素的总和。管理环境分为内部环境和外部环境,外部环境又可分为一般环境和具体环境。

技能练习

第Ⅰ部分　基本训练

一、判断题

1. 管理自从有了人类集体活动以来就开始了。　　　　　　　　　　　　　　（　　）

2. 管理就是对一个组织所拥有的物质资源、人力资源等进行计划、组织、领导和控制,去实现组织目标。　　　　　　　　　　　　　　　　　　　　　　　　　　　（　　）

3. 管理学是一门系统研究管理活动的基本规律和一般方法的科学。管理学是一门交叉学科或边缘学科。　　　　　　　　　　　　　　　　　　　　　　　　　　　（　　）

4. 管理的基本活动对任何组织都有着普遍性,但营利性组织比非营利性组织更需要加强管理。　　　　　　　　　　　　　　　　　　　　　　　　　　　　　　　（　　）

5. 高层管理人员花在计划决策上的时间相对更多一些。　　　　　　　　　　（　　）

6. 管理者应该在所有时间都从事管理工作。　　　　　　　　　　　　　　　（　　）

7. 基层第一线管理人员对操作工作的活动进行直接监管。　　　　　　　　　（　　）

8. 组织中向外界发布信息的管理角色称为组织发言人。　　　　　　　　　　（　　）

9. 管理学的研究对象是管理工作的主观规律性,即如何遵循客观规律的要求来建立一定的理论、原则、组织形式、方法和制度,指导管理的实践,实现管理的预期目标。　（　　）

10. 技术技能是指沟通、领导、激励下属的能力。　　　　　　　　　　　　　（　　）

11. 组织中管理人员所做的工作就是管理工作。　　　　　　　　　　　　　　（　　）

12. 管理既不是万能的,也不是无能的。　　　　　　　　　　　　　　　　　（　　）

13. 管理既是一门科学又是一门艺术。　　　　　　　　　　　　　　　　　　（　　）

14. 中层管理者主要执行的是战术性管理。　　　　　　　　　　　　　　　　（　　）

15. 技术技能是指某一专业领域内运用工作程序、技术和知识完成组织任务的能力。

（　　）

二、单项选择题

1. 通常认为,管理的首要职能是（　　）。

A. 计划　　　　　　　B. 组织　　　　　　　C. 领导　　　　　　　D. 控制

2. 对管理最形象的描述是(   )。

A. 艺术 　　　　　　B. 科学 　　　　　　C. 艺术和科学 　　　　D. 上述均不是

3. 以下对管理描述正确的是(   )。

A. 管理的目的是管好人 　　　　　　　　B. 管理的目的是实现组织的目标

C. 管理的对象主要是人 　　　　　　　　D. 管理的对象不仅仅是人

4. 原材料、生产设施装备属于(   )。

A. 人力资源 　　　　B. 金融资源 　　　　C. 物质资源 　　　　D. 信息资源

5. 以下不属于管理职能的是(   )。

A. 组织活动 　　　　B. 控制活动 　　　　C. 有效获取资源 　　D. 计划与决策

6. 对资源进行计划、组织、领导、控制以有效地实现组织目标的过程称为(   )。

A. 管理 　　　　　　B. 组织 　　　　　　C. 战略计划 　　　　D. 激励

7. "凡事预则立,不预则废"反映了管理的哪一个职能?(   )

A. 组织 　　　　　　B. 领导 　　　　　　C. 计划 　　　　　　D. 创新

8. 下面陈述正确的是(   )。

A. 只有组织才需要管理 　　　　　　　　B. 任何类型的组织都需要管理

C. 个体组织不需要管理 　　　　　　　　D. 社会团体不需要管理

9. 管理者在作为组织的官方代表对外联络时,他扮演的角色属于(   )。

A. 信息情报方面 　　B. 决策方面 　　　　C. 人际关系方面 　　D. 业务经营方面

10. 对基层业务管理人员而言,其管理技能侧重于(   )。

A. 技术技能 　　　　B. 财务技能 　　　　C. 谈判技能 　　　　D. 营销技能

11. 为保证目标及为此而制订的计划得以实现,最需要的职能是(   )。

A. 计划 　　　　　　B. 组织 　　　　　　C. 领导 　　　　　　D. 控制

12. 在某一专业领域内,工作程序、技术和知识完成组织任务的能力称为(   )。

A. 人际关系技能 　　B. 技术技能 　　　　C. 概念技能 　　　　D. 上述均不是

13. 洞察事物,抽象形成概念的能力对(   )最为重要。

A. 高层管理人员 　　　　　　　　　　　　B. 中层管理人员

C. 基层管理人员 　　　　　　　　　　　　D. A 和 B

14. 对于管理人员来说,需要具备多种技能,如概念技能、人际技能、技术技能等。处于高层的管理人员,对于以上三种技能按其重要程度的排列顺序为(   )。

A. 概念技能、技术技能、人际技能 　　　　B. 技术技能、概念技能、人际技能

C. 概念技能、人际技能、技术技能 　　　　D. 人际技能、概念技能、技术技能

15. "二战"以后,跨国公司获得了很大的发展,但后来却一度因为一些发展中国家的国有化政策受到很大影响,这属于(   )的影响。

A. 政治环境 　　　　B. 社会文化环境 　　C. 经济环境 　　　　D. 自然环境

16. 一个管理者所处的层次越高,面临的问题越复杂,越无先例可循,就越需要具备(   )。

A. 技术技能　　　　B. 领导技能　　　　C. 概念技能　　　　D. 人际技能

17. 有人说,在管理中经常是"外行领导内行",这在一定程度上说明对管理者来说（　　）。

A. 授权和技术一样重要　　　　　　B. 人际关系是第一位的

C. 人际沟通更重要　　　　　　　　D. 技术不是最重要的

18. 管理的基本职能是（　　）。

A. 计划、组织、指挥、协调　　　　B. 计划、组织、领导、控制、创新

C. 计划、决策、选人、用人　　　　D. 决策、计划、领导、协调

19. 管理的二重属性是指（　　）。

A. 科学性与艺术性　　　　　　　　B. 自然属性与社会属性

C. 主观性与客观性　　　　　　　　D. 科学性和社会性

20. 田力是某大型组织集团的总裁助理,年富力强,在助理岗位上工作得十分出色。他最近被任命为集团销售总公司的总经理,从而由一个参谋人员变成了独立部门的负责人。下面是田力最近参与的几项活动,你认为这其中哪一项几乎与他的领导职能无关?（　　）

A. 向下属传达他对销售工作目标的认识。

B. 与某用户谈判以期达成一项长期销售协议。

C. 召集各地分公司经理讨论和协调销售计划的落实情况。

D. 召集公司有关部门的职能人员开联谊会,鼓励他们攻克难关。

三、多项选择题

1. 管理学的研究方法有（　　）。

A. 系统分析的方法　　　　　　　　B. 案例研究的方法

C. 实验模拟的方法　　　　　　　　D. 比较研究的方法

2. 管理者在管理过程中承担的职能有（　　）。

A. 计划　　　　　B. 组织　　　　　C. 领导　　　　　D. 控制

3. 管理的性质有（　　）。

A. 自然属性　　　B. 社会属性　　　C. 科学性与艺术性　　　D. 创造性

4. 管理者的角色有（　　）。

A. 人际角色　　　B. 信息角色　　　C. 领导角色　　　D. 决策角色

5. 管理者的素质包括（　　）。

A. 政治与文化素质　B. 基本业务素质　C. 身体素质　　　D. 心理素质

6. 管理者的技能包括（　　）。

A. 管理技能　　　B. 技术技能　　　C. 人际技能　　　D. 概念技能

7. 管理的方法是（　　）。

A. 行政方法　　　B. 法律方法　　　C. 政治方法　　　D. 经济方法

8. 按职权关系的性质,管理者可以分为（　　）。

A. 直线管理人员　B. 综合管理者　　C. 专业管理者　　D. 参谋人员

9. 管理对象包括（　　）。

A. 社会组织　　　　　B. 资源与要素　　　　C. 职能活动　　　　D. 人力资源

10. 管理学的特点是（　　）。

A. 一般性　　　　　　B. 社会性　　　　　　C. 综合性　　　　　D. 实践性

11. 组织的一般环境是指可能对组织的活动产生影响，但与组织的相关性尚不清楚的各种因素。它包括（　　）。

A. 政治环境　　　　　B. 经济环境　　　　　C. 技术环境　　　　D. 社会文化环境

12. 组织的具体环境最主要的是（　　）。

A. 消费者　　　　　　B. 竞争者　　　　　　C. 供应商　　　　　D. 政府与公众

四、简答题

1. 什么是管理？管理的性质是什么？为什么说管理是科学性与艺术性的统一？

2. 管理的职能是什么？

3. 管理的特点是什么？

4. 在一个组织中，管理者承担着哪些角色？

5. 管理学的特点和研究方法是什么？

6. 作为一名管理者，具备哪些基本技能才能胜任管理工作？

五、论述题

在实际管理中，作为一名成功的管理者，应该具备哪些素质？

第Ⅱ部分　知识应用

一、案例分析

新任车间主任的困惑

陈伟虹是平山矿业公司露天矿机修车间的一位维修钳工，技工学校毕业，今年 38 岁。他干劲大、手艺高、肯负责、人缘好。车间主任李明视他为骨干，常让他代替自己去矿上或公司开干部会，大家都说李主任的位置非他莫属。

今天是星期一，他正赶上白班，忽然听说李主任心脏病犯了，已经住进职工医院。晚上传来噩耗，李主任在医院与世长辞。大家都很悲痛，纷纷去向李师母表示悼念和慰问。

次日一早，分管人事的周副矿长来电话，让陈伟虹临时代理车间主任，以免车间工作受到影响。周副矿长还特别强调，车间正在抢修的一台装载机，这可是矿上等着要用的急活。陈伟虹答应周四中午前一定修好交用。

星期三上午，周副矿长把陈伟虹召去，正式通知他，公司已任命他继任车间主任，并表示了祝贺和期望。陈伟虹匆匆赶回车间，参加突击队抢修那台装载机。由于任务重，他不放心，又跟着夜班工人继续干到晚上九点钟，在再三叮嘱夜班班长抓紧工作后才回家休息。

周四早上，陈伟虹到班特别早，发现矿上又有四辆自卸式载重卡车送来待修，而那台装载机还未修好。陈伟虹急忙把车间白班工人召到一起，说明任务的紧迫性，希望大家群策群力,尽快完成任务。

陈伟虹略感松了一口气,就上备品库去检查库存是否足以应付这批抢修任务。这时,露天采掘队发来短信,说他们的一台主力设备,32吨自卸卡车抛锚在现场,要求派人去抢修。陈伟虹清楚眼下每个人手头的活又多又紧,就自己背起工具箱,下露采现场去抢修去了。

待他修好那台自卸卡车,回到车间,已经快中午了。他发现车间里乱糟糟的一片:四辆待修自卸车有三辆在停工待料,忙问是怎么回事。工人们说已故李主任定下的规矩,备件要主任签字才能领取。这时,矿上又有两台故障车送到待修。陈伟虹办完接车手续,周副矿长又来电话要装载机了。听说未修好,周副矿长明显不快,说这将给矿上带来很大损失。刚接完手机,公司常务副总经理又来电话,让陈伟虹马上去总部出席干部紧急会议。

本来陈伟虹知道自己被提升为车间主任,还挺高兴,对当好主任也信心十足。现在他开始担心,对能否胜任车间主任一职,也变得没有什么把握了。

(来源:五星文库,http://www.wxphp.com/wxd_92w144uavc565jb3uu29_2.html)

问题:

1. 你认为机修车间工作陷入混乱的主要原因是什么?

2. 你对于陈伟虹今后要胜任车间主任一职,有什么好的建议?

二、实训活动

【实训活动一】

与组织家对话——管理的重要性

【实训目标】

1. 与组织家双向交流;

2. 了解管理的重要性。

【实训要求】

1. 认真阅读有关管理方面的内容;

2. 把学生分成几个小组,5~10人为一组;

3. 组织学生到组织实地了解管理的过程和方法;

4. 教师给出资料,供学生使用。

【实训内容】

1. 通过对话使学生与组织家真诚交流,对管理的概念和重要性有大概的了解,对组织家应具有的素质和人格魅力有初步认识,了解管理在社会生产实践中的大量应用。

2. 学生可参考以下几个方面提问。

(1)你是如何管理你的组织的?

(2)你在管理中遇到的主要困难有哪些?

(3)什么是最重要的管理学知识?

(4)你的组织最需要哪种类型的人才?

3. 以采访的形式或直接对话(有条件的可在课堂上进行),并录制采访录音和录像保存起来。

【实训考核】

1. 针对不同的组织家,大家组织讨论并写下自己的感想。

2. 根据每个同学在对话中的表现和课后书面材料进行评估。

【实训活动二】

调查与访问——管理者的职责与素质

【实训目标】

1. 了解调查研究的初步技能;

2. 认识实践中管理者的职责与素质。

【实训要求】

1. 认真阅读有关管理方面的内容;

2. 把学生分成几个小组,5~10人为一组;

3. 组织学生到组织实地了解管理的过程和方法;

4. 教师可以给出一些资料,供学生使用。

【实训内容】

1. 课下与同学一起参观本课程实训基地组织,学生自愿组成小组,每组5~10人。在调查访问之前,每组需根据课程所学知识经过讨论制定调查访问的主题,并把具体步骤和主要问题计划好。

2. 学生可参考下列问题。

(1)组织中主要有哪些管理工作,分别属于哪种管理层次?

(2)这些管理工作的职责和权利有哪些?

(3)做好这些管理工作需要具备什么素质?如何培养?

3. 调查访问结束后,组织一次课堂交流与讨论,时间为一节课。

【实训考核】

1. 教师根据各小组表现进行评估打分。

(1)所调查组织的管理工作分类表。所调查组织的管理者素质分析报告(300字左右)。

(2)管理创新表现在哪些方面? 如果你是管理者须注意哪些问题? 口头评述(3分钟左右)。

2. 各小组在讨论的基础上,把每个同学调查访问所得的重要信息,如照片、文字材料、影音资料等制作成宣传册展出,之后交老师保存。

模块二　管理思想的演进

学习目标

★ 知识点

(1) 了解早期的管理思想。

(2) 理解行为科学理论、韦伯的行政组织理论、当代管理理论的新发展。

(3) 掌握泰勒科学管理理论的内容。

(4) 掌握法约尔的一般管理理论和人际关系论。

(5) 掌握现代管理理论各学派的主要观点及其代表人物。

★ 技能点

(1) 培养初步应用现代理念和理论分析与处理实际管理问题的能力。

(2) 培养学生管理思维能力。

(3) 能够从管理思想角度认识管理实践。

关键概念

科学管理　人力关系论　精益思想　学习型组织

管理聚焦

先有人走才有路

世界著名的建筑大师格罗培斯设计的迪斯尼乐园,经过 3 年的施工,即将对外开放了,而各景点之间的道路怎样连接起来还没有具体方案。施工部打电话给正在法国参加庆典的格罗培斯大师,催促他赶快定稿,以便按计划竣工和开发。

格罗培斯大师从事建筑研究 40 多年,攻克了无数建筑方面的难题,在世界各地留下 70 多处精美的杰作。然而,建筑工作中最微不足道的一点小事——路径设计却让他大伤脑筋。对迪斯尼乐园各景点之间的道路安排,他已修改 50 多次,没有一次是让他满意的。

经过反复思索,他终于想到了一个办法。他给施工部发了一封电报:撒上草种开放。施工部按要求在迪斯尼乐园中撒上草种,没多久,小草出来了,整个乐园的空地都被绿草覆盖了。在迪斯尼乐园开放的半年里,草地被踩出的小道有宽有窄,优雅自然。第二年,格罗培斯让人按这些踩出的痕迹铺设了人行道。在1971年的伦敦国际园林建筑艺术研讨会上,迪斯尼乐园的路径设计被评为世界最佳设计。

其实地上本没有路,走的人多了,也就变成了路。思想、原理和理论都是实践的总结,若形成有用的理论,必先有实践。管理思想也来源于实践,先有实践,经过总结后形成思想,多种思想经过系统化再形成理论。

任务一 早期的管理思想

人类出现以来,面对最原始的来自自然界的各种环境的生存压力时,发现群体联盟要比个人单枪匹马更易于生存,于是,组织便自然而然地产生。而自从有了有组织的活动,就产生了管理活动。通过对一定环境下管理活动的开展,管理经验的积累总结,便形成了早期较零散的管理思想。

一、西方早期管理思想

(一)管理思想历史悠久

人类社会的管理活动源远流长,在人类长期的实践中,留下了极其丰富的管理思想遗产,至今还具有借鉴意义。

古罗马帝国的兴盛及长期的统治地位,得益于其有效的组织和中央集权与地方分权管理相结合的分权制度。古巴比伦王国利用颁布的汉谟拉比法典,建立了强硬的中央集权统治国家,同时在该法典中还涉及了工资、会计、收据等经济管理思想。古埃及建立了具有象征意义的金字塔式的管理方式,有严格的等级层次和分工协作管理。而诸如埃及的金字塔、罗马的水道、巴比伦的古城等伟大的建筑更是惊人的管理实践,这些巨大的工程背后一定存在着非常复杂的计划、组织、领导与控制活动,若没有一些进步的管理思想,这些工程中遇到的难题是无法解决的。

在以上阶段人们并没有很好地对管理实践进行系统的研究和规律性的总结。真正关注并较好地研究有关管理问题的活动,起源于18世纪英国的工业革命时期。18世纪下半叶的工业革命导致了机器取代人力,加速了资本的快速积累和组织规模的日益扩大。组织的发展导致了对效率与效能的关注,技术与工具的需求等,这也促使了对管理的研究。

(二)早期的管理思想及代表人物

1. 亚当·斯密

亚当·斯密(Adam Smith),英国政治经济学家,他在1776年发表的代表作《国民财富的性质和原因的研究》(简称《国富论》)中,不仅对经济和政治理论有系统的研究,也有不少关于管理思想的论述,其中最具深远影响的是他的劳动分工理论和"经济人"观点。他以制造业为例提出劳动分工能大大地提高劳动生产率,其主要原因在于:一是劳动分工增加了工人的技术熟练程度;二是节省了从一种工作状态转换为另一种工作状态所需要的时间;三是发明了既方便工作又节省劳动时间的机器。他的另一个重要的观点是:人们在经济活动中追求的是个人自身的经济利益,社会利益是以个人相互之间的利益限制为基础而产生的,这就是所谓的"经济人"观点。

2. 查尔斯·巴贝奇

查尔斯·巴贝奇(Charles Babbage),不仅是英国著名的数学家,而且对工厂的生产和管理也十分关心。在 1837 年出版的《论机器和制造业的经济》一书中,对劳动分工的好处和主管人员对设备、物质、人力使用上的具体管理技术进行了较为全面的论述。此外,他还提出了通过建立一种利润分享制度来正确处理工厂主与工人间的利益分配问题,使工人除固定工资外,还可以得到组织利润奖金与合理化建议奖金,从而建立起劳资双方的和谐关系。

3. 罗伯特·欧文

罗伯特·欧文(Robert Owen),英国管理思想的先驱,是在组织管理中最早重视人的地位和作用的组织家和改革家。他的主要思想是:(1)重视工厂管理中人的因素,组织应该致力于对人力资源的投资和开发。通过改革实验,他认为重视人的因素和尊重人的地位可以使工厂获得更多的利润。(2)灵活稳健的人事管理政策。如不虐待工人、提高工资、关心工人、不解雇工人、工厂主要与工人和睦相处等。(3)鼓励竞争精神代替残酷的惩罚。欧文最早注意到人的因素对提高劳动生产率的重要性,并率先在人事管理方面进行了探索,被称为"人事管理之父"。

总体来讲,这一时期有关管理问题的论述和研究,还远未能形成系统的管理理论。但人们已经意识到管理在组织中的重要性,预见到管理的地位将不断提高,其管理思想为后来的管理学理论的形成奠定了坚实的基础。

二、中国早期管理思想

中国是四大文明古国之一,在其各个历史发展时期都蕴含着丰富的管理思想。有些管理思想是先于西方几千年提出来的,有些管理思想至今还在运用。

(一)治国思想

在公元前 200 多年,秦朝就形成了统一的国家,在以后 2 000 多年的历史长河中,中国经历了数百次的改朝换代,历代统治者都对辽阔的国土和众多的人口进行了有效的控制与管理,许多思想已成为管理国家的准则。如"行仁德之政""令顺民心""从民所欲,去民所恶"等。

(二)兵家管理思想

兵家的活动领域主要在于军事,以孙子为代表的中国兵家思想十分丰富。军事管理也是人类社会管理的一个组成部分。它们的基本原则对于任何类型的社会组织和任何类型的社会管理活动都普遍适用。兵家思想以"谋略"为中心,讲求"谋攻妙算""因变制胜""令文齐武",对于管理的战略、策略、方略均有一定的启发作用。

🏃 **知 识 链 接**

《孙子兵法》的管理思想

《孙子兵法》是世界上最早的一部完整、系统的古典军事理论著作,被人誉为兵学圣典,由春秋末期孙子所著。西方很多管理者把其视为组织商战、管理商战的法宝。它主要包括系统分析的管理思想、量力而行的管理思想、信息管理的思想、"择人而任势"的用人思想。

(三)儒家管理思想

儒家思想是在春秋时期的"百家争鸣"中形成的,以后发展成为中国封建统治者管理国家和社会的基本指导思想,其代表人物有孔子、孟子和荀子。

孔子是先秦儒家学派的创始人,是中国历史上著名的思想家与教育家,其言论与行事被其门人整理为《论语》,古有"半部《论语》治天下"之说。孔子的核心思想是礼治。

孟子是儒家学派的得力传人,其思想体系主要源于孔子,有《孟子》一书留世。孟子的核心思想是布施仁政观,从道不从君,并创立了"性善说"。

荀子是战国后期的儒家大师,他尊奉孔子,但批评孟子,并创立了与孟子相对立的"性恶说",著有《荀子》。

中国的儒家思想不仅在中国有着深远的影响,并且早在1 000多年前就传播到日本和东南亚各国,成为世界东方文化的渊源之一。

(四)道家管理思想

道家学派由春秋时期的老子所创,其思想涉及管理原则、管理方法、管理策略及管理者修养等方面,其中"无为而治"是其思想体系的核心,无为是指顺应自然规律。

老子所宣扬的无为而治的思想,蕴含了辩证的管理思想。从管理的角度看,就是要求组织管理人员在研究分析组织经营管理问题时,要善于由表及里,找到产生问题的根源及解决问题的规律。

(五)法家管理思想

以韩非子为代表的法家管理思想,以"法"为管理中心,讲求"法、术、势"相结合,在管理的制度、技巧、权威方面提出了独特的见解。其核心思想是"法治"。

韩非子主张"为治者,不务德而务法",意思是说要治理好国家,必须重视制度而不是人情。强调尊奉法治的重要性,提出运用"法(指政策、法令)、术(指人事任免、考核、奖罚)、势(指权力)"理论来治理国家的思想。

🏃 **知 识 链 接**

经营之神——范蠡

范蠡,字少伯,楚国人,春秋末期政治家和大商人,出身于"衰贱"家庭。初为楚国名士,文种为楚宛令时,二人相交为友。后他们认为楚非贵族不得仕,政治黑暗,乃一同入越,任大夫,与文种同事越王。越王常与范蠡谈论治国之策。勾践即位,与吴作战,击败吴军,箭伤吴王。吴王死时,叮嘱其子夫差报仇。吴王夫差即位,操练军队,日思报复越国。勾践得知后,不听范蠡劝谏,遂先发制人,主动征伐吴国,被吴大败。战败后,勾践听从范蠡之计,派大夫文种赴吴求和,并以美女、珍宝密贿吴国太宰,使吴王赦免越王,勾践夫妻入吴为质。范蠡伴越王赴吴为人质,替君分辱,小心行事,麻痹夫差,使君臣得以回越。回越后,他辅佐越王勾践,刻苦图强,卧薪尝胆。越王听从他的建议,勾践夫妇亲自耕种、织布,礼贤下士,赈济贫苦,吊慰死者,终使越国大治。越国富强后,勾践多次欲攻伐吴,范蠡均以劝阻,待吴王听信谗言杀掉忠臣伍子胥、国力衰败时,范蠡方挥师攻吴,灭吴国,助越王深谋20余年,报会稽之耻,拜上将军。后又助勾践挥兵北进,会盟诸侯,使越王勾践遂成霸业。

此后,范蠡认为大名之下,难以久居,且勾践为人,可与共患难,难与共安乐,向越王勾践请辞不许,遂留下书信,乘舟出海逃至齐国,改姓名鸱夷子皮,开荒种田,引海水煮盐,治产数千万。齐人闻知其贤,任为相。他则感叹:"居家则至千金,居官则至卿相,这都为世人所得意之事。但久受尊名,不祥啊!"乃弃官,尽散其家财,隐居陶地(今山东定陶西北),自号陶朱公,专事经商,致资累巨万。卒于陶。他生前还曾著有《养鱼经》,是世界上最早的养鱼文献。(《国语》《史记》均有记载)

(资料来源:若木,《经营之神:范蠡》,时事出版社2005年版。)

任务二 古典管理理论

早期的管理思想是管理理论的萌芽。较系统的管理理论的建立始于19世纪末20世纪初,该阶段的管理理论被称为古典管理理论。

在早期管理阶段,资本的所有者就是管理者。到19世纪末期,由于生产技术日益复杂,生产规模和资本的日益扩大,组织的管理职能逐渐与资本所有权相分离,便出现了专门的管理层。同时管理工作也成了有人专门研究的一门学问,并产生了古典管理理论。其主要理论有:(1)美国的泰勒等人以研究工厂内部生产管理为重点,以提高生产效率为中心,提出了生产组织方法科学化和生产程序标准化方面的科学管理理论;(2)法国的法约尔等人以组织整体为对象,以组织管理为核心,提出了关于管理职能和管理原则的一般管理理论;(3)德国的韦伯等人以组织结构为对象提出了行政组织理论。

一、泰勒的科学管理理论

20世纪初,随着组织的快速扩张和资本的快速累积,劳工的供应速度却比不上前两者的速度,造成了劳动力的严重短缺,因此,如何能提高劳工生产率和劳动效率,成为当时环境下组织关注的焦点。在此时代背景下,出现了专注于改善生产作业效率的科学管理理论,该理论强调加强对工作方法进行科学研究,用科学方法管理生产过程以提高工人生产率。其代表人物首推科学管理之父——泰勒。

泰勒生平

泰勒,出生于美国费城律师家庭,18岁开始进入钢铁厂当工人,从最基层的技工干起,先后做过技工、工头、车间主任、工程师。他从小就非常喜欢科学研究和试验。长期的"一线生产"工作经历使他发现了一个在当时非常普遍的工厂现象——工人们上班时在"磨洋工",而工厂主似乎也确实不知道工人到底一天应该干多少活。泰勒经过观察发现,出现这种现象的原因在于管理方法不科学。因此,他致力于要改变这种"磨洋工"的状况。为此,他进行了非常有名的工时研究试验、搬运生铁试验、铁锹试验和金属切削试验。

(一)科学管理的四大试验

1. 工时研究试验

工人偷懒的原因:(1)工人有一种错误的思想,认为多干活会带来失业的高风险;(2)资本家也不知道工人一天能干多少活,形成了工人想干多少就干多少的局面。为此,泰勒进行了秒表测时试验,开始,他认为将每一个工作分解成若干个基本的动作,用秒表测出工人每完成一件活的时间,然后适当地多留出一点时间,就能较精确地确定每个工人一天能干多少活。但在测量工人完成一件工作所需时间时,工人为了延长某一工作的时间,进而得到较低的工作定额,有时故意加一些不必要的动作,或故意放慢工作节奏。

所以泰勒提出:要把各个工作的操作标准化,即对工作进行认真研究,找出最合理的工作方法,通过训练后,使工人按此种方法工作。

2. 搬运生铁试验

1898年,伯利恒钢铁公司雇用泰勒来提高该公司的工作效率。当时公司五座高炉的产品由一个约有75名工人的班组搬运。这些工人的工作任务之一是搬运生铁,其操作包括扛起一块约40千克重的生铁,抬到斜板上,然后把生铁块滑放入车厢内,在泰勒开始研究之前,一名工人的每天搬运量为12.7吨。

泰勒的搬运生铁试验是挑选一名身强体壮的工人,让其按他的方法搬运和休息,结果该工人一天完成了48.3吨的任务。同时该工人的工资也从原来的1.15美元涨到1.85美元。然后,泰勒将此标准推广到其他工人。

3. 铁锹试验

伯利恒钢铁公司的堆料场雇用了一大批工人铲铁矿石和煤渣,试验之前,每个工人都是用自己的铁锹,一名工人铲煤渣时每锹的载重量不足2千克,而同一把铁锹每锹的实际负载量可超过15千克。为此,泰勒挑选了若干名一流的工人,付给其额外津贴,要求他们按照他的指导进行操作。他的试验表明,要取得最好的成果,每一锹平均负载量应为9千克左右。由于材料的比重不同,为了使工人在铲不同的材料时每一锹的负载量大致相同,要给工人配置大小不同的铁锹。铁锹试验结果是,堆料场的劳动力从400多人减少到140人,平均每人每天的操作量从 16.2 吨提高到 59.9 吨,每吨的操作成本从 7.2 美分降到 3.3 美分,每个工人的工资从 1.15 美元涨到 1.88 美元。

4. 金属切削试验

泰勒发现,确定机床加工工人的工作时间时,金属切削的速度对时间的影响特别大,于是他就开始进行金属切削试验。这项试验延续了 26 年,进行了 3 万多次的试验,多达 360 吨的钢铁被切成铁屑,在该试验基础上,泰勒发明了高速钢,并获得专利。

(二)科学管理理论的主要内容

泰勒在管理方面的主要著作有《计件工资制度》(1895)、《车间管理》(1903)、《科学管理原理》(1911)。其代表作是《科学管理原理》。泰勒在《科学管理原理》中提出的理论奠定了科学管理的理论基础,标志着科学管理思想的形成,泰勒也因此被西方管理学界尊称为"科学管理之父"。

泰勒及其合作者、追随者所奠基的"科学管理"理论有三个基本出发点:一是谋求最高工作效率;二是用科学管理代替旧的、传统的管理以提高工作效率;三是要求管理人员和工人双方实行重大的精神变革。

泰勒科学管理的内容,概括起来主要有以下七个方面的内容。

1. 实行差别计件工资制

实行差别计件工资制,即做同样的工作,每一件产品的工资额是不一样的,关键取决于工人一天内完成的总工作量。如果超额完成了当天的定额,则按高标准计算工资,如果未达到当天的定额,则按低标准计算工资。

2. 一场思想上的革命

以前劳资双方的兴趣,集中在所取得的赢利的合理分配问题上。通过科学管理,提高劳动效率,就能使双方将注意力从赢利的分配转到增加盈余上。提高效率是工人能取得较高工资、资本家能获得较多利润的前提,只有劳资双方共同努力,把饼做得更大,每个人才能分到更多。

3. 标准化

标准化是指工人在工作时要采用标准的操作方法,而且工人所使用的工具、机器、材料等都应该标准化,以利于提高劳动生产率。

4. 能力与工作相适应

泰勒认为,为了提高劳动生产率,必须为工作挑选第一流的工人。第一流的工人包括两个方面:一方面是该工人的能力最适合做这种工作;另一方面是该工人必须愿意做这种工作。因为人的天赋与才能不同,适合他的工作也就不同。身强体壮的人干体力活可能是第一流的,而心灵手巧的人干精细活也可能是第一流。所以,要根据人的能力和天赋把他们分配到相应的工作岗位。而且还要对他们进行培训,教会他们科学的工作方法,激发他们的劳动热情。

5. 计划职能与执行职能分开

将计划职能与执行职能分开,实行职能工长制,即将管理与劳动分开。泰勒认为,当时的管理者实际上同时在做两件事:一是计划职能,即先做出计划,规定标准的操作方法和操作规程,制定定额,下达计划,并监督计划的执行;二是执行职能,即执行已有的计划,但要在同一时间做好这两件事几乎是不可能的。所以,应该由一部分人专门负责计划的制订,而由另一部分人专门去执行计划。那么从事计划职能的人称为管理者,执行计划的人称为劳动者。

6. 工作定额

泰勒认为,科学管理的中心问题是提高劳动生产率。为了发掘工人们劳动生产的潜力,他采用时间研究(研究工人在工作期间各种活动的时间构成)和动作研究(研究工人干活时动作的合理性)的方法,制定出所谓标准的作业方法,并按照标准的作业方法和合理的组织与安排,确定工人一天必须完成的标准的工作量。他把传统的知识和技艺,归纳成规则、规律、公式,建立起一种科学的方法,以代替过去单凭工人经验进行作业的方法。

7. 例外管理原则

例外管理原则是指组织的高层管理者把一般日常事务授权给下属管理人员负责处理,而自己保留对例外事项的决策权和监督权,如重大的组织战略问题和重要的人员更替等。

实践证明,这种旨在提高劳动效率的改革在当时收到了很好的效果,生产效率得到了普遍提高,出现了高效率、低成本、高工资、高利润的新局面。

(三)对科学管理理论的评价

1. 泰勒科学管理的贡献

泰勒科学管理的最大贡献在于泰勒所提倡的在管理中运用科学方法和他本人的科学实践精神。泰勒科学管理的精髓是用精确的调查研究和科学知识来代替个人的判断、意见和经验。他认为,管理部门和劳动者双方都必须承认,在一切组织中所进行的工作中,用精确的调查研究和科学知识来代替个人的判断或意见(不论是管理者还是被管理者)是必不可少的。由此可见,泰勒所强调的是一种与传统的经验方法相区别的科学方法。

泰勒和他的同事创造和发展了一系列有助于提高生产效率的技术和方法。如时间与动作研究技术和差别计件工资制等。这些技术和方法不仅是过去,而且也是现在合理组织生产的基础。

2. 泰勒科学管理的弊端

泰勒对工人的看法是错误的。他将人看成是"经济人",认为工人工作的主要动机是经济利益,工人最关心的是提高自己的金钱收入,还认为工人只有单独劳动才能好好干,集体的鼓励通常是无效的。

泰勒的科学管理只重视技术的因素,不重视人群的社会因素。他所主张的专业分工,管理与执行分离,作业科学化和严格的监督等,加剧了体力劳动与脑力劳动的分离,加剧了劳资之间及管理人员和工人之间的矛盾。

泰勒只解决了个别具体工作的作业效率问题,而没有解决组织作为一个整体该如何经营和管理的问题。

(四)科学管理理论的其他代表人物

除泰勒外,科学管理观点的主要贡献者还有不少,其中以吉尔布雷思夫妇、亨利·甘特和福特最为著名。

吉尔布雷思夫妇最有名的研究是砌砖动作研究,他们通过对动作的研究来消除砌砖时不必要的手部与身体的动作,从而使工人的劳动效率提高了两倍多。同时他们还把动作研究推广到其他行业,并通过对动作的拍摄进行分析,剔除多余的动作,重新制定出一系列动作的先后次序和速度大小,最后制定出标准的操作程序,应该说他们的动作研究比泰勒更细致。其研究成果集中反映在 1911 年出版的《动作研究》一书中。

亨利·甘特著名的贡献是设计了甘特图。这是一种条形图,其中一轴表示时间,另一轴表示工作计划及目前的进度,常用于编制工作进度计划。同时,他还提出了与泰勒的"计件工资制"不同的"计件奖励工资制",即除了支付日固定工资外,超额完成部分再计件奖励,完不成定额的,只能拿到日固定工资部分。这种制度使工人有收入保障,一定程度上能激发起工作积极性。甘特的研究成果集中反映在《工业领导》(1916)和《工作的组织》(1919)中。

福特是世界上将标准化思想应用于现代化大生产的开创者。他将泰勒的单工序动作研究的思想应用到整个生产过程,采用大规模流水作业方式,将"产品标准化、工序作业标准化、工人操作标准化和工具标准化"应用于流水线,结果大获成功,极大地提高了劳动效率,降低了成本。

二、亨利·法约尔的一般管理理论

泰勒及其同时代的追随者们对科学管理的研究主要局限在生产现场的操作与管理方面,基本未涉及除生产现场以外的其他管理,如财务、营销、人力资源等方面。亨利·法约尔的一般管理理论正好弥补了这一点。

知识链接

法约尔生平

法约尔,法国人,1860 年毕业于矿业大学后进入矿业公司,1888 年出任公司的总经理,并成功地将处于困境中的公司改善和发展,有着非常丰富的管理大组织的经验。此外他还担任过大学管理学教授,其经历决定了他的管理思想比泰勒更全面,视野更开阔。他是现代管理理论的实际创始人,被誉为现代经营管理理论之父。他的代表作是 1916 年发表的《工业管理与一般管理》一书。

(一)法约尔一般管理理论的主要内容

1. 组织的基本活动

法约尔认为,一个组织无论大小,其全部活动可以概括为以下六个方面:

(1)技术活动,包括生产、制造和加工等;

(2)商业活动,包括购买、销售和交换等;

(3)财务活动,包括筹措和使用资金等;

(4)安全活动,包括维护设备和保护工作的安全等;

(5)会计活动,包括编制财产目录和资产负债表、计算成本、进行统计等;

(6)管理活动,包括计划、组织、指挥、协调和控制五个要素。

法约尔认为,这六种活动需要六种不同的能力,而这六种能力在组织各个阶层中都应具备,只是侧重点会有所不同。对基层工人来讲,主要要求是具有技术能力,随着职位的提高,管理能力的要求也逐步提高,且随着组织规模的扩大,管理能力愈显重要。

2. 法约尔的十四条管理原则

法约尔在他的《工业管理与一般管理》一书中,首先提出了非常有名的一般管理的十四条原则,这十四条原则中有许多原则至今仍是管理者奉行不渝的管理原则。

(1)分工原则。劳动的专业化分工减少了工人所需掌握的工作项目,故可以提高劳动生产效率,同时专业化使得规模生产和成本节约成为可能。

(2)权力与责任原则。法约尔认为,权力就是"下达命令的权力和强迫别人服从的力量",也即指挥他人及促使他人服从的权威和力量。他特别强调权力和责任的统一,认为二者应该同时存在,有权力没有责任不行,有责任没有权力也不行。

(3)纪律原则。法约尔认为,纪律实际上是组织领导人同下属人员之间在服从、勤勉、积极、举止和尊敬等方面达成的一种协议。纪律是领导人创造的,遵守纪律必须从领导做起,各级领导要称职,协议要明确且公平,处罚要合理且公正。

(4)统一指挥原则。即一个下级只应接受一个上级的命令,否则会使下级无所适从,不知服从谁的命令好,这样会违背纪律原则。

(5)统一领导原则。凡目标相同的活动,只能有一个领导、一个计划。

(6)个人利益服从集体利益原则。一个组织的利益大于个人利益,组织目标高于个人目标,因此当个人利益与集体利益有冲突时,应使个人利益服从集体利益。

(7)报酬原则。法约尔认为,员工在完成组织目标时做出了贡献,就应给予报酬,这种报酬应该尽可能公平合理,且与业绩挂钩,尽可能使员工与公司双方均满意,对贡献大的员工应给予奖励。

(8)集中化原则。法约尔认为,权力集中在组织是一种正常现象,组织的重大决策总是只由少数人做出。至于决策的集中程度则由具体情况而定。

(9)等级链原则。等级链是组织自上而下的等级系列,显示了执行权力的路线和信息传递的渠道。与此同时,法约尔还认识到,完全遵守等级链会带来官僚作风和工作的低效率。为克服该问题,他提出了非常著名的跳板原则:当两个部门的下属有必要发生沟通时,只要他们对应的上司同意就可以进行,不需要更高级的上司的同意,当交往发生后,他们应该也只需要向他们各自的上司汇报即可。这样既保证了等级链，又提高了工作效率。

（10）秩序原则。秩序是指人和物必须各有其位。管理人员要了解每个岗位的职责，并安排合适的人到合适的岗位，使人各尽其能。对物资和设备也应做到有序布置。

（11）平等原则。法约尔认为，每一个人都有平等的愿望，而平等是公平与友好的结果，公平就是在执行各项规章制度时要一视同仁，友好是指领导应该善意地对待自己的下属。

（12）人员稳定原则。一个人要有效地从事某项工作需要相当长的一段时间，而培养新人又需要花费较长的时间和较高的费用，尤其是培养管理人员。一个成功的管理人员必须是稳定的，不必要的人员流动对组织是一种损失和浪费。因此，任何组织都应鼓励员工尤其是管理人员长期为组织服务。

（13）首创精神原则。首创精神是创立和推行一项计划的动力。领导者本人要有首创精神，而且还要鼓励所有员工发挥他们的首创精神。

（14）集体精神原则。一个组织内集体精神的强弱取决于组织内员工之间的和谐与团结，全体成员的和谐与团结是组织发展的力量，所以，管理人员应尽一切可能保持和巩固员工的团结。

3.管理工作的五大要素

法约尔把管理要素看成是管理的各种职能——计划、组织、指挥、协调和控制，并对这五大管理要素进行了详细的分析和讨论。法约尔认为：计划就是探索未来和制订行动方案；组织就是建立组织的物质和社会的双重结构；指挥就是使其人员发挥作用；协调就是连接、联合、调和所有的活动和力量；控制就是注意是否一切都按已制定的规章和下达的命令进行。他还认为，管理的这五大要素并不是组织经理或领导人个人的责任，它是一种分配于领导人与整个组织成员之间的职能。另外，法约尔特别强调，不要把"管理"同"领导"混同起来。"领导"是寻求从组织拥有的所有资源中获得尽可能大的利润，引导组织达到目标，保证五大类工作顺利进行的高层次工作。

（二）对法约尔一般管理理论的评价

1. 法约尔一般管理理论的贡献

法约尔的管理思想同泰勒的管理思想都是古典管理思想的代表，但法约尔管理思想的系统性和理论性更强，他对管理的五大要素的分析为管理科学提供了一套科学的理论构架。后人根据这样的构架，建立了管理学并把它引入了课堂。

法约尔是以大组织最高管理者的身份自上而下地研究管理的，虽然他以组织为研究对象，但由于他强调管理的一般性，使得他的理论适用于许多领域。

法约尔提出的管理原则，经过多年的研究和实践证明，总的来说仍然是正确的。这些原则曾经给实际管理人员提供了巨大的帮助，现在仍然为许多人所推崇。

2. 法约尔一般管理理论的缺陷

法约尔一般管理理论的主要不足之处是：管理原则过于死板，以至于有时实际管理工作者无法遵守；忽视对"人性"的研究，仍将人视为"经济人""机器人"；过分强调组织内部的管理,忽视外界环境对管理的影响。

三、马克斯·韦伯的行政组织理论

马克斯·韦伯(Max Weber),组织管理理论学派的代表人物。出生于德国,对社会学、宗教学、经济学和政治学有广泛的兴趣。其主要贡献体现在《社会组织与经济组织理论》一书中,在该书中他提出了理想行政组织体系理论,由此被人们称为"行政组织理论之父"。其主要管理思想可以归纳为以下几方面。

(一)权力论

韦伯认为任何一种组织都是以某种形式的权力为基础的,如果没有权力,组织就不能实现目标,所以,权力是组织规范发挥作用的保证。

韦伯认为,组织存在着以下三种纯粹形态的合法权力(被社会接受的权力)。

1. 法定权力

法定权力即理性—法律权力。这种权力的依据是对标准规则的"合法性"的信念,或对那些按照标准规则被提升为指挥者的权力的信念。这种权力是社会组织的基础,没有这种权力来指导组织,组织的目标就不能实现。因为,这种权力具有连续性,从而为管理的连续性提供了基础。这种合法合理的权力要求人们的服从是绝对的,不管是普通老百姓还是领袖官员。所以,对这种权力的服从就等于对确认的职务或地位的权力的服从。

2. 传统权力

传统权力,其依据是对古老传统的不可侵犯性和按照传统执行权力的人的正统性的信念。这种权力以对传统习惯的信仰与尊重为基础,它是由历史沿袭下来的惯例、习俗而规定的权力。对这种权力的服从是绝对服从于统治者,因为它具有沿袭下来的神圣不可侵犯的权力地位。例如,对神权、族权、皇权的崇拜等。

3. 超凡权力

超凡权力又称为个人魅力型的权力。它以对个人的迷信和崇拜为基础。因为领导者具有神圣特殊的英雄主义或卓越非凡的特质,使人们认为对他的服从是正当的。如对宗教先知、军事和政治领袖的崇拜等。

在这三种纯粹形态的权力中,传统权力的效率较差。因为其管理单纯是为了保存过去的传统而行事。超凡权力则过于带感情色彩,并且是非理性的,依据的不是规章制度,而是神秘的或神圣的启示。所以,这两种权力不宜作为官僚行政组织模式的基础,只有理性—法律权力才能作为这种基础。可见,合法合理的权力观是韦伯组织理论的基本观点。

(二)理想的行政组织体系

韦伯的所谓"理想的行政组织体系"是指这种组织体系并不是最合乎需要的,而是组织"纯粹的"形态。这里的组织指官僚制组织。其主要特征有以下几方面:

(1)实现劳动分工,明确规定每个成员的权利和责任,并正式实施,使之合法化;

(2)各种公职或职位权力等级严密组织起来,形成指挥体系;

(3)根据正式考试成绩或在培训中取得的技术资格来挑选组织的所有成员;

(4)实行任命制,只有个别职位才实行选举制;

(5)公职人员必须是专职的,并有固定收入保证,有明文规定的升迁制度;

(6)职务上的活动应被认为是私人以外的事情,公私有明确界限;

(7)公职人员必须严格遵守纪律,受规则和制度制约,而且是毫无例外地适用于各种情况;

(8)组织中成员的关系以理性原则为指导,不受个人感情的影响。

韦伯的官僚组织理论是适应传统封建社会向现代工业社会转变的需要而提出的,它具有里程碑的意义,影响深远。

任务三　行为管理理论

行为管理理论始于 20 世纪 20 年代,早期被人称为人际关系学说,以后发展为行为科学,即组织行为理论。行为管理理论主要包括人际关系理论和行为科学理论。

一、人际关系理论

行为科学的早期理论是从人际关系理论开始的,人际关系理论的代表性人物是埃尔顿·梅奥(Elton Mayo)。他参加了在芝加哥附近由西方电气公司的霍桑电话机厂进行的一系列引起管理学界重视的非常著名的试验——霍桑试验。

(一)霍桑试验

霍桑试验于 1924 年开始,历时 8 年,于 1932 年结束。当时是根据科学管理理论中关于工人会对不同的工作条件做出相应的反应的假设进行的,目的是找到工作条件对生产效率的影响,以寻求提高劳动生产率的途径。主要的试验内容如下。

1. 工作场所照明试验(1924 —1927)

研究人员将参加试验的工人分成两组,一组为试验组,一组为参照组。参照组始终在正常的照明强度下工作,而不断变化试验组的照明强度,观察照明强度对生产效率的影响。试验结果发现照明强度的变化对生产率的影响不明显。

2. 继电器装配室试验(1927 —1928)

该试验的目的是研究工作环境中各种因素的变化对工人工作效率的影响。试验首先增加工人的休息次数、延长休息时间、缩短每日工作时间、实行五天工作制及集体奖励制度等。尔后,又恢复为原来的工作状态,并将之前的集体奖励制度改为个人奖励制度。结果发现无论工作条件如何变化,产量都能得到提高,而且工人的缺勤率也减少了 80%。为什么呢? 工人们认为,原因是没有领班的监督,可以自由自在地工作,工人之间增加了接触的机会,也增加了感情。试验过程中试验者与工人沟通得较好,什么事都是一起商量,工人感到备受尊重,所以特别愿意干,害怕干不好对不起试验者。

试验结果使梅奥否定了工人是"经济人"的假设,他提出,工人的态度对劳动成果有很大影响,生产效率的提高不在于生产条件与环境的变化,而在于人的因素。为证实这一结果的正确性与普遍性,他们又进行了广泛的调查与采访。

3. 大规模的访谈(1928—1931)

试验者从1928年起又在西方电气公司进行了大规模的访谈,在两年多的时间里,他们与公司4万工人中的2万多人进行了个别谈话,了解工人对工作、工作环境、管理人员、公司和令他们烦恼的任何问题的看法,以及这些看法是如何影响生产效率的。发现每个工人的工作效率不仅取决于他们自身的情况,还与其所在小组的同事有关。

4. 接线板接线工作室试验(1931—1932)

该试验的目的是了解非正式组织的存在对工作绩效的影响。该工作室有9名接线工、3名焊接工和2名检查员。试验的工作场地、工具和设备以及操作方法都是按照科学管理方法设计的,对工人实行的小组计件工资也符合科学管理思想,完全有可能超过他们原来的实际产量。但是试验结果却与设想大不相同。近五个月的试验结果显示,他们的产量总是维持在一定水平上,而且,每天未到下班时间,他们就洗手不干了。如果谁多干了,其他人会暗示他放慢工作速度,大家都按照这个集体标准工作,谁也不拔尖,谁也不偷懒,而且他们中存在着自然领袖人物,证实了"非正式组织"的存在,非正式组织对组织内的成员有相当大的约束力。

试验和访谈结果表明,生产率不仅与物质实体条件有关,而且与工人的心理、态度、动机、群体中的人际关系、领导者与被领导者的关系等密切相关。

(二)人际关系理论的主要观点

根据霍桑试验的结果,梅奥提出了人际关系理论,他在1933年发表的《工业文明中人的问题》一书中进行了归纳总结,提出了以下主要观点。

1. 工人并不是"经济人",而是"社会人"

工人有追求人与人之间的友情、安全感、归属感、受人尊重的需求。因此,提高劳动生产率的关键因素在于满足工人的心理需求,提高士气,从而激发其积极性。

2. 组织中存在非正式组织

任何正式组织内部都有非正式组织的存在。非正式组织是相对正式组织而言的。非正式组织是指人们在共同生活、工作、学习的过程中,基于共同的情感所形成的团队。

非正式组织存在的基础是员工的情感需要,非正式组织相互之间联系的纽带是情感,是成员的相互关系。非正式组织对成员的行为有约束作用,对正式组织的目标实现可能是有益的,也可能是不利的。因此,正式组织管理者应寻求有效的途径积极引导非正式组织成员的行为规范,使其行为对正式组织产生积极的作用。

3. 生产效率主要取决于员工的工作态度和人们的相互关系

科学管理认为，生产效率主要取决于工作方法、工作条件和工资制度。而梅奥认为提高生产效率的主要途径是提高员工的满意度，即员工对社会因素，特别是人际关系的满足程度。

人际关系理论为管理科学的研究开辟了一个新的领域，即重视人的因素，从而成为行为科学研究的先驱。但梅奥只强调要重视人的行为，并未进一步去研究和探讨人的行为规律以及如何去影响人的行为以达到组织的预定目标。

二、行为科学理论

行为科学学派运用心理学、社会学、管理学、人机工程学等学科知识对个体、群体行为进行科学的分析，强调从人的作用、需求、动机、相互关系及社会环境等方面研究其对管理活动及结果的影响，研究决定人的行为的因素，以及如何去激励人，如何正确处理人与人之间的关系，如何有效地引导成员为实现组织目标而努力。其主要理论如下。

(一)需要层次理论

心理学家认为，人的行为是由动机产生的，而动机又来源于人的各种需要。美国心理学家亚伯拉罕·马斯洛(Abraham Maslow)通过大量的研究，提出了人的需要层次结构，他把人的需要分为五类：生理的需要、安全的需要、社交的需要、尊重的需要、自我实现的需要。

(二)双因素理论

美国心理学家弗雷德里克·赫茨伯格(Frederick Herzberg)于1959年在其出版的《工作的激励因素》一书中提出双因素激励理论。他把影响人的行为的因素分为两类。一是保健因素，如工作环境与工作条件、同事的关系、上下级的关系、工作的安全状况等。这类因素与人的不满情绪有关，若满足了这些需要，员工就不会产生消极情绪，但也不会起积极的作用；若未满足这些需要，员工则会产生消极情绪。二是激励因素，如工作的挑战性、工作的成就感、工作性质、职位的提升等。这类因素与工作内容本身有关，满足了这些需要，可以产生积极的激励作用；若未满足这些需要，员工也不会产生消极情绪。

(三)X理论和Y理论

这是基于对人性的不同看法划分的理论。美国麻省理工学院教授道格拉斯·麦格雷戈(Douglas M. Mc Gregor)在1960年发表的《企业的人性方面》中提出了关于对人性的看法的两个理论——X理论和Y理论。具体内容参见后面的模块。

知 识 链 接

Z理论

威廉·大内(William Ouchi)提出了Z理论，认为组织管理当局与职工的利益是一致的，二者的积极性可融为一体。管理的主要内容：(1)组织对职工的雇用应是长期的而不是短期的；(2)上下结合制定决策，鼓励职工参与组织的管理工作；(3)实行个人责任制；(4)上下级之间关系要融洽；(5)对职工要进行全面的知识培训，使职工有多方面工作的经验；(6)相对缓慢地评价和稳步提拔；(7)控制机制要较为含蓄且不正规，但检测手段要正规。

任务四　现代管理理论

现代管理理论产生发展于 20 世纪 40 年代末到 80 年代。这是管理思想最活跃、管理理论发展最快的时期，也是管理理论步入成熟的时期。这一时期创立了大量科学而实用的管理理论，很多在目前仍用以指导各类社会组织的管理实践。

一、现代管理理论的丛林

(一)管理过程学派

管理过程学派又称管理程序学派，它是在法约尔管理思想的基础上发展起来的。其代表人物是美国的埃尔伍德·斯潘塞·伯法(Elwood Spencer Buffa)哈罗德·孔茨(Harold Koontz)和西里尔·奥唐奈(Cyril O'Donnell)。其代表作是他们两人合著的《管理学》。他们主要研究管理者的管理过程及其功能，并以管理职能作为其理论的概念结构。

管理过程学派的主要贡献如下。

1. 管理是一种过程

他们认为管理是一种普遍而实际的过程。尽管各类组织的性质不同，不同类型与层次管理者的实际工作有很大的区别，但管理者所履行的管理职能是相同的，即计划、组织、领导、控制等。

2. 分析管理的职能

他们深入分析每一项管理职能，总结出了管理的原理、原则、方法，以便更好地指导管理实践。

3. 按管理职能构架管理思想

他们设计出一个按管理者实际工作过程的管理职能来建立管理理论的思想构架，把一些新的管理原则与技术融入计划、组织、领导、控制等职能框架之中，从而建立起更加实用的理论体系。

(二)管理科学学派

管理科学学派又称数理学派，它是对泰勒科学管理理论的继承和发展。其代表人物为美国的埃尔伍德·斯潘塞·伯法。伯法的代表作为《现代生产管理》。

管理科学学派的贡献如下。

1. 力求减少决策的个人艺术成分

他们依靠建立一套决策程序和数学模型来增加决策的科学性。他们将众多方案中的各种变数或因素加以数量化,利用数学工具建立数量模型来研究各变数和因素之间的相互关系,寻求一个用数量表示的最优化答案。决策的过程就是建立和运用数学模型的过程。

2. 各种可行的方案均以经济效果作为评价的依据

他们认为经济效果是管理者评价方案是否可行的重要标准,通常用成本、总收入和投资利润率等指标来评价。

3. 广泛地使用电子计算机

现代组织管理中影响某一事物的因素错综复杂,建立模型后,计算任务极为繁重,依靠传统的计算方法获得结果往往需要若干年时间,致使计算结果无法用于组织管理。电子计算机的出现大大提高了运算的速度,使数学模型应用于企业和组织成为可能。

管理科学理论重点研究的是操作方法和作业方面的管理问题。现代管理科学学派也有向组织更高层次发展的趋势,但目前完全采用管理科学的定量方法来解决复杂环境下的组织问题还面临着许多实际困难,有待于进一步的研究,也有待于其他科学的发展。

有时人们把数理学派、决策学派和系统学派统称为管理科学学派,其特点是借助于数学模型和计算机技术研究管理问题,而且是偏于定量的研究。

(三)社会系统学派

社会系统学派最早的代表人物是美国的切斯特·巴纳德(Chester Barnard),其代表作是《经理人员的职能》。他将社会学的概念引入管理,在组织的性质和理论方面做出了杰出贡献。

社会系统学派的主要贡献如下。

1. 组织是一个协作系统

他认为组织是由两个或两个以上的人有意识协调活动和效力的系统,每个组成部分都以一定的形式与其他部分相联系。

2. 组织的要素

组织无论大小、层次高低,都存在着共同的目标、协作意愿和信息沟通三个基本要素。

3. 组织的效力与效率

组织的效力与效率是组织发展的两个重要原则。

4. 管理者的权威

管理者的权威来自下级的认可,即管理人员的权限取决于指挥下级的命令是否为下级所接受。

5. 经理人职能

经理人员作为信息沟通系统中相互联系的中心,通过信息沟通来协调组织成员的协作活动,以保证组织目标的实现。

(四)决策理论学派

决策理论学派是从社会系统学派发展而来的。它的代表人物是美国的卡内基梅隆大学的教授赫伯特·西蒙(Herbert Simon),其代表作为《管理决策新科学》。西蒙由于在决策理论方面的贡献,曾荣获1978年的诺贝尔经济学奖。

该学派认为管理的关键在于决策,因此,管理必须采用一套制定决策的科学方法,要研究科学的决策方法以及合理的决策程序。有人认为西蒙的大部分思想是现代组织经济学和管理科学的基础。

决策理论学派的主要贡献如下。

1. 决策是一个复杂的过程

人们常常认为,决策是在一瞬间即可完成的活动,是在关键时刻做出的决定。而决策理论学派认为,这种看法太狭隘了,它忽略了决定之前的复杂的了解、调查、分析的过程,以及在此之后的评价过程。作为决策的过程至少可分成四个阶段:一是提出制定决策的理由;二是尽可能找出所有可能的行动方案;三是在诸多行动方案中进行抉择,选出最满意的方案;最后是对该方案进行评价。这四个阶段中都含有丰富的内容,并且各个阶段有可能相互交错,因此决策是一个反复的过程。

2. 程序化决策与非程序化决策

西蒙认为,根据决策的性质可以把它们分为程序化决策和非程序化决策。程序化决策是指反复出现和例行的决策。这种决策的问题由于已出现多次,人们自然就会制定出一套程序来专门解决这种问题。非程序化决策是指从未出现过的,或者其确切的性质和结构还不很清楚或相当复杂的决策。程序化决策与非程序化决策的划分并不严格,因为随着人们认识的深化,许多非程序化决策将转变为程序化决策。此外,解决这两类决策的方法一般也不相同。

3. 满意的行为准则

西蒙认为,由于组织处于不断变动的外界环境影响之下,搜集到决策所需要的全部资料是困难的,而要列举出所有可能的行动方案就更加困难,况且人的知识和能力也是有限的,所以在制定决策时,很难求得最佳方案。在实践当中,即使能得出最佳方案,出于经济方面的考虑,人们也往往不去追求它,而是根据令人满意的准则进行决策。具体地说,就是制定出一套令人满意的标准,只要达到或超过了这个标准,就是可行方案。

4. 组织设计的任务就是建立一种制定决策的人—机系统

计算机的广泛应用对管理工作和组织结构产生了重大影响。这使得程序化决策的自动化程度越来越高,许多非程序化决策已逐步进入程序化决策的领域,从而导致组织中决策的重大改革。由于组织本身就是一个由决策者所组成的系统,现代组织又引入了自动化技术,就变成了一个由人与计算机所共同组成的结合体。组织设计的任务就是要建立这种制定决策的人—机系统。

(五)经验管理学派

经验管理学派,又称案例学派,其代表人物有彼得·德鲁克(Peter F. Drucker)和欧内斯特·戴尔(Ernest Dale)。德鲁克的代表作是《有效的管理者》,戴尔的代表作是《伟大的组织者》和《管理：理论和实践》。他们认为，有关组织管理的科学应该从组织管理的实际出发，以大组织的管理经验为主要研究对象，以便在一定的情况下把这些经验加以概括和理论化，但在更多情况下，只是把这些经验传授给组织实际管理工作者，提出些实际的建议。也就是说，该学派主张通过分析经验（案例）来研究管理问题。其主要贡献如下。

1. 管理的基本任务

他们认为管理有三项基本任务：一是取得经济效果（利润）；二是使工作具有生产性，并使工作人员有成就；三是承担组织对社会的责任。因此，管理者必须了解和掌握一些基本技能，如做出有效决策、在组织内部和外部进行信息联系、学会目标管理等。

2. 提倡实行目标管理

目标管理是管理人员和员工在工作中实行自我控制并达到工作目标的管理机能和管理制度。

3. 对高层管理问题给予高度重视

对高层管理的任务、结构、战略等做了深入的研究。

经验管理学派也有其局限性。因为未来肯定不同于过去，过去的具体经验，未必能用于解决未来的问题。对过去经验的研究，如果不是从根本上搞清楚事物的起因，那么就可能只是停留在经验、技巧、艺术的层面上，而难以上升为科学的理论，从而其可靠性和普遍适用性就值得怀疑了。

（六）系统管理学派

系统管理学派盛行于20世纪60年代前后，由于当时系统科学和理论比较盛行，提倡系统管理的人士十分广泛，因此对管理影响很大。这一理论是弗里蒙特·卡斯特（Fremont E. Kast）、詹姆斯·罗森茨威克（James E. Rosenzweig）和理查德·A. 约翰逊（Richard A. Johnson）等美国管理学家在一般系统理论的基础上建立起来的。

系统管理学派对管理的定义是：用系统论的观点对组织或企业进行系统分析、系统管理的过程。系统管理学派认为，任何组织都是一个开放的系统，它与外部环境在不断地相互作用。它具有系统输入、输出和反馈的功能。因此，一般系统论是系统管理学派的理论基础。

（七）权变管理学派

权变管理学派诞生于20世纪70年代，代表人物主要有卢森斯、菲德勒和伍德沃德等。代表作是卢森斯的《管理导论：一种权变学说》。该学派认为，在组织管理中要根据组织所处的内外条件来决定其管理手段和管理方法，即要按照不同的情景、不同的组织类型、不同的目标和价值，采取不同的管理手段和管理方法。也就是说，没有什么一成不变的、普遍适用的"最好的"管理理论与方法。

管理者应根据组织的具体条件及其面临的外部环境，采取相应的组织机构、领导方式和管理方法，灵活地处理各项具体管理业务。把一个组织看作社会系统中的分系统，要求组织各方面的活动都要适应外部环境的要求。

二、当代管理理论的新发展

随着计算机尤其是个人计算机的广泛普及,互联网的广泛运用,人类进入了信息化的新经济时代。信息化、网络化、知识化和全球化是新经济时代,尤其是 20 世纪 90 年代以来的显著特征。20 世纪 90 年代以来,产生了一些体现时代特征的管理理论,主要有组织文化理论、业务流程再造、学习型组织、精益思想、核心能力理论和虚拟组织等。

(一)组织文化理论

20 世纪 80 年代初,日本经济持续多年的高速增长引起了全世界的瞩目,而支撑经济增长的关键是组织的竞争力。日本组织的国际竞争力迅速提高,抢走了美国组织在本土的市场份额,为了迎接日本的挑战,美国组织界开始研究日本组织的管理模式。组织文化理论就是这种研究的一项重大成果。

组织文化理论基点是以人为本。它强调管理以人为中心,充分尊重员工的价值,重视人的需求的多样性,运用共同的价值观、信念、和谐的人际关系、积极进取的组织精神等文化观念来营造整体的组织人生,使管理从技术上升为艺术。

知识链接

组织文化四重奏

组织文化作为一种理论最早出现于美国,是美国的一些管理学者总结日本管理经验之后提出的。最早提出组织文化概念的人是美国的管理学家威廉·大内(Willian Ouchi)。他于 1981 年出版了自己对日本组织的研究成果《Z 理论——美国企业界如何迎接日本的挑战》。在此书中,他指出:日本组织成功的关键因素是它们独特的组织文化。这一观点引起了管理学界的广泛重视,吸引了更多的人从事组织文化的研究。在随后的两年里,美国又连续出版了三本组织文化的专著:理查德·帕斯卡尔(Richard T. Pascale)和安东尼·阿索斯(Anthony G. Athos)合著的《日本企业的管理艺术》更深入地阐述了日本组织所特有的组织文化;特雷斯·迪尔(Terrence E. Deal)与阿伦·肯尼迪(Allan A. Kennedy)合著的《公司文化》以日本的经验为基础构建起了组织文化的理论框架;托马斯·彼得斯(Thomas Peters)和罗伯特·沃特曼(Robert H. Waterman)出版的《追求卓越》一书开始运用组织文化的理论框架研究美国组织的成功经验。这三部著作同威廉·大内的著作,并称为"组织文化四重奏"。

(二)业务流程再造

传统的组织结构建立在职能和等级职能的基础上。虽然这种模式过去曾经很好地服务于组织,但是面对知识经济时代竞争环境的要求,它的反应已经显得缓慢和笨拙。业务流程再造(ERP)对许多的传统组织结构原则提出了挑战,将流程推到管理日程表的前列。通过重新设计流程,可以在绩效的改善上取得飞跃、激发和增进组织的竞争力。迈克尔·哈默

(Michael Hammer)和詹姆斯·钱皮(James Champy)在 1993 年出版的《再造公司》一书中，主张采取上述方法对变化和为提高产品和经营的质量而付出的努力进行管理。他们把再造定义为"对经营流程彻底进行再思考和再设计，以便在业绩衡量标准(如成本、质量、服务和速度等)上取得重大突破"。采取再造方法的公司应迅速学会必须做什么，然后确定该如何做。"'再造'不把任何事想当然，它对'是什么'有所忽视，而对'应该是什么'相当重视。"再造中最关键的部分是在公司的核心竞争力和经验的基础上确定它应该做什么，即确定它能做得最好的是什么。之后确定需要做的事最好是由本组织来做还是由其他组织来做。采取再造方法的结果是公司规模的缩小和外包业务的增多。

业务流程再造理论适用于以下三类组织：问题丛生的组织；目前业绩虽然很好，但却潜伏着危机的组织；正处于事业发展高峰的组织。

业务流程再造的实施和其他管理理论的实践一样，是一个系统工程。它的成功不仅需要有科学和有效的工作流程设计，同时还需要整个系统的协调运作加以保证。这种保证系统，同样是组织取得"业务流程再造"成功不可缺少的因素。

(三)学习型组织

20 世纪 80 年代以来，随着信息革命、知识经济时代进程的加快，组织面临着前所未有的竞争环境的变化，正如管理大师彼得·德鲁克所言，"当今世界，唯一不变的就是变化"。传统的组织模式和管理理念已越来越不适应环境。在这样的大背景下，以美国麻省理工学院教授彼得·圣吉(Peter M. Senge)为代表的西方学者，吸收东西方管理文化的精髓，提出了以"五项修炼"为基础的学习型组织理论。

所谓学习型组织，是指通过培养弥漫于整个组织的学习气氛、充分发挥员工的创造性思维能力而建立起来的一种有机的、高度柔性的、扁平的、符合人性的、能持续发展的组织。这种组织具有持续学习的能力，具有高于个人绩效的综合绩效。

彼得·圣吉提出了要建立学习型组织，必须具备五项修炼的技能，即追求自我超越、锻炼系统思考能力、改善心智模式、建立共同愿景目标、开展团队学习。团队学习是发展团体成员整体合作与实现共同目标能力的过程。学习的本身是发现错误或了解和掌握新知识，团队学习正是要利用集体的优势，通过开放型的交流，发现问题、互相学习、取长补短，以达到共同进步的目的。著名物理学家海森堡认为"集体可以做到比个人更有洞察力、更为聪明。团队的智商可以远大于个人的智商"，这就是提倡团队学习的原因。

学习型组织的基本理念，不仅有助于组织的改革和发展，而且对其他组织的创新与发展也有启示。人们可以运用学习型组合的基本理念去开发各自所置身的组织、创造未来的潜能，反省当前存在与整个社会的种种学习障碍，思考如何使整个社会早日向学习型社会迈进。这是学习型组织所产生更深远的影响。

(四)精益思想

1985 年，麻省理工学院发起了"国际汽车计划(IMVP)"。IMVP 组织了一支国际性的研究队伍，耗资 500 万美元，历时五年，访问了北美、西欧、日本以及韩国、墨西哥和中国台湾等国家和地区与汽车有关的公司和工厂,写出了大量的研究报告,最后出版了一本名为《改变世界的机器》的著作,推出了一种以日本丰田生产方式为原型的精益生产方式(Lean Production)。精益生产即组织把客户、销售代理商、供应商、协作单位纳入生产体系,同他们建立起利益共享的合作伙伴关系,进而组成一个组织的供应链。消除无价值活动是精益生产方式的精髓。精益生产方式不同于大规模生产方式。詹姆斯·沃麦克(James Womack)和丹尼尔·琼斯(Daniel Jones)在《精益思想》一书中指出,所谓精益思想,就是根据用户需求定义组织生产价值,按照价值流组织全部生产活动,使要保留下来的、创造价值的各个活动流动起来,让用户的需要拉动产品生产,而不是把产品硬推给用户,暴露出价值流中所隐藏的无价值活动,从而不断完善,达到尽善尽美。

(五)核心能力理论

核心能力理论是由 20 世纪 80 年代资源基础理论发展而来的。在 20 世纪 50 年代,菲利普·塞尔兹尼克(Philip Selznick)提出"独立能力"概念,并且在 60 年代形成了组织战略管理的基本模式,即公司使命或战略建立在"独特能力"基础之上,其包括组织成长方式、有关组织实力与不足的平衡思考,以及明确组织的竞争优势和协同效应,从而开发新市场和新产品。到 20 世纪 80 年代,资源基础理论认为组织的战略应该建立在组织的核心资源上。所谓核心资源是指有价值的、稀缺的、不完全的模仿和不完全替代的资源。它是组织持续增长优势的源泉。1990 年普拉哈拉得和哈默尔(C. K. Prahalad & Gary Hamel)在《哈佛商业评论》上发表了一篇具有广泛影响的论文《企业核心能力》,一下子把众多学者、实践家的目光吸引了过去。从核心资源到核心能力,资源基础理论得到进一步发展。按普拉哈拉得和哈梅尔的定义,核心能力是组织内的集体知识和集体学习,尤其是协调不同生产技术和整合多种多样技术流的能力。一项能力在鉴定为组织的核心能力之前,必须满足以下五个条件:(1)不是单一技术或能力,而是一簇相关的技术和技能的整合;(2)不是物理性资产;(3)必须能创造顾客看重的关键价值;(4)与对手相比,竞争上具有独特性;(5)超越特定的产品或部门范畴,能为组织提供通向新市场的通道。

(六)虚拟组织

20 世纪 90 年代还有一个热点——虚拟组织。1990 年《哈佛商业评论》第 6 期发表文章《公司核心能力》,作者建议公司将经营的焦点放在不易被抄袭的核心能力上,由此引发后来的"虚拟组织"热。虚拟组织与传统的实体组织不同,它是围绕核心能力,利用计算机信息技术、网络技术及通信技术与全球组织进行互补、互利的合作,合作目的达到后,合作关系随即解散,以此种形式能够快速获取处于全球各处的资源为我所用,从而缩短"从观念到现金流"的周期;不仅如此,灵活的"虚拟组织"可避免环境的剧烈变动给组织带来的冲击。1994 年出版的由史帝文·L. 戈德曼(S. L. Glodman)、罗杰·N. 内格尔(R. N. Nagel)及肯尼斯·普瑞斯(K. Preiss)合著的《灵敏竞争者与虚拟组织》是反映虚拟组织理论与实践的较有代表性的著作。

知识链接

虚拟企业

在美国学者于 1991 年最早提出"虚拟组织"概念仅仅 7 年后,美特斯邦威就运用"虚拟经营"之道,成功地打破了温州家族式民营组织通常发展至 5 亿元左右年营业规模就徘徊不前的"温州宿命"。

2002 年 8 月 23 日,一个专家组来到美特斯邦威集团,考察其电子商务的应用情况。在这里已经看不到一台缝纫机,初步具备了虚拟品牌运营商概念的美特斯邦威集团,竟然自行研究开发了包括 ERP 在内的全部信息系统!专家组认为,在目前的国内组织中,美特斯邦威在信息技术运用上已处于领先地位,真正把信息技术成功运用到了生产、管理、流通、销售等各个环节。

(资料来源:百度文库,http://wenku.baidu.com/link? url=spAfgKejzgt0h3Ko24p15CoJk1u_VE1npDg5KyV1NxW0L7dX6biT0R—DT7OzhO2zefJnLitsIILMUZnsUofmEBJaFsDiZrDl624nhOS6yYq)

阅读资料

乔家经营之道

一代传奇晋商乔致庸弃文从商,怀抱以商救民、以商富国的梦想,经过曲折复杂的风波,历经千难万险,最终实现了"货通天下、汇通天下"的凤愿。事实上,山西祁县乔家在商界的兴盛超过了 200 多年,历经嘉庆、道光、咸丰、同治、光绪五朝。乔致庸虽然身为旧时代的商人,但在他身上却有着许多现代商业的经营意识和经营理念。乔家的经营智慧主要有以下几方面。

一、做生意先做人

中国有句古训:"商道即人道。"在乔致庸看来,任何生意都是人的生意,做生意首先要做人。因此,他把经商之道排列为"讲义为先,守信次之,而后方为取利"。这种经营思想在具体做法上的表现就是:宽以待人,言而有信,互帮互助,不坑客,不做假,不欺"相与",不亏伙计。当乔致庸见到外乡讨饭的穷人时,不惜倾其全部积蓄搭建粥棚,让数万饥饿的百姓度过难关。逢年过节时,乔家也不忘给左邻右舍送年货,济贫弱。正是怀着做生意先做人的这种态度,乔家的生意才得以广泛的认可,并迅速发展壮大。

二、诚信行天下

商场是一个没有硝烟的战场,每日战战兢兢,稍不留神,就会战死沙场。计谋和策略的运用是可以理解的,但是诚信和品质更为重要。组织的声誉是一种无形资产,良好的声誉可以给组织带来实际的经济收益,促进组织的可持续发展。纵观乔致庸的一生,他的所有的成功无一不和两个字紧紧地联系在一起,那就是"诚信"。从商贸到金融,乔家实现"货通天下""汇通天下"的理想的根本原因是纵横天下的商业诚信。乔家开办之初就宣称"以勤俭诚信为本""人弃我取,薄利广销,维护信誉,不弄虚伪"。乔致庸以此作为经营理念,当产品质量出现问题时,乔致庸宁愿忍受眼前利益的巨大损失,也要无偿退货换货,毁销假货,以挽回商誉。乔致庸的这种做法虽然损失不少银两,可是却保证了组织的信誉。随着消费者对乔家品牌的认知和肯定,乔家生意越来越火,并且,在乔家的影响和带动下,"诚信第一"的商风真正建立起来。由此可见,"诚信"二字在乔家生意中的重要作用。

三、注重品牌管理

"走——嘞——"的一声高喊,喊出了乔致庸"货通天下""汇通天下"的壮志雄心,在实现这一凤愿的过程中,乔致庸没有忘记组织品牌的塑造。乔致庸贩茶的过程中,南到武夷山,北至恰克图,在武夷山的茶砖上印下了大德兴的标记,在恰克图的货物上印下了复字号的标志,这让茶民和牧民们记住了乔致庸的深情厚谊,也记住了乔家的产品。品牌塑造的核心内容就是给顾客带来价值。乔致庸疏通茶路的过程正是其品牌塑造的过程。大德兴茶票庄最终能够成功,和品牌的塑造也是密不可分的。乔致庸的品牌管理思想在现在来看也是十分先进的。在品牌的战略愿景上,乔致庸提出了"货通天下""汇通天下"的宏愿;在品牌的识别上,乔致庸在茶砖上印上大大的"大"字;在品牌的核心价值上,乔致庸表现了"服务天下"的承诺;在品牌延伸上,乔致庸把丝茶生意品牌转移到了票号生意上,等等。

四、知人善用

乔家作为晋商中家族组织的典型,其用人之道可谓"知人善用"。知遇马荀,并让其做上复字号大掌柜;惩办通顺号胡麻油事件,果断的辞退了违反店规招聘伙计任用私人的通顺店掌柜顾天顺;看中卖花生米的孙茂才,高薪聘任为"市场总监",帮助乔家摆脱危机,并最终稳住了乔家的产业,等等。这些事例无不体现了乔家在用人上的眼光,那就是用人唯贤,用人所长,用人不疑。即便是自己的直系亲属,如果不善于经营,也不会雇用。乔致庸与祖父一样,没有把经营大权交给儿子,而是交给了善于经营的孙子乔映霞。千里马常有,伯乐不常有,乔致庸就是出色的伯乐,他能够不拘一格地启用人才,使得组织得以超常规发展。

五、塑造组织文化

乔致庸的格言"货通天下、汇通天下"可以看成是乔家组织文化中的愿景;而"服务天下、为国为民"正是乔家组织文化当中的使命;"以义治利,诚信不失,人心不偏,公道长存"则是乔家组织文化中的核心价值观。除了这些文化理念外,乔家还制定了严格制度规范来保证组织文化的落地。乔致庸自接手家业之后便立下了严格的家规,例如:学徒四年以上出师,愿在本店当伙计者,一律顶一厘身股,此后按劳绩逐年增加;分号和总号各自独立经营,独自核算,自负盈亏;再如乔家所有员工,包括东家本人必须戒五毒,戒懒、戒骄、戒贪,等等。如此这般,一共颁布了二十条店规。其中的压轴条款更创下了商规中的典范——任何时候不得与任何相与商家争做霸盘。乔致庸的孙子乔映霞主持家族产业以后,也立下了严格的家规:一不准吸鸦片,二不准纳妾,三不准赌博,四不准冶游,五不准酗酒,等等。这些严格的规矩使乔家的掌柜们以身作则,保证了乔家各种文化理念的实现。在乔家的商号中,所有的人都要念诚信一本经。

(资料来源:360个人图书馆,http://www.360doc.com/content/15/1213/01/13941422_519976948.shtml)

知识小结

(1)西方早期的管理思想及其代表人物主要有亚当·斯密、查尔斯·巴贝奇、罗伯特·欧文。同时也介绍了中国的早期管理思想。

(2)古典管理理论的代表人物有泰勒、法约尔和韦伯,他们分别从个人、组织和社会三个不同的角度提出了科学管理理论、一般管理理论和组织管理理论,使管理学真正成为一门科学。

(3)梅奥以他的霍桑实验提出"社会人"的观点,并发展成为人际关系学说,成为行为科学发展的开端。

(4)行为科学理论主要有马斯洛的需求层次理论、赫茨伯格的双因素理论、麦格雷戈的 X 理论和 Y 理论。

(5)现代管理理论主要包括管理过程学派、管理科学学派、社会系统学派、决策理论学派、经验管理学派、系统管理学派以及权变管理学派等。

(6)当代管理理论的一些新观点、新思想和新体系,即企业文化理论、业务流程再造、学习型组织、精益思想、核心能力理论与虚拟组织。

技能练习

第 I 部分 基本训练

一、判断题

1. 泰勒科学管理理论的中心问题是提高劳动生产率。 （　　）

2. 法约尔提出的十四项管理原则对现在的管理活动不再有指导意义。 （　　）

3. 马斯洛认为当人的某一需要成为当前最迫切的需要时,他可置其他需要于不顾。（　　）

4. 按照赫茨伯格的观点,激励因素与工作内容有关。 （　　）

5. 欧文最早注意到人的因素对提高劳动生产率的重要性,并率先在人事管理方面进行了探索,被称为"人事管理之父"。 （　　）

6. 孔子是先秦儒家学派的创始人,是中国历史上著名的思想家与教育家,其言论被其门人整理为《论语》,古有"半部《论语》治天下"之说。孔子的核心思想是学治。（　　）

7. 经验管理学派的中心是强调管理的艺术性。 （　　）

8. 巴纳德认为,组织是一种人的关系的协作系统。 （　　）

9. 霍桑试验的结论认为人是"经济人"。 （　　）

10. 管理科学学派提倡依靠计算机进行管理,以提高管理的经济效益。 （　　）

11. 孟子的核心思想是布施仁政观,从道不从君,并创立了"性善说"。 （　　）

12. 泰勒认为,为了提高劳动生产率,必须为工作挑选第一流的工人。 （　　）

13. 泰勒的科学管理既重视技术的因素,也重视人群的社会因素。 （　　）

14. 亨利·甘特曾是泰勒的同事,其著名的贡献是设计了甘特图。 （　　）

15. 韦伯被人们称为"生产经营理论之父"。 （　　）

16. 合法合理的权力观是韦伯组织理论的基本观点。 （　　）

17. 梅奥认为提高生产效率的主要途径是提高员工的满意度,即员工对社会因素,特别是人际关系的满足程度。 （　　）

18. X 理论与 Y 理论是相互联系、相互作用的。 （　　）

19. 社会系统学派最早的代表人物是美国的巴纳德,其代表作是《经理的职能》。

（　　）

20. 决策理论学派认为管理的关键在于决策,因此,管理必须采用一套制定决策的科学方法,要研究科学的决策方法以及合理的决策程序。 （　　）

21. 组织文化理论基点是"以人为本"。 （　　）

22. "精益生产"即组织把客户、销售代理商、供应商、协作单位纳入生产体系,同他们建立起利益共享的合作伙伴关系,进而组成一个组织的供应链。消除无价值活动是精益生产方式的精髓。 （　　）

23. 核心能力是组织内的集体知识和集体学习,尤其是协调不同生产技术和整合多种多样技术的能力。 （　　）

二、单项选择题

1. 泰勒的代表作是（　　）。

A.《科学管理原理》　　　　　　　　B.《工业管理与一般管理》

C.《新教伦理与资本主义精神》　　　D.《经理工作的性质》

2. 泰勒认为科学管理的中心问题是（　　）。

A. 提高劳动生产率　　　　　　　　B. 实行职能制

C. 实行例外管理原则　　　　　　　D. 提高速度

3. 按照韦伯的观点,只有（　　）才适宜作为理想行政组织体系的基础。

A. 理性—法律权力　　　　　　　　B. 传统权力

C. 超凡权力　　　　　　　　　　　D. 个人影响权

4. 在管理思想史上,（　　）被称为"经营管理理论之父"。

A. 泰勒　　　　　B. 韦伯　　　　　C. 法约尔　　　　D. 梅奥

5. 管理过程学派主张按（　　）建立一个作为研究管理问题的概念框架。

A. 管理原理　　　B. 管理职能　　　C. 管理原则　　　D. 管理方法

6. 社会系统学派是以组织理论为重点,从（　　）的角度研究组织。

A. 经济学　　　　B. 心理学　　　　C. 社会学　　　　D. 管理学

7. 决策理论学派的代表人物是（　　）。

A. 西蒙　　　　　B. 巴纳德　　　　C. 德鲁克　　　　D. 赫茨伯格

8. 经验主义学派强调管理的（　　）。

A. 科学性　　　　B. 客观性　　　　C. 主观性　　　　D. 艺术性

9. 管理科学学派是(　　)的继续和发展。

A. 泰勒的科学管理理论　　　　　　B. 法约尔的一般管理理论

C. 韦伯的理想行政组织体系理论　　D. 梅奥的人际关系理论

10. 经理角色学派的代表人物是(　　)。

A. 赫茨伯格　　　B. 明茨伯格　　　C. 巴纳德　　　　D. 德鲁克

11. 马斯洛创建了(　　)。

A. 双因素理论　　B. 公平理论　　　C. 需要层次理论　D. 期望理论

12. 在管理思想史上,(　　)被称为"组织理论之父"。

A. 巴纳德　　　　B. 韦伯　　　　　C. 亚当斯　　　　D. 明茨伯格

13. 管理过程学派的创始人是(　　)。

A. 法约尔　　　　B. 孔茨　　　　　C. 德鲁克　　　　D. 西蒙

14. X 理论和 Y 理论的代表人物是(　　)。

A. 法约尔　　　　B. 麦格雷戈　　　C. 德鲁克　　　　D. 西蒙

15. 巴纳德是(　　)的代表人物。

A. 决策理论学派　B. 经验管理学派　C. 科学管理学派　D. 社会系统学派

16. 认为现实中不存在一成不变、普遍适用的管理方法,管理应随机应变的是(　　)。

A. 系统管理理论　B. 决策理论　　　C. 权变管理理论　D. 大树理论

17. 梅奥认为工人是(　　)。

A. 经济人　　　　B. 社会人　　　　C. 自我实现人　　D. 复杂人

18. 巴纳德认为组织存在的基本条件是(　　)。

A. 明确的目标　　B. 良好的沟通　　C. 协作的意愿　　D. 以上都是

19. 彼得·德鲁克是(　　)学派的代表人物。

A. 决策理论学派　B. 系统管理学派　C. 权变理论学派　D. 经验管理学派

20. 强调管理方式或方法应该随着环境的不同而改变的管理学派是(　　)。

A. 决策理论学派　B. 系统管理学派　C. 权变理论学派　D. 经验管理学派

21. 组织文化理论基点是(　　)。

A. 以人为本　　　B. 以物为本　　　C. 以科学为本　　D. 以文化为本

22. 对经营流程彻底进行再思考和再设计,以便在业绩衡量标准(如成本、质量、服务和速度等)上取得重大突破的是(　　)。

A. 销售流程再造　　　　　　　　　　B. 生产流程再造

C. 虚拟组织　　　　　　　　　　　　D. 业务流程再造

23. 精益生产方式的精髓是(　　)。

A. 消除有价值的活动　　　　　　　　B. 消除无价值活动

C. 降低成本　　　　　　　　　　　　D. 提高效益

24. 核心能力理论的代表人物是(　　)。

A. 普拉哈拉得和哈梅尔   B. 赫兹伯格

C. 赫伯特·西蒙   D. 伍德沃德

三、多项选择题

1. 泰勒科学管理理论的主要内容包括（   ）。

A. 能力与工作相适应   B. 工时研究和标准化

C. 差别计件工资制   D. 实行例外管理原则

2. 法约尔认为管理的职能包括（   ）。

A. 计划   B. 组织   C. 人事   D. 控制

3. 人际关系论的主要内容包括（   ）。

A. 职工是"社会人"   B. 职工是"经济人"

C. 组织中存在着"非正式组织"   D. 新的领导能力在于提高职工的满足度

4. 法约尔一般管理理论的主要内容是（   ）。

A. 组织的基本活动   B. 管理原则

C. 管理工作的五大要素   D. 管理职责

5. 韦伯认为，存在着三种纯粹形态的权力是（   ）。

A. 理性—法律权力 B. 传统权力   C. 超凡权力   D. 个人权力

6. 管理过程学派的主要观点是（   ）。

A. 管理是一种过程   B. 分析管理的职能

C. 按管理职能构架管理思想   D. 按管理原则构架管理思想

7. 按照社会系统学派的观点，正式组织的要素包括（   ）。

A. 协作的意愿   B. 协作效果   C. 信息沟通   D. 共同的目标

8. 社会系统学派的主要观点是（   ）。

A. 组织是一个协作系统   B. 组织的要素

C. 组织的效力与效率   D. 经理人职能

9. 决策理论学派的主要观点是（   ）。

A. 决策是一个复杂的过程

B. 程序化决策与非程序化决策

C. 满意的行为准则

D. 组织设计的任务就是建立一种制定决策的人—机系统

10. 经验主义学派认为，管理的三项基本任务是（   ）。

A. 取得经济效果（利润）

B. 使工作具有生产性，并使工作人员有成就

C. 提高生产效率

D. 承担组织对社会的责任

11. 20 世纪 90 年代以来，产生了一些体现时代特征的管理理论，主要有（   ）。

A. 精益思想   B. 业务流程再造   C. 组织文化理论   D. 核心能力理论

12. 业务流程再造理论适用于(　　)组织。

A. 大型集团组织

B. 正处于事业发展高峰的组织

C. 问题丛生的组织

D. 目前业绩虽然很好,但却潜伏着危机的组织

13. 学习型组织的特征是(　　)。

A. 组织成员拥有一个共同的愿景　　　　B. 善于不断学习

C. 领导者的新角色　　　　　　　　　　D. 组织由多个创造性个体组成

14. 五项修炼指的是(　　)。

A. 追求自我超越　　　　　　　　　　　B. 锻炼系统思考能力

C. 改善心智模式　　　　　　　　　　　D. 开展团队学习

15. 一项能力可以鉴定为组织的核心能力,其必须满足的条件是(　　)。

A. 不是单一技术或能力,而是一簇相关的技术和技能的整合

B. 不是物理性资产

C. 必须能创造顾客看重的关键价值

D. 与对手相比,竞争上具有独特性

16. 虚拟组织与传统的实体组织不同,它是围绕核心能力,利用(　　)与全球组织进行互补、互利的合作。

A. RFID 技术　　　B. 计算机信息技术　　C. 网络技术　　　D. 通信技术

四、简答题

1. 泰勒的科学管理理论的主要内容有哪些?

2. 人际关系学说的创立人是谁?主要内容有哪些?

3. 法约尔一般管理理论的主要内容是什么?

4. 行为科学理论的主要内容是什么?

五、论述题

阐述现代管理理论的丛林。

第Ⅱ部分　知识应用

一、案例分析

【案例分析一】

科学管理造就"福特王国"

亨利·福特 1863 年出生于密歇根州的一个农场主家庭,自幼喜欢摆弄机器,后离家当了技工。经过反复试验,福特在别人的帮助下,试制成功了一种高速汽车,尔后,他又利用合资等方式,几经挫折,终于在 1904 年建立了福特汽车公司。

福特认为,工业发展的出路是不断改进技术。在这个前提下,他在发迹之初,特别强调生产上应有所发明,有所革新。他选择的高级经理人员都是反对墨守成规的技术人才,这些

人处理技术问题着眼灵活、实际,且具有生气勃勃的革新精神。与此同时,福特重视合理安排,充分利用各种机器设备,在实行产品标准化的基础上组织大批量生产。他以连续不停的传送带装配线组织作业,创造出极高的劳动生产率。

20世纪20年代,福特较清醒地认识到了时代的需要,极力发展廉价车,最终建成了当时世界上最大的汽车公司,其汽车销量最高的一年达到100万辆。1925年10月,福特汽车公司一天就造出9109辆汽车,平均每10秒钟一辆,在全世界同行业中遥遥领先。福特首创的大规模装配线生产方式和管理方法,不仅为今天高度发达的工业生产奠定了基础,并且是加快工业建设速度的重要因素。

(资料来源:百度文库,http://wenku.baidu.com/link? url=57hhhdi1EzX7NL4YuGiJCquo8dpNfHUZC_aonFemrPTRzLLe1ZNLyNVN0WdTFoelfkH9kRGQUmym8aRO9xxDTUh6jYJwBgu0sUaIevT—CbW)

问题:

泰勒的科学管理思想是如何造就"福特王国"的?

【案例分析二】

联想——中国第一个学习型组织

联想集团创建于1984年,现已发展成为拥有19家国内分公司,21家海外分支机构,近千个销售网点,职工6000余人,净资产16亿元,以联想电脑、电脑主板、系统集成、代理销售、工业投资和科技园区六大支柱产业为主的技工贸一体、多元化发展的大型信息产业集团。1997年销售总额达125亿元人民币,并在各主要业务领域都取得了显著成绩,其中联想电脑闯入亚太十强排名第五,联想QDI主板跻身世界板卡供应第三位,联想系统集成公司成为国内优秀系统集成组织之一。1995年至1997年连续三年在全国电子百强组织中排名第二,全国高新技术百强组织排名第一。

联想的成功原因是多方面的,但不可忽视的一点是,联想具有极富特色的组织学习实践,使得联想能顺应环境的变化,及时调整组织结构、管理方式,从而健康成长。

早期,联想从与惠普(HP)的合作中学习到了市场运作、渠道建设与管理方法,学到了组织管理经验,对于联想成功地跨越成长中的管理障碍大有裨益;现在,联想积极开展国际、国内技术合作,与计算机界众多知名公司,如英特尔(Intel)、微软、惠普、东芝等,保持着良好的合作关系,并从与众多国际大公司的合作中受益匪浅。

除了能从合作伙伴那里学到东西之外,联想还是一个非常有心的"学习者",善于从竞争对手、本行业或其他行业优秀组织以及顾客等各种途径学习。

柳传志有句名言:"要想着打,不能蒙着打。"这句话的意思是说,要善于总结,善于思考,不能光干不总结。

(资料来源:百度文库,http://wenku.baidu.com/link? url=nrfXK6YLj457nLjANecfNWG9teoIsy9cS6m_NK9iN_TAHSa6oK9bTDe4VDt03ablu5RcWGgi8Vm2FTvaxVqRCnv—PX6P9q94cXA_QACCz9C)

问题:

1. 联想是一个什么样的公司?

2. 联想有几种学习方式?

3. 你如何概括?

二、实训活动

【实训活动一】

搜集有关管理思想演进的资料

【实训目标】

1. 初步掌握案例调查技巧；

2. 了解管理思想演进的过程。

【实训要求】

1. 认真阅读有关管理方面的内容；

2. 把学生分成几个小组，5～10人为一组；

3. 组织学生到组织实地了解管理的过程和方法；

4. 教师给出一些案例资料，供学生使用。

【实训内容】

1. 学生利用课余时间去图书馆、上网等查阅有关管理思想演进的资料；

2. 课上利用一节课的时间组织学生讨论、交流资料。

【实训考核】

1. 学生根据收集到的资料绘制管理思想演进结构图；

2. 学生将绘制的结构图上交，教师进行评估后存档。

【实训活动二】

管理游戏——接龙

【实训目标】

1. 了解现代管理理论发展；

2. 掌握应用管理理论解释实际问题的技巧。

【实训要求】

1. 认真阅读有关管理方面的内容；

2. 把学生分成几个小组，5～10人为一组；

3. 可以组织学生到组织实地了解管理的过程和方法；

4. 教师给出一些案例资料，供学生使用。

【实训内容】

运用不同学派的理论，一起玩接龙游戏！设想你就是猎人，你想怎样对待猎狗？

一条猎狗将兔子赶出了窝，一直追赶它，追了很久仍没有捉到。牧羊人看到此种情景，讥笑猎狗说："你们两个之间小的反而跑得快得多。"猎狗回答说："你不知道，我们两个的跑是完全不同的！我仅仅为了一顿饭而跑，它却是为了性命而跑呀！"（行为管理、目标管理）

（1）如果猎人这样：猎人又买来几条猎狗，规定凡是能够在打猎中捉到兔子的，就可以得到几根骨头，捉不到的就没有饭吃。就这样过了一段时间，问题又出现了，大兔子非常难捉到，小兔子好捉，猎狗们专门去捉小兔子。慢慢地，大家都发现了这个窍门。猎人对猎狗说："最近你们捉的兔子越来越小了，为什么？"猎狗们说："反正没有什么大的区别，为什么费那

么大的劲去捉那些大的呢?"(公平理论、量化管理)

接下来你怎么办?

(2)如果猎人这样:猎人经过思考后,决定不将分得骨头的数量与是否捉到兔子挂钩,而是采用每过一段时间,就统计一次猎狗捉到兔子的总重量,按照重量来评价猎狗,决定一段时间内的待遇。但是过了一段时间,猎人发现,猎狗们捉兔子的数量又少了,而且越有经验的猎狗,捉兔子的数量下降得就越厉害。猎狗说:"我们把最好的时间都奉献给了您,主人,但是我们随着时间的推移会老,当我们捉不到兔子的时候,您还会给我们骨头吃吗?"(激励理论、期望理论)

接下来你还要怎么办?

(3)如果猎人这样:猎人做了论功行赏的决定。分析与汇总了所有猎狗捉到兔子的数量与重量,规定如果捉到的兔子超过了一定的数量后,即使捉不到兔子,每顿饭也可以得到一定数量的骨头。猎狗们都很高兴,大家都努力去捉兔子达到猎人规定的数量。有一只猎狗说:"我们这么努力,只得到几根骨头,而我们捉的猎物远远超过了这几根骨头。我们为什么不能给自己捉兔子呢?"于是,有些猎狗离开了猎人,自己捉兔子去了。(组织经营与管理理论)

你怎么办?

【实训考核】

同学们分组讨论,然后以接力的形式进行接龙,看看哪组接得好。

模块三 管理道德与社会责任

学习目标

★知识点

(1)了解几种道德观。

(2)理解社会责任的两种观点。

(3)掌握管理道德的概念、影响管理道德的因素。

(4)掌握社会责任的概念、社会责任的具体体现。

★技能点

(1)培养学生具有一定管理道德的能力。

(2)培养学生具有社会责任的能力。

关键概念

管理道德 社会责任

管理聚焦

新西兰恒天然集团的毒奶粉事件

乳制品业是新西兰最大的出口创汇产业,其出口额占该国出口额的28%,而出口占新西兰国内生产总值的三分之一。恒天然集团是新西兰最大的乳制品组织,销售额约占世界乳制品业产值的三分之一。

恒天然集团生产的部分浓缩乳清蛋白粉被曝出可能含有肉毒杆菌,相关产品可被用于生产奶粉和饮品之后,中国、沙特阿拉伯、泰国、斯里兰卡等国部分奶制品组织宣布召回多个品牌多批次婴幼儿配方奶粉。泰国、澳大利亚跟踪检测奶制品安全。

恒天然"肉毒杆菌事件"大事记:

2012年5月,恒天然澳大利亚一工厂生产的浓缩乳清蛋白受肉毒杆菌污染;

2013年3月,恒天然在使用的浓缩乳清蛋白当中检出梭菌属微生物;

2013年8月2日,恒天然向新西兰政府通报称,其生产的3个批次浓缩乳清蛋白中检出肉毒杆菌,影响包括3个中国组织在内的8家客户;

2013 年 8 月 2 日晚间,中国国家质检总局官网发布消息,要求进口商立即召回可能受污染产品;

2013 年 8 月 3 日,新西兰初级产业部发表声明,已经确定 5 个批次"可瑞康"牌 2 段婴儿配方奶粉使用含有肉毒杆菌的浓缩乳清蛋白粉,建议新西兰父母暂停为 6 个月以上宝宝喂食"可瑞康"牌 2 段婴儿配方奶;

2013 年 8 月 3 日,恒天然举行新闻发布会,执行董事加里·罗马诺介绍说,这些可能造成服食者中毒的受污染浓缩乳清蛋白粉被提供给 8 家制造商,用作生产婴儿奶粉、儿童成长奶粉和运动饮料的原料,涉事产品估计达到 900 吨;

2013 年 8 月 4 日,中国国家质检总局公布 3 个品牌的 4 家"涉事"中国公司;

2013 年 8 月 5 日,恒天然召开新闻发布会,集团首席执行官西奥·史毕根斯向消费者致歉,并表示涉事的可口可乐、娃哈哈等问题产品将在 48 小时内召回,但对达能之外的另一家乳企因对方要求保密而没有透露其名称;

2013 年 8 月 6 日凌晨,中国国家质检总局披露,雅培公司婴幼儿配方奶粉存在被肉毒杆菌污染风险,要求雅培召回相关产品;

2013 年 8 月 6 日凌晨,雅培(上海)贸易有限公司发布声明称,因涉及恒天然生产线问题,雅培将预防性召回 2 个批次供应中国的喜康力奶粉,但在接受媒体采访时极力否认自己为另一家拒绝透露姓名的公司;

2013 年 8 月 6 日晚间,恒天然向中国证券报记者表示,另一家乳企正是雅培。

(资料来源:《扬州晚报》,2013 年 08 月 14 日,A24)

任务一　管理道德

美国安然公司假账事件、中国山西黑砖窑事件、三鹿奶粉事件、瘦肉精事件、潲水油事件、麦道夫诈骗案、新西兰毒奶粉事件等,都无可辩驳地证明,任何人性的自利和贪婪无节制的发展,都会造成严重后果。组织在追求利润的同时,必须遵守管理道德和承担必要的社会责任。

一、管理道德的概念

(一)道德的概念

道德通常是指那些用来明辨是非的规则或原则。道德在本质上是规则或原则,这些规则或原则旨在帮助有关主体判断某种行为是正确的还是错误的,或者这种行为是否为组织所接受。不同组织的道德标准可能不一样,即使是同一组织,也可能在不同的时期有不同的道德标准。此外,组织的道德标准要与社会的道德标准兼容,否则这个组织很难为社会所容纳。

道德一般可以分为社会公德、家庭美德和职业道德三种。其中,职业道德是同人们的职业活动紧密联系的符合职业特点所要求的道德准则、道德情操与道德品质的总和,是从事一定职业的人在职业劳动和工作过程中应遵守的与其职业活动相适应的行为规范。

(二)管理道德的概念

管理道德作为一种特殊的职业道德,是从事管理工作的管理者的行为准则与规范的总和,是特殊的职业道德规范,是对管理者提出的道德要求。对管理者而言,管理道德可以说是管理者的立身之本、行为之基、发展之源;对组织而言,管理道德是对组织管理价值导向,是组织健康持续发展所需的一种重要资源,是组织提高经济效益、提升综合竞争力的源泉。可以说管理道德是管理者与组织的精神财富。

二、四种道德观

1. 功利主义道德观

功利主义道德观是完全根据行为结果,即所获得的功利来评价人类行为善恶的道德观。功利主义的目标是为尽可能多的人谋求尽可能多的利益。"不管黑猫白猫,抓到老鼠就是好猫"非常生动地描述了这种道德观的基本精神。接受功利观的管理者可能认为解雇员工是正当的,因为这将增强盈利能力,使余下的员工工作更有保障,并且符合股东的利益。

2. 权利至上道德观

这种观点认为决策要在尊重和保护个人基本权利的前提下做出。所谓基本权利就是人权,只要是人就应当平等地享有人的基本权利,如生存权、受教育权等。这些权利不是别人赐予的,而是与生俱来的。权利观积极的一面是它保护了个人的自由和隐私。但它也有消极的一面:接受这种观点的管理者把对个人权利的保护看得比工作的完成更加重要,从而在组织中会产生对生产效率有不利影响的工作氛围。

3. 公平公正道德观

这种观点要求管理者按公平的原则行事,不应有歧视行为。例如,某民办学校规定,单亲家庭子女不得入学,这就是一种不道德的行为。按公平原则行事,也有得有失。得的是它保护了弱势群体的利益,失的是它可能不利于培养员工的风险意识和创新精神。

4. 综合社会契约道德观

这种观点认为,只要是按照组织所在地区政府和员工都能接受的社会契约所进行的管理行为都是善的。

这种观点主张把实证(是什么)和规范(应该是什么)两种方法并入到组织道德中,即要求决策人在决策时综合考虑实证和规范两方面的因素。这种道德观综合了两种契约:

(1)适用于社会公众的一般契约,这种契约规定了做生意的程序;

(2)适用于特定的社团里的成员的特殊契约,这种契约规定了哪些行为方式是可接受的。

这种道德观与其他三种的区别在于：它要求管理者考察各行业和各公司现有的道德准则，从而决定什么是对的、什么是错的。如美国公司在中国的雇员，与美国本国的同等技能、同等绩效或同等职责的员工相比，工资待遇差别可能有 5～10 倍之多，并且中国员工在失业、医疗、休假等方面的保障往往更少。但这些行为通常并不被认为不道德，而视为正常，至少是可以理解和接受的。

知识链接

推己及人道德观

这是中国儒家道德观的高度概括。推己及人道德观所追求的结果不是经济利益，而是"无怨"的"和为贵"，也就是我们今天所讲的"合作""和谐""双赢"的结果。

管理者在决定管理行为时，都学会了"换位思考"。重视对上级"忠诚"；对下属的"仁爱"；对朋友的"义气"和"诚信"以及各方面关系的"和谐"。

三、管理道德的特点

(一)普遍性

管理道德是人们在参与管理活动中依据一定社会的道德原则和基本规范为指导而提升、概括出来的管理行为的规范，它适用于各个领域的管理。无论是行政管理、经济管理、组织管理、文化管理，还是单位、部门、家庭和邻里人际关系管理，都应当遵守管理道德的原则和要求。

(二)特殊的非强制性

人类最初的管理，属于公权的、人人都可以平等参加的管理，没有强制性。与之相应的调整管理行为的规范，即管理道德也没有强制性。人类社会进入阶级社会以后，管理被打上阶级的烙印，具有阶级的性质和内容。它依靠国家或组织的权力实行管理活动，具有强制的性质。但是，与此相适应的管理道德并没有改变其非强制的性质。

(三)变动性

人类的管理活动是随着人类的社会实践的发展而不断变化的，作为调整管理行为和管理关系的管理道德规范，也必然随着管理的变化和发展而不断改变自己的内容和形式。到了近代，随着管理内容的复杂化、管理方式的制度化和管理目标的多样化，与此相应的管理道德的内容也随之增加和丰富，形式也多样化。特别是当代科学管理的迅速发展，进一步推动了管理道德的变化和发展。

(四)社会教化性

道德教化是一个古老的概念，重视教化是中国传统文化的一个优良传统。中国古代的思想家大都重视德治，所以都强调道德教化的作用。孔子主张用"仁爱"的道德原则教化人，认为人只要做到"仁"，就能自爱，就能"爱人"，对人宽容宽恕。孟子发展孔子的仁爱思想，提出"亲而仁民,仁民而爱物"的思想,认为"仁"就是"爱之理,心之德"。此外,儒家还把公正、廉洁、重行、修养、举贤选能等,都看作"仁爱"教化的结果,要求管理者都应具备这些道德品质。当代中国的社会主义管理道德,应当吸收中国传统文化中的合理的道德教化思想,高度重视管理道德的教化作用。尤其应当强调组织管理者的道德示范和引导作用,使管理道德的意识、信念、意志、情感更加深入人心,并化为人们的自觉行为,这对于有效促进社会主义管理目标的实现具有非常重要的作用。

四、影响管理道德的因素

(一)道德的发展阶段

研究表明,人类的道德发展要经历三个层次,每个层次又分为两个阶段。随着阶段的上升,个人的道德判断越来越不受外部因素的制约。如表3-1所示。

表3-1　道德发展阶段

层　　次	阶　　段
前惯例层次: 只受个人利益的影响。 决策的依据是本人利益,这种利益是由不同行为方式带来的奖赏和惩罚决定的。	(1)遵守规则以避免受到物质惩罚。 (2)只在符合你的直接利益时才能遵守规则。
惯例层次: 受他人期望的影响。 包括对法律的遵守,对重要人物期望的反应,以及对他人期望的一般感觉。	(3)做你周围的人所期望的事。 (4)通过履行你允诺的义务来维持平常秩序。
原则层次: 受个人用来辨别是非的准则的影响。 这些准则可以与社会规则或法律一致,也可以与社会规则或法律不一致。	(5)尊重他人的权利。在自身价值观和权利的选择上,置多数人的意见于不顾。 (6)遵守自己选择的道德准则,即使这些准则是违背法律的。

第一层次是前惯例层次,个人只有在其利益受到影响的情况下才会做出道德判断,即事不关己,高高挂起;

第二层次是惯例层次,道德判断的标准是个人是否维持平常的秩序并满足他人的期望;

第三层次是原则层次,个人试图在组织和社会的权威之外建立道德准则。

研究表明,人们的道德从第一层次到第二层次、第三层次,只能逐步发展或停顿,不能超越。多数成年人的道德发展处在第二层次,只有少数人的道德水平处于第三层次。

(二)个人特征

组织中的每个人一般都会有一套相对稳定的判断是非的价值准则,它们是关于正确与错误、善与恶、勤奋与懒惰、诚信与虚假等基本信条的认识。这些认识是个人在长期生活实践中发展起来的,也是教育与训练的结果。管理者通常也有不同的个人准则,它构成道德行为的个人特征。由于管理者的特殊地位,这些个人特征很可能转化为组织的道德理念与道德准则。

人们发现有两个个性变量影响着个人行为,即自我强度和控制中心。自我强度用来度量一个人的信念强度,自我强度越高,克制冲动并遵守信念的可能性就越大。控制中心用来度量人们在多大程度上是自己命运的主宰。具有内在控制中心的人认为他们控制自己的命运;具有外在控制中心的人认为自己的命运是由运气和机会决定的。后者不大可能对自己的行为负责,只有前者可能对自己的行为负责,并依赖自己内在的是非标准来指导其行为。

(三)结构变量

组织结构设计对管理者道德行为影响巨大。首先,组织结构是否有比较完善的内外制衡监督机制,以防止不道德的管理行为产生;其次,组织内部是否有明确的规章制度、行为规范和道德准则;再次,上级管理行为的示范作用,即所谓的上行下效;最后,绩效评估考核体系会起到指挥棒的作用。

(四)环境与组织文化

环境和组织文化对管理者道德行为的影响很重要。在一个健康向上、团结互助的环境和组织文化中,管理者会用高的道德标准要求自己;在一个消极、充满钩心斗角和腐败气息的环境或组织文化中,由于破窗理论的作用,管理者可能以亚文化为标准作为行动的指南,甚至放任不管。

(五)问题强度

影响管理者道德行为的最后一个因素是道德问题本身的强度,所谓问题强度是指该问题如果采取不道德的处理行为可能产生后果的严重程度。管理者如果比较在意道德评价,认为道德问题很重要,他就会自觉遵循道德规范和道德原则,并且会不断提高自身的道德水平;否则,就会我行我素。具体看来,道德问题强度取决于六个因素。

(1)某种道德行为对受害者的伤害有多大或对受益者的利益有多大?例如,组织不景气,业务缩减,裁员可以降低经营成本,减少人力、物力、财力的消耗。

(2)有多少人认为这种行为是邪恶的(或善良的)?如果大多数人认为这种行为恶劣,则不道德;若很少人这样认为则无所谓。

(3)行为实际发生并造成实际伤害(或带来实际利益)的可能性有多大?如公司拖欠员工工资比按时给员工发放工资更有可能引发信用危机。

(4)在该行为和其预期后果之间,时间间隔有多长?例如,减少目前退休人员的退休金,比减少目前年龄在 40~50 岁的在职员工的退休金所带来的直接后果更为严重。

(5)你觉得行为的受害者(或受益者)与你(在社会、心理或物质上)挨得多近?丰田车主对丰田"召回门"事件,比通用车主所受的伤害更大。

(6)道德行为对有关人员影响的集中程度如何?例如,担保政策的一种改变(拒绝给 10 人提供每人 10 000 元的担保),比担保政策的另一种改变(拒绝给 10 000 人提供每人 10 元的担保)的影响更快更集中。

综上所述,受伤害的人越多,越多人认为这种行为是不道德的,行为发生并造成实际伤害的可能性越高,行为的后果出现越早,观察者感到行为的受害者与自己挨得越近,问题强度就越大。这些因素决定了道德问题的严重程度,道德问题越重要,管理者越有可能采取道德行为。

五、提高员工道德的途径

(一)挑选高道德素质的员工

每个人由于所处的道德发展阶段、生存环境、所接受的教育等不同,具有不同的个性特征,形成不同的价值观念和道德准则。这些不同的价值观念和道德准则可能会带到工作中去,因此组织在员工特别是管理人员的招聘过程中,就必须进行道德考察,剔除道德上不符合要求的求职者和候选人。挑选的过程,应当视为了解个人道德发展水平与道德品质的一个机会。

从某种程度上讲:"有德有才是正品,有德无才是次品,无德无才是毒品。"

(二)建立道德准则和决策准则

在一些组织中,员工对"道德是什么"认识不清,这显然于组织不利。建立道德准则可以缓解这一问题。

道德准则是表明一个组织基本价值观念和它希望员工遵守的道德规则的正式文件。道德准则不能太笼统,要相当具体,以便让员工明白以什么样的精神来从事工作,以什么样的态度来对待工作,规定的内容也要相当宽泛,允许员工在不违反原则的前提下有个人的见解和行动自由。因此,建立道德准则是减少道德问题、改善道德行为的一项有效的办法。

🏃 知识链接

麦道公司的道德准则

为了使正直和道德成为麦道公司的特征,作为公司成员的我们必须努力做到:

①在我们所有的交往中要诚实和守信;

②可靠地执行分派的任务和责任;

③我们所说的和所写的一切要真实和准确;

④在所从事的所有工作中要协作和富于建设性;

⑤对待我们的同事、顾客和其他所有人都要公平和体贴;

⑥在我们的所有活动中要守法;

⑦始终以最好的方式完成全部任务;

⑧经济地利用公司资源;

⑨为我们的公司和为提高我们所生活的世界的生活质量奉献自己的服务。

正直和高尚的道德标准要求我们努力工作、具有勇气和做出艰难选择。有时为了确定正确的行动路线,员工、高层管理人员和董事会之间进行磋商是必要的。正直和道德有时可能要求我们走在生意机会之前。从长期来看,我们做正确的事情比做权宜的事情能获得更好的结果。

管理者对道德准则的态度(是支持还是反对)以及对违反者的处理办法对道德准则的效果有重要影响。如果管理者认为这些准则很重要,经常宣讲其内容,并当众给违反者指明,那么就能为道德准则提供坚实的基础。

(三)在道德方面引领员工

道德准则要求管理者尤其是高层管理者应以身作则。因此,要使组织的管理道德准则得到员工的认同与有效执行,组织的管理者必须做好以下两件事情。

1. 言传身教

管理者应当以自己克己奉公、敬业奉献的行动和诚信友善的态度取得员工的敬佩和支持,在道德方面起模范带头作用。每一个管理者都应当推己及人,要求别人做的,首先自己要做到。只有自己廉洁自守,兢兢业业,才能要求员工为集体尽力。所谓"上行下效","上有所好,下必甚焉"的道理就是如此。管理者通过他们的言行建立了某种文化基调,这种文化基调向员工传递和暗示了某些信息:如高层管理者把公司的资源据为己有、虚报支出、公车私用、公款吃喝玩乐或优待好友,这无疑向员工暗示,这些行为都是可以接受的。

2. 高层管理者通过奖惩机制来影响员工的道德行为

选择什么人作为提升的对象,选择什么事作为奖赏的对象,将向员工传递强有力的信息。现实生活中,有一些人擅长弄虚作假,通过不正当手段博取领导信任。晋升这些人实际是对不良道德的鼓励,对诚实正直、实事求是品德的否定。奖惩也同样如此,必须奖励真正该奖励的人,不让老实人吃亏。同时对明显不道德的行为应及时做公开谴责和必要的行政处罚,让组织中的所有人都认清后果,这就传递了这样的信息:做坏事要付出代价,不道德行为不是你的利益所在。从而促进社会风气的好转。

(四)设定工作目标

目标是行动预期要实现的结果,工作目标集中体现组织管理者对员工工作的要求。员工应该有明确和现实的目标。如果目标对员工的要求不切实际,即使目标是明确的,也会产生道德问题。过高的目标把员工压得透不过气,即使是素质较高的员工也会迷惑,很难在道德和目标之间做出选择,有时为了达到目标不得不牺牲道德。而明确的目标可以减少员工的迷惑,并能激励员工而不是惩罚他们。

(五)对员工进行道德教育

越来越多的组织意识到对员工进行适当的道德教育的重要性,它们积极采取各种方式来提高员工的道德素质,如开设研修班、组织专题讨论会等。人们对这种做法意见不一。反对者认为,个人价值体系是在早年建立起来的,从而成年的教育是徒劳无功的。而支持者指出,道德是一种意识形态本身就是动态发展的,无论是高尚的道德品质还是低劣的道德品质,都有其形成和发展过程。进了工作单位后员工的道德水准会因工作环境、组织文化和单位管理水平的差异而有较大的变化。另外,他们也找了一些证据,这些证据表明:

第一,向员工讲授解决道德问题的方案,可以改变其行为;

第二,这种教育提升了个人的道德发展阶段;

第三,道德教育至少可以增强有关人员对职业道德的认识。

(六)对绩效进行全面科学的评估

如果仅以经济成果来衡量绩效,人们为了取得成果,就会不择手段,从而产生不符合道德的行为。如果组织想让其管理者坚持高的道德标准,它在评价的过程中必须把道德方面的要求包括进去。在对管理者的评价中,不仅要考察其决策带来的经济成果,还要考虑其决策带来的道德后果。

(七)进行独立的社会审计

进行独立的社会审计,是改善管理道德的重要手段。独立的社会审计,是制止和预防这些不良行为产生的有效手段。根据组织的道德准则对管理者进行独立审计,可发现组织的不道德行为;惧于社会审计的威慑力,可以降低不道德行为发生的可能性。这种措施抓住了人们害怕被抓住的心理,被抓住的可能性越大,产生不道德行为的可能性就越小。

审计可以是例行的,如同财务审计;也可以是随机抽查的,并不事先通知。有效的道德计划应该同时包括这两种形式的审计。审计员应该对公司的董事会负责,并把执行结果直接交给董事会,这样比较有利于保证审计结果的客观性和公正性。

(八)提供正式的保护机制

正式的保护机制可以使那些面临道德困境的员工在不用担心受到斥责或报复的情况下自主行事。例如,组织可以任命道德顾问,当员工面临道德困境时,可以从道德顾问那里得到指导。道德顾问首先要成为那些遇到道德问题的人的诉说对象,倾听他们陈述道德问题、产生这一问题的原因以及自己的解决方法,在各种解决方法变得清晰之后,道德顾问应该积极引导员工选择正确的方法。另外,组织也可以建立专门的渠道,使员工可以放心地向上一级政府部门或纪律检查委员会进行信访或上访。

改善管理道德是一项长期的任务,不是一朝一夕可以完成的,要贯穿于组织发展的全过程和全体员工,从而减少组织中的不道德行为发生。在以上措施当中,单个措施的作用是极其有限的,但若把它们中的多数或全部结合起来,就很可能收到较好的效果。

任务二　社会责任

在现代,社会对组织的预期发生了变化,组织要想获得长期的发展壮大,在追求利润的过程中应该考虑对社会有利的长期效益。因此,组织在经营过程中不仅要承担法律责任、经济责任,还要承担社会责任。

一、组织社会责任的概述

(一)组织社会责任的发展历史

组织社会责任的发展过程大体经历了以下几个阶段。

第一阶段：18世纪，组织高效率地使用资源，为社会提供所需的产品和服务，并遵循市场原则，在法律允许的范围内追求利润最大化，这就能被认为履行社会责任了。一些富有的组织家如果还能为社区提供捐助和做点慈善事业，则会受到颂扬。

第二阶段：19世纪中后期，西方国家工业化完成，公司制日趋成熟。但面对工伤事故频繁，劳工缺少安全保障和生活保障等问题，遵守经营伦理，改善劳动条件和劳工地位，就成了社会对组织的普遍要求。

第三阶段：20世纪初期，公司的公共性加强，组织的社会责任开始向"对外"和"对内"两个方向发展。对外，更强调组织在国民经济中的责任，强调组织为公共福利、慈善以及科学与教育进行捐助；对内，则从公司治理的角度，进一步强调了对全体股东负责。

第四阶段：20世纪60年代后以来，社会责任问题已引起人们的普遍关注。一方面，从社会实践角度看，管理者经常遇到与社会责任有关的决策，如产品质量与安全问题、产品定价问题、慈善事业问题、环境与资源保护问题、组织与员工的关系问题等；一方面，反映在理论界，越来越多的学者关注组织社会责任问题，随之出现许多文章和论著也在探讨市场失灵和市场缺陷。同时，随着社会生产力的迅速发展，人们环保意识、维权意识的提高，组织社会责任问题更加引起人们的强烈关注，许多社会团体纷纷开始对组织提出承担社会责任的要求。这是道德问题对组织和社会提出的新要求。

(二)组织社会责任的含义

美国管理学家斯蒂芬·罗宾斯(Stephen P. Robbins)认为，社会责任是工商组织追求有利于社会长远目标的义务，而不是法律和经济所要求的义务。因此，可将组织的社会责任定义为：组织追求有利于社会长远目标实现的一种义务，它超越了法律和经济对组织所要求的义务。社会责任是组织管理道德的要求，完全是组织出于义务的自愿行为。也就是说，一个组织不仅需要承担法律上和经济上的义务，还要承担实现社会长远目标的义务。社会责任虽然没有法律的直接规定，但道德伦理要求组织承担对社会的责任。况且，法律的规定也不能包罗万象、面面俱到，因此社会责任便成为法律责任的必要补充。

二、两种社会责任观

管理者在追求组织利润的同时，是否应该承担一定的社会责任，对这个问题存在两种不同的观点。

(一)古典观(或纯经济观)

米尔顿·弗里德曼(Milton Friedman)是这种观点的代表人物，他最著名的格言是："组织的社会责任是增加利润。"弗里德曼支持组织承担社会责任，但这种社会责任仅限于为股东实现组织利润最大化。他认为当今大多数的管理者是职业经理,这意味着他们并不拥有他们所经营的组织。他们只是员工,仅向股东负责,从而他们的主要责任就是最大限度地满足股东利益。那么,股东的利益是什么呢? 弗里德曼认为股东只关心一件事,那就是财务收益。

持这种观点的组织在经营决策和制定经营方针的过程中,往往把社会责任置于脑后,把组织的利益放在首位。

(二)社会经济观

持这种观点的人认为,随着时代的变化,社会对组织的期望发生了变化,追求利润最大化不再是组织的唯一目标,组织同时应承担社会责任。因此,一个真正对社会负责任的组织,不仅要使股东利益最大化,而且还要考虑其决策和行为对所有利益相关者的影响。社会经济观认为,古典观的主要缺陷在于目光短浅,只看到眼前利益。管理者应该关心资本的长期收益最大化,为此,必须承担一些必要的社会义务及支付相应的成本。如以不污染、不歧视、不发布欺骗性广告等方式来维护社会利益。他们还必须在增进社会利益方面发挥积极的作用,如参与所在社区的一些活动和捐钱给慈善组织等。

三、组织经营业绩与社会责任的联系

没有确凿的证据可以表明,组织的社会责任行为会明确损害其长期经营业绩。

组织在力所能及的范围内参与一些社会活动,承担必要的社会责任,既有利于社会,也有利于组织自身。因为组织由此改善了在公众中的形象,得到了广大消费者的认可和赞同,吸引了大量人才。这些得益足以补偿组织参与社会活动所支付的成本。

四、组织社会责任的具体体现

(一)组织对员工的责任

只有满意的员工,才有满意的顾客! 顾客满意,股东才会满意! 员工是组织最宝贵的财富。具体表现为:不歧视员工、尊重员工;营造一个良好的工作环境,工作环境的好坏直接影响员工的工作效率和身心健康;定期或不定期地培训员工。

(二)组织对顾客的责任

顾客是组织产品和服务的最终使用者,顾客的忠诚程度及数量往往决定着组织的成败得失。组织对顾客的责任主要表现在:尊重顾客,为顾客提供真正需要的、安全的产品或服务;赢得顾客信赖,提高回头客的购买次数;做好售后服务工作,及时解决顾客在使用组织产品时遇到的困难。

(三)组织对投资者的责任

投资者是组织的资金来源,是组织财产的最终所有者。组织管理者受投资者的委托经营组织,必须为投资者带来有吸引力的投资报酬。组织有责任与投资者进行及时的沟通,将其财务状况及时、准确地报告给投资者,假报或误报是对投资者的欺骗和不负责任的表现。

(四)组织对竞争者的责任

在市场经济条件下,竞争无处不在,无时不有,但在此条件下的竞争是良性、有序的竞争。有社会责任的组织不会为了一时之利、逞一时之勇,通过不正当手段恶意挤垮对手,争个"鱼死网破""两败俱伤"。市场上没有永远的敌人,只有永远的利益。因此,组织要处理好与竞争对手的关系,在竞争中合作,在合作中竞争。

(五)组织对社会的责任

主要是指组织对社会慈善事业、公益事业、环保事业以及社会可持续发展等方面所承担的责任。具体表现为:组织要在保护环境方面发挥主导作用,特别要在推动环保技术的应用方面发挥示范作用;组织要以绿色产品为研究和开发的主要对象;积极参与社区公益活动,从事济困救助、扶贫助学等慈善事业。

(六)组织对政府的责任

组织应该遵守政府有关的法律法规的要求,照章纳税和承担政府规定的其他责任义务,并依法接受政府的监督。具体表现为:对政府号召和政策给予支持;遵守法律和按规定纳税、履行政府经济政策等。

阅读资料

破窗理论

多年前,美国斯坦福大学心理学家詹巴斗进行了一项试验。他找了两辆一模一样的汽车,把其中的一辆摆在帕罗阿尔托的中产阶级社区,而另一辆停在相对杂乱的布朗克斯街区。停在布朗克斯的那一辆,他把车牌摘掉了,并且把顶棚打开。

结果这辆车一天之内就被人偷走了,而放在帕罗阿尔托的那一辆,摆了一个星期也无人问津。后来,詹巴斗用锤子把那辆车的玻璃敲了个大洞。结果呢?仅仅过了几个小时,它就不见了。

以这项试验为基础,政治学家威尔逊和犯罪学家凯琳提出了一个"破窗理论"。理论认为:如果有人打坏了一个建筑物的窗户玻璃,而这扇窗户又得不到及时的维修,别人就可能受到某些暗示性的纵容去打烂更多的窗户玻璃。久而久之,这些破窗户就给人造成一种无序的感觉。结果在这种公众麻木不仁的氛围中,犯罪就会滋生、繁荣。

在日本,有一种称作"红牌作战"的质量管理活动:①清理:清楚地区分要与不要的东西,找出需要改善的事物;②整顿:将不要的东西贴上"红牌",将需要改善的事物以"红牌"标示;③清扫:有油污、不清洁的设备贴上"红牌",藏污纳垢的办公室死角贴上"红牌",办公室、生产现场不该出现的东西贴上"红牌";④清洁:减少"红牌"的数量;⑤修养:有人继续增加"红牌",有人努力减少"红牌"。"红牌作战"的目的是,借助这一活动,让工作场所得以整齐清洁,营造舒爽的工作环境,久而久之,大家遵守规则,认真工作。许多人认为,这样做太简单,芝麻小事,没什么意义。但是,一个组织产品质量是否有保障的一个重要标志,就是生产现场是否整洁。这应该是"破窗理论"比较直观的一个体现。

更重要的一个方面可能在于,组织中对待随时可能发生的一些"小奸小恶"的态度,特别是对于触犯组织核心价值观念的一些"小奸小恶",小题大做的处理是非常必要的。

美国有一家以极少炒员工著称的公司。一天,资深熟手车工杰瑞为了赶在中午休息之前完成三分之二的零件,在切割台上工作了一会儿之后,就把切割刀前的防护挡板卸下放在一旁,没有防护挡板收取加工零件更方便更快捷一点。大约过了一个多小时,杰瑞的举动被无意间走进车间巡视的主管逮了个正着。主管大发雷霆,除了目视着杰瑞立即将防护板装上之外,又站在那里控制不住地大声训斥了半天,并声称要作废杰瑞一整天的工作量。事到此时,杰瑞以为结束了,没想到,第二天一上班,有人通知杰瑞去见老板。在那间杰瑞受过好多次鼓励和表彰的总裁室里,杰瑞听到了要将他辞退的处罚通知。总裁说:"身为老员工,你应该比任何人都明白安全对于公司意味着什么。你今天少完成几个零件,少实现了利润,公司可以换个人换个时间把它们补回来,可你一旦发生事故失去健康乃至生命,那是公司永远都补偿不起的……"

离开公司那天,杰瑞流泪了,工作了几年时间,杰瑞有过风光,也有过不尽如人意的地方,但公司从没有人对他说不行。可这一次不同,杰瑞知道,他这次碰到的是公司灵魂的东西。

这个故事是否能够告诉我们,对于影响深远的"小过错","小题大做"去处理,以防止"千里之堤,溃于蚁穴",正是及时修好"第一个被打碎的窗户玻璃"的明智举措。

(资料来源:安全管理网,http://www.safehoo.com/Manage/Stew/Else/201507/400714.shtml)

知识小结

(1)管理道德作为一种特殊的职业道德,是从事管理工作的管理者的行为准则与规范的总和,是特殊的职业道德规范,是对管理者提出的道德要求。

(2)管理道德主要有功利主义道德观、权利至上道德观、公平公正道德观和综合社会契约道德观。

(3)管理道德具有普遍性、非强制性、变动性和社会教化性等特点。

(4)影响管理者道德的因素主要有道德的发展阶段、个人特征、结构变量等。

(5)组织的社会责任定义为:组织追求有利于社会长远目标实现的一种义务,它超越了法律和经济对组织所要求的义务。社会责任是组织管理道德的要求,完全是组织出于义务的自愿行为。

(6)组织的社会责任有古典观和社会经济观。

技能练习

第 I 部分　基本训练

一、判断题

1. 道德一般可以分为社会公德、家庭美德和职业道德三种。　　　　　（　　）

2. "不管黑猫白猫,抓到老鼠就是好猫"非常生动地描述了权利至上道德观的基本精神。

（　　）

3. 管理道德具有特殊的强制性。　　　　　　　　　　　　　　　　　（　　）

4. 研究表明,人们的道德从第一层次到第二层次、第三层次,只能逐步发展或停顿,不能超越。多数成年人的道德发展处在第二层次,只有少数人的道德水平处于第三层次。

（　　）

5. 道德准则是表明一个组织基本价值观念和它希望员工遵守的道德规则的正式文件。

（　　）

6. 米尔顿·弗里德曼是古典观点的代表人物,他最著名的格言是:"组织的社会责任是增加利润。"　　　　　　　　　　　　　　　　　　　　　　　　　　　（　　）

7. 社会经济观点的人认为,随着时代的变化,社会对组织的期望发生了变化,追求利润最大化不再是组织的唯一目标,组织同时应承担社会责任。　　　　　　（　　）

8. 没有确凿的证据可以表明,组织的社会责任行为会明确损害其长期经营业绩。

（　　）

9. 组织对社会慈善事业、公益事业、环保事业以及社会可持续发展等方面所承担的责任,这种社会责任是组织对社区的责任。　　　　　　　　　　　　　（　　）

10. 组织应该遵守政府有关的法律法规的要求,照章纳税和承担政府规定的其他责任义务,并依法接受政府的监督,这是组织对政府的责任。　　　　　　　（　　）

二、单项选择题

1. 只在符合自己的直接利益时才遵守规则,这是符合道德发展阶段（　　）层次的特点。

A. 前惯例　　　　　B. 惯例　　　　　C. 原则　　　　　D. 后惯例

2. 做周围的人所期望的事,这是符合道德发展阶段（　　）层次的特点。

A. 前惯例　　　　　B. 惯例　　　　　C. 原则　　　　　D. 后惯例

3. 遵守自己选择的道德准则,即使这些准则违背了法律,这是符合道德发展阶段（　　）层次的特点。

A. 前惯例　　　　　B. 惯例　　　　　C. 原则　　　　　D. 后惯例

4. "不管黑猫白猫,抓到老鼠就是好猫"体现了（　　）道德观。

A. 权利至上　　　　B. 功利主义　　　C. 公平公正　　　D. 综合社会契约

5. 只要是人就应当平等地享有人的基本权利,如生存权、受教育权等。这些权利不是别人赐予的,而是与生俱来的。它体现了(　　)道德观。

A. 权利至上　　　　　B. 功利主义　　　　　C. 公平公正　　　　　D. 综合社会契约

6. 某烟厂连年亏损,原因之一是80％以上的职工有偷取成品烟的现象。新任厂长开会研究解决偷烟问题的办法,大家提出了四种方案,请你选择效果最好的一种方案。(　　)

A. 严格治厂,规定凡偷成品烟者,一律下岗。

B. 加大惩罚力度,规定偷一罚十。

C. 先大造舆论,抨击偷烟行为,提倡"敬业爱厂"的精神,党员、干部带头"不取厂里一支烟",随着偷烟人数的减少,逐步加大对偷烟者的惩罚力度。

D. 建立举报信,对举报者给予重奖,将偷烟者罚款的大部分奖给举报者。

7. 你发现目前聘用的单位中有位似乎很有才能的员工的求职申请中有伪造的地方,他声称自己有大学学历,事实上他根本没有,你会(　　)。

A. 不采取任何措施,因为你对他的工作满意,学历并不是工作首要必备的条件

B. 告诉他由于撒谎被解聘

C. 指出他的谎言,并告诉他处于留用观察期

D. 将这个问题移交给人力资源部处理

8. 目前组织中主流的四种道德观中,以下(　　)行为最能体现其中的权利至上的道德观。

A. 组织管理规章制度中没有充分考虑个体的创新精神

B. 组织日常管理活动中完全按照集体利益大于个人利益的原则行事

C. 面对管理活动中的问题,广泛征求不同层面的意见,充分考虑各种利益集团的想法

D. 非常重视对相关组织商业道德考察、学习和借鉴

9. 以下(　　)组织管理行为不属于社会责任所涉及的内容。

A. 公开披露的组织财务信息,准确可靠

B. 重视对组织员工的奖励

C. 面临自然灾害带来的破坏,倡导组织所有人员参与支援

D. 加强组织产品研发,提高产品市场占有率

10. 对政府号召和政策给予支持;遵守法律和按规定纳税、履行政府经济政策等,这是(　　)。

A. 组织对政府的责任　　　　　　　　B. 组织对顾客的责任
C. 组织对社会的责任　　　　　　　　D. 组织对投资者的责任

三、多项选择题

1. 管理道德具有(　　)特点。

A. 普遍性　　　　　　　　　　　B. 非强制性
C. 变动性　　　　　　　　　　　D. 社会教化性

2. 管理道德主要有(　　)道德观。

A. 功利主义　　　　　　　　　B. 权利至上

C. 公平公正　　　　　　　　　D. 单个契约

3. 研究表明,人类的道德发展经历了(　　)三个层次。

A. 前惯例层次　　　　　　　　B. 惯例层次

C. 原则层次　　　　　　　　　D. 利益层次

4. 影响管理道德的因素是(　　)。

A. 道德发展阶段　　　　　　　B. 个人特征

C. 结构变量　　　　　　　　　D. 环境与组织文化

5. 以下(　　)行为属于组织追求社会责任的途径。

A. 提供更多的就业机会,给予更多的职业培训机会

B. 提供科学的安保产品,维护员工的身心健康

C. 执行行业规范、行业标准和行业道德准则

D. 维护组织所有者对组织管理效益的监督

6. 组织对社会责任的具体体现表现为(　　)。

A. 组织对社会的责任　　　　　B. 组织对员工的责任

C. 组织对顾客的责任　　　　　D. 组织对政府的责任

7. 组织对员工的责任具体表现为(　　)。

A. 不歧视员工、尊重员工

B. 营造一个良好的工作环境,工作环境的好坏直接影响员工的工作效率和身心健康

C. 定期或不定期地培训员工

D. 做好售后服务工作,及时解决顾客在使用组织产品时遇到的困难

8. 组织对社会的责任具体表现为(　　)。

A. 组织要在保护环境方面发挥主导作用,特别要在推动环保技术的应用方面发挥示范作用

B. 组织要以绿色产品为研究和开发的主要对象

C. 积极参与社区公益活动

D. 从事济困求助、扶贫助学等慈善事业

四、简答题

1. 管理道德的特点是什么?

2. 影响管理者道德的因素有哪些?

3. 组织社会责任的具体体现有哪些?

五、论述题

在现实社会中,如何提高员工的道德?

第Ⅱ部分　知识应用

一、案例分析

【案例分析一】

"丰田汽车"能笑到最后吗

2010年1月21日丰田汽车宣布,因油门踏板有发生故障的可能性,对在美国销售的Camry(凯美瑞)等约230万辆乘用车等实施召回,进行免费修理。这令该公司曾经良好的品质声誉再遭损毁。2009年11月因"脚垫门"事件,丰田在美国以约420万辆车为对象,进行了无偿修理或更换油门踏板、脚垫。此次虽然是其他原因,但近来丰田公司已在主要市场国连续进行了大规模的召回修理。

2月5日,在日本丰田总部,丰田章男45度鞠躬,在全球媒体的闪光灯下首次就召回等问题公开道歉。这位丰田汽车总裁先用日语说:"多个地区发生召回事件,给客户造成极大不便和担忧。"他"深感抱歉"。他随后用英语说,自己了解召回事件使许多客户驾驶时心里紧张,但请大家相信,丰田汽车是安全的……

大规模召回事件让日本丰田汽车公司陷入其有史以来最严重的信任危机,很多丰田车主被迫封车,很多打算买丰田车的人纷纷收手。丰田车的销量应声下跌几十个百分点,而同时竞争对手也获得了数十个百分点的销售增长。

这些召回究竟是将更多人(包括丰田)置于风险当中还是挽救了更多人的性命?

从某种意义上说,它为组织提供了树立负责任、值得信赖形象的机会。况且,召回是所有组织都会碰到的,并不是丰田一个碰到的,丰田公司大召回的面也大,别的公司小召回的面也小,大家了解召回的面以后,慢慢也觉得这是一个司空见惯的事情,正如曾庆洪所说:"任何车都有召回,你们上网看就知道,哪种车没有召回,有些车甚至召回100%。召回是很正常的,召回不是说明组织不行,召回体现了一种社会责任。"

这样,卷入"踏板门"的丰田召回是有史以来最大规模的一次汽车产品缺陷召回事件。这样大规模的召回,成本就是天文数字,正值丰田攀上全球产销第一的至尊地位却遭遇消化不良之时,对丰田的打击可谓雪上加霜。但丰田还是在"主动召回""指令召回""隐匿召回"和"拒不召回"的诸多选项中,果断选择了"主动召回"和"主动申报"。这看似费解,实则来源于日本组织强烈的社会责任感。

问题:

丰田是怎么面对信任危机的?其做法对组织的发展会产生什么影响?

【案例分析二】

河南"瘦肉精"事件

据央视曝光,双汇宣称"十八道检验、十八个放心",但猪肉不检测"瘦肉精"。此前,河南孟州等地添加"瘦肉精"养殖的有毒生猪,顺利卖到双汇集团旗下公司。遭曝光后,该公司采购部业务主管承认,他们厂的确在收购添加"瘦肉精"养殖的所谓"加精"猪。记者调查发现,河南孟州市、沁阳市等十几家养猪场,都在养殖这种肌肉发达的"健美猪",和普通的猪肉相比,这种猪肉几乎没有什么肥肉,且能多卖几十元钱。在河南孟州市、沁阳市、温县和获嘉县,生猪养殖环节违禁使用"瘦肉精"几乎成了一个公开的秘密。

2011年3月15日,河南"瘦肉精"事件发生后,为查清"瘦肉精"的生产、销售源头,河南省公安厅迅速确定了"追上线、查网络、端窝点、打源头"的案件主攻方向。通过层层"倒追",公安机关发现,湖北襄阳籍刘某为制造"瘦肉精"的最大嫌疑人。

据刘某交代,他曾在江苏常州一家药厂担任技术人员,其间结识了同厂做药品销售的奚某。2007年,曾销售过平喘药盐酸克伦特罗的奚某告诉刘某,有人想要盐酸克伦特罗用于养殖,如果能研制生产出来,可以获得高额利润。

2007年4月底,利用奚某提供的资金,刘某回到老家襄阳,找到南漳县九集镇八泉村的一个民营化工企业负责人,称可以合作开发化工产品二氯烟酸。达成租赁经营协议后,刘某利用厂里的试验室和自购的设备,开始秘密研制盐酸克伦特罗。

为刘某打开销路的正是其合伙人江苏常州的奚某和下线销售人员河南郑州的陈某、洛阳的肖某等人。

2007年底,刘某在不掌握地下销售渠道的情况下,开始陆续把生产出的盐酸克伦特罗交给奚某,然后由奚某负责外销给河南郑州的陈某和洛阳的肖某,2008年自己开始直接给陈某和肖某"发货"。"他们只需要电话通知我需要'几个'、什么时间发货就可以了。"

据刘某交代,由于清楚是违法活动,上下线制售人员间都以电话单线联系,几乎从不见面,联系中也从不提及"瘦肉精"一词,一般以"一个"代表"一公斤"的电话暗号商定所需数量,然后通过物流公司以"添加剂"的名义向外"发货",而收货人直接按"行内价格"将资金汇入指定账户即可完成交易。

据介绍,陈某等人从刘某处"接货"后,除少数就地转手给次级分销人员赚取差价外,一般会按照30到35倍的比例在盐酸克伦特罗原粉中加入淀粉等添加剂,再次包装后销售给次级分销人员或养殖户。

经公安机关审讯,"瘦肉精"案中的非法制售网络基本查清为:加工源头(刘某和奚某于湖北襄阳合谋研制生产)→主要销售窝点(陈某和肖某)→次级分销窝点(不法兽药店主和生猪购销人)→"瘦肉精"使用者(生猪饲养户)→加精猪流向地(屠宰点和肉制品加工厂)。

处于链条最顶端的刘某称,出厂的盐酸克伦特罗呈粉末状,由于纯度很高,被称作原粉,出售价格一般为2000元/公斤,扣除原料、人力、厂房租金等成本后,每公斤还有600至700元的生产利润。

而主要销售人员陈某和肖某"接货"后,要么以4000元/公斤的价格转手给下线人员,要么添加淀粉等物质稀释后,再以每公斤200多元的价格卖给下线销售人员或者养殖户。"转手的次数越多,'瘦肉精'的纯度就会越低",而每公斤的销售利润也会从数千元到上万元不等。"在郑州市陈某的亲戚家,现场查获的未转移现金就高达30多万元。"警方人员说。

处于链条次末端的生猪养殖户拿到稀释后的"瘦肉精",由于纯度不同,价格也会从每公斤200元到300元不等。饲料中有了这样的"添加物",就能饲喂出高瘦肉率的生猪,以每头生猪100公斤计算,每头猪能多赚40元到60元,对于每头生猪80元到100元的正常利润而言,算是一笔不小的额外收入。

而为了迎合"挑肥拣瘦"的市场需求,屠宰点和肉制品加工厂也更愿意以微小的边际收购成本增加其收购生猪的瘦肉率,从而在市场竞争和经济获利上占得先机。

自从央视曝光"瘦肉精事件"以来,食品安全再次成为整个社会关注的焦点。2011 年,由于"瘦肉精事件"的影响,中国和墨西哥已经进入了欧足联的"黑名单",欧足联特别发出警告后,相信球员们都要对中国和墨西哥产的肉类产品敬而远之了。不仅如此,"瘦肉精事件"或许还将使得欧洲各大足球俱乐部的 2011 年夏季访华受到影响。

问题:

1. 该案例说明什么道德问题? 企业的社会责任有哪些具体表现?

2. 你认为应采取什么样的方式能够有效防止这样的事件再次发生?

二、实训活动

访问一个富有社会责任的组织经理

【实训目标】

1. 了解社会责任的概念;

2. 了解社会责任的具体体现。

【实训要求】

1. 认真阅读有关社会责任方面的内容;

2. 把学生分成几个小组,5～10 人为一组;

3. 组织学生到组织实地了解社会责任的内容。

【实训内容】

1. 要求学生了解该组织的社会责任相关理论。

2. 向该组织的经理了解该组织是否坚持了《全球契约》的原则。

3. 向组织经理了解他们组织是如何履行社会责任的。

4. 分析该组织社会责任的具体情况。

【实训考核】

1. 每位同学或每组学生写出访谈报告。

2. 根据报告的实际情况进行评价。

职能篇

模块四　计划管理

学习目标

★知识点

(1)了解计划的概念、类型、计划工作的特点。

(2)了解决策的定义、类型、特征、影响因素。

(3)了解战略管理的概念、过程。

(4)掌握计划的原理、计划的程序、计划实施的方法。

(5)掌握决策的基本过程、决策的方法、战略管理的特点。

★技能点

(1)培养编制计划的能力。

(2)培养决策分析能力。

关键概念

计划　决策　目标管理　战略管理

管理聚焦

松下电器工业公司的故事

　　三十多年前,RCA公司、通用电气公司和齐尼思(Zenith)公司等统治着美国的电视机市场。如今,这些公司的电视机产品都销声匿迹了,取而代之的是日本松下电器工业公司的

Panasonic 和 Quasar 等牌号的电视机。松下公司的生产的各种录像机也充斥了市场。

松下电器公司是松下幸之助第二次世界大战后建立的。其目标是成为当时正在浮现的电子学领域的领导者,重建日本强国的地位。20 世纪 50 年代初期,松下公司确立了控制美国电视机市场的目标,与其他日本电视机制造商组成了卡特尔,将进攻的焦点集中在了美国市场上。

在 20 年的时间里,将他的美国竞争对手从 25 个削减到了 6 个,最终,所有的美国竞争对手不是破产就是被外国同行所兼并。1990 年 11 月,松下公司又斥资 60 多亿美元买下了 MCA 公司(环球制片公司的母公司)。经过精心的、长期的计划,松下公司目前已成为世界消费电子行业的巨人。实际上,公司已经制订了 250 年的规划。

松下公司的管理当局把公司看作经久不衰的组织,它试图不给竞争对手留下任何可乘之机。

松下公司的成功说明了什么呢? 它说明了广泛的计划如何促进一个公司巨人的创建。

任务一　计　划

古人云"有备无患,凡事预则立,不预则废",说的就是计划工作的重要性。管理是对资源进行优化配置的过程,要把资源协调好需要时间,且离不开计划,没有计划或计划不周会降低管理的效率,甚至直接影响到组织目标的实现。在日常生活中,许多组织应该说是有明确目标的,但总也不能达到目标,为什么? 很大程度上是因为没有具体的实施计划,使得许多目标成为"口号""空头支票"。因此,有效的计划工作是为达到目标而提供的一种合理的实现方向。正如哈罗德·孔茨所认为的,"计划工作是一座桥梁,它把我们所处的这岸与我们要去的对岸连接起来,以克服这一天堑"。有效的计划能有效地配置资源;有效的计划有助于及时预见危险、发现机会、早做准备、防患于未然;有效的计划能提高效率、调动积极性;有效的计划是控制工作的基础。

一、计划概述

(一)计划的概念

计划有名词和动词两层含义。从名词意义上来讲,计划是对组织未来一段时期内活动的内容、方向以及方式方法的预测与安排处理。从动词意义上来讲,计划是管理者为了达到既定的目标而制定行动方针的过程。狭义的计划实际上就是计划的制订过程,而广义的计划除了计划的制订以外,还包括计划的执行与控制过程。在管理学中主要使用动词意义上的计划,从狭义的角度去探讨计划的内容。

当计划以书面的形式出现时,就是人们所说的计划书。一份完整的计划书中的内容包括"5W""1H",即:

目标——明确做什么(What);

目的——回答为什么(Why)；

人员——何人做(Who)；

地点——何地做(Where)；

时间——何时开始做(When)；

方式与手段——如何做(How)。

除此之外,在一项计划书中还应说明计划有效的前提条件,以便在实施过程中明确在什么情况下需要修改计划;当实际情况与计划条件不符时应采取的措施,以增强计划的适应性。此外,为了便于在情况发生较大变化时,能够判断是应该放弃计划还是应该竭尽全力去创造条件完成计划,计划书中还应该说明进行这项工作或实现相应目标的意义或重要性。

计划的表现形式很多,目标、战略、政策、规章制度、预算、程序及规划等都属于计划的范畴。

(二)计划的类型

依据不同的侧重点,可以将计划做不同的分类,常见的计划分类方法有以下几种。

1. 按计划完成的时间分类

按计划完成的时间不同,可分为长期计划、中期计划和短期计划。

一般把五年以上的计划称为长期计划,一年以内的计划称为短期计划,介于一年与五年之间的计划称为中期计划。长期计划体现了组织在较长时期的发展方向和方针,规定了组织各个部门在较长时期内从事某种活动应达到的目标与要求,绘制了组织长期发展的蓝图。例如,一个组织的长期计划要指出该组织的长远经营目标、经营方针和经营策略等。中期计划来自于长期计划,但比长期计划更具体和详细,它主要起协调长期计划和短期计划之间关系的作用。长期计划以问题和目标为中心,中期计划以时间为中心。短期计划比中期计划更为具体与详尽,具体规定了组织的各个部门在目前到未来的各个较短阶段,应该从事何种活动,从事该活动应达到何种要求,因而为组织成员提供了短期内行动的依据与准则。如组织的年度销售计划就是短期计划。

在一个组织中,长期计划与短期计划之间的关系应是"长计划,短安排",即为了实现长期计划中提出的各项目标,必须制订相应的一系列中短期计划并加以落实,而中短期计划的制订又必须围绕长期计划中的各项目标展开。

2. 按计划的广度分类

按计划的广度分类,可以分为战略性计划和战术性计划。

战略性计划是由高层管理者制定的具有全局性、长远性的指导性计划。它描述了组织在未来一段时期内总的战略构想与总的发展目标,以及实施的途径,决定了在相当长的时间内组织资源的运动方向。战略性计划涉及组织的方方面面,并在较长时间内对组织有指导作用。而战术性计划是在战略计划规定的方向、方针和政策范围内,为确保战略目标的落实和实现,确保资源的取得与有效运用而形成的具体计划,它主要描述如何实现组织的整体目标,是战略计划的具体化。战略性计划具有全局性、指导性和长远性特点,战术性计划具有局部性、指令性和一次性特点;战略性计划侧重于确定组织宗旨、目标,战术性计划侧重于明确落实战略的各种措施和方法;战略性计划的目的是提高效益,战术性计划的目的是提高效率;战略性计划涉及整个组织,战术性计划则局限于特定的部门或活动。

3.按计划的对象分类

按计划的对象,分为综合计划、部门计划和项目计划。

综合计划是指具有多个目标和多方面内容的计划,它可能关联到整个组织或组织中的大多数部门,一般年度预算计划是综合计划。部门计划是在综合计划基础上制订的,其内容较为专一,局限于某一特定的部门或某一特定的职能,一般是综合计划的子计划,是为了达到组织的目标而制订的分计划。如组织营销部门制订的年度销售计划,就是根据总生产计划制订的分计划。项目计划是针对组织的特定活动所做的计划,例如某新产品的开发计划等。

4.按计划的明确程度分类

根据计划的明确程度和约束力大小,计划可分为指令性计划和指导性计划。

指令性计划是由上级下达的具有行政约束力的计划,它规定了计划执行单位必须执行的各项任务,其规定的各项指标没有讨价还价的余地。指导性计划是由上级给出的一般性的指导原则,具体如何执行具有较大灵活性的计划。由于指导性计划规定了一般性的指导原则,从而使其在多变的环境中具有较好的可控性。指导性计划的灵活性和可控性优点恰恰是指令性计划的局限性所在。

5.按计划的重复性分类

按计划的重复性,分为程序性计划与非程序性计划。

西蒙认为组织的活动可分为两类:一类是例行的重复出现的活动,对这类活动的决策称为程序化决策,与之相对应的计划工作就是程序性计划或常规计划,包括政策、标准方法和常规作业程序,所有这些都是用来解决常发性问题的。另一类活动是非例行的、不重复出现的活动,对这类活动的决策称为非程序化决策,与之相对应的计划工作就是非程序性计划或专项计划。包括为特定的情况专门设计的方案、进度表等,它用来处理一次性的而非重复性的问题。

6.按计划的表现形式分类

哈罗德·孔茨和海因·韦里克从抽象到具体,把计划划分为:目的或使命、目标、战略、政策、程序、规则、方案以及预算。

(1)目的或使命。它指明一定的组织机构在社会上应起的作用,所处的地位。它决定组织的性质,决定此组织区别于其他组织的标志。各种有组织的活动,如果要使它有意义的话,至少应该有自己的目的或使命。比如,大学的使命是教书育人和科学研究,研究院(所)的使命是科学研究,医院的使命是治病救人,法院的使命是解释和执行法律,组织的目的是生产和分配商品与服务等。

(2)目标。组织的目的或使命往往太抽象、太原则化,它需要进一步具体为组织一定时期的目标和各部门的目标。组织的使命支配着组织各个时期的目标和各个部门的目标。而且组织各个时期的目标和各部门的目标是围绕组织存在的使命所制定,并为完成组织使命而努力的。虽然教书育人和科学研究是一所大学的使命,但一所大学在完成自己使命时会进一步具体化不同时期的目标和各院系的目标,比如最近三年培养多少人才,发表多少论文等。

(3)战略。战略是为了达到组织总目标而采取的行动和利用资源的总计划,其目的是通过一系列的主要目标和政策去决定和传达一个组织期望自己成为什么样的组织。战略并不打算确切地概述组织怎样去完成它的目标,这是无数主要的和次要的支持性计划的任务。

(4)政策。政策是指导或沟通决策思想的全面的陈述书或理解书。但不是所有政策都是陈述书,政策也常常会从主管人员的行动中含蓄地反映出来。比如,主管人员处理某问题的习惯方式往往会被下属作为处理该类问题的模式,这是一种含蓄的、潜在的政策。政策能帮助事先决定问题的处理方法,这一方面减少对某些例行问题时间上处理的成本,另一方面把其他计划统一起来。政策支持分权,同时也支持上级主管对该项分权的控制。政策允许对某些事情处理的自由,一方面切不可把政策当作规则,另一方面又必须把这种自由限制在一定的范围内。自由处理的权限大小一方面取决于政策本身,另一方面取决于主管人员的管理艺术。

(5)程序。程序是制订处理未来活动的一种必需方法的计划。它详细列出必须完成某类活动的切实方式,并按时间顺序对必要的活动进行排列。它与战略不同,它是行动的指南,而非思想指南。它与政策不同,它没有赋给行动者自由处理的权利。处于理论研究的考虑,可以把政策与程序区分开来,但在实践工作中,程序往往表现为组织的政策。比如,一家制造组织的处理定单程序、财务部门批准给客户信用的程序、会计部门记载往来业务的程序等,都表现为组织的政策。组织中每个部门都有程序,并且在基层,程序更加具体化、数量更多。

(6)规则。其本质是一种管理决策,通常是最简单形式的计划。

规则不同于程序。其一,规则指导行动但不说明时间顺序;其二,可以把程序看作一系列的规则,但是一条规则可能是也可能不是程序的组成部分。比如,"禁止吸烟"是一条规则,但和程序没有任何联系;而一个规定为顾客服务的程序可能表现为一些规则,如在接到顾客需要服务的信息后 30 分钟内必须给予答复。

规则也不等于政策。政策的目的是指导行动,并给执行人员留有酌情处理的余地;而规则虽然也起指导作用,但是在运用规则时,执行人员没有自行处理的权限。

必须注意的是,就其性质而言,规则和程序均旨在约束思想;因此只有在不需要组织成员使用自行处理权时才使用规则和程序。

(7)方案(或规划)。方案是一个综合的计划,它包括目标、政策、程序、规则、任务分配、要采取的步骤、要使用的资源及为完成既定行动方针所需要的其他因素。一项方案可能很大,也可能很小。通常情况下,一个主要方案(规划)可能需要很多支持计划。在主要计划进行之前,必须要把这些支持计划制订出来,并付诸实施。所有这些计划都必须加以协调和安排时间。

(8)预算。预算是一份用数字表示预期结果的报表。预算通常是为规划服务的,其本身可能也是一项规划。

上述计划层的表现形式如图4-1所示。

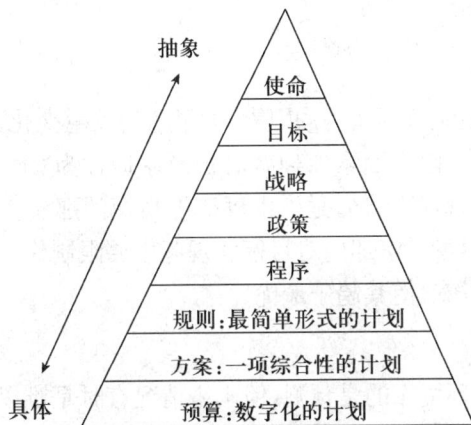

图4-1　计划的表现形式

(三)计划工作的特点

计划工作与其他管理职能相比,其特点主要有以下几个方面。

1. 目的性

任何组织或个人制订计划都是为了实现其目标,因此各种子计划及其派生计划,都应围绕着如何实现其目的和目标而制订。一个组织能够生存,首要的一点就是通过有意识的合作来完成组织的目标,这是管理最基本的特征,计划工作是最能明确反映管理基本特征的主要职能活动。

2. 普遍性

一方面,计划的普遍性体现在计划编制后的贯彻、执行之中,要考虑到它对组织、激励和沟通、协调等工作的影响。不管是组织工作、激励工作还是沟通协调工作,都要在计划目标的指导下来安排具体的工作。另一方面,计划作为一项管理职能,不管是处于哪一个层次的管理者,还是处于哪个部门的管理者,都要在目标指导下制订自己的具体计划,并保证计划的层层落实。

3. 首要性

计划工作在管理职能中处于首要地位,这主要是由于其在管理过程中处于首要环节,其他职能都是为了支持、保证目标的实现。因此,这些职能只有在计划工作确定了目标之后才能进行。所以,要做好管理工作,首先必须进行计划工作。

4. 经济性

计划工作要讲究效率,要考虑投入与产出之间的比例。计划的效率不仅体现在有形物上,还包括满意度等无形的评价标准。

5. 创新性

计划工作总是针对需要解决的新问题和可能发生的新变化、新机会做出正确有效的决定,因而它又是一个创新的管理过程。组织的发展与进步依赖于管理计划的不断创新。

(四)制订计划的原理

1. 限定因素原理

限定因素,是指妨碍组织目标实现的因素,如果它们发生变化,即使其他因素不变,也会影响组织目标的实现程度。限定因素原理有时被形象地称为"木桶原理",其含义正如木桶原理所表述的那样:木桶所盛的水量,是由木桶壁上最短的那块木板条决定。这就是说,管理者在制订计划时,应该尽量了解那些对目标实现起主要限制作用的因素或战略因素,有针对性地、有效地拟订计划方案,使其趋于最优。

2. 灵活性原理

确定计划实施的预期环境靠的是预测,但未来情况有时是难以预测的。因此,计划需要有灵活性,才有能力在出现意外时改变方向,不至于使组织遭受太大的损失。灵活性原理在制订计划时非常重要,特别是承担任务重、计划期限长的情况,比如战略计划,它的作用更明显。虽然,计划中体现的灵活性越大,出现意外事件时适应能力越强,对组织的危害性越小,但灵活性是有一定限度的。比如,不能为保证计划的灵活性而一味推迟决策的时间,未来总有些不确定的因素,当断不断,则会错失良机。

3. 承诺原理

计划期限的合理选择应该遵循承诺原理。长期计划的制订并不是为了未来的决策,而是通过今天的决策对未来施加影响。任何一项计划都是对完成各项工作所做出的承诺,承诺越多,计划期限越长,实现承诺的可能性越小。承诺原理要求合理地确定计划期限,不能随意缩短计划期限;计划承诺也不能过多致使计划期限过长。如果实现承诺所需的时间比可能正确预见的未来期限还要长,计划就不会有足够的灵活性适应未来的变化,因此应减少承诺,缩短计划期限。

4. 改变航道原理

计划是面向未来的,而未来情况随时都可能发生变化,所制订的计划显然不能一成不变,在保证计划总目标不变的情况下,随时改变实现目标的进程(航道),就是改变航道原理。应该注意的是,该原理与灵活性原理不同,灵活性原理是使计划本身具有适应未来情况变化的能力。而改变航道原理是使计划执行过程具有应变能力,就像航海家一样,随时核对航线,一旦遇到障碍就绕道而行。

如何提高计划的可靠性,始终是计划制订者和计划执行者十分关注的问题。学习和掌握国民经济计划和社会发展计划的精神,是每一个组织在制订经济发展计划时必须要做的一项工作。了解和研究国民经济计划是提高组织计划可靠性的重要措施。

(五)计划的程序

1. 分析环境,预测未来

在制订计划时,管理者首先要考虑组织的各种环境因素,这是制订计划的依据。分析环境时,既要分析组织的内部环境,又要分析组织的外部环境;既要考虑组织的现实环境,也要考虑组织的未来环境。通过对内外部环境、特别是未来环境的分析和预测,把握各种环境因素与走向,以便确定可行性目标并进行正确的决策。

2. 确定目标

组织要在分析环境、预测未来的基础上制定目标。目标通常是指组织预测在一定期间内达到的数量和质量指标。目标是计划的核心内容,也是组织行动的方向。组织目标一般包括:赢利性指标、增长性指标、竞争性指标、产品类指标、人事类指标、财务类指标等。

3. 设计与抉择方案

为实现目标,要选择正确的实施途径和方法,合理配置人、财、物、时间、信息等资源,制订系统的计划方案。具体程序包括:制订可供选择的多个方案;在分析组织内部条件和外部因素的基础上,评估各种方案;找出可行性方案并进一步评估完善;确定最优方案。

制订可行的行动方案要求拟订尽可能多的方案。可供选择的行动方案数量越多,对选中的方案的相对满意程度就越高,行动就越有效。因此,在计划拟订阶段,要发扬民主,广泛发动群众,充分利用组织内外的专家,产生尽可能多的行动方案。在该阶段,需要"巧主意",需要创新性。尽管没有两个人的脑力活动完全一样,但科学研究表明,创新过程一般包括浸润(对问题由表及里地全面了解)、审思(仔细考虑问题)、潜化(放松或停止有意识的研究,让下意识起作用)、突现(突现绝妙的、也许有点古怪的答案)、调节(澄清、组织和再修正答案)。

评价行动计划,要注意考虑以下几点:①认真考察每一个计划的制约因素和隐患;②要用总体的效益观点来衡量计划;③既要考虑到每一计划的有形的、可以用数量表示出来的因素,又要考虑到无形的不能用数量表示出来的因素;④要动态地考察计划的效果,不仅要考虑计划执行所带来的利益,还要考虑计划执行所带来的损失,特别注意那些潜在的、间接的损失。

4. 制订主要计划

制订主要计划就是将所选择的计划用文字形式正式表达出来,作为管理文件。这是计划工作的关键一步,也是决策的实质性阶段——抉择阶段。这一步通常是在经验、实验和研究分析的基础上进行的。

5. 制订派生计划

主要计划还需要派生计划的支持,只有在完成派生计划的基础上才可能完成主要计划。比如一家公司年初制订了"当年销售额比上年增长15%"的销售计划,与这一计划相连的有许多计划,如生产计划、促销计划等。再如当一家公司决定开拓一项新的业务时,这个决策是要制订很多派生计划,比如雇用和培训各种人员的计划、筹集资金计划、广告计划等。

6. 制订预算,用预算使计划数字化

在做出决策和确定计划后,最后一步就是把计划转变成预算,使计划数字化。编制预算,一方面是为了计划的指标体系更加明确,另一方面是使组织更易于对计划执行进行控制。定性的计划往往在可比性、可控性和进行奖惩方面比较困难,而定量的计划则具有较硬的约束。

7. 反馈计划执行情况

计划付诸实施,管理的计划工作并没有结束。为了保证计划的有效执行,要对计划进行跟踪反馈,及时检查计划的执行情况,分析计划执行中存在的问题并做出必要的调整。

二、计划实施的方法

计划工作效率的高低和质量的好坏很大程度上取决于采用的计划方法,这里仅简要介绍几种常用的编制方法。

(一)滚动计划法

1. 滚动计划法的概念

滚动计划法的概念是一种将短期计划、中期计划和长期计划有机结合起来,根据近期计划的执行情况和环境变化情况,定期修订未来计划并逐期向前推移的方法。如图 4-2 所示。由于计划工作中很难预测未来发展的各种影响因素的变化,而且计划期越长,这种不确定性就越大,因此,若硬性地按几年前制订的计划实施,可能会造成重大的损失。滚动计划法可以避免这种不确定性可能带来的不良后果。

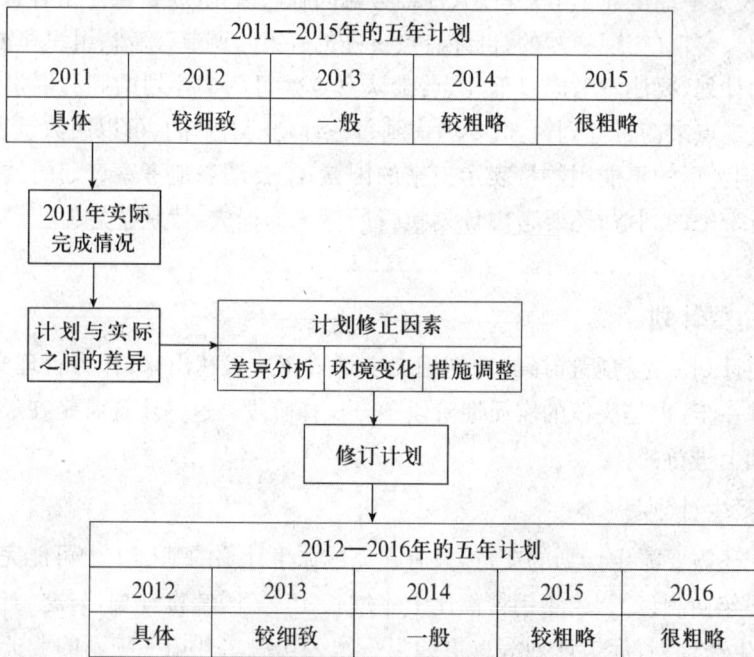

2011—2015年的五年计划				
2011	2012	2013	2014	2015
具体	较细致	一般	较粗略	很粗略

2011年实际完成情况

计划与实际之间的差异

计划修正因素

| 差异分析 | 环境变化 | 措施调整 |

修订计划

2012—2016年的五年计划				
2012	2013	2014	2015	2016
具体	较细致	一般	较粗略	很粗略

图 4-2 滚动计划法示意图

2. 滚动计划法的具体做法

在制订计划时,同时制订未来若干年的计划,但计划内容粗细不同,越是近期计划,内容越细越具体,越是远期计划,内容越粗。根据最近一个周期的计划执行具体情况与预期结果作差异分析,同时根据当前内部条件和外部环境的变化情况,对原定的下一期计划进行修订,并将整个计划向前滚动一个周期,以后逐年根据同样的原则进行定期地修订与滚动。

3. 滚动计划法的优缺点

滚动计划法的优点如下。

(1)使长期、中期和短期计划相互衔接,保证了计划随着环境的变化而不断地及时调整,并使各期计划基本保持一致。

(2)使计划更加切合实际,适合于任何类型的计划。由于滚动计划缩短了计划时期,加大了对未来估计的准确性,从而提高了计划的质量。

(3)滚动计划法大大加强了计划的弹性,提高了组织的应变能力。

滚动计划法的缺点是编制计划的工作量太大。但随着计算机的普及和辅助计算功能的加强,这一难点问题已得到很好的解决。

(二)网络计划技术

网络计划技术于 20 世纪 50 年代产生于美国,最初运用于国防导弹工程,后被广泛运用于组织管理活动中。

网络计划技术包括以网络为基础制订计划的各种方法,如关键路线法(CPM)、计划评审技术(PERT)、组合网络法(CNT)等。其基本原理是:把一项工作或项目分解成各种作业,然后根据作业的先后顺序进行排列,通过网络的形式对整个工作进行统筹规划与控制,从而以较少的资源和最短的工期完成规定的工作任务。具体运用步骤包括:运用网络图形式表达一项计划中各种工作(任务、活动、过程、工序)之间的先后次序和相互关系;进行网络分析,计算网络时间,确定关键工序和关键路线;利用时差不断地改善网络计划,求得工期、资源与成本的优化方案,并付诸实践;在计划的执行过程中,通过信息反馈进行监督和控制,以保证预定的计划目标的实现。

利用网络计划技术制订计划,主要包括以下几方面的工作。

1. 分解任务

分解任务就是把整个计划活动分成若干个数目的具体工序,并确定各工序的时间,然后在此基础上分析并明确各工序时间的相互关系。

2. 绘制网络图

根据各工序之间的相互关系,按照一定的规则(如:两个节点之间只能有一条箭线,不允许出现循环线路等),绘制出网络图。网络图由节点、活动和线路三个要素组成。

3. 网络图的时间计算

网络图的时间计算包括作业时间的计算、节点时间的计算(节点最早开始时间和节点最迟结束时间)、工序时间的计算(工序的最早开始时间、工序最早结束时间、工序最迟开始时间和工序最迟结束时间)、工序总时差的计算、确定关键路线(关键路线是网络图中时间最长的路线)。

(三)目标管理

目标管理是美国管理学家彼得·德鲁克于 1954 年在其所著的《管理实践》中提出的,其后他又提出"目标管理和自我控制"的主张。德鲁克认为,并不是有了工作才有目标,而是相反,有了目标才能确定每个人的工作。所以"组织的使命和任务必须转化为目标"。因此管理者必须通过目标对下级进行管理,当组织最高层管理者确定了组织目标后,必须对其进行有效分解,转变成各个部门以及各个人的分目标,管理者根据分目标的完成情况对下级进行考核、评价和奖惩。

"目标管理"的概念提出以后,在美国迅速流传,因为当时正值第二次世界大战后西方经济由恢复转向迅速发展的时期,组织急需采用新的方法调动员工积极性以提高竞争能力,目标管理应运而生,故被广泛应用,并很快为日本、西欧国家的组织所仿效,在世界管理界大行其道。

目标管理的具体形式各种各样,但其基本内容是一致的。所谓目标管理,是一种程序或方法,它强调对工作的关心与对人的关心的结合,它首先由组织中管理人员与员工一起,根据组织的使命确定一定时期内组织的总体目标,再层层落实,制定各自的分目标,并以此形成组织中所有成员的责任和分目标以及其职责范围,最终用这些目标作为组织进行管理、评估和奖惩的依据。由此可见,目标管理在指导思想上是以 Y 理论为基础的(Y 理论认为,在明确目标的情况下,人们是能够对自己的行为负责的),而具体操作方法上则是科学管理理论的进一步发展。

1. 目标管理的特点

(1)重视人的因素。目标管理重视员工的参与和自我控制,是一种把个人需求与组织目标有机结合的管理制度。它强调由上下级共同确定目标与建立目标体系,下属不再仅仅是被动地执行目标,而是目标的制定者。这样不仅能使组织目标更符合实际,更具有可行性,而且能激发起员工的工作热情、积极性与创造性,使员工能从工作中享受到工作的满足感和成就感。在这种制度下,上下级之间是平等、尊重、信赖与支持的关系,而下级在承诺目标和被授权后是自觉的、自主的和自治的。

(2)建立目标的系统管理。目标管理通过专门设计的过程,将组织的整体目标层层分解,转换为各部门、各员工的分目标。从组织目标到经营单位目标,再到部门目标,最后到个人目标。在目标的分解过程中,权、责、利三者已经明确且相互对称。这些目标方向一致,环环紧扣,相互配合,形成协调统一的目标体系。只有每个成员完成了自己的分目标,组织的总体目标才可能完成。

(3)重视成果。目标管理以制定目标为起点,以目标完成情况的考核为终结。工作成果是评定目标完成程度的标准,也是人事考核和奖惩的依据,成为评价管理工作绩效的唯一标志。至于实现目标的具体过程、途径与方法,上级并不过多干预。所以,在目标管理制度下,监督的成分很少,而控制目标实现的能力却很强。

2. 目标管理的实施步骤

目标管理的具体操作分为三个步骤:目标的制定与展开、实现目标的过程管理、成果的考核。

(1)目标的制定与展开。目标管理最重要的一步,一般先由高层管理者根据组织的特点、优势与劣势以及组织面临的机会与威胁确定组织在未来一定时期内的总体目标任务,然后再逐步展开,确立下级的目标。当然,为了使每个目标都有合适的人负责,在确立下级的目标时,首先要让下级参与到目标的制定中来,使确定的目标能得到员工的认同,要与下级共同商量确立下级的分目标,并就实现目标所需要的条件及实现目标后的奖惩事宜达成一致意见。同时,分目标确定后,相应地要授予下级相应的资源配置的权力,真正体现权、责、利三者的统一。

同时要注意:制定的分目标要尽可能量化,便于考核;分目标既要有挑战性,又要有实现可能;每个员工和部门的分目标要与其他员工或部门的分目标协调一致,支持组织目标的实现。

(2)实现目标的过程管理。目标管理强调结果,重视员工的自我控制,但并不等于管理者就不应该管或就可以不管,相反,由于制定的目标环环相扣,牵一发而动全身,一旦在某个环节上发生失误,会影响整个目标的实现,而且管理者要对员工的工作失误负最终责任,因此,管理者在目标实施过程中的管理与控制是不可或缺的。比如,定期检查,便于随时了解工作进度;当下级在工作过程中出现问题或困难时,要及时协调,帮助解决等。

(3)成果的考核。到了规定期限后,下级首先提交书面报告,进行自评,然后上下级一起根据预先设定的目标和奖惩条例进行考核,给予相应的奖励或惩罚。如果未完成目标,应分析其原因,总结经验教训,同时为下一轮的目标制定提供参考。

3. 目标管理的优点

目标管理作为一种行之有效的管理方法,受到国内外许多组织的青睐。

(1)通过目标管理,可使各项工作有明确的目标与方向,从而避免了工作的盲目性,避免做无用功。

(2)目标管理调动了员工的主动性、积极性和创造性,同时由于强调自我控制,自主管理,并将个人利益与组织利益紧密联系在一起,因而提高了员工的士气。

(3)目标管理有助于实现有效控制,解决了控制中控制标准和控制手段等难点问题,使控制工作落到了实处。

(4)目标管理强调员工的参与,促进了上下级之间的关系改进与交流,改善了人际关系,有助于增强全体组织成员的团结合作精神与内部凝聚力。

4. 目标管理的缺点

在实际工作中,目标管理方法也存在一些问题,主要表现在以下几个方面。

(1)目标难以制定。因为目标的影响因素很多,若干个目标之间也难以平衡,而且目标的确定过程耗时耗力,使得组织内的许多目标难以定量化、具体化。因而在实际工作中,有的组织走形式主义,草率从事,把目标管理变成了一种数字游戏。

(2)目标管理的人性假设理论不一定都存在。目标管理法是基于对人性的 Y 假设而言的,但在现实生活中,人是有"机会主义本性的",尤其是在监督不力的情况下,目标管理所要求的承诺、自觉和自主难以达到,从而使得目标管理的效果难以保证。

(3)目标商定和宣讲可能增加管理成本。目标管理强调全体员工的共同参与,强调员工、部门、组织的协调一致;目标管理注重成果的考评,注重结果与奖惩的挂钩。因而容易使得部门、个人只关注自身目标的实现,而忽略相互协作与组织总体目标的实现,滋长本位主义和急功近利思想。

(4)不能按目标成果兑现奖惩。目标管理强调最终考核时要以目标的完成情况来对照奖惩协议给予相应的奖励或处罚。但是若完成的结果远远出乎预料,比如,当员工超额完成目标时,管理者不愿多奖励;或者当员工未达到规定的目标时,碍于人情,惩罚措施也落不到实处。这样就会使目标管理流于形式。

(5)灵活性差的风险。目标管理要取得成效,必须保持其明确性和确定性,如果目标经常变动,就难以说明它是经过深思熟虑和周密计划的结果,这样的目标就没有意义。但是,计划是面向未来的,而未来存在着许多不确定性因素,就必须根据已经变化了的计划工作前提对目标进行修正。然而修正一个目标体系与制订一个目标体系所花费的时间、精力相差无几,结果可能迫使相关人员不得不中途终止目标管理。

因此,在实行目标管理法时,要注意:一是要建立健全各项规章制度,改进领导作风和工作方法,使目标管理的推行建立在一定的思想基础和科学管理基础上;二是要长期坚持,常抓不懈,不断完善,使目标管理发挥预期的作用;三是要提高员工的职业道德水平,培养合作精神。同时要注意,开始实行目标管理时,目标方案的制订应尽可能完备,以保证事后奖惩的公正性。方案一旦确定,就应该具有严肃性,坚决执行,不能随意更改。

(四)运筹学法

运筹学法是计划工作中最全面的分析方法之一,是"管理科学"的理论基础,也是一种分析、实验、定量的科学方法。

运筹学由众多的分支构成,如线性规划、非线性规划、排队论、决策论、库存论等,其中发展最成熟、应用最广的是线性规划。

计划工作中应用运筹学法包括以下步骤:

(1)把问题化为数学模型;

(2)规定一个目标函数,作为对各种可能的行动方案进行比较的尺度;

(3)确定模型中各个参量的具体数值;

(4)求解模型,找出使目标函数达到最大值或最小值的最优解。

任务二　决　策

古语云"运筹于帷幄之中,决胜于千里之外",说明在竞争和对抗活动中,必须统筹谋划,正确研究对策,以智取胜,而对策研究和确定过程就是决策。在任何一个组织中,决策是管理的基本工作内容。诺贝尔经济学奖获得者西蒙也提出"管理就是决策"的观点,可见决策的重要性。就长期而言,决策决定了组织的绩效与成败。

一、决策的定义与特征

(一)决策的定义

关于决策的定义,不同的学者有不同的看法,目前较为典型的有两种。

(1)决策是为了达到某一特定的目标而从若干个可行方案中选择一个满意方案的分析判断和选择的过程。该定义较侧重于决策的基本过程,其中的内涵有:第一,要有明确的目标,这是决策的前提条件;第二,要有多个可行的备选方案,这是科学决策的根本,从理论上讲,达成任何一项目标的途径通常都有若干条,而这若干条途径就是备选方案;第三,决策的重点在于科学地分析、判断与选择,这是决策质量的保证;第四,决策的结果在于选择"满意"方案,而非"最佳"方案。为什么没有最佳方案,只有满意方案?这是因为环境总是不断变化的,今天的最优选择到了明天可能就不是最佳选择,而且由于人的能力有限,对外界信息的了解不可能是完全的,因此所选的备选方案也不可能"穷尽"各种可能,那么基于不完全的信息所做出的决策也就谈不上是最佳的。

(2)决策是组织或个人为了实现某种目标而对未来一定时期内有关活动的内容、方向和方式的选择与调整过程,该定义较全面地涵盖了决策的类型。其中的内涵包括:第一,要有明确的目标,这是决策的前提;第二,决策的范围既包括了活动的内容、方向,这是明确组织未来一段时期要"干什么"的战略性问题,也包括了活动方式的确定,这是明确组织未来一段时期要"怎么干"的战术性问题;第三,决策的结果既可能是全新的零起点方案,也可能是基于原来已有方案基础上的适当调整,是一种追踪决策。

综上所述,决策是一个提出问题、分析问题、解决问题的过程,是人们在明确问题的基础上为未来的行动确定目标,并在多个可供选择的行动方案中选择一个合理方案的活动。

(二)决策的特征

1. 目标性

任何组织的决策都必须首先明确组织的活动目标。目标是组织在未来特定时间内完成任务程度的标志。决策是为了实现组织特定目标的活动,没有目标就无从决策,目标已经实现也就无须决策。

2. 可行性

组织的任何决策活动都需要利用一定的资源,缺少必要的人力、物力和技术条件,理论上非常完善的方案也只能是空中楼阁。因此决策方案的拟订与选择,不仅要考察采取行动的必要性,也要注意实施条件的限制。

3. 选择性

决策的基本含义是抉择,如果只有一种方案,无选择的余地,也就无所谓决策。有人说过这样的话:"如果看来只有一种行事方法,那么这种方法很可能是错的。"所以,做出的决策要有比较、有选择。

4. 满意性

选择活动方案的原则是满意原则而不是最优原则。满意原则是建立在对现实条件的充分分析的基础上,选择的一种风险较小、较为满意目标方案的决策,是现实性与先进性结合的明智之举。但是,这不代表决策者就可以马虎、随意降低要求。决策者应当在找到满意方案后努力贯彻最优原则。要做到"尽力找最优""力求最优"。

5. 过程性

决策是一个过程,而非瞬间行动。决策是为了达到一定的目标,从两个或多个可行方案中选择一个合理方案的分析判断和抉择的过程。

6. 动态性

决策具有显著的动态性。决策目标的制定以过去的经验和组织当前的状况为基础,决策的实施将使组织步入不断发展变化的未来。在决策过程中,任何可能对决策产生影响的因素的变化都要求决策在一定程度上修正。

二、决策的基本过程

决策是一项复杂的活动,需要遵循科学的决策程序。在现实经济活动中,导致决策失败的最主要的原因是没有严格按照科学的程序进行决策。一般而言,决策过程大致包括七个基本步骤,如图 4-3 所示。

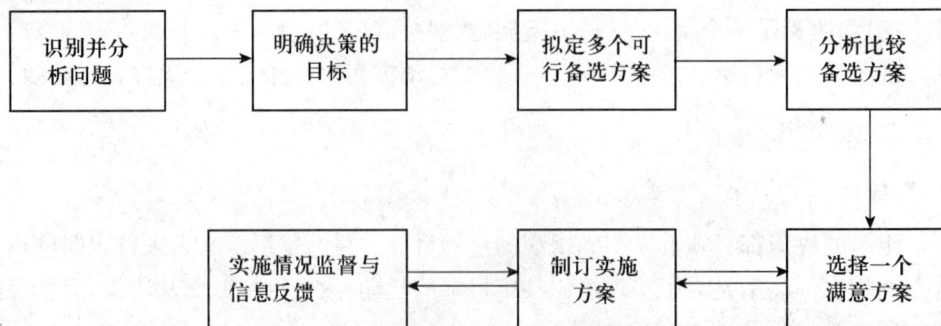

图 4-3　决策的基本过程

(一)识别并分析问题

决策是为了解决现实中存在的问题的,所以,决策的前提条件一定是对问题的发现,决策的质量取决于对问题了解的准确程度。如果没有问题,则不需要决策。如果问题不明确,则难以做出正确的决策。故认识并分析问题是最为重要也是最为困难的环节。

问题通常产生于"应然"与"实然"的差距。所谓"应然",就是理论上讲应该达到的状态,"实然"则是实际出现的状态,这二者之间没有差别则没有问题,有差别则说明出现了问题。一旦问题出现,则需要从两个方面来进一步分析。首先,明确理想中应该出现的目标状态是什么,达到该状态必须具备哪些条件;其次,分析实际工作中出现的问题有哪些,为什么会出现这些问题,哪些问题需要解决,哪些是可以忽略的,需要解决的问题能不能解决,哪些是组织自身可以解决的,哪些是必须借助于外部力量才可以解决的。

(二)明确决策的目标

决策目标是组织所要解决的问题。目标的明确十分重要,因为目标不同,采取的决策方案可能就会不同。比如,若把目标分为长期目标、中期目标和短期目标,那么长期目标的决策通常采用战略性决策方法,中期目标的决策常用战术性决策方法,而短期目标的决策则惯用业务决策方法。

(三)拟订多个可行的备选方案

为了解决问题,实现既定的目标,管理者必须积极地寻找各种切实可行的方案,一般而言,找到的备选方案越多,决策的风险越小,决策的质量和正确率会越高。方案需要决策者付出大量的努力和劳动才可能获得,而且,为了提出更多更好的方案,仅凭决策者个人或少数人的经验与智慧是远远不够的,要充分调动他人的积极性和创造力,善于征询他人的意见。国外常通过头脑风暴法、德尔菲法、哥顿法等集思广益,收集富有创造性的方案。当然,拟订的方案必须紧紧围绕所要解决的问题和决策的目标。

(四)分析比较备选方案

这一步需要对前面拟定的所有方案逐一地进行评价,通常采用定量分析与定性分析相结合的评价方法。为了充分体现决策的科学性,降低经验主义的作用,应提倡通过多种定量化的分析手段的运用,实事求是,尊重数据,当然,定性分析方法在很多情况下也是必要的。

第一,要明确决策的准则,体现决策者最关心的是哪些指标,如成本、收益、风险、可行性等。第二,运用一致的分析方法来分析每一个方案,所选择的分析方法要与决策者关心的指标体系相关。第三,比较每个方案的优劣程度,如每个方案满足指标的情况、达成目标的程度、存在的风险、得到的回报大小以及为得到此回报需付出的代价大小等。

(五)选择一个满意方案

在对所有方案的优劣信息都清楚以后,决策者最终要从其中选择一个相对满意方案作为实施方案。这时经验对决策者对待风险的态度往往会起较大的作用。从理论上讲,通过计算选择一个满意化程度最高的方案是非常简单的,但实践中这若干个方案的差别可能不是特别明显,或者说各个方案均有各自的优劣势,这个方案在某一方面较有竞争力,但在另一方面又显得欠缺,而另一方案可能恰好相反。因此,最终如何取舍,有时取决于决策者的价值观、风险意识、审时度势的能力等。

(六)制订实施方案

实施决策,应当首先制订实施方案,包括在组织内部向全体成员宣布决策、解释决策、分配决策任务等,以取得大家的理解与支持,这是任何决策得以顺利实施的关键。因为尽管决策由决策者做出,但决策的实施是由广大组织成员共同完成的。

(七)实施情况监督与信息反馈

决策结果的正确与否是通过实践检验出来的,同时,在实践过程中,随着环境的变化有时需要对决策进行调整。因此,建立完善的监督与信息反馈渠道对决策的顺利执行非常必要。通过有效的监督机制,可以保证决策执行的高效率和高质量。通过信息反馈,可以及时纠正决策执行中的偏差,同时,有利于对已有的决策进行不断的修正和完善。

三、决策的影响因素

(一)环境

环境对组织决策的影响是不言而喻的,具体表现在以下两方面。

1. 环境的特点影响着组织的活动选择

就组织而言,需根据环境对经营方向和内容经常进行调整:位于垄断市场上的组织,通常将经营重点致力于内部生产条件的改善、生产规模的扩大以及生产成本的降低;处在竞争市场上的组织,则需密切关注竞争对手的动向,不断推出新产品,努力改善营销宣传,建立健全销售网络。

2. 对环境的习惯反应模式也影响着组织的活动选择

即使在相同的环境背景下,不同的组织也可能做出不同的反应。而这种调整组织与环境之间关系的模式一旦形成,就会趋向固定,限制人们对行动方案的选择。

(二)过去决策

在大多数情况下,组织决策不是进行初始决策,而是对初始决策的完善、调整或改革。组织过去的决策是目前决策过程的起点;过去选择的方案的实施,不仅伴随着人力、物力、财力等资源的消耗,而且伴随着内部状况的改变,带来了对外部环境的影响。"非零起点"的目前决策不会不受到过去决策的影响。过去的决策对目前决策的制约程度受到它们与现任决策者的关系的影响。如果过去的决策是由现在的决策者制订的,而决策者通常要对自己的选择及其后果负管理上的责任,因此会不愿对组织活动进行重大调整,而倾向于仍把大部分资源投入过去方案的执行中,以证明自己的一贯正确。相反,如果现在的主要决策者与组织过去的重要决策没有很深的渊源关系,则会易于接受重大改变。

(三)决策者对风险的态度

风险是指失败的可能性。由于决策是人们确定未来活动的方向、内容和目标的行动,而人们对未来的认识能力有限,目前预测的未来状况与未来的实际状况不可能完全相符,因此在决策指导下进行的活动,既有成功的可能,也有失败的危险。任何决策都是必须冒一定程度的风险。组织及其决策者对待风险的不同态度会影响决策方案的选择。愿意承担风险的组织,通常会在被迫做出反应以前就已采取进攻性的行动;而不愿承担风险的组织,通常只能做出被动的反应。愿冒风险的组织经常进行新的探索,而不愿承担风险的组织,其活动则要受到过去决策的严重限制。

(四)组织文化

组织文化制约着组织及其成员的行为以及行为方式。在决策层次上,组织文化通过影响人们对改变的态度而发生作用。任何决策的制定,都是对过去在某种程度上的否定;任何决策的实施,都会给组织带来某种程度的变化。组织成员对这种可能产生的变化会怀有抵触或欢迎两种截然不同的态度。在偏向保守、怀旧的组织中,人们总是根据过去的标准来判断现在的决策,总是担心在变化中会失去什么,从而对将要发生的变化产生怀疑、害怕和抵触的心理与行为;相反,在具有开拓、创新气氛的组织中,人们总是以发展的眼光来分析决策的合理性,总是希望在可能产生的变化中得到什么,因此渴望变化,欢迎变化,支持变化。显然,欢迎变化的组织文化有利于新决策的实施,而抵触变化的组织文化则可能给任何新决策的实施带来灾难性的影响。在后一种情况下,为了有效实施新的决策,必须首先通过大量工作改变组织成员的态度,建立一种有利于变化的组织文化。因此,决策方案的选择不能不考虑到改变现有组织文化而必须付出的时间和费用的代价。

(五)决策时间的紧迫性

美国学者威廉·R. 金(William R. King)和大卫·克莱兰(David Cleland)把决策类型划分为时间敏感决策和知识敏感决策。时间敏感决策是指那些必须迅速且尽量准确做出的决策。战争中军事指挥官的决策多属于此类,这种决策对速度的要求远甚于质量。

相反,知识敏感决策,对时间的要求不是非常严格。这类决策的执行效果主要取决于其质量,而非速度。制定这类决策时,要求人们充分利用知识,做出尽可能正确的选择。组织关于活动方向与内容的决策,即前面提到的战略决策,基本属于知识敏感决策。这类决策着重于运用机会,而不是避开威胁,着重于未来,而不是现在。所以,选择方案时,在时间上相对宽裕,并不一定要求必须在某一日期内完成。但是,也可能出现这样的情况,外部环境突然发生了难以预料和控制的重大变化,对组织造成了重大威胁。这时,组织如不迅速做出反应,进行重要改变,则可能引起生存危机。这种时间压力可能限制人们可考虑的方案数量,也可能使人们得不到足够的评价方案所需的信息,同时,还会诱使人们偏重消极因素,忽视积极因素,仓促决策。

四、决策的类型

根据决策所要解决的问题的实质,可以将决策分为若干种类型。决策者首先必须弄清楚面临的决策属于什么类型,才可能做到有的放矢,寻找适合该类型的决策方法。

(一)按决策的重要性程度划分

按决策的重要性程度,可将决策分为战略决策、战术决策、业务决策。

1. 战略决策

对组织而言,战略决策是最重要的,直接关系到组织的发展,其涉及的大多为全局性、长期性的问题。通俗地讲,战略决策最终要解决组织在未来一段时期活动的内容和方向,即回答"干什么",如组织目标的确定、机构的设置与调整、产品的更新换代等,一般地讲,由于战略性决策所要解决的问题牵涉的范围较广、内容较复杂、思维较抽象、可借鉴性资料不多,需要管理者有高度的敏感力、抽象思维的能力、创造能力和丰富的经验,对管理者的素质要求非常高,因而,这类决策一般由高层管理者做出。

2. 战术决策

战术决策是在战略思想指导下的具体方法的选择和运用,要解决如何执行战略决策问题,也即解决"怎么干"问题。如具体方案的选择、资源的分配、绩效评估、产品的定价、资金的筹措等。一般战术决策涉及的问题比战略决策更具体、更局部化,多数问题的解决方案可以定量化且有借鉴性资料。这类决策一般常由中层管理者来做出。

3. 业务决策

业务决策是在日常的生产和服务活动中为了提高劳动效率所做的决策。如一周生产任务的安排、进度安排、车间班组、科室岗位责任的落实等,一般业务决策要解决的问题非常明确且带有较强的程序化,属于常见的问题,决策者通常也非常清楚决策要达到的具体目标是什么、可以利用的资源有哪些、实现的途径有多少、实施的结果是什么。这类决策一般由基层管理者做出。

(二)按决策的重复性程度划分

按决策的重复性程度,可以分为程序化决策与非程序化决策。

1. 程序化决策

程序化决策所面临的问题一般会经常性地重复出现,如常见的产品质量缺陷、设备故障等,解决这类问题的方法有先例可循,所以决策者只要碰到此类问题,就可沿用已往的解决方法,因而该类决策又被称为例行性决策或常规性决策。

2. 非程序化决策

非程序化决策所面临的问题常是意外发生或偶然发生的,如重大的人事变动、大的投资开发项目等,这类问题没有现成的解决问题的办法,需要管理者根据具体情况寻找出解决问题的具体途径。

(三)按决策的状态划分

按决策的状态,可以分为确定型决策、风险型决策和不确定型决策。

1. 确定型决策

确定型决策是指个人完全知道所面对的问题,替代方案也很明确,且每个方案的结果是唯一且可预见的。由于各方案的条件、结果均已知,所以只要比较一下各方案,就可做出最终决策。这类方案通常可利用盈亏平衡分析法、线性规划法、净现值、投资回报率、投资回收期等定量化计算方法来进行。例如,组织拟投资 1 000 万元,投资方案有三个,每个方案的经济效果值非常清楚,年投资回报率分别为 15%、12%、10%,在其他条件均不变的情况下,理所当然选择投资回报率为 15% 的方案。

2. 风险型决策

风险型决策是指对某事件出现的结果不能确定其唯一性,但可能出现的几种状态是可以预见的,且每种状态出现的概率和经济效果是可以估算到的,可以通过比较各方案的期望值来进行决策。但这类决策过程定量化程度不高,决策时需要冒一定的风险。比如,某人拟炒股票,结果只有三种可能性,要么赚钱,要么亏损,要么不赢不亏,且可根据历史资料和对未来股票动向的估计大概估算出几种可能性出现的概率,再计算出每种状态下的期望值,根据三种情况下期望值的结果进行分析选择,确定是否值得投资股票。

3. 不确定型决策

这类决策所遇到的问题因为信息不明朗,或无历史资料可借鉴,通常非常不明确,既不知道结果,也不知道结果出现的概率,所以解决的办法通常依靠经验和胆识。

(四)按决策主体的多少划分

按决策主体的多少,可以分为个人决策和群体决策。

1. 个人决策

个人决策是指决策由一个人独立做出。这种决策适用于日常性事务决策或程序化决策。优点是处理问题快速、果断;缺点是容易导致决策的武断、鲁莽。

2. 群体决策

群体决策则是指由多人共同参与做出的决策。优点是提供更多信息,拟定更多备选方案,提高决策质量;有利于组织成员之间的沟通,更好地接受决策方案;有利于各部门之间的相互协调,便于决策的执行。缺点是决策的时间较长,责任不明,冒险转移现象等。

(五)按决策的起点划分

按决策的起点,可以分为初始决策和追踪决策。

1. 初始决策

初始决策是指组织对从事某种活动或从事该活动的方案所进行的初次选择。初始决策是零起点决策,它是在有关活动尚未进行,环境未受到影响的情况下进行的。

2. 追踪决策

追踪决策是在初始决策的基础上对组织活动方向、内容或方式的重新调整。随着初始决策的实施,组织环境发生变化,这种情况下所进行的决策就是追踪决策。因此,追踪决策是非零起点决策。

如果说初始决策是在对内外环境的某种认识的基础上做出的话,追踪决策则是由于这种环境发生了变化,或者是由于组织对环境特点的认识发生了变化而引起的。显然,组织中的大部分决策属于追踪决策。

五、决策模式

(一)理性决策

日常生活中,人们常会评价一个人"很理性",其中含有"讲理、冷静"的意思。而这里讨论的决策的"理性"是指经济理性,经济学上所说的理性决策,是指一个人会在特定的限制因素下进行价值最大化的选择,即决策的目的是为组织获取最大的经济效益。因此,理性决策模式有其基本的假设条件。

1. 决策者理性

决策者理性即决策者充分了解决策目标,全面掌握信息情报,找到所有的备选方案,始终保证决策的目的是经济利益最大化。

2. 决策程序理性

决策程序理性即整个决策过程完全符合理性决策的全部步骤,这些步骤包括界定问题、明确决策准则、赋予决策权重、提出所有可行方案、评估方案和选定最佳方案。

3. 决策信息理性

决策信息理性即与决策相关的信息充分、正确。只有决策信息理性,才能保证决策者理性和决策程序理性,才能保证决策者选择的方案是最佳方案。

理性决策的最显著特点是选择的方案一定要"最佳",而非"满意"。但实际上完全理性的假设在现实经济生活中几乎不存在,因为人都是在不完全信息基础上做出的决策,而且决策者自身的能力也有限,因此当人们面对复杂问题时,完全理性是不可能的。所以完全理性决策理论只是一种纯理论探讨,对实际工作指导意义不大。

(二)有限理性决策

最先对理性决策理论提出质疑的是西蒙,他在《管理行为》一书中指出,理性的和经济的标准都无法确切说明管理的决策过程,进而提出"有限理性"假设和"满意性"选择原则。因为影响决策者选择的不仅仅是经济因素,还有其他非经济因素,如个人的态度、情感、经验等。

有限理性决策的主要论点如下。

第一,管理者所拥有的信息是不完整且不完美的。

第二,决策是在有限理性下达成的。因为在高度不确定和极其复杂的现实环境中,人的知识、时间、经验和能力是有限的。

第三,决策是追求满意解,而非最佳解。

有限理性决策理论认为,在绝大多数情况下,当问题被确定以后,决策者会寻找决策准则和替代方案,但所能找到的准则和方案是有限的,而决策者也会只注重那些容易找到和界定的替代方案,且决策者对这些方案的评估也只注重找到一个"够好"的方案,而不是去找一个"最好"的方案。

有限理性决策的观点并不意味着要放弃完全理性。事实上,它只是告诉人们,完全理性是可遇不可求的,决策越接近完全理性,效果会越好。对管理者而言,有限理性的最大启示是:完全理性只是指明决策"应该"怎么去做,有限理性则说明了"实际上"如何去做。在完全理性很难被满足的情况下,决策会受到决策者本身的价值观、组织的文化、过去的决策、职权等的影响。

(三)直觉决策

其实,每个人每天都在利用直觉进行日常问题的决策,比如,大多数人在挑选一件衣服时就常依赖于自己的直觉。直觉决策有时会起到重要的作用,比如,当客观事实很少且不相干,而又必须做出决策时;尽管事实摆在面前,但仍然不知道应当怎么做时;时间紧迫,不允许广泛收集信息时;几种方案均可行,且各自的优劣势不明显时。

直觉不是理性的反义词,更不应是随意的猜测或主观臆断,它应该建立在广泛的实践经验基础之上,是对理性分析的补充,二者相辅相成。常见的几种情况如下。

1. 决策者倾向于以印象鲜明的信息来作为判断的基础

一般而言,凡是引起强烈情绪、深刻印象或新近发生的事件等都会导致高估该事件发生的概率。比如,许多人不敢乘飞机,宁愿乘车,就是因为人们高估了飞机失事的概率。因为每次飞机失事留给人们的印象太深刻了。事实上从失事的历史数据来看,火车、汽车失事的概率远远高于飞机。

2. 决策者倾向于以相似的信息作为决策的基础

决策者在评估某一事件的发生概率时,常会依该事件发生的状况与类似事件的相似性程度而定。比如,某些用人单位对某院校的大学生特别有好感或反感,都是来自于先前对该校毕业生的使用经验。所谓"以貌取人""脸谱化"等都属于此种情况。

3. 决策者倾向于以过去的资料作为现在调整决策的基础

决策者在进行评估时,常由某一起始值开始,然后再调整到一定的程度。这个起始值可能是历史事件、问题呈现的方式,也可能是一些随机的信息。比如,公司在雇用新人时的薪水常会受该新人过去薪资的影响,在此基础上再做一定的调整,以确定给新人的薪水。事实上,人们都有这种决策倾向,消费者在购买特价商品时,关注的不仅是商品降价之后的价格,还关注原来的价格,根据二者之差来判断该商品是否值得购买。

但由于决策者的知识、能力、经验及性格的影响,直觉决策常会犯一些错误,从而增大决策的风险。比如,股市中的追涨现象,明知随着股票价格的上涨投资的风险会加大,但仍有人追涨;比如倾向购买某一品牌的商品时,会对该品牌商品的正面信息更为关注,不倾向购买某品牌的商品时,会对该商品的负面信息更加关注。

一个优秀的管理者应努力学会正确运用自己的直觉,在普通管理者尚未发觉之前就能感知到问题的存在,在最终决策时能够运用直觉对理性分析的结果进行检查,从而协助其做出正确的抉择。

六、决策的方法

(一)定性决策方法

定性决策方法也就是决策"软"方法,它是指在决策过程中充分发挥专家集体的智慧、能力和经验,在系统调查研究分析的基础上,根据掌握的情况和资料进行的决策方法。

1. 头脑风暴法

头脑风暴法,又称畅谈会法,它是由美国创造学家亚历克斯·奥斯本于1938年首次提的一种激发创造性思维的方法。它是一种邀请专家、内行,针对组织内某一个问题或某一个议题,让大家开动脑筋,畅所欲言地发表个人意见,充分发挥个人和集体的创造性,经过互相启发,产生连锁反应,集思广益,而后进行决策的方法。

头脑风暴法的目的在于创造一种畅所欲言、自由思考的氛围,诱发创造性思维的共振和连锁反应,产生更多的创造性思维。这种方法的时间安排应在1~2小时,参加者以5~6人为宜。运用时其主要规则为:放开思路,自由鸣放;不相互批评,不要争论;倡导多方位分析,鼓励提出多种不同方案;激励相互启发、联想、综合与完善。

2. 德尔菲法

德尔菲法是20世纪40年代由赫尔姆和达尔克首创,经过戈尔登和兰德公司进一步发展而成。德尔菲是古希腊地名。相传太阳神阿波罗(Apollo)在德尔菲杀死了一条巨蟒,成了德尔菲主人。在德尔菲有座阿波罗神殿,是一个预卜未来的神谕之地,于是人们就借用此名,作为这种方法的名字。1946年,兰德公司首先使用这种方法进行预测,后来这种方法被广泛采用。该方法的基本步骤如下。

(1)根据问题的特点,选择和邀请做过相关研究或有相关经验的专家。

(2)将与问题相关的信息分别提供给专家,请他们各自独立发表自己的见解,并写成书面材料。

(3)管理者收集并综合专家们的意见后,将综合意见反馈给各位专家,请他们再次发表意见。如果意见分歧很大,可以开会集中讨论,否则,管理者分头与专家联络。

德尔菲法的特点如下。①匿名性。采用匿名函征求意见的方法,能克服专家之间因名望、权力、尊重等产生的心理影响,保证了各成员能独立地做出自己的判断。②反馈性。征集的意见经过统计整理,重新反馈给参加的各位专家。每位专家都有机会修改自己的见解,而且无损自己的威信。③收敛性。经过多轮的重复,专家能够达成大致的共识,甚至比较协调一致。

运用德尔菲法的关键是:选择好专家。这主要取决于决策所涉及的问题或机会的性质;决定适当的专家人数,一般不超过20人;拟订好意见征询表,因为它的质量直接关系到决策的有效性。

3. 提喻法

提喻法,又称哥顿法。提喻法主要针对研究决定一些较为敏感的问题,或为了不限制大家的思路,在会上不讨论决策问题本身,而用类比的方法提出类似的问题,或者把决策问题分解为几个局部小问题,主持会议者不讲明讨论的主题,而是围绕主题提出一些相关问题,启发专家发表见解。最后,把好的见解集中起来形成决策。

4. 电子会议法

电子会议法是群体预测与计算机技术相结合的预测方法。在使用这种方法时,先将群体成员集中起来,每人面前有一个与中心计算机相连接的终端。群体成员将自己有关解决政策问题的方案输入计算机终端,然后再将它投影在大型屏幕上。

电子会议法具有匿名、诚实、快速等优点。专家们声称电子会议法比传统的面对面会议要快一半以上。例如,菲尔普斯·道奇(Phelps Dodge Corp)采矿公司运用这种方法使它们的年度计划会议从几天缩短到12小时。但这种方法也有缺点。那些打字速度快的人,与口才好但打字速度慢的人相比,能够更好地表达自己的观点;想出最好建议的人得不到应有的奖励;而且这样做得到的信息也不如面对面的沟通所能得到的信息丰富。虽然这种方法现在正处于初始阶段,但未来的群体决策很可能会广泛地采用电子会议法。

5. 经营单位组合分析法

组织确定自己的经营领域,从而进一步决定自己的市场行为,这被称为领域界定。领域界定的主要目的是为了给组织领导层提供做出哪些业务领域应该建立、哪些领域应该保留、哪些应该收缩、哪些应该放弃等决策的依据。高层管理人员要知道哪些是"明日之星"、哪些是"明日黄花",这不能只凭主观影响,而应根据其潜在的利润进行科学的判断。这方面的方法尤以美国波士顿咨询公司的"市场增长率——相对市场占有率矩阵"法(即经营单位组合分析法)最为流行,如图4-4所示。

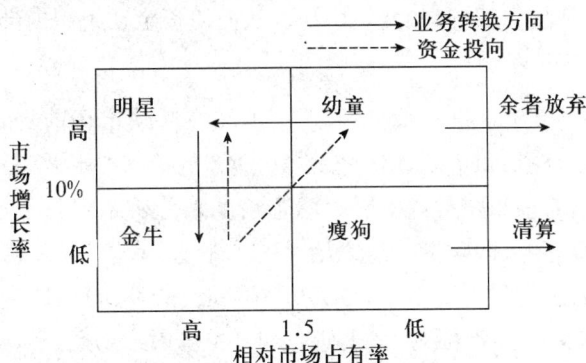

图4-4 市场增长率——相对市场占有率矩阵图

该法主张,在确定每个经营单位的活动方向时,应综合考虑组织或该经营单位在市场上的相对竞争地位和业务增长情况。相对竞争地位往往体现在组织的相对市场占有率上,它决定了组织获取现金的能力和速度,因为较高的市场占有率可以为组织带来较高的销售量和销售利润,从而给组织带来较多的现金;而业务增长情况则体现在组织的市场增长率上。

业务增长对活动方向的选择有以下两方面的影响。

(1)有利于市场占有率的扩大,因为在稳定的行业中,组织产品销售量的增加往往来自于竞争对手市场份额的下降;

(2)决定着投资机会的大小,因为业务增长迅速可以使组织迅速收回投资,并且取得可观的投资报酬。

根据上述两个标准——相对竞争地位和业务增长率,可把组织的经营单位分成"幼童""明星""金牛"和"瘦狗"四大类。

"幼童"经营单位的业务增长率较高,而目前的市场占有率较低,这可能是组织刚刚开发的很有前途的领域。由于高增长速度需要大量投资,而较低的市场占有率只能提供少量的现金,组织面临的选择是投入必要的资金,以提高市场份额,扩大销售量,使其转变为"明星",或者如果认为刚刚开发的领域不能转变成"明星",则应及时放弃该领域。

"明星"经营单位的市场占有率和业务增长率都较高,因而所需要的和所产生的现金都很多。"明星"经营单位代表着最高利润增长率和最佳投资机会,因此组织应投入必要的资金,增加它的生产规模。

"金牛"经营单位的特征是市场占有率较高,而业务增长率较低。较高的市场占有率为组织带来较多的利润和现金,而较低的业务增长率需要较少的投资。"金牛"经营单位所产生的大量现金可以满足组织的经营需要。

"瘦狗"经营单位的特征是市场份额和业务增长率都较低。由于市场份额和销售量都较低,甚至出现负增长,"瘦狗"经营单位只能带来较少的现金和利润,而维持生产能力和竞争地位所需的资金甚至可能超过其所提供的现金,从而可能成为资金的陷阱。因此,对这种不景气的经营单位,组织应采取收缩或放弃的战略。

经营单位组合分析法以"组织的目标是追求增长和利润"这一假设为前提,对拥有多个经营单位的组织来说,它可以将获利较多而潜在增长率不高的经营单位所产生的利润投向那些增长率和潜在获利能力都较高的经营单位,从而使资金在组织内部得到有效利用。

6. 政策指导矩阵

政策指导矩阵法是荷兰皇家壳牌公司创立的,该方法从市场前景和相对竞争能力两方面分析组织经营单位的现状和特征,用一个类似3×3的矩阵的形式表示,如图4-5所示。

具体来说,从市场前景和相对竞争能力两个角度来分析组织各个经营单位的现状和特征,并把它们标示在矩阵上,据此指导组织活动方向的选择。市场前景取决于赢利能力、市场增长率、市场质量和法规限制等因素,分为吸引力强、中等、弱三种;相对竞争能力取决于经营单位在市场上的地位、生产能力、产品研究和开发等因素,分为强、中、弱三种。

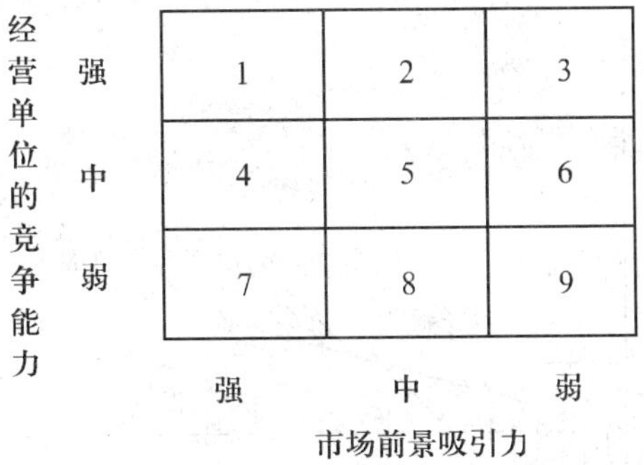

图 4-5 政策指导矩阵示意图

按照市场前景和相对竞争能力的组合情况，可以把组织经营单位的业务分成九个区。处于不同区的产品其业务具有不同的特征，并有不同的发展策略。

组织经营单位的不同业务按照市场前景和相对竞争能力的评价情况，在矩阵图中选择1～9区域进行定位。组织经营单位的业务可以分为三个大类。

(1)位于左上角的1、2、4区业务最有发展前途的产品业务，应积极发展，使其成为组织经营单位的支柱性业务。

(2)位于对角线的3、5、7区业务是处于中间状态的业务，应适度发展，采取赢利收获策略。

(3)位于右下角的6、8、9区业务属于不景气业务，应采取收缩或舍弃策略。

(二)定量决策方法

定量决策方法也就是决策"硬"方法，它是利用数学模型进行优选决策方案的决策方法。根据数学模型涉及的决策问题的性质，定量决策方法一般分为确定型决策方法、风险型决策方法和不确定型决策方法三类。

1. 确定型决策方法

确定型决策问题，即只存在一种确定的自然状态，决策者可依据科学的方法做出决策。确定型决策方法有线性规划法、库存论、排队论、网络技术、微分极值法、盈亏平衡分析法等，较常用的是盈亏平衡分析法。

盈亏平衡分析法，又称量本利分析法，是根据对业务量(产量、销售量、销售额)、成本、利润三者关系进行综合分析，用来预测利润、控制成本、规划生产的一种分析方法。如图 4-6 所示。量本利分析法的基本原理是用成本习性。成本习性是指成本的变动与产量之间的依存关系。组织的生产成本分为固定成本和变动成本两部分。固定成本在一定范围内不受产量变动的影响，变动成本随产量的变化而变化。

盈亏平衡点产量(销售量)计算的基本公式：

$$Q_0 = \frac{C}{P - V}$$

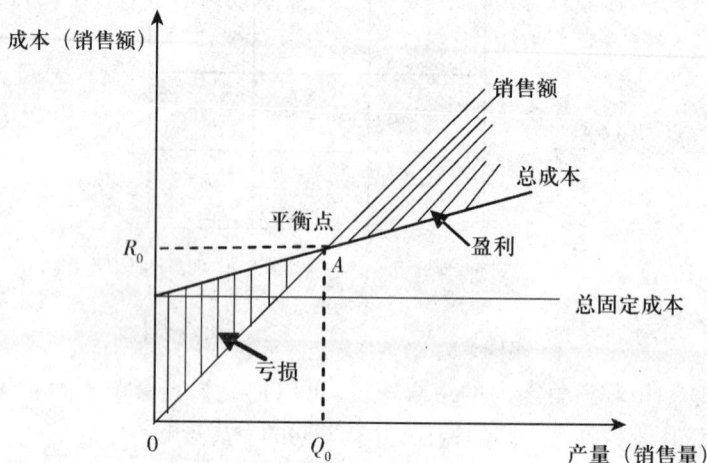

图4-6 盈亏平衡分析基本模型图

式中:Q_0为盈亏平衡点产量(销售量);C为总固定成本;P为产品价格;V为单位变动成本。

要获得一定的目标利润B时,其公式为:

$$Q = \frac{C+B}{P-V}$$

式中:Q为实现目标利润B时的产量(销售量);B为预期的目标利润额。

盈亏平衡点的销售额计算的基本公式:

$$R_0 = \frac{C}{1-\dfrac{V}{P}}$$

式中:R_0为盈亏平衡点的销售额。

例如,某厂生产一种产品,其总固定成本为300 000元;单位产品变动成本为20元;产品销价为30元。

求:①该厂的盈亏平衡点产量应为多少?②如果要实现利润20 000元,其产量应为多少?

解:①代入盈亏平衡点产量(销售量)计算的基本公式,则有:

$$Q_0 = \frac{C}{P-V}$$

$$Q_0 = \frac{300\,000}{30-20} = 30\,000(件)$$

即当产量为30 000件时,处于盈亏平衡点上。

②要获得一定的目标利润B时,代入公式有:

$$Q = \frac{300\,000+20\,000}{30-20} = 32\,000(件)$$

即当生产量为32 000件时,组织可获利20 000元。

2. 风险型决策方法

风险型决策方法是通过计算各个方案的期望值，并将所得的期望值进行比较，从而确定决策方案。风险型决策常用的方法是决策树法。

决策树法是指借助树形分析图，根据各种自然状态出现的概率及方案预期收益，计算比较各方案的期望值，从而选择最优方案的方法。

(1)决策树的构成。决策树由决策点(用"□"表示)、方案枝、状态节点(用"○"表示)、概率枝和损益值(用"△"表示)五部分构成。

(2)决策树法的步骤。

①绘制决策树。程序是从左向右分层展开。绘制树形图的前提是对决策条件进行细致分析，确定哪些方案可供决策时选择，以及各种方案的实施会发生哪几种自然状态，然后展开其方案枝、状态节点和概率枝。

②计算期望值。程序是从右向左依次进行。首先将每种自然状态的收益值分别乘以各自概率枝上的概率，再乘以决策有效期限，最后将概率枝上的值相加，标于状态节点上。

③剪枝决策。比较各方案的收益值，如果方案实施有费用发生，则应将状态节点值减去方案费用再进行比较，凡是期望值小的方案枝一律减掉，最后只剩下一条贯穿始终的方案枝，其期望值最大，将此最大值标于决策点上，即为最佳方案。

例如，某组织为了扩大某产品的生产，拟建设新厂。据市场预测，产品销路好的概率为0.7，销路差的概率为0.3。有三种方案可供组织选择。

方案一：新建大厂，需投资300万元。据初步估计，销路好时，每年可获利100万元；销路差时，每年亏损20万元。服务期为10年。

方案二：新建小厂，需投资140万元。销路好时，每年可获利40万元；销路差时，每年仍可获利30万元。服务期为10年。

方案三：先建小厂，3年后销路好时再扩建，需追加投资200万元，服务期为7年，估计每年获利95万元。

以上三种方案哪种方案最好？

解：①绘制决策树。如图4-7所示。

②计算期望值。

方案一(节点①)的期望收益为：$[0.7 \times 100 + 0.3 \times (-20)] \times 10 - 300 = 340$(万元)

方案二(节点②)的期望收益为：$[0.7 \times 40 + 0.3 \times 30] \times 10 - 140 = 230$(万元)

至于方案三，由于节点④的期望收益为$95 \times 7 - 200 = 465$万元大于节点⑤的期望收益$40 \times 7 = 280$万元，所以销路好时，扩建比不扩建好。节点③的期望收益为：$(0.7 \times 40 \times 3 + 0.7 \times 465 + 0.3 \times 30 \times 10) - 140 = 359.5$(万元)

③剪枝决策。

计算结果表明，在三种方案中，方案三最好，即先建小厂，再建大厂。

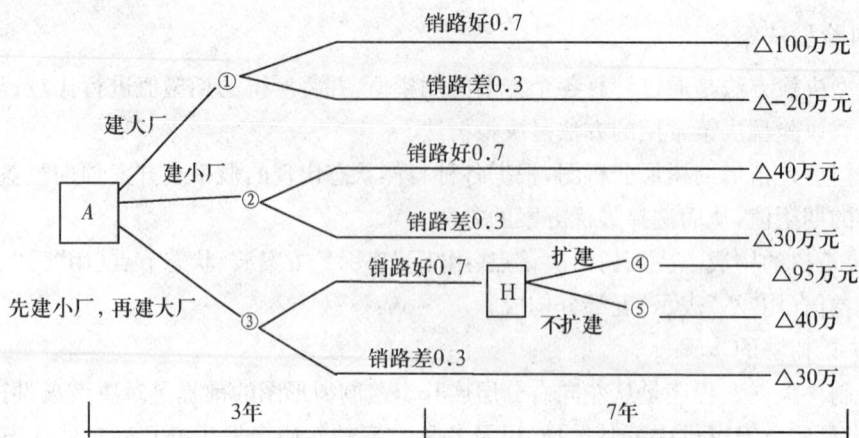

图 4-7 决策树

3. 不确定型决策方法

当决策者无法预知方案的实施结果会有几种状态,或者虽然知道有几种状态,但无法判断其发生的概率时,可采用不确定型决策方法。如上例中,假设不知道经济景气和经济不景气的概率,那么就无法计算出各方案的期望值,只能用不确定型决策方法来选择满意方案。进行不确定型决策时,决策者的主观因素起很大作用。常见的不确定型决策方法有:乐观分析法、悲观分析法、折中分析法、最大后悔值最小分析法。

例如,某组织打算生产某产品。据市场预测,产品销路有三种情况:销路好、销路一般和销路差。该产品有三种方案:a. 改进生产线;b. 新建生产线;c. 与其他组织协作。各方案在不同情况下的收益见表 4-1,问组织应该选择哪个方案?

表 4-1 不同状态下不同方案的损益值表　　　　　　　　　　　　单位:万元

自然状态 方案　　　收益	销路好	销路一般	销路差
a. 改进生产线	180	120	-40
b. 新建生产线	240	180	-80
c. 与其他组合协作	100	70	16

(1)小中取大法。采用这种方法的管理者对未来持悲观的看法,认为未来会出现最差的自然状态,因此不论采取哪种方案,都只能获取该方案的最小收益。采用小中取大法进行决策时,首先计算各方案在不同自然状态下的收益,并找出各方案所带来的最小收益,即在最差自然状态下的收益,然后进行比较,选择在最差自然状态下收益最大或损失最小的方案。

在本例中,a 方案的最小收益为 -40 万元,b 方案的最小收益为 -80 万元,c 方案的最小收益为 16 万元,经过比较,c 方案的最小收益最大,所以选择 c 方案。

(2)大中取大法。采用这种方法的管理者对未来持乐观的看法,认为未来会出现最好的自然状态,因此不论采取哪种方案,都能获取该方案的最大收益。采用大中取大法进行决策时,首先计算各方案在不同自然状态下的收益,并找出各方案所带来的最大收益,即在最好自然状态下的收益,然后进行比较,选择在最好自然状态下收益最大的方案。

在本例中,a方案的最大收益为180万元,b方案的最大收益为240万元,c方案的最大收益为100万元,经过比较,b方案的最大收益最大,所以选择b方案。

(3)折中分析法。折中分析法也叫等概率法。采用此类方法的决策者遵循中庸之道,既不过于乐观,也不过于悲观,其基本假设是最乐观的状态和最悲观的状态均可能产生,并给最乐观的状态一个乐观系数,给最悲观的状态一个悲观系数,乐观系数与悲观系数之和为1。其步骤是:第一,在每个方案中找出最大的收益值;第二,在每个方案中找出最小的收益值;第三,计算每个方案的折中收益值,每个方案最大的收益值乘以乐观系数加上每个方案最小的收益值乘以悲观系数;第四,在各个方案的折中收益值中取最大的即为选择方案。

在本例中,假定乐观系数为0.7,悲观系数则为0.3。各方案的折中收益值如表4-2所示。

表4-2　各方案的折中收益值表　　　　单位:万元

方案	最大收益值	最小收益值	折中收益值
a.改进生产线	180	−40	180×0.7+(−40)×0.3=114
b.新建生产线	240	−80	240×0.7+(−80)×0.3=144
c.与其他企业协作	100	16	100×0.7+16×0.3=74.8

从表4-2所知,b方案的折中收益值最大,所以选择b方案。

(4)最大后悔值最小分析法。管理者在选择了某方案后,如果将来发生的自然状态表明其他方案的收益更大,那么他会为自己的选择而后悔。最大后悔值最小法就是使后悔值最小的方法,采用这种方法进行决策时,首先计算各方案在各自然状态下的后悔值(某方案在某自然状态下的后悔值=各方案在该自然状态下的最大收益-该方案在该自然状态下的收益),并找出各方案的最大后悔值,然后进行比较,选择最大后悔值最小的方案。

在本例中,在销路好这一自然状态下,b方案(新建生产线)的收益最大,为240万元。在将来发生的自然状态是销路好的情况下,如果管理者恰好选择了这一方案,他就不会后悔,即后悔值为0。如果他选择的不是b方案,而是其他方案,他就会后悔没有选择b方案。比如,他选择的是c方案(与其他组织协作),该方案在销路好时带来的收益是100万元,比选择b方案少带来140万元的收益,即后悔值为140万元。各个后悔值的计算结果见表4-3。

表4-3　不同状态下不同方案的后悔值表　　　　单位:万元

方案　　　　　　　自然状态　　后悔值	销路好	销路一般	销路差
a.改进生产线	60	60	56
b.新建生产线	0	0	96
c.与其他企业协作	140	110	0

由表 4-3 可以看出,a 方案的最大后悔值为 60 万元,b 方案的最大后悔值为 96 万元,c 方案的最大后悔值为 140 万元,经过比较,a 方案的最大后悔值最小,所以选择 a 方案。

任务三 战略管理

一、战略管理的概念

(一)战略的含义

"战略"一词的希腊语是 strategos,意思是"将军指挥军队的艺术",原是一个军事术语。20 世纪 60 年代,战略思想开始运用于商业领域,并与达尔文"物竞天择"的生物进化思想共同成为战略管理学科的两大思想源流。

《中国大百科全书》对战略的定义是:战略是指导战争全局的方略。英语中战略叫 strategy,在《简明不列颠百科全书》中的定义是:在战争中利用军事手段达到战争目的的科学和艺术。1965 年,美国著名的战略学家伊戈尔·安索夫(Igor Ansoff)在其著作《公司战略》一书中开始使用战略管理一词,将战略从军事领域拓展至经济管理活动。

战略是组织根据内外环境的变化,结合组织自身的条件,为了求得长期生成和发展,实现组织的目标,制订的带有全局性和长远性的关于组织的发展方向、前进道路和行动方案的谋划。

(二)战略管理的含义

安索夫——最初在其 1976 年出版的《从战略规划到战略管理》一书中提出了"组织战略管理"。他认为:组织的战略管理是指将组织的日常业务决策同长期计划决策相结合而形成的一系列经营管理业务。

斯坦纳——在他 1982 年出版的《企业政策与战略》一书中认为:组织战略管理是确定组织使命,根据组织外部环境和内部经营要素确定组织目标,保证目标的正确落实并使组织使命最终得以实现的一个动态过程。

战略管理是指组织确定其使命,根据组织外部环境和内部条件设定组织的战略目标,为保证目标的正确落实和实现进行谋划,并依靠组织内部能力将这种谋划和决策付诸实施,以及在实施过程中进行控制的一个动态管理过程。

二、战略管理的特点

(一)全局性

战略管理以组织的全局为对象,根据组织的总体发展需要,规定组织的总体行为。它所管理的是组织总体活动,追求的是组织总体效果,着眼点是组织全局的发展,覆盖着组织工作的全局。

(二)长远性

战略管理为谋求组织的长远发展,在科学预测的基础上,关注组织的长远利益。战略管理的时间跨度比较长,一般都是在五年以上。

(三)应变性

战略管理根据组织外部环境和内部环境的变化,适时加以调整,以适应变化后的情况。

(四)竞争性

战略管理谋求的是改变组织在竞争中的力量,不断扩大市场占有率和组织的实力,同竞争对手争高低,针对竞争对手和环境变化,寻求自身的竞争优势。制定的战略要具有能够应对来自各方面的冲击、压力、威胁和挑战等。

(五)纲领性

战略管理规定着组织的战略目标、战略重点、战略措施,它是组织经营发展的纲要,是概括性、指导性的粗线条设计。在一切活动中,具有权威性的指导作用。它必须通过分解落实等过程,才能变为具体的行动计划。

三、战略管理的层次

一般来说,战略管理可以分为公司战略、竞争战略和职能战略三个层次。

(一)公司战略

公司战略又称总体层战略,是组织最高层次的战略,是组织整体的战略总纲。它主要强调两个方面的问题:一是"应该做什么业务",即从公司全局出发,根据外部环境的变化及组织的内部条件,确定组织的使命与任务、产品与市场领域;二是"怎样管理这些业务",即在组织不同的战略事业单位之间如何分配资源以及采取何种成长方向等,以实现公司整体的战略意图。

(二)竞争战略

竞争战略也称事业部战略,或分公司战略,是在公司战略指导下,将各战略事业单位制定的部门战略,是公司战略之下的子战略。它主要研究的是产品和服务在市场上的竞争问题。竞争战略主要有成本领先战略、差异化战略和集中战略三种。

(三)职能战略

职能战略是为了贯彻、实施和支持公司战略与竞争战略而在组织特定职能管理领域制定的战略。职能战略的重点是提高组织资源的利用效率,使组织资源的利用效率最大化。职能战略主要有营销战略、人事战略、财务战略、生产战略、研究与开发战略、公关战略等。

四、战略管理过程

(一)战略制定的管理

战略计划制订的管理工作主要是如何组织力量按必要的程序和方法把战略制定出来。制定组织战略的程序是战略环境分析、确定组织的方向和战略目标、制订战略方案以及选择战略方案。

1. 战略环境分析

战略环境分析的基本任务是运用特定的分析工具,分析组织的外部环境和内部环境,了解外部环境的机会和威胁,寻找发挥组织优势的机会,从而奠定战略规划的基础。其分析方法常有"五力"分析法和 SWOT 分析法。

2. 战略目标

战略目标的制定是在环境分析的基础上形成的过程,是将战略意图转化为战略决策的过程。组织方向是组织的发展方向、业务范围和经营领域。发展方向说明组织应满足顾客哪些需要,也可称为战略方针。业务范围表明组织经营几个行业的业务或生产。经营领域表明在一个行业内具体应有为哪一类特定顾客提供产品或服务的经营场所。

3. 战略方案

战略方案就是要制订为实现组织目标服务的对策或措施方案,这个步骤可以根据组织面临的环境及其战略目标规划出多个方案。制订的战略方案要可以推动组织在自己所确定的经营领域中获得优势地位,保证组织目标的实现。一般应当选择在现有产品和市场领域内能促进销售、降低成本、改善资金运用等方面的战略方案。这样比较容易且风险较小。如果这方面的战略方案尚且不足以实现目标,就得在新的产品和市场领域里进一步寻找有效的战略方案,如开辟新市场、研发新产品、开展多种经营等。

4. 选择战略方案

选择战略方案本质上就是一个对各种方案的比较和权衡,从而选择出较为满意的方案的过程。因此,首先就要明确哪个方案能够加强组织的实力,克服组织的弱点;哪些方案能够利用外部环境变化所带来的机会,同时使组织面临的威胁最小或得到消除。其次对所选战略进行优先排列,并明确它们的适用条件。

(二)战略执行的管理

在组织战略方案确定下来以后,必须通过具体化的实际行动,才能实现战略及战略目标。组织在战略的执行过程中,要做好以下三项工作。

1. 战略方案的分解

为了使每一个组织内部的各个单位都明确自己在一定时期的任务,应将战略方案中规定的总目标进行分解。首先是按单位分解,即把组织目标分解到各车间、各科室,各车间再把目标分解到各个班组,班组还可把目标分解到个人。其次是按时间分解,即把长期的总目标分解到短期目标,使之具体化。目标层层落实后,还要与考核和奖励制度结合起来,以便调动广大职工群众执行战略的积极性。

2. 行动计划编制

战略只是规定了组织经营的方向、目标和基本措施,它是比较原则的、粗略的。为了使经营战略得以顺利执行,还得编制具体的行动计划。通过编制行动计划,不仅可以进一步规定任务的轻重缓急,还可以明确每一战略项目的工作量、起止时间、资源保证、负责人等。

3. 组织机构的调整

战略是由一定的组织机构来执行的,机构是为实施战略服务的,有什么样的战略,就应该有什么样的机构。组织的组织机构应当根据战略的要求调整好。当组织经营由单一生产改为多种生产或跨行业经营时,原来的职能式机构就要按产品大类设立若干个分部或事业部,在各个分部下再设立职能机构。调整机构时应考虑组织的规模和人员的素质。

(三)战略控制的管理

战略控制是实施战略中一个重要的环节。战略控制过程是指将战略的执行结果与既定的战略目标进行比对,发现偏差,分析原因,采取措施加以克服的整个过程。搞好战略控制,需要做好以下工作。

1. 战略评价标准

要从战略目标中确定几个评价标准。评价标准可以是定性的,如战略与环境的一致性、战略与资源的配套性等,但最好是定量的,以便对比。常用的定量评价标准有:利润总额或利润增长幅度、销售利润率、资金利润率和市场占有率等。

2. 实际工作成果

这是战略的实际执行结果。为了获得准确的资料,除建立有效的管理信息系统外,还要采用一定的控制方法。常用的方法有两种:产出控制,即对产量、销售量和资金等定量数据的测定,用以证明工作成绩;行为控制,即直接对个人的行为进行观察,用以提高工作效率。

3. 发现和纠正偏差

将实际工作成果与预定的目标或评价标准进行对比,就会发现偏差,特别是实际成果达不到目标要求的情况。这就要进一步分析造成偏差的原因,究竟是战略本身的问题,还是执行不力、方法不妥、互相脱节等行动方向的问题。然后针对存在的问题,进行战略修订或调整,纠正偏差。

(四)战略调整的管理

战略调整是战略管理的最后一个环节。当偏差原因属于战略本身时,就要对战略进行调整或修订,由于组织的外部环境经常在变,战略决策人员的水平也有限,不可能对几年后的发展计算得很准确,从而产生战略不够准确的状况。战略调整可按调整范围的大小,分为以下两种情况。首先是局部战略调整,这就是按照影响战略的因素对战略进行局部性的小修改,而不涉及方向性的变化。由于这种调整并不影响总体战略,可由执行单位加以调整。

其次就是总体战略调整,这是涉及全局的长期战略方向的调整,要小心处理,掌握足够的论据以后再改变,这种调整应由综合部门提出调整方案,交组织领导研究决定。

阅读资料

五个世界著名组织经营决策案例给我们的启示

在棋界有句话:"一着不慎,满盘皆输;一着占先,全盘皆活。"它喻示一个道理,无论做什么事情,成功与失败取决于决策的正确与否。科学的组织经营决策能使组织充满活力,兴旺发达,而错误的经营决策会使组织陷入被动,濒临险境。综观世界各国,经营决策失败的有之,当然,也不乏成功的案例。从以下的案例中我们会得到许多有益的启示。

组织经营决策案例一

1985年,由马来西亚国营重工业公司和日本"三菱"汽车公司合资2.8亿美元生产的新款汽车"沙格型"隆重推出市场。马来西亚政府视之为马来西亚工业的"光荣产品",产品在推出后,销售量很快跌至低潮。经济学家们经过研究,认为"沙格型"汽车的一切配件都从日本运来,由于日元升值,使它的生产成本急涨,再加上马来西亚本身的经济不景气,所以汽车的销售量很少。此外,最重要的因素是政府在决定引进这种车型时,主要考虑到满足国内的需要,因此,技术上未达到先进国家的标准,无法出口。由于在目标市场决策中出现失误,"沙格型"汽车为马来西亚工业带来的好梦,只是昙花一现而已。

此组织经营决策案例说明,科学经营决策的前提是确定决策目标。它作为评价和监测整个决策行动的准则,不断地影响、调整和控制着决策活动的过程,一旦目标错了,就会导致决策失败。

组织经营决策案例二

1962年,英法航空公司开始合作研制"协和"式超音速民航客机,其特点是快速、豪华、舒适。经过10多年的研制,耗资上亿英磅,终于在1975年研制成功。十几年时间的流逝,情况发生了很大变化。能源危机、生态危机威胁着西方世界,乘客和许多航空公司都因此而改变了对在航客机的要求。乘客的要求是票价不要太贵,航空公司的要求是节省能源,多载乘客,噪音小。但"协和"式飞机却不能满足消费者的这些要求。首先是噪音大,飞行时会产生极大的声响,有时甚至会震碎建筑物上的玻璃。再就是由于燃料价格增长快,运行费用也相应大大提高。这些情况表明,消费者对这种飞机需求量不会很大。因此,不应大批量投入生产。但是,由于公司没有决策运行控制计划,也没有重新进行评审,而且,飞机是由两国合作研制的,雇佣了大量人员参加这项工作,如果中途下马,就要大量解雇人员。上述情况使得飞机的研制生产决策不易中断,后来两国对是否要继续协作研制生产这种飞机发生了争论,但由于缺乏决策运行控制机制,只能勉强将决策继续实施下去。结果,飞机生产出来后卖不出去,原来的宠儿变成了弃儿。

此组织经营决策案例说明,组织决策运行控制与组织的命运息息相关。一项决策在确定后,能否最后取得成功,除了决策本身性质的优劣外,还要依靠对组织经营决策运行的控制与调整,包括在决策执行过程中的控制,以及在决策确定过程中各阶段的控制。

组织经营决策案例三

美国国际商用机器公司为了从规模上占领市场,大胆决策购买股权。1982年用2.5亿美元从美国英特尔公司手中买下了12%的股权,从而足以对付国内外电脑界的挑战;另一次是1983年,又以2.28亿美元收购了美国一家专门生产电讯设备的组织罗姆公司15%的股权,从而维持了办公室自动化设备方面的"霸王"地位。又如,早在1956年,美国的一家公司发明了盒式电视录像装置。可是美国公司只用它来生产一种非常昂贵的广播电台专用设备。而日本索尼的经营者通过分析论证,看到了电视录像装置一旦形成大批量生产,其价格势必降低,许多家庭可以购买得起此种录像装置。这样一来,家用电子产品这个市场就会扩大,如果马上开发研究家用电视录像装置,肯定会获得很好的经济效益和社会效益。由于这一决策的成功,家用电视录像装置的市场一度被日本占去了90%多的份额,而美国则长期处于劣势。

此组织经营决策案例说明,经营决策正确,可以使组织在风云变幻的市场上独居领先地位,并可保持组织立于不败之地。

组织经营决策案例四

1960年,爱奥库卡升为美国福特公司副总裁兼总经理,他观察到60年代一股以青年人为代表的社会革新力量正式形成,它将对美国社会、经济产生难以估量的影响。爱奥库卡认为,设计新车型时,应该把青年人的需求放在第一位。在他精心组织下,经过多次改进,1962年底这种新车最后定型。它看起来像一部运动车,鼻子长、尾部短,满足了青年人喜欢运动和刺激的心理。更重要的是,这种车的售价相当便宜,只有2500美元左右,一般青年人都能买得起。最后这种车还取了一个令青年人遐想的名字——"野马"。1964年4月纽约世界博览会期间,"野马"正式在市场上露面,在此之前,福特公司为此大造了一番舆论,掀起了一股"野马"热。在头一年的销售活动中,顾客买走了41.9万辆"野马",创下全美汽车制造业的最高纪录。"野马"的问世和巨大成功显示了爱奥库卡杰出的经营决策才能。从此,他便扬名美国组织界,并荣任福特汽车公司总裁。

此组织经营决策案例说明,决策成功,可以扩大销售额,降低成本,提高利润,进而占领市场。

组织经营决策案例五

日本尼西奇公司在"二战"后初期,仅有30余名职工,生产雨衣、游泳帽、卫生带、尿布等橡胶制品,订货不足,经营不稳,组织有朝不保夕之感。公司董事长多川博从人口普查中得知,日本每年大约出生250万婴儿,如果每个婴儿用两条尿布,一年就需要500万条,这是一个相当可观的尿布市场。多川博决心放弃尿布以外的产品,把尼西奇公司变成尿布专业公司,集中力量,创立名牌,成了"尿布大王"。资本仅1亿日元,年销售额却高达70亿日元。

组织经营决策成功,还可以使组织避免倒闭的危险,转败为胜。如果组织长期只靠一种产品去打天下,势必潜藏着停产倒闭的危险,因为市场是多变的,人们的需要也是多变的,这就要求组织家经常为了适应市场的需要而决策新产品的开发。这种决策一旦成功,会使处于"山穷水尽"状况的组织顿感"柳暗花明"。

(资料来源:豆丁网,http://www.docin.com/p—193093481.html)

知识小结

(1)计划是管理者为了达成既定的目标而制定行动方针的过程。为了提高计划的编制质量,在计划编制时事先需要确定一个统一的标准和编制原则。标准有目的性、未来性、连续性、普遍性、约束性和弹性。计划工作的原理有限定因素原理、承诺原理、灵活性原理和改变航道原理。

(2)计划编制的程序包括:分析环境,预测未来;确定目标;设计与抉择方案;编制计划;制订派生计划;制订预算,用预算使计划数字化;反馈计划执行情况等。

(3)制订一份完美的计划,必须加强企业外部经营环境分析和企业内部经营环境分析。采用科学的计划方法,如滚动计划法、网络计划技术等。

(4)决策是一个提出问题、分析问题、解决问题的过程,是人们在明确问题的基础上为未来的行动确定目标,并在多个可供选择的行动方案中选择一个合理方案的活动。决策过程大致包括七个基本的步骤。定性决策方法也就是决策"软"方法,主要包括头脑风暴法、德尔菲法、提喻法、方案前提分析法、电子会议法、经营单位组合分析法和政策指导矩阵;定量决策方法也就是决策"硬"方法,一般分为确定型决策方法、风险型决策方法和不确定型决策方法三类。

(5)目标管理,是一种程序或方法,它强调对工作的关心与对人的关心的结合,它首先由组织中的管理人员与员工一起,根据组织的使命确定一定时期内组织的总体目标,再层层落实,制定各自的分目标,并以此形成组织中所有成员的责任和分目标以及其职责范围,最终用这些目标作为组织进行管理、评估和奖惩的依据。目标管理的具体操作分为三个步骤:目标的制定与展开;实现目标的过程管理;成果的考核。

战略管理是组织为了实现战略目标,制定战略决策,实施战略方案,控制战略绩效的一个动态管理过程,实质上是对企业战略的一种管理。战略管理的基本过程,包括了战略制定的管理、战略执行的管理、战略控制的管理以及战略调整的管理。

技能练习

第 I 部分　基本训练

一、判断题

1. 计划是不随条件变化而变化的。　　　　　　　　　　　　　　　　　(　　)

2. 当前的计划越是影响到对未来的许诺,计划的时间期限就应当越短。　　(　　)

3. 战略计划较作业计划具有更长的时间间隔,覆盖领域也较宽。　　　　(　　)

4. 管理者所处的组织层次越高,计划越倾向于战略性计划。　　　　　　(　　)

5. 不准确的计划是在浪费管理者的时间。　　　　　　　　　　　　　　（　　）

6. 计划工作可以消除变化。　　　　　　　　　　　　　　　　　　　（　　）

7. 计划工作使灵活性大为降低。　　　　　　　　　　　　　　　　　（　　）

8. 计划的表现形式很多,目标、战略、政策、规章制度、预算、程序及规划等都属于计划的范畴。　　　　　　　　　　　　　　　　　　　　　　　　　　　　　（　　）

9. 战略性计划具有全局性、指导性和长远性特点,战术性计划具有局部性、指令性和一次性特点。　　　　　　　　　　　　　　　　　　　　　　　　　　　　　（　　）

10. 由于计划工作中很难预测未来发展的各种影响因素的变化,而且计划期越长,这种不确定性就越大,因此,若硬性地按几年前制订的计划实施,可能会造成重大的损失。滚动计划法不能避免这种不确定性可能带来的不良后果。　　　　　　　　　　　　（　　）

11. 滚动计划法的缺点是编制计划的工作量太大。　　　　　　　　　　（　　）

12. 目标管理是美国管理学家巴纳德于 1954 年在其所著的《管理实践》中提出的。　　　　　　　　　　　　　　　　　　　　　　　　　　　　　　　　（　　）

13. 个人决策是指决策由一个人独立做出。这种决策适用于日常性事务决策或程序化决策。优点是处理问题快速、果断;缺点是容易导致决策的武断、鲁莽。　　（　　）

14. 理性决策的最显著特点是选择的方案一定要"最佳",而非"满意"。　（　　）

15. 电子会议法具有匿名、诚实、快速等优点。　　　　　　　　　　　（　　）

16. 风险型决策方法是通过计算各个方案的期望值,并将所得的期望值进行比较,从而确定决策方案。风险型决策常用的方法是期望值法。　　　　　　　　　　　（　　）

17. 常见的不确定型决策方法有:乐观分析法、悲观分析法、折中分析法、最大后悔值最小分析法。　　　　　　　　　　　　　　　　　　　　　　　　　　　　（　　）

18. 一般来说,战略管理可以分为公司战略、竞争战略和职能战略三个层次。　（　　）

19. 职能战略的重点提高组织资源的利用效率,使组织资源的利用效率最大化。（　　）

20. 竞争战略主要有成本领先战略、差异化战略和集中战略三种。　　　（　　）

二、单项选择题

1. 目标管理中,主管对人性的假设是基于(　　　)。

A. X 理论　　　　　　B. Y 理论　　　　　　C. 复杂人　　　　　　D. 经济人

2. 因为决策者不可能完全掌握未来发展的全部信息,不能正确地预测未来的外部环境和内部条件,不能完全知晓各种可行性方案的后果。反映出决策的(　　　)原则。

A. 可行性　　　　　B. 科学性　　　　　C. 满意性　　　　　D. 系统性

3. 用于编制和调整长期计划的一种十分有效的方法是(　　　)。

A. 滚动计划法　　B. 网络计划法　　C. 运筹学法　　　D. 投入产出法

4. 具有很强的可操作性,又有助于控制和动态优化的计划方法是(　　　)。

A. 滚动计划法　　B. 网络计划法　　C. 运筹学法　　　D. 投入产出法

5. 目标管理是由美国管理学家(　　　)首先提出的。

A. 戴明　　　　　B. 孔茨　　　　　C. 彼得·德鲁克　　D. 西蒙

6. 强调在制订计划时要留有余地，不能满打满算的计划工作原理是（　　）。

A. 限定因素原理　　　B. 许诺原理　　　　C. 灵活性原理　　　D. 改变航道原理

7. 决策按重要性程度可分为（　　）。

A. 程序化决策和非程序化决策　　　　B. 战略、战术和业务决策

C. 确定型、风险型和不确定型决策　　D. 群体决策和个体决策

8. 决策按重复性程度可分为（　　）。

A. 程序化决策和非程序化决策　　　　B. 战略、战术和业务决策

C. 确定型、风险型和不确定型决策　　D. 群体决策和个体决策

9. 进行决策时，未来状况全部确定，但其结果不能肯定的决策属于（　　）。

A. 确定型决策　　　B. 风险型决策　　　C. 不确定型决策　　D. 定性决策

10. 进行决策时，未来状况全部未知的决策属于（　　）。

A. 确定型决策　　　B. 风险型决策　　　C. 不确定型决策　　D. 定性决策

11. 进行决策时，未来状态未知，但其所发生的概率已知，决策类型属（　　）。

A. 确定型决策　　　B. 风险型决策　　　C. 不确定型决策　　D. 定性决策

12. 一般而言，对组织活动和人事有重大影响的决策，易采用（　　）类型。

A. 个体决策　　　　B. 群体决策　　　　C. 程序化决策　　　D. 非程序化决策

13. 组织的日常决策一般属于（　　）类型。

A. 个体决策　　　　B. 群体决策　　　　C. 程序化决策　　　D. 非程序化决策

14. 决策者不可能得出客观的最优方案，这是因为（　　）。

A. 没必要追求最优方案　　　　　　　B. 最优方案不存在

C. 人的认识能力有限　　　　　　　　D. 最优方案成本太高

15. 中国五年发展计划属于（　　）。

A. 非程序性决策　　　B. 战略决策　　　C. 战术决策　　　D. 确定型决策

16. 决策树适合（　　）类型的决策。

A. 确定型决策　　　B. 非确定型决策　　C. 风险型决策　　　D. 定性决策

17. 计划按其明确程度分为（　　）。

A. 指令性计划和指导性计划　　　　　B. 程序性计划与非程序性计划

C. 战略性计划和战术性计划　　　　　D. 综合计划、部门计划和项目计划

18. 哈罗德·孔茨和海因·韦里克从抽象到具体，把计划划分为：目的或使命、目标、战略、政策、程序、规则、方案以及预算，其中最抽象的是（　　）。

A. 目标　　　　　　B. 使命　　　　　　C. 预算　　　　　　D. 程序

19. 目标管理的特点是（　　）。

A. 重视物的因素　　　　　　　　　　B. 重视人的因素

C. 重视社会因素　　　　　　　　　　D. 既重视人也重视物

20. 确定型决策常用的方法是（　　）。

A. 德菲尔法　　　　B. 期望值法　　　　C. 决策树法　　　　D. 盈亏平衡分析法

三、多项选择题

1. 计划工作的特点是(   )。

A. 经济性　　　　B. 目的性　　　　C. 普遍性　　　　D. 首要性

2. 按计划完成的时间不同,计划分为(   )。

A. 长期计划　　　B. 中期计划　　　C. 短期计划　　　D. 月度计划

3. 战略计划的特点是(   )。

A. 全局性　　　　B. 长远性　　　　C. 重点性　　　　D. 指导性

4. 哈罗德·孔茨和海因·韦里克从抽象到具体,把计划划分为(   )。

A. 使命　　　　　B. 目标　　　　　C. 程序　　　　　D. 预算

5. 计划实施的方法是(   )。

A. 滚动计划法　　B. 网络计划技术　C. 目标管理　　　D. 运筹学法

6. 目标管理的特点是(   )。

A. 重视人的因素　　　　　　　　B. 重视物的因素

C. 建立目标的系统管理　　　　　D. 重视成果

7. 目标管理的缺点是(   )。

A. 目标难以制定　　　　　　　　B. 目标商定和宣讲可能增加管理成本

C. 不能按目标成果兑现奖惩　　　D. 灵活性差的风险

8. 决策的特征是(   )。

A. 目标性　　　　B. 可行性　　　　C. 选择性　　　　D. 满意性

9. 影响决策的因素是(   )。

A. 环境　　　　　　　　　　　　B. 过去的决策

C. 决策者对风险的态度　　　　　D. 时间的紧迫性

10. 目标管理的过程包括(   )。

A. 目标的制定与展开　　　　　　B. 实现目标的过程管理

C. 总结　　　　　　　　　　　　D. 成果的考核

11. 按照决策的重要性程度,可将决策分为(   )。

A. 战略决策　　　B. 战术决策　　　C. 业务决策　　　D. 基层决策

12. 下列决策类型中,属于定性决策的方法有(   )。

A. 头脑风暴法　　B. 电子会议法　　C. 德尔菲法　　　D. 决策树法

13. 下列决策类型中,属于定量决策的方法有(   )。

A. 头脑风暴法　　B. 盈亏平衡分析法　C. 征询法　　　D. 决策树法

14. 高层管理者所面临的决策倾向于(   )。

A. 程序化决策　　B. 非程序化决策　C. 战略性决策　　D. 作业性决策

15. 群体决策的缺陷是(   )。

A. 时间较长　　　B. 武断、鲁莽　　C. 责任不明　　　D. 冒险转移现象

16. 群体决策的优点是(   )。

A. 提供更多信息,拟定更多备选方案

B. 有利于组织成员之间的沟通,更好地接受决策方案

C. 有利于各部门之间的相互协调,便于决策的执行

D. 受个体能力影响很大

17. 理性决策模式的基本的假设条件是( )。

A. 决策者理性   B. 决策程序理性   C. 决策信息理性   D. 决策结果理性

18. 德尔菲法的特点是( )。

A. 匿名性   B. 反馈性   C. 差异性   D. 收敛性

19. 不确定型决策的方法是( )。

A. 小中取大法   B. 大中取大法

C. 折中分析法   D. 最大后悔值最小分析法

20. 战略管理可以分为( )。

A. 公司战略   B. 竞争战略   C. 职能战略   D. 组织战略

四、简答题

1. 计划工作的特点是什么?

2. 计划工作的程序有哪些?

3. 决策的方法有哪些?

4. 计划实施的方法有哪些?

5. 目标管理的含义是什么? 它有哪些优缺点?

五、论述题

决策的程序是什么?

六、计算题

1. 某组织的总固定成本是 300 000 元,产品单位变动成本是 9 元,产品价格为每件 15 元,问保本产量是多少? 保本收入是多少? 如果目标利润是 60 000 元,那么产量需要达到多少才能完成目标?

2. 某轻工机械厂欲做出一个有关组织经营发展的决策。据本组织的实际生产能力,本地区生产能力的布局以及市场近期和长期的需求趋势初步拟订三个可行方案:第一方案是扩建现有工厂,需投资 100 万元;第二方案是新建一个工厂,需投资 200 万元;第三方案是与小厂联合经营合同转包,需投资 20 万元,组织经营年限为 10 年,据市场预测和分析,三种方案在实施过程中均可能遇到以下四种情况,如下表所示,用决策树法进行决策。

损益表　　　　　　　　　　　　　　单位:万元

方案	销路好 0.5	销路一般 0.3	销路差 0.1	销路极差 0.1
扩建	50	25	−25	−45
新建	70	30	−40	−80
合同转包	30	15	−5	−10

3. 某服装厂准备生产三种不同风格新式服装投放市场,估计未来市场销售有销售好、销路一般和销路差三种自然状态。在不同的自然状态下的收益值如下表所示,试用不确定型决策方法进行决策。

收益值表　　　　　　　　　　　　　　　　单位:万元

自然状态 方　案	销路好	销路一般	销路差
甲产品	180	120	− 30
乙产品	120	90	15
丙产品	75	60	45

第Ⅱ部分　知识应用

一、案例分析

【案例分析一】

格里亨德运输公司的决策

人人都认为格里亨德运输公司遇到了麻烦。这家公司的利润少得可怜,需求却非常旺盛,但这家公司却没有钱安排空车或买新车和雇佣司机来满足这些需求。为了削减经营成本和提高顾客服务质量,格里亨德公司的高层领导一起制定了一个公司重组计划。根据该项计划,要大幅度减员,减少服务的线路和服务内容,而且从顾客订票到车次安排全都实行计算机管理。但是,中层管理人员反对这项计划。很多中层经理认为,大幅度减员将使本来很差的顾客服务变得更加糟糕。负责计算机项目的经理敦促引进新的计算机系统,以解决高度复杂的软件中所存在的一些小问题。

人力资源部门指出总站员工的受教育程度太低,连高中毕业的都为数不多。因此,为使他们能够有效地使用这个系统,必须对他们进行大规模的培训。总站经理警告说,格里亨德运输公司的乘客中许多是低收入者,他们没有信用卡或电话,这样他们就无法接受公司计算机订票系统的服务。面对这些分歧,公司高层还是运用了新的系统,他们强调说,他们研究得到的数据表明,新系统将改善顾客服务质量,使顾客买票更加方便,而且顾客还可以为将来的特殊旅行预定位置。灾难降临了,订票的电话剧增,但由于新的接线系统存在机械上的问题,很多电话根本打不进来。

许多顾客还是像往常一样,到总站直接买票上车,计算机仿佛陷入了泥潭,击一下键需要45秒,而打印一张车票则需要5分钟。这个系统经常瘫痪,售票员不得不经常用手来写票。顾客排着长队等候购买,看不到自己的行李,而且经常被迫在总站过夜。人员减少,使得售票人员不得不穷于应付他们并不熟悉的计算机系统,对顾客不礼貌的事情时有发生。乘坐公司车辆的顾客也急剧减少,竞争对手更是趁机抢夺那些对格里亨德公司不满意的顾客。

(资料来源:豆丁网,http://www.docin.com/p−585898278.html)

问题：

1. 格里亨德公司管理者面临的是程序化决策还是非程序化决策？

2. 利用管理决策制定过程的 7 个步骤来分析格里亨德公司的案例。

3. 公司高层对 7 个步骤给予足够的重视了吗？如果你是该公司的管理者，你现在将怎么做，为什么？

【案例分析二】

王厂长的会议

佳迪饮料厂 8 年的创业历程真可谓是艰苦创业、勇于探索的过程。全厂上下齐心协力，同心同德为饮料厂的发展立下了不可磨灭的汗马功劳。但最令全厂上下佩服的还数 4 年前王厂长决定购买二手设备（国外淘汰生产设备）的举措。

今天王厂长通知各部门主管及负责人晚上 8 点在厂部会议室开会。部门领导们都清楚地记得 4 年前在同一时间、同一地点召开会议时王厂长做出了购买进口二手设备的关键性的决定。饮料厂也因此挤入国内同行业强手之林，令同类组织刮目相看。在他们看来，又有一项新举措即将出台。

晚上 8 点会议准时召开，王厂长郑重地讲道："我有一个新的想法，我将大家召集到这里是想听听大家的意见或看法。我们厂比起 4 年前已经发展了很多，可是，比起国外同类行业的生产技术、生产设备来，还差得很远。我想，我们不能满足于现状，我们应该力争世界一流水平。当然，我们的技术、我们的人员等诸多条件还差得很远，但是我想为了达到这一目标，我们必须从硬件条件入手，即引进世界一流的先进设备，这样一来，就会带动我们的人员、带动我们的技术等一起前进。我想这也并非不可能，4 年前我们不就是这样做的吗？现在工厂的规模扩大了，厂内外事务也相应地增多了，大家都是各部门的领导及主要负责人，我想听听大家的意见，然后再做决定。"

会场一片肃静，大家都清楚记得，4 年前王厂长宣布他要引进二手设备的决定时，有近 70％成员反对，即使后来王厂长谈了他近三个月对市场、政策、全厂技术人员、工厂资金等厂内外环境的一系列调查研究结果后，仍有半数以上人持反对意见，10％的人持保留态度。因为当时很多厂家引进设备后，由于不配套和技术难以达到等因素，高价引进的设备成了一堆闲置的废铁。但是王厂长在这种情况下仍大胆采取了引进二手设备的做法。事实表明这一举措使佳迪饮料厂摆脱了因设备落后、资金短缺所陷入的困境。那时二手设备价格已经很低，但在国内尚未被淘汰。佳迪厂也正由此走上了发展的道路。

王厂长见大家心有余悸的样子，便说道："大家不必顾虑，今天这一项决定完全由大家决定，我想这也是民主决策的表现，如果大部分人同意，我们就宣布实施这一决定；如果大部分人反对的话，我们就取消这一决定。现在大家举手表决吧。"

会场上有近 70％人投了赞成票。

问题：

1. 王厂长的两次决策过程合理吗？为什么？

2. 如果你是王厂长，在两次决策过程中应做哪些工作？

3. 影响决策的主要因素是什么？

二、实训活动

【实训活动一】

计划与评价

【实训目标】

1. 培养学生创意性思维；

2. 培训学生制订计划能力；

3. 培养学生分析评价能力；

4. 培养学生沟通能力。

【实训要求】

1. 认真阅读有关计划方面的理论；

2. 把学生分成几个小组，5～10 人为一组；

3. 组织学生到一些单位实地了解计划的制订过程和方法；

4. 教师给出一些案例资料，供学生参考。

【实训内容】

1. 将全班分成 A、B 两组，并相对而坐，围成圆圈；

2. 教师每十分钟发放一个题目（也可以抽签）；

3. 第一节课由 A 组制订计划，B 组分析评价；第二节课 A、B 两组互换角色；

4. 教师公布题目后，负责制订计划的一组用抢答的方式确定制订计划者，经过 5～10 分钟准备后要提出一个简要的计划；

5. 制订计划的重点：注重创意思维；注重方案运筹，形成基本合理的可行方案；

6. 计划提出后，另一组成员对该计划进行评论，指出其合理之处、存在的问题和不足；制订计划一方人员可对计划做进一步补充和解释说明；

7. 确定每个题目大约进行 10 分钟，完成制订和分析总共利用大约两节课时间。

【实训考核】

1. 对于通过竞争制订计划的学生加 1 分，计划制订较好者加 2 分；

2. 分析评价方态度积极、观点正确加 1 分，表现突出、反驳有力的加 2 分；

3. 其他参与发言的一般加 1 分，较好的加 2 分，计划好，评价也好的加 3 分；

4. 课程结束后上交书面资料（即计划提纲）。

【附：计划项目】

1. 如果你是班长，怎样抓好一个班级建设？请草拟一份计划书。

2. 请为班级策划一次周末联欢活动，草拟计划书。

3. 计划在"3·15"消费者权益日策划一次街头宣传活动，请你做一份策划书。

4. 如果你想承包一家校园超市，你怎样经营策划？

5. 请你为校园"十大歌手大赛"进行策划。

6. 请你为高职学院学生会体育部将要进行的足球比赛做一份计划书。

7. 最近某班频繁发生违纪现象,请对此制订一个整顿纪律的工作方案。

8. 如果你所在的班级学习气氛不浓,请你制订一份激励全班同学努力学习的方案。

9. 学生会举行校内大规模校园文化活动,需要你去拉赞助,请制订一份工作方案。

【实训活动二】

模拟公司系列实训——活动策划

【实训目标】

1. 培养创新能力与策划能力;

2. 掌握实际编制计划的方法与技巧。

【实训要求】

1. 认真阅读有关组建公司方面的内容;

2. 把学生分成几个小组,5～10人为一组;

3. 组织学生到一些组织实地了解公司的经营状况;

4. 教师给出一些资料,供学生参考。

【实训内容】

1. 在调研的基础上,运用创造性思维,策划一项活动,制订计划书。

要求:(1)所策划的活动的内容与主题,可以由教师统一指定,也可以由学生自选,选题要尽可能与所学专业业务相关;(2)应通过调研,收集较为充分的材料;(3)要运用创造性思维,策划的活动一定要有创意;(4)要科学地规划有关要素,计划书的结构要合理、完整。

2. 在每个人进行个别策划的基础上,以模拟公司为单位,运用“头脑风暴法”等方法,组织深入研讨,形成公司的创意。

3. 利用课余时间进行系统的活动策划,编制公司的活动策划书或计划书。

【实训考核】

1. 每个同学都要起草一份公司的策划书或计划书;

2. 由教师与学生共同对各公司的策划创意与计划编制进行评估,确定成绩。

模块五 组织管理

学习目标

★知识点

(1)了解组织的含义、组织设计的任务。

(2)了解组织变革与团队建设。

(3)理解人力资源管理与组织文化。

(4)掌握组织的横向设计与纵向设计。

(5)掌握组织结构的基本类型。

★技能点

(1)培养组织设计的能力。

(2)培养组织管理的能力。

关键概念

组织 管理幅度 管理层次 组织结构 组织文化

管理聚焦

CMP 出版公司组织结构的演变

Gerry,Lilo Leeds,一对夫妇,经营 CMP 出版公司。1971 年建立了该公司,所设立的组织结构将所有重大决策都集中在他们手中,公司运作得非常好。

到 1987 年,公司出版的 10 种商业报纸和杂志都在各自的市场上占据了领先地位。他们所服务的计算机、通信技术、商务旅行和医疗保健市场也为公司成长提供了充分的机会。

1987 年情况发生的变化:想约见 Gerry 的人早上 8:00 就要在办公室外等候。员工越来越难以得到对日常问题的答复。要求快速反应的决策常常被耽误。

当初设计的组织结构,对这个成长中的公司已经不适应了。

认识这一问题后,他们立即对公司组织进行了重组:

1. 将公司分解为可管理的单位——分部。每个分部配备一名经理,授予足够的权力。

2. 设立出版委员会负责监管这些分部。他们夫妇和各分部经理都是该委员会的成员。分部经理向委员会汇报工作,委员会负责确保各分部按公司的总战略运作。

组织结构变革的效果:组织规模扩大、运转效率提高,共出版了 14 种刊物,年销售额达到近 2 亿美元,公司收益按公司设定的 30% 的年增长率目标不断增加。

CMP 出版公司的例子说明了什么呢?在组织演进过程中选择合适的结构是至关重要的。

(资料来源:道客巴巴,http://www.doc88.com/p-9661852131208.html)

在计划职能确定了组织的具体目标,并对实现目标的途径做了大致的安排之后,为了使人们能有效的工作,还必须设计和维持一种组织结构,这就是组织职能的作用。正如著名的管理学家哈罗德·孔茨所言:为了使人们能为实现目标而有效的工作,就必须设计和维持一种职务结构,这就是组织管理职能的目的。

任务一　　组织设计

一、组织与组织工作

(一)组织的概念

组织是指根据一定的目的,按照正式的程序建立的一种权责结构。它包括三层含义。

1. 组织必须具有共同的目标

目标是组织存在的前提和基础,任何组织都是为了实现某种特定的目标而存在的。人们为了达到这个特定目标而协同活动,没有共同的目标,组织就是一盘散沙,也就失去了存在的价值。

2. 组织必须有分工与协作

分工与协作关系是由组织目标限定的,也是实现目标的关键,进行合理的分工和良好的协作,才能产生一个美好的结果。

3. 组织必须有不同层次的权力与责任

组织分工以后,要赋予每个部门及人员相应的权力和责任,有权无责,将导致权力滥用;有责无权,工作将无法完成。所以权力和责任是实现组织目标的必要保证。

(二)组织工作

1. 组织工作的含义

组织工作是指为了实现组织的共同目标而确定组织内各要素及其相互关系的活动过程,也就是设计一种组织结构,并使之运转的过程。

2. 组织工作的特点

(1)组织工作是一个过程。这个过程由一系列环节组成:确定组织目标,进行目标分解,业务工作分类,落实到部门,形成部门,授权(规定职责、权限),通过职权关系和信息系统,把各层次、部门联结成一个有机整体。组织工作的最终成果是提供组织结构图、部门职能说明书和岗位职责说明书。部门职能说明书一般包括部门名称、上下级隶属关系、协作部门、部门宗旨、主要职能、责任、部门权力、岗位设置等内容。通过部门职能说明书,可了解到组织中各部门之间的职能分工情况。

(2)组织工作是动态的。通过组织工作建立起来的组织结构不是一成不变的,组织内外部环境的变化,要求对组织结构进行调整,以适应变化。这就是其动态性。

(3)组织工作要重视非正式组织的影响。由于非正式组织在满足人们的心理、感情需要上,比正式组织更有优越性,加之其形式灵活、覆盖面广,几乎所有的正式组织的成员都参与了某种非正式组织。因此,在组织设计时,要注意利用非正式组织,使其成为正式组织的辅助,或组织工作所设计和保持的组织结构中的组成部分。

重视非正式组织的影响,应把握正式组织与非正式组织的区别。正式组织的活动以成本和效率为主要标准,维系正式组织的是理性的原则。基本特征为:目的性、正规性、稳定性。非正式组织以感情和融洽的关系为标准,维系非正式组织的是接受和欢迎或孤立与排斥等感情上的因素。基本特征为:自发性、内聚性、不稳定性。

二、组织设计的任务

组织设计就是指对一个组织的结构进行规划、构造、创新或再构造,以便从组织结构上确保组织目标的有效实现。

组织设计的任务是设计清晰的组织结构,规划和设计组织中各部门的职能和职权,确定组织中职能职权、参谋职权、直线职权的活动范围并编制职务说明书。

(一)组织结构

组织结构就是组织的框架体系,是对完成组织目标的人员、工作、技术和信息所做的制度性安排。组织结构可以用复杂性、规范性、集权性三种特性来描述。

复杂性:指组织内部结构的分化程度。一个组织分工越细、组织层级越多、管理幅度越大,组织的复杂性就越高;组织的部门越多、各单位的地理分布越分散、协调人员及其活动也就越困难。

规范性:指组织依靠制定的工作程序、规章制度、规则引导员工行为的程度。

集权性:集权性是指组织在决策时正式权力在管理层级中的分布与集中的程度。决策权力高度集中在组织的上层,问题由下而上传递给高层管理人员,由他们选择合适的行动方案,这时组织的集权化程度就较高;反之,一些组织授予下层人员更多决策权力时,组织的集权化程度就较低。

(二)职务设计与分析

职务设计与分析是组织设计的基础,职务设计又称工作分析,是确定完成各项工作所需技能、责任和知识的系统过程,即制定编制职务说明书和职务规范的系统过程。

(三)部门设计

根据各个职务所从事的工作内容的性质及职务间的相互关系,依据组织职能相似、活动相似或关系紧密的原则,将各个职务组合成"部门"这一基本管理单位。由于组织活动的特点、环境和条件不同,划分部门所依据的标准也不同,即使是同一组织,在不同的发展阶段划分的标准也不同。

三、组织设计的原则

(一)目标一致性原则

组织结构的设计和组织形式的选择必须有利于组织目标的实现。任何组织都有其特定的目标,组织及其每一部分都应该与其特定的组织目标相联系,组织的设计与调整都应以其是否对实现组织目标有利为衡量标准。按此原则,组织设计要以组织目标为中心,设计职务,建立机构,配备人员。

(二)分工与协作原则

组织结构应能充分反映为实现组织目标所必要的各项任务和工作分工,以及相互之间的协调。为此,要做到分工合理,协作明确。一般地,分工越细,专业化水平越高,责任越明确,效率也越高,但也带来了机构增多、协作困难和协调工作量大等问题;分工太粗,机构减少,但专业化水平低。因此组织设计时,要根据需要和可能合理确定分工。组织设计中管理层次的分工、部门的分工和职权的分工以及各种分工之间的协调都是专业化分工与协作原则的具体体现。

(三)管理幅度原则

管理人员有效地监督、指挥其直接下属的人数是有限的。组织内部管理人员应根据自己的实际情况确定自己的管理幅度。

(四)统一指挥原则

一个下级只接受一个上级的命令和指挥,同时下级只对这个上级负责。该原则要求:上下级之间要形成一条纵向连续的等级链,一个下级只有一个上级领导,一个项目只能由一个人负责,一般上级不能越级指挥。

(五)权责对等原则

职权和职责是组织的两个基本要求,职权与职责必须对称或相等。在进行组织设计时,既要明确每一部门的职责范围,又要赋予完成其职责所必需的权力,二者必须协调一致。

(六)集权与分权相结合的原则

为了保证有效的管理,该集中的权力集中起来,该下放的权力分给下级,这样才能加强组织的灵活性和适应性。

(七)精干高效原则

它是衡量组织结构合理与否的主要标准。在满足组织目标所要求的业务活动需要的前提下,力求减少管理层次,精简机构和人员,提高管理效率。

(八)稳定性与适应性相结合的原则

组织结构既要有相对的稳定性,也要根据组织长远目标、组织内外部环境条件的变化做出相应的调整。

(九)以人为本原则

组织结构的设计要综合考虑组织现有的人力资源状况和组织未来对人力资源的数量、素质等方面的需求,以人为本进行设计,切忌因人设岗、因事找岗。

四、影响组织设计的因素

管理学家西拉季认为:影响组织设计的因素有环境、战略、技术、组织规模与生命周期。

(一)环境的影响

环境包括一般环境和具体环境。一般环境包括对组织管理目标产生间接影响的,诸如政治、经济、社会文化、技术等。具体环境包括对组织管理目标产生直接影响的,诸如消费者、竞争者、供应商、政府。环境的复杂性、变动性决定了环境的不确定性。当环境由简单的稳定性向复杂的变动性转移时,关于环境的信息不完整性逐渐增加,管理决策过程中的不确定性因素也大大增加,只有那种与外部环境的相适应的组织结构才能成为有效的组织结构。

(二)战略的影响

战略是决定和影响组织活动根本方向的总目标以及实现这一总目标的路径和方法。

钱德勒的研究认为,公司战略的变化先行于并且导致了组织结构的变化。一般而言,战略发展有四个阶段,不同的阶段应有与之对应的组织结构。

第一个阶段:数量发展阶段(品种尚单一)。

第二个阶段:地区开拓阶段(协调、标准化、专业化)。

第三个阶段:纵向联合发展阶段(由同一领域进一步向其他领域发展)。

第四个阶段:产品多样化阶段。

研究发现,许多经营成功的公司,如保持在单一行业内发展,则偏好采用集权的组织结构;实施多角化经营的公司年,一般采用分权的事业部制结构。

梅尔斯(R. E. Miles)和斯诺(C. C. Snow)进一步考虑到外部环境中不确定因素对决策的影响,总结出了四种战略类型以及相关的组织结构类型。主要是防御者型、探险者型、分析者型、反应者型。

(三)技术的影响

任何组织都需要通过技术将投入转换为产出,那么,组织设计就必须随技术的变化而变化。特别是技术范式的重大转变，往往要求组织结构做出相应的改变和调整。

伍德沃德等人根据制造技术的复杂程度把技术分为三类：单件小批量生产技术、大批量生产技术和流程生产技术。

伍德沃德的研究结论是：一个组织的技术性质是组织结构的重要决定因素。单件小批量生产和连续型生产组织采用有机式结构最为有效，而大批量生产组织与机械式结构相匹配，则是最为有效的。

佩罗提出，组织中每一个部门都是由专门技术组成的集合体。技术受两个方面的影响：工作的多变性和可分析性。所谓工作的多变性是指技术在工作过程中发生意外变化的概率的情况；可分析性是指技术在工作过程中可被分析的难易程度。

根据工作的多变性和可分析性，可以将技术分为常规型技术、工艺型技术、工程型技术和非常规型技术。

佩罗认为，组织内部门技术越是常规化，组织规范化、集权化程度就越高，采用机械式组织结构的效率也就越高；组织内部门技术越是非常规化，组织规范化、集权化程度就越低，这时采用柔性有机式组织结构的效率就越高。

(四)组织规模与生命周期的影响

组织规模对其结构有明显的影响。大型组织会提高组织的复杂性程度，并连带提高专业化和正规化程度，规则条例也更多。大型组织与小型组织在组织结构上的区别主要体现在规范化程度、集权化程度、复杂化程度、人员结构比率等。

拉瑞·葛瑞纳(Larry E. Greiner)最早提出了企业生命周期理论。之后罗伯特·E. 奎因(Robart E. Quinn)和金·卡梅隆(Kim Cameron)将这种理论发展分为四个阶段，即创业阶段、集合阶段、规范化阶段、精细阶段。

第一，创业阶段。小规模，非官僚，非规范。重点在于及时调整产品结构。

第二，集合阶段。这是组织发展的成长期。组织拥有较多的职能部门但权力依然集中，需要及时放权。

第三，规范化阶段。出现官僚化，组织分层明显，工作程序化、规范化。高层管理要向下授权，还要保证不能失去控制。

第四，精细阶段。规模巨大，拥有庞大的官僚体系。需要创建跨越部门的管理团队，或者适当更换管理者，否则组织的发展将会受到很大的限制。

五、组织的横向结构设计

组织的横向结构设计主要解决组织的部门化问题。

(一)组织部门化的含义

组织部门化是按照职能相似性、任务活动相似性或关系紧密性的原则把组织中的专业技能人员分类集合在一个部门内，然后配以专职的管理人员来协调领导，统一指挥。

(二)组织部门化的设计

1. 职能部门化

职能部门化是按照生产、财务管理、营销、人事、研发等基本活动相似或技能相似的要求,分类设立专门的管理部门。如图 5-1 所示。

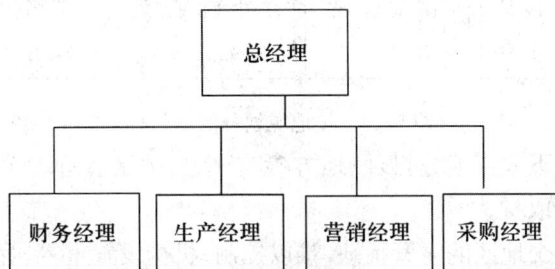

图 5-1 按职能划分的部门

优点是突出业务活动的重点;符合活动专业化的分工要求,充分发挥员工才能;强化控制,避免了重叠。

缺点是不利于开拓市场和目标客户;部门本位主义风气严重,协调困难;部门主管技能单一,不利于多面手的培养。

2. 产品或服务部门化

产品或服务部门化是按照产品或服务的要求对组织活动进行分组。如图 5-2 所示。

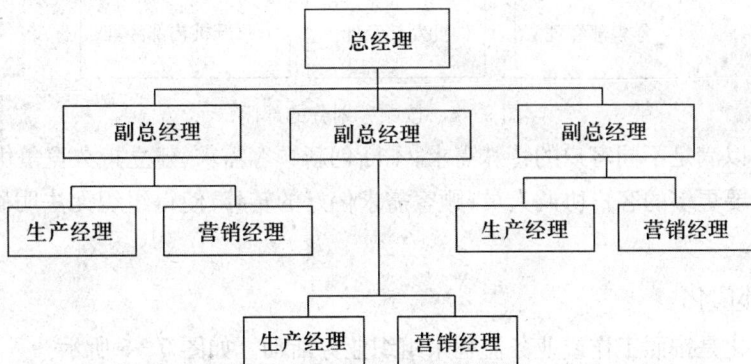

图 5-2 按产品或服务划分的部门

优点是有利于提高专业化产品和服务的水平;有利于开展不同产品和服务的合理竞争,比较不同部门对组织发展的贡献;有利于"多面手"管理人才的培养。

缺点是组织需要更多的综合性人才;部门本位主义风气严重;某些职能机构重叠增加费用。

3. 地域部门化

地域部门化是按照地域的分散化程度划分组织的业务活动,继而设置管理部门管理其业务活动。如图 5-3 所示。

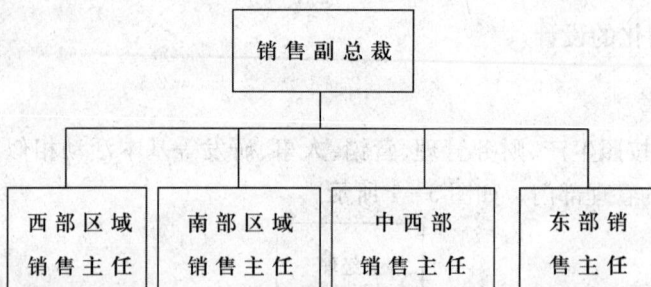

图5-3　按地域划分的部门

优点是可以把责权下放到地方,鼓励地方参与决策;地区管理者可以随机应变,灵活决策;减少外派成本,就近取材。

缺点是能够派往各个地区的主管稀缺,难以控制;机构设置重复,管理成本高。

4. 顾客部门化

顾客部门化是根据目标顾客的不同利益需求来划分组织的业务活动。如图5-4所示。

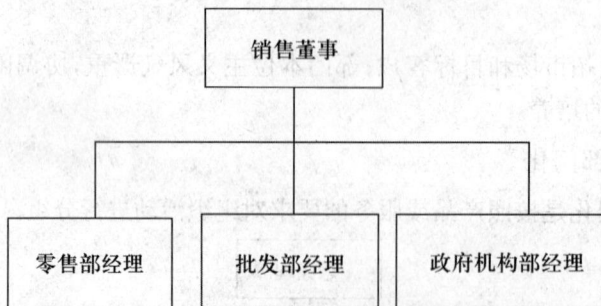

图5-4　按顾客划分的部门

优点是可以满足不同客户的特殊需求;不断创新顾客需求,建立持久竞争优势。

缺点是需要更多的客户协调人员;顾客需求偏好的转移,使得组织无法明确对顾客进行分类。

5. 流程部门化

流程部门化是按照工作或业务流程来组织业务活动。如图5-5所示。

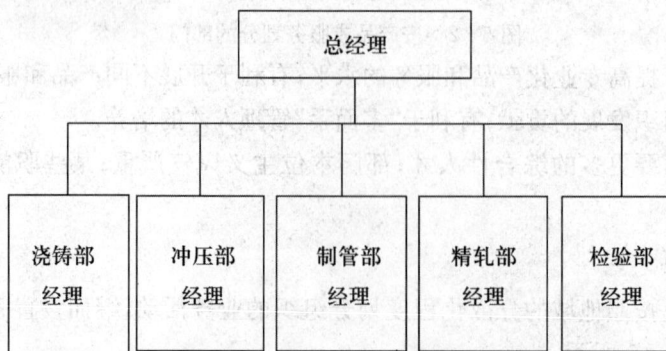

图5-5　按流程划分的部门

优点是发挥人员集中的技术优势;有利于发挥"干中学"的优势。

缺点是不利于综合性管理人才;部门本位主义风气严重。

六、组织的纵向结构设计

组织的纵向结构设计主要包括管理层次与管理幅度的合理确定。

(一)管理层次与管理幅度

1. 管理层次的含义

管理层次又称管理等级,是指组织中职位等级的数目。管理层次实际上反映的是组织内部纵向分工关系,各个层次将负担不同的管理职能。管理实践表明,理想的管理层次有三个:最高管理层、中间管理层和基层管理层。

2. 管理幅度的含义

管理幅度又称管理宽度或管理跨度,是指管理人员有效地监督、指挥其直接下属的人数。

3. 管理层次与管理幅度的关系

管理层次受到组织规模和管理幅度的影响。它与组织规模成正比,组织规模越大,所包括的成员越多,则层次就越多;在组织规模一定的条件下,它与管理幅度成反比,主管所能直接控制的下属越多,管理层次就越少,相反,管理幅度减少,则管理层次增加。在管理层次与管理幅度的关系方面,起主导作用的是管理幅度,即管理层次的多少取决于管理幅度的大小。

4. 影响管理幅度的因素

有效的管理幅度受到诸多因素的影响,主要有管理者与被管理者的工作能力、工作内容和性质、工作条件、工作环境和组织结构的形式与方式等方面。

(1)工作能力。管理者的综合能力强,就可以迅速把握问题的关键,就下属的请示给出恰当的指导,并使下属明确理解,从而缩短与每一位下属接触的时间,管理幅度宜适当放宽。反之则宜窄。同理,被管理者的工作能力越强,则无须管理者事事指点,管理幅度宜适当放宽,反之则宜窄。

(2)工作内容和性质。主管人员涉及的问题复杂、困难或涉及方向性、战略性问题,其管理幅度宜窄;下属工作的相似性大,则管理幅度宜适当加大。

(3)工作条件。主管人员的助手配备情况越好,掌握信息的手段越先进,不同下属工作岗位的分布越接近,则主管人员的管理幅度可越宽。反之则宜窄。

(4)工作环境。环境变化越快,组织中遇到的新问题越多,下属向上级的请示就越有必要,而上级能用于指导下属的时间与精力却越少,因为其要花费大量时间去关注环境的变化,考虑应对的措施。因此工作环境不稳定,各层主管人员的管理幅度宜窄。反之则宜宽。

(5)组织结构的形式与方式。采用集权管理的组织,管理幅度可以适当窄些;采用分权管理的组织,管理幅度可以适当宽些。

(二)管理层次与管理幅度的设计

管理层次与管理幅度的反比例关系决定了两种基本的组织结构形态:一种是扁平式的组织结构形态,即管理层次较少,管理幅度较大;另一种是锥形式的组织结构形态,即管理层次较多,管理幅度较小。

扁平式组织结构的优点:管理层次较少,信息的沟通和传递速度较快,信息失真度较低,管理费用低,容易发挥下属人员的积极性、主动性和创造性。扁平式组织结构的缺点:由于不能严密地监督下级,上下级协调较差,管理幅度加大,也加重了同级间相互沟通联络的困难。

锥形式组织结构的优点:具有管理严密、分工明确、上下级易于协调的特点。锥形式组织结构的缺点:管理层次多,增加管理成本,影响信息的沟通和传递速度,信息失真度较大,影响下属人员的积极性、主动性和创造性。

(三)集权与分权

1. 职权的形式

职权组织内部授予的指导下属活动及其行为的决定权,这些决定一旦下达,下属必须服从。

根据职权的性质不同,职权分为直线职权、参谋职权和职能职权三种。

(1)直线职权。直线职权是某个职位、某个部门所拥有的包括发布命令、执行决策等的权力,也就是通常所指的指挥权。直线职权是组织中上级指挥下级工作的权力,表现为上下级之间的命令权力关系。直线职权与等级链相联系,在组织等级链上的管理者一般都拥有直线职权,即他们既接受上级指挥,又指挥下级。

(2)参谋职权。参谋职权是某个职位、某个部门所拥有的包括提供咨询、建议等辅助性的权力,也即指导权。参谋人员是直线人员的咨询人,协助直线人员执行职责。

(3)职能职权。职能职权是某个职位、某个部门所拥有的原属直线主管的那部分权力。随着管理活动的日益复杂,主管人员不可能通晓所有的专业知识,为了提高管理效率,主管人员可能将职权关系作某些变动,把一部分本属自己的直线职权授予参谋人员或某个部门的主管人员,这便产生了职能职权。职能职权介于直线职权和参谋职权之间,是一种有限的权力,只有在被授权的职能范围内有效。

直线职权、参谋职权和职能职权分别由直线、参谋和职能人员行使。

直线人员、参谋人员和职能人员的相互关系,本质上是一种职权关系。在管理工作中,应处理好三者的关系:参谋职权无限扩大,容易削弱直线人员的职权和威信;职能职权无限扩大,则容易导致多头领导、管理混乱、效率低下。为此,要注意发挥参谋职权的作用,同时适当限制职能职权的使用。

从直线与参谋的关系来看,直线人员掌握的是命令和指挥的职权,而参谋人员拥有的则是协助和顾问的职权。参谋的职责是建议而不是指挥,他只是为直线主管提供信息,出谋划策,配合直线人员工作的。由此可知,二者之间的关系是"参谋建议、直线命令"的关系。因此,发挥参谋作用时,应注意参谋应独立的提出建议,而直线人员不为参谋所左右。

2. 集权与分权

集权是指决策指挥权都由某一最高层管理者或某一上级部门掌握与控制,下级部门只能依据上级的决定和指示执行,一切行动听上级指挥。分权是指决策指挥权在组织层级系统中较低管理层次上的分散。

集权和分权是两个相对的概念。绝对的集权意味着组织中的全部权力集中在一个主管手中,组织活动的所有决策均由该主管做出,主管直接面对所有的命令执行者,中间没有任何管理人员,也没有任何中层管理机构。这在现代社会经济组织中几乎是不可能的,也是做不到的。而绝对的分权则意味着将全部权力分散下放到各个管理部门中去,甚至分散至各个执行操作层,这时,主管的职位就是多余的,统一的组织也不复存在。

影响集权与分权的主要因素如下。

(1)组织规模。组织规模越大,管理的层次和部门就越多,信息的传递速度和准确性就会降低。因此组织需要及时分权,以减少决策层的压力,使其能够集中精力从事最重要的工作。

(2)职责与决策的重要性。决策越重要,与此相关的权力越应集中在高层。

(3)管理人员的能力与数量。下级管理人员数量充足,经验丰富,管理能力强,倾向于分权;反之,则倾向于集权。

(4)组织的可控性。组织中各部门的工作性质大多不同,有些关键的职能部门,如人事等部门需要相对地集权,而有些区域性部门或业务部门,如研发等部门需要相对地分权。

(5)组织环境。影响分权程度的因素中,大部分属组织内部因素,此外还有外部因素,如政治、经济等因素,这些因素常促使集权。

3. 授权

(1)授权的含义。授权是指上级授给下属一定的权力,使下属在一定的监督之下,有相当的自主权和行动权。授权者与被授权者的关系是:授权者对被授权者有指挥、监督权,被授权者对授权者负有报告、完成任务的责任。

(2)有效授权的因素。要使授权具有充分理想的效果,必须注意以下几个方面的工作。

①信息共享。组织中的信息作为一种共享资源。组织如果能够使员工充分地获取必要的信息资料,就会大大提高员工的积极性、主动性和创造性。

②提高授权对象的知识与技能。组织必须对员工进行及时、有效的培训,以帮助他们获取必要的知识和技能。

③充分放权。如果组织要充分发挥团队的作用,就必须真正地把权力下放给团队的各个专家和员工,这样才能激发员工的工作热情,实现组织的目标。

④奖励绩效。组织应制定科学合理的绩效评估和奖励系统,对组织成员的绩效贡献给予奖励。这种奖励包括工资、福利、提成等。

(3)授权的原则。充分有效的授权必须遵循以下原则。

①目的明确性原则。没有明确目的的授权,会使被授权者在工作中摸不着边际,无所适

从,因此,授权者在授权时必须使授权者明确所授事项的任务目的及权责范围。

②权责一致性原则。授权必须是有职有权,有权有责且有责有利,与此同时,授权还要做到职、权、责、利相当。即做什么事给什么权;有多大的权力就应该承担多大的责任;有多大的责任就应承诺给予多大的利益。显然,权力过多会造成被授权者对他人事务的干涉,权力太小会使被授权者无法尽责,缺乏利益驱动往往会使被授权者不愿过多承担责任。

③统一性原则。不越级授权、不交叉授权,以保证命令的统一。授权者不要越过下级去干涉下级职权范围的事务,因为这样会造成直接下级失去对其职权范围事务的有效控制。此外,授权者不可将不属于自己权力范围的权力授予下级,以避免交叉指挥,造成管理混乱和效率低下。

④适度性原则。组织授权还必须建立在有效率的基础上,授权过少往往造成主管工作量过大,授权过多又会造成工作杂乱无序,甚至失控,所以不能无原则授权。

⑤监督控制性原则。既然授权者要对被授权者的行为负责,那么授权者就必须加强对被授权者的监督控制。因为担心失去控制,授权者常常不愿意授权或即便已授权也不信任下级,为此,应通过健全的控制制度、工作标准和适当的报告制度来加强监督,切忌事事指手画脚。

⑥重要性原则。授权者如果把权力授予下级,就应该充分相信下属,也就是说要用人不疑。同时所授权限不能只是一些无关紧要的部分,要敢于把一些重要的权力或职权放下去,使下级充分认识到上级的信任和管理工作的重要性,把具体任务落到实处。

任务二　组织结构的基本类型

现实中的组织是多种多样的,每一个具体的组织都与其他组织不同,没有一种统一的、适用于任何条件的组织形式。通常,实际中主要存在直线型、职能型、直线职能型、事业部型、矩阵型、网络型、控股型等基本的组织结构类型。

组织结构是指组织的全体成员为了实现组织的目标,在管理工作中进行分工协作,在职务范围、责任、权力方面所形成的结构体系。

一、直线型结构

直线型结构是一种简单的、集权式的结构形式,又称军队式组织结构。

直线型结构的特点:组织中各种职务按垂直系统直线排列,各级主管人员对所属下属拥有直接职权,每个下属只接受一个上级的指令,并只能向一个直接上级报告,如图5-6所示。

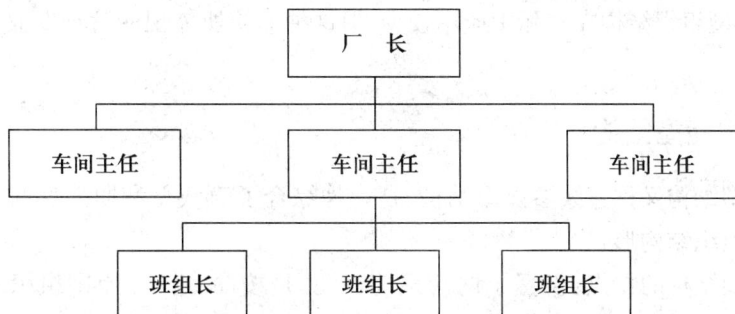

图 5-6　直线型结构

直线型结构的优点：组织结构比较简单，权力集中，责任分明，命令统一，联系快捷，决策迅速。

直线型结构的缺点：要求主管人员通晓多种知识技能、亲自处理各种业务，在组织规模较大的情况下，所有的管理职能都集中由一人承担，往往会由于个人的知识及能力有限而感到难于应付，顾此失彼，可能发生较多事故。另外，部门之间的协调能力较差。

因此，直线型组织适用于规模较小、管理简单、不需要进行管理分工的小型组织或多用于现场管理。

二、职能型结构

职能型结构又称多线型组织结构，该组织结构形式的基本指导思想是进行管理分工。

职能型结构的特点：在组织中设置一些职能部门，分管组织的某些职能管理业务，各职能部门在自己的业务范围内，有权向下级单位发布命令和指示，直接指挥下属，如图 5-7 所示。

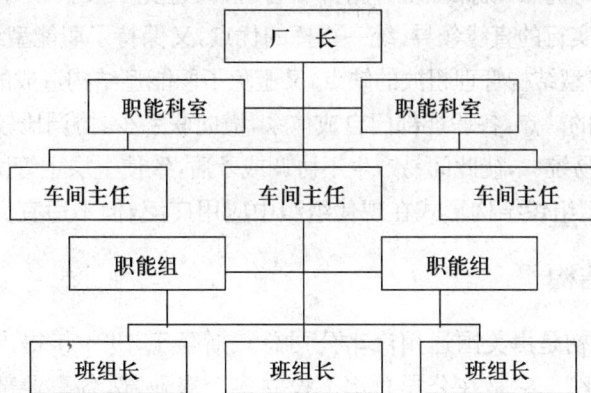

图 5-7　职能型结构

职能型结构的优点：有利于高层管理者进行例外管理；责任明确，能够充分发挥职能机构的专业管理作用，减轻上层主管负担；分工较细，能够适应现代组织技术比较复杂和管理分工较细等特点。

职能型结构的缺点：由于各个职能部门都拥有指挥权，容易形成多头领导、协调困难；职能部门之间缺乏联系，权责不清等。

因此,职能型组织结构在实际中应用较少,但这种形式所体现的管理专业化分工思想却得以贯彻。

三、直线职能型结构

直线职能型结构又称直线参谋型结构,是一种综合了直线型和职能型两种类型的组织特点而形成的组织结构形式。

直线职能型结构的特点:设置了两套系统,一套是按命令统一原则组织的直线指挥系统;一套是按专业化原则组织的职能系统。直线部门的管理人员担负着实现组织目标的直接责任,并拥有对下属的指挥权;职能部门的管理人员是直线指挥人员的参谋,主要负责提供建议和信息,他们只能对下级机构进行业务指导,而不能进行直接指挥和命令。这样就保证了整个组织的统一指挥和管理,避免了多头指挥和无人负责的现象,如图5-8所示。

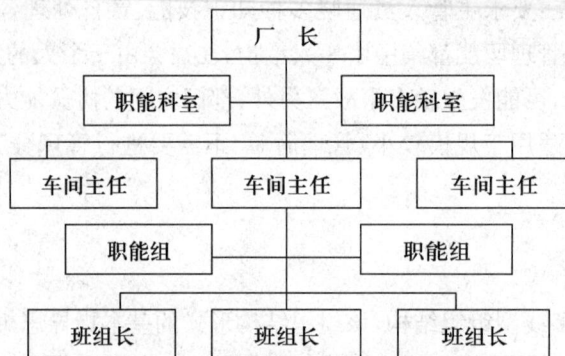

图5-8 直线参谋型结构

直线职能型结构的优点:既保证统一指挥和管理,又避免了多头领导和无人负责的现象;既保持了直线型结构实行的直线领导、统一指挥的优点,又保持了职能型结构的职能管理专业化的优点;避免了直线型结构管理粗放的缺点,又避免了职能型结构造成的多头领导的弊病。

直线职能型结构的缺点:各职能部门自成体系,横向联系少,协调比较困难;参谋部门与直线部门之间的目标不易统一,彼此间易产生不协调或矛盾,致使上层主管协调工作量增大。

因此,直线职能型组织结构形式在现代组织中应用广泛,但不适宜大规模的组织。

四、事业部型结构

事业部型结构最初是由美国通用汽车公司总裁斯隆于1924年提出的,又称为"斯隆模型",也叫"联邦分权化"。它是在公司总部下设立多个事业部,各事业部有各自独立的产品市场、独立的责任和利益,实行独立核算的一种分权管理组织结构。同时,事关大政方针、预算、人事任免等全局性问题重大决策集中在总部,以保证组织的统一性。

事业部型结构的特点:事业部型结构的管理原则是"集中决策,分散经营",即组织高层集中决策,事业部独立经营。这是在组织领导方式上由集权制向分权制转化的一种改革。如图5-9所示。

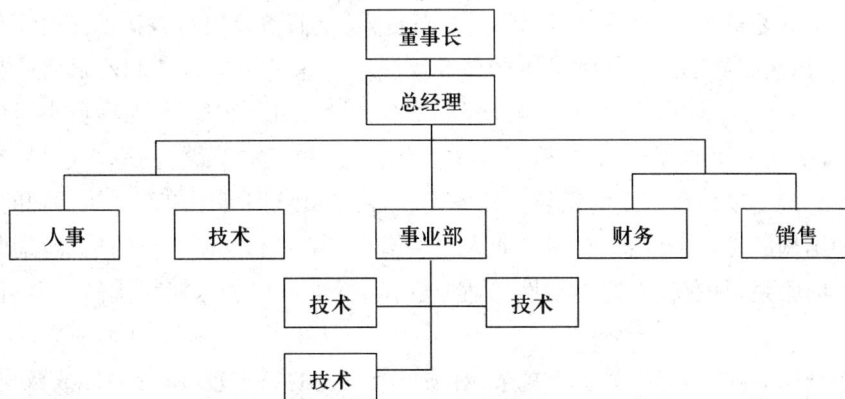

图 5-9　事业部型结构

事业部型结构的优点：组织高层主管摆脱了具体的日常事务，有利于集中精力做好战略决策和长远规划，提高管理灵活性和适应性；有利于发挥事业部的主动性和积极性；有利于发展产品专业化；有利于培养和训练管理人才。

事业部型结构的缺点：机构重复，造成管理人员的浪费；协作较差，各事业部独立经营，相互协调困难，不能有效地利用组织的全部资源；内耗大，各事业部主管人员考虑问题往往从本部门出发，忽视整个组织的利益。

事业部型结构是现代大公司广泛采用的一种重要的组织形式，它适用于产品多样化或从事多角化经营的组织，尤其适用于市场环境复杂多变或所处地理位置分散的大型组织与跨国公司。

五、矩阵型结构

矩阵型结构是一种把按职能划分的部门和按产品（或项目）划分的小组相结合所产生的一种组织结构形式。如图 5-10 所示。

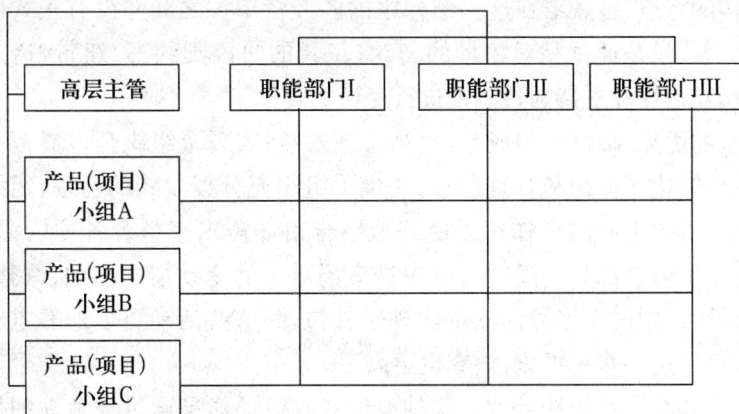

图 5-10　矩阵型结构

矩阵型结构的特点：由纵横两套管理系统组成。一套是纵向的职能系统，一套是为完成各项任务而组成的横向项目系统。横向系统组织，一般是产品、工程项目或服务项目组成的专门项目小组或委员会,并设立项目小组的总负责人,全面负责项目方案的综合工作。纵向系统的组织,是在职能部门经理领导下的各职能科室。这种结构从各职能部门中抽调有关专家,分派他们在一个或多个由项目经理领导的项目小组中工作。参加项目小组的有关成员,一般要接受两方面的领导,即在执行日常工作任务时接受本部门的垂直领导;在执行具体规划任务时接受项目负责人的领导。任务完成后,成员就回到原单位去执行别的任务。

矩阵型结构的优点:有利于发挥专业人员的潜力,有利于各种人员的培养;加强了各职能部门的横向联系,具有较大的机动性和适应性;实行了集权和分权较优的结合;信息流通传递快。

矩阵型结构的缺点:组织关系较复杂,对项目负责人的要求较高;容易形成双重领导;临时性强,容易导致人心不稳。

因此,矩阵型组织结构适用于环境复杂多变、创新性强、工作任务需要多种技术的组织。

六、网络型结构

网络型结构是一种只有很精干的中心机构,以契约关系的建立和维持为基础,依靠外部机构进行制造、销售或其他重要业务经营活动的组织结构形式,如图5-11所示。

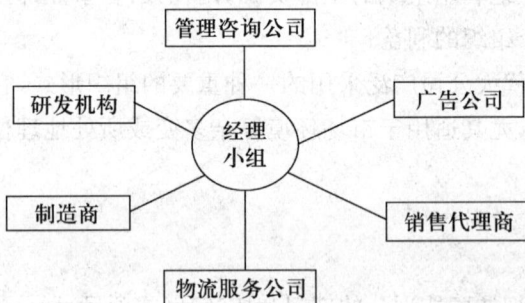

图5-11　网络型结构

网络型结构的特点:被联结在这一结构中的各经营单位之间并没有正式的资本所有关系和行政隶属关系,只是通过相对松散的契约(正式的协议契约书)纽带,透过一种互惠互利、相互协作、相互信任和支持的机制来进行密切的合作。

网络型结构的优点:降低管理成本,提高管理效益;实现了组织全世界范围内供应链与销售环节的整合;简化了机构和管理层次,实现了组织充分授权式的管理;组织结构具有更大的灵活性,以项目为中心的合作可以更好地结合市场需求来整合各项资源,而且容易操作,网络中的各个价值链部分也随时可以根据市场需求的变动情况增加、调整或撤并;组织结构简单、精炼,组织中的大多数活动都实现了外包,而这些活动更多地靠电子商务来协调处理,组织结构可以进一步扁平化,效率也更高了。

网络型结构的缺点:可控性太差。这种组织的有效动作是通过与独立的供应商广泛而密切的合作来实现的,由于存在着道德风险和逆向选择性,一旦组织所依存的外部资源出现问题,如质量问题、提价问题、及时交货问题等,组织将陷入非常被动的境地。另外,外部合作组织都是临时的,如果网络中的某一合作单位因故退出且不可替代,组织将面临解体的危险。网络组织还要求建立较高的组织文化以保持组织的凝聚力,然而,由于项目是临时的,员工随时都有被解雇的可能,因而员工对组织的忠诚度也比较低。

因此,网络型组织结构不仅可用于小型组织,也可用于大型组织。

七、集团控股型结构

集团控股型结构是在非相关领域开展多种经营的组织所常用的一种组织结构形式。集团控股型组织是指通过组织之间控股、参股,形成由母公司、子公司和关联公司的组织集团。各个部分具有独立的法人资格,是总部下属的子公司,也是公司分权的一种组织形式。如图5-12所示。

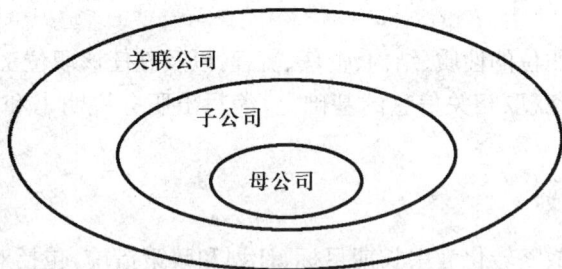

图 5-12　集团控股型结构

集团控股型结构的特点:由于经营业务的非相关,因此大公司不对这些业务经营单位进行直接的管理和控制,而代之以产权关系为纽带对其进行持股控制。

集团控股型结构的优点:总公司对子公司具有有限的责任,组织风险等得到控制;大大增加了组织之间的联合和参与竞争的实力。

集团控股型结构的缺点:战略协调、控制、监督困难,资源配置较难。

因此,集团控股型组织结构适用于大型的集团组织。

任务三　人力资源管理

一、人力资源管理的含义

(一)人力资源的含义

人力资源,又称劳动力资源或劳动力,是指能够推动整个经济和社会发展、具有劳动能力的人口总和。经济学把为了创造物质财富而投入于生产活动中的一切要素通称为资源,包括人力资源、物力资源、财力资源、信息资源、时间资源等,其中人力资源是一切资源中最宝贵的资源,是第一资源。人力资源包括数量和质量两个方面。人力资源的最基本方面,包括体力和智力,从现实应用的状态看,包括体质、智力、知识、技能四个方面。人力资源与其他资源一样也具有特质性、可用性、有限性、再生性、时代性、能动性等特点。

(二)人力资源管理的含义

人力资源管理是指组织的一系列人力资源政策以及相应的管理活动。这些活动主要包括组织人力资源战略的制定、员工的招募与选拔、培训与开发、绩效管理、薪酬管理、员工流动管理、员工关系管理、员工安全与健康管理等。即组织运用现代管理方法,对人力资源的获取(选人)、开发(育人)、保持(留人)和利用(用人)等方面所进行的计划、组织、指挥、控制和协调等一系列活动,最终达到实现组织发展目标的一种管理行为。

二、人力资源管理的内容

(一)职务分析与设计

对组织各个工作职位的性质、结构、责任、流程,以及胜任该职位工作人员的素质,知识、技能等,在调查分析所获取相关信息的基础上,编写出职务说明书和岗位规范等人事管理文件。

(二)人力资源规划

把组织人力资源战略转化为中长期目标、计划和政策措施,包括对人力资源现状分析、未来人员供需预测与平衡,确保组织在需要时能获得所需要的人力资源。

(三)员工招聘与选拔

根据人力资源规划和工作分析的要求,为组织招聘、选拔所需要人力资源并录用安排到一定岗位上。

(四)绩效考评

对员工在一定时间内对组织的贡献和工作中取得的绩效进行考核和评价,及时做出反馈,以便提高和改善员工的工作绩效,并为员工培训、晋升、计酬等人事决策提供依据。

(五)薪酬管理

薪酬管理包括对基本薪酬、绩效薪酬、奖金、津贴以及福利等薪酬结构的设计与管理,以激励员工更加努力地为组织工作。

(六)员工激励

采用激励理论和方法,对员工的各种需要予以不同程度的满足或限制,引起员工心理状况的变化,以激发员工向组织所期望的目标而努力。

(七)培训与开发

通过培训提高员工个人、群体和整个组织的知识、能力、工作态度和工作绩效,进一步开发员工的智力潜能,以增强人力资源的贡献率。

(八)职业生涯规划

鼓励和关心员工的个人发展,帮助员工制订个人发展规划,以进一步激发员工的积极性、创造性。

三、人员招聘

(一)人员招聘的原则

1. 全面原则

全面原则就是对报考人员从品德、知识、能力、智力、心理、过去工作的经验和业绩进行全面考试、考核和考察。因为一个人能否胜任某项工作或者发展前途如何,是由其多方面因素决定的,特别是非智力因素对其将来的作为起着决定性作用。

2. 平等原则

平等原则是指对所有报考者要一视同仁,不得人为地制造各种不平等的限制或条件(如性别歧视)和各种不平等的优先优惠政策,努力为社会上的有志之士提供平等竞争的机会,不拘一格地选拔、录用各方面的优秀人才。

3. 公开原则

公开原则指把招考单位、种类、数量、报考的资格、条件、考试的方法、科目和时间,一律面向社会公告周知,公开进行。一方面给予社会上的人才以公平竞争的机会,达到广招人才的目的;另一方面使招聘工作置于社会的公开监督之下,防止不正之风的蔓延。

4. 竞争原则

竞争原则指通过考试竞争和考核鉴别确定人员的优劣和人选的取舍。为了达到竞争的目的,一要动员、吸引较多的人员报考;二要严格考核程序和手段,科学地录取人选,防止"拉关系""走后门""裙带风",以及贪污受贿和徇私舞弊等现象的发生,通过激烈而公平的竞争,选择优秀人才。

5. 能级原则

招聘工作,不一定要最优秀的,而应量才录用,做到人尽其才、用其所长、职得其人,这样才能持久、高效地发挥人力资源的作用。

6. 择优原则

只有坚持择优原则,才能广揽人才,选贤任能,为学校引进或为各个岗位选择最合适的人员,应采取科学的考试考核方法,精心比较、谨慎筛选。

7. 效率原则

效率原则指根据不同的招聘要求,灵活选用适当的招聘形式,用尽可能低的招聘成本获取适合的人员。

(二)人员招聘的程序

1. 制订招聘计划

招聘计划根据人力资源计划来制订,具体内容包括:招聘目的、招聘人员的条件要求、招聘对象、招聘信息方式、招聘组织人员、招聘工作负责人、招聘时间、招聘经费预算等。

2. 发布招聘信息

发布招聘信息是指利用各种传播工具发布岗位信息,如通过电视、报刊、电台、网络等途径发布招聘具体信息,鼓励和吸引人员参加应聘。

3. 应聘者提出申请

应聘者在获取招聘信息后,向招聘单位提出应聘申请。一是通过信函向招聘单位提出申请;二是直接填写招聘单位应聘申请表。应聘者应提供的资料包括:应聘申请表、个人简历、学历证明等。

4. 接待和甄别应聘人员

接待和甄别应聘人员也是人员的选拔过程,招聘人员首先要审查应聘申请表,初步筛选出满足最低应聘条件的人员,然后安排与候选人面谈,使之参加必要的测试,对参加合格的测试人员进行背景调查,再选择优秀者接受主管人员或领导的面谈,最后通知合格证、者体检。

5. 发出录用通知书

这是招聘单位与入选者正式签订劳动合同并向其发出上班试工通知的过程。通知中通常应写明入选者开始上班的时间、地点和向谁报到。

6. 对招聘活动的评价

对招聘活动进行总结和评价,并将有关资料整理归档。评价指标包括招聘成本核算和录用人员的评估。

(三)人员招聘的途径

人员招聘的途径有内部招聘和外部招聘两种。

1. 内部招聘

内部招聘也叫内部提升,是指组织内部成员的能力和素质得到充分确认之后,被委以比原来责任更大、职位更高的职务,以弥补组织中由于发展或其他原因而空缺了的管理职务。内部招聘的方式一般是公告招聘,即在组织内部的公告栏内张贴招聘启事,动员符合条件的本组织成员应聘。从广义上讲,组织内部人员的调整,如组织内某个人员晋升或调到另一个空缺的岗位上,也可视为内部招聘。在进行内部招聘时,可采取事先公开申请资格、事中公开公平竞争、事后公示征求意见的方式,以保证招聘的公平性。

(1)人员内部招聘方式的优点:①利于鼓舞内部员工的士气;②有利于吸引外部人才;③有利于保证招聘工作的正确性,避免误招;④有利于招聘者迅速开展工作。

(2)内部招聘方式的缺点:①引起同事的不满;②可能造成"近亲繁殖"的现象,不利于组织的管理创新;③过多的内部招聘可能会使组织变得封闭。

2. 外部招聘

外部招聘是根据一定的标准和程序,从组织外部的众多应聘者中选出符合组织空缺岗位工作要求的人员。外部招聘的途径多种多样。如广告招聘、学校招聘、劳动力市场、职业介绍所、员工推荐、直接申请、网络招聘等。

(1)外部招聘方式的优点:①被招聘人员具有"外来优势",如果他确实有能力,便可迅速打开局面;②有利于平息和缓和内部竞争者之间的紧张关系;③能够为组织带来新鲜血液。

(2)外部招聘方式的缺点:①外聘者不熟悉组织内部情况,同时也缺乏一定的人事基础,往往需要一段时间的适应才能进行有效的工作;②组织对应聘者的情况不能深入了解;③外聘会挫伤组织内部成员的积极性。

四、人员培训

一个组织中的培训对象主要有新员工、基层员工、一般技术或管理人员以及高级技术或管理人员。

(一)人员培训的概念和目的

1. 人员培训的概念

人员培训是指一定组织为开展业务及培育人才的需要,采用各种方式对人员进行有目的、有计划的培养和训练的管理活动。

2. 人员培训的目的

人员培训的目的是提高组织员工队伍的素质,促进组织的不断发展。其具体目标表现为:补充新知识,提炼新技能;全面发展能力,提高竞争力;转变观念,提高素质;交流信息,加强协作。

(二)人员培训的方法

1. 员工的培训方法

(1)职前引导。职前引导就是应聘者一旦决定被录用,组织中的人事部门应该对他将要从事的工作和组织的情况给予必要的介绍和引导。职前培训的内容包括组织的历史、现状、未来目标、使命、理念、工作程序及相关规定等。

(2)在职培训。在职培训是为了使员工通过不断学习掌握新技术和新方法,从而达到新的工作目标要求所进行的不脱产培训。工作轮换和实习是最常见的在职培训。

(3)离职培训。离职培训是指为了使员工能够适应新的工作岗位而让员工离开工作岗位一段时间,专心于一些职外培训。最常见的是教室教学、影片教学和模拟演练等。

2. 管理人员的培训方法

(1)理论培训。理论培训是指主管人员比较系统或深入地了解有关学科的基本理论和方法,有助于提高主管人员的理论水平。理论培训的形式很多,可以是脱产学习(如短训班、专题研讨会等),也可以是在职业务学习。

(2)职务轮换。职务轮换是指各级主管人员在不同部门的不同主管位置上或非主管位置上轮流工作,以使其全面了解整个组织的不同工作内容,得到各种不同的工作经验,为其今后在较高层次的职位上工作打好基础。

(3)提升培训。提升培训是指将人员从较低的管理层级暂时提拔到较高的管理层级上，并给予一定的试用期。这种方法可以使有潜力的管理人员获得宝贵的锻炼机会，既有助于管理人员扩大工作范围，把握机会展示其能力和才干，又能使组织全面考察其是否具备领导岗位上的能力，并为今后的发展奠定良好的基础。

(4)集体研讨会。这种方法适用于较少人员的集体。它提供了培训者双向交流的机会，对提高受训者集体责任感和改变工作态度有很好的作用，同时，受训者的情况可以直接反馈到培训者，从而提高了培训的效率。

此外，组织还可以采取参观考察、担任副职等方式对主管人员进行培训。

五、人员考核

(一)人员考核的概念和内容

所谓员工考核是指按照一定的标准，采用科学的方法，衡量与评定员工完成岗位职责任务的能力与效果的管理方法。进行人员考核的目的是：保证组织目标的实现，促进员工的成长，为人员晋升和公平奖惩提供客观的依据。

对员工进行考核，主要涉及德、能、勤、绩和个性五个方面，即考核员工的思想觉悟和职业道德；从事业务技术工作所要求具备的专业理论水平和实际能力；主观上的工作积极性和工作态度；工作中的实际成果及完成工作成果的数量和质量；员工的性格、偏好、思维特点等。

(二)人员绩效评估最常见的方法

人员绩效评估最常见的方法有：关键绩效指标考评法、360度反馈法、书面描述法、评分表法、行为定位评分法、多人比较法、目标管理法等。

(1)关键绩效指标考评法。通过对工作绩效特征的分析，提炼出最能代表绩效的若干关键指标，以此进行绩效考核的模式。

(2)360度反馈法。利用从上级、下级、员工本人及其同事处获得的反馈意见进行绩效评估的一种方法。

(3)书面描述法。考评者以书面形式描述一个员工的长短处，过去的绩效与潜能，并提出改进建议的一种绩效评估方法。

(4)评分表法。先列出一系列绩效因素，然后由考评者针对每一个因素按增量尺度(如5分制)对员工进行评分。

(5)行为定位评分法。由考评者按序数值尺度对某个员工从事某项工作的具体行为进行评分。

(6)多人比较法。将一个员工的工作绩效与一个或多个员工进行比较。

(7)目标管理法。由考评者评价一个员工既定目标的完成情况。

上述方法可供管理者选用，其各自的优缺点如表5-1所示。

表 5-1　各种绩效评估法的优缺点

方　法	优　点	缺　点
关键绩效指标考评法	重点突出,可操作性较强	关键指标难以量化
360 度评价法	全面	耗时
书面描述法	简单易行	更像是在衡量考评者的写作能力
评分表法	提供定量的数据,时间耗费较少	不能提供工作行为评价方面的详细信息
行为定位评分法	侧重于具体、可衡量的工作行为	耗时,使用难度大
多人比较法	将员工与其他人作比较	员工数量大时,操作不便
目标管理法	侧重于目标,结果导向	耗时

任务四　组织变革与团队建设

一、组织变革

(一)组织变革的含义与动因

1. 组织变革的含义

组织变革就是综合运用组织和行为科学的理论研究群体动力、领导、职权和组织再设计等问题,通过组织内部的调整使之适应内外部环境变化的过程。实质上,组织变革就是根据变化了的条件对组织结构进行的一次重新设计。

2. 组织变革的动因

推动组织变革的因素可以分为外部环境因素和内部环境因素两个部分。

(1)外部环境因素。影响组织变革的外部环境因素主要有以下几项。

①宏观因素的影响。国家的经济政策、发展战略和创新思路等社会政治因素也许是最为重要的因素,对于各类组织形成强大的变革推动力。国有组织转制、外资组织竞争、各种宏观管理体制改革、加入"世贸"和开发西部地区,都成为组织变革的推动力。

②科技进步的影响。知识经济的社会,科技的发展日新月异,新产品、新工艺、新技术、新方法等层出不穷,对组织的固有运行机制构成了强有力的挑战。机械化、自动化,特别是计算机技术对于组织管理产生广泛的影响,成为组织变革的推动力。由于高新技术的普及,计算机数控、计算机辅助设计、计算机集成制造以及网络技术等的广泛应用,对组织的结构、体制、群体管理和社会心理系统等提出了变革的要求。尤其是网络系统的应用显著缩短了管理和经营的时间和距离,电子商务打开了新的商业机会,也迫使组织领导人重新思考组织

的构架和员工的胜任力要求,知识管理成为重点。

③资源变化的影响。组织发展所依赖的环境资源对组织具有重要的支持作用,如原材料、资金、能源、人力资源、专利使用权等。组织必须要能克服对环境资源的过度依赖,同时要及时根据资源的变化顺势变革组织。

④竞争观念。基于全球化的市场竞争越来越激烈,竞争的方式多种多样,组织若要适应未来竞争的要求,就必须在竞争观念上顺势调整,争得主动,才能在竞争中立于不败之地。全球化经济形成新的伙伴关系、战略联盟和竞争格局,迫使组织改变原有经营与竞争方式。同时,国内市场竞争也日趋激烈,劳务市场正在发生巨大的变化,使得组织为提高竞争能力而加快重组步伐,管理人才日益成为竞争的焦点。

(2)内部环境因素。推动组织变革的内部环境因素主要有以下几项。

①组织机构适时调整的要求。组织机构的设置必须与组织的阶段性战略目标相一致,组织一旦需要根据环境的变化调整机构,新的组织职能才能得到充分的保障和体现。

②保障信息畅通的要求。随着外部不确定性因素的增多,组织决策对信息的依赖性增强,为了提高决策的效率,必须通过变革保障信息沟通渠道的畅通。

③克服组织低效率的要求。组织由于机构重叠、权责不明,或人浮于事、目标分歧等问题而出现低效率现象,只有及时变革才能进一步制止组织效率的下降。

④快速决策的要求。组织常常会因决策的滞后或执行中的偏差而坐失良机。为了提高决策效率,组织必须通过变革对决策过程中的各个环节进行梳理,以保证决策信息的真实、完整和迅速。

⑤提高组织整体管理水平的要求。组织整体管理水平的高低是竞争力的重要体现。组织在成长的每一个阶段都会出现新的发展矛盾,为了达到新的战略目标,组织必须在人员的素质、技术水平、价值观念、人际关系等各个方面都做出进一步的改善和提高。

(二)组织变革的内容

组织变革具有互动性和系统性,组织中的任何一个因素改变,都会带来其他因素的变化。然而,就某一阶段而言,由于环境情况各不相同,变革的内容和侧重点也有所不同。综合而言,组织变革过程的主要变量因素包括人员、结构、技术与任务以及目标的变革,具体内容如下。

1. 人员的变革

人员的变革是指员工在态度、技能、期望、认知和行为上的改变。组织发展虽然包括各种变革,但人是最主要的因素,人既可能是推动变革的力量也可能是反对变革的力量。变革的主要任务是组织成员之间在权力和利益等资源方面的重新分配。要想顺利实现这种分配,组织必须注重员工的参与,注重改善人际关系并提高实际沟通的质量。

2. 结构的变革

结构的变革包括权力关系、协调机制、集权程度、职务与工作再设计等其他结构参数的变化。管理者的任务就是要对如何选择组织设计模式,如何制订工作计划,如何授予权力以及授权程度等一系列行动做出决策。现实中,固化式的结构设计往往不具有可操作性,需要随着环境条件的变化而改变,管理者应该根据实际情况灵活改变其中的某些组成要素。

3. 技术与任务的变革

技术与任务的变革包括对作业流程与方法的重新设计、修正和组合,包括更换机器设备,采用新工艺、新技术和新方法等。由于产业竞争的加剧和科技的不断创新,管理者应注重在流程再造中利用最先进的计算机技术进行一系列的技术改造,同时,还需要对组织中各个部门或各个层级的工作任务进行重新组合,如工作任务的丰富化、工作范围的扩大化等。

4. 目标的变革

目标的变革是指在发展战略或使命上发生的变革。如扩大战略,就要考虑并购的对象、方式,以及重构组织文化等。

(三)组织变革的过程

组织变革的过程包括解冻、变革和再冻结三个阶段。

1. 解冻阶段

重视改革前的心理准备阶段。主要的任务是发现组织变革的动力,营造危机感,塑造出改革乃是大势所趋的气氛,并在采取措施克服阻力的同时具体描绘组织变革的蓝图,明确组织变革的目标和方向,形成可靠的比较完善的组织变革方案。

2. 变革阶段

变革阶段是变革过程中的行为转换阶段。按照所拟订的改革方案的要求开展具体的组织变革运动,使组织从现有的组织结构模式向目标模式转变。组织要把激发起来的改革热情转化为改革的行为,关键是要运用一些策略和技巧减少对变革的抵制,进一步调动员工参与变革的积极性,使变革成为全体员工的共同事业。

3. 再冻结阶段

再冻结阶段是变革后的强化阶段,其目的是要通过对变革驱动力和约束力的平衡,使新的组织保持相对稳定的状态。为了确保组织变革的稳定性,管理者必须采取措施保证新的行为方式和组织形态能够不断得到强化和巩固。

(四)组织变革的类型

1. 革命性变革

革命性变革是指彻底改变现状,断然采用新的方法。这种变革遇到的阻力大,常以独裁式变革方式出现。如大刀阔斧地对组织结构和人员进行调整、数所大学进行合并等。

2. 渐进性变革

渐进性变革是指采用逐步演变的方式,在原有的结构与框架中进行一系列小的改变。这种变革不易触及组织的根本问题,进展缓慢,把握不好的话收效不大。

3. 计划性变革

计划性变革是指自上而下地、有系统地研究问题,制订方案,实行有计划、有目标的改革。这是一种参与式的变革,其阻力较小,比较理想。

管理者可通过结构变革、技术变革和人员变革这三种变革方案来实施变革。具体地说,管理者可以通过工作专业化、部门化、指挥链、管理幅度、集权化与分权化等结构要素以及整体的结构设计而变革组织的结构;可以通过改变工作过程、方法和设备而变革技术;可以通过改变员工的态度、期望、认知和行为而变革人员。

(五)组织变革的阻力及其管理对策

1. 组织变革的阻力

组织变革作为战略发展的重要途径,总是伴随着不确定性和风险,并且会遇到各种阻力。研究发现,常见的组织变革阻力可以分为以下几类。

(1)组织因素。在组织变革中,组织惰性是形成变革阻力的主要因素。这是指组织在面临变革形势时表现得比较刻板、缺乏灵活性,难以适应环境的要求或者内部的变革需求。造成组织惰性的因素较多,例如,组织内部体制不顺、决策程序不良、职能焦点狭窄和文化陈旧等,都会使组织产生惰性。此外,组织奖励制度等组织因素以及变革的时机也会影响组织变革的进程。

(2)个体因素。人们往往会由于担心组织变革的后果而抵制变革。一是职业认同与安全。在组织变革中,人们需要从熟悉、稳定和具有安全感的工作任务,转向不确定性较高的变革过程,其"职业认同"受到影响,产生对组织变革的抵制。二是地位与经济上的考虑。人们会感到变革影响他们在组织中的地位,或者担心变革会影响自己的收入,或者,由于个性特征、职业保障、信任关系、职业习惯等方面的原因,产生对于组织变革的抵制。

变革的阻力可能以两种方式发挥作用。一种是积极地阻挠变革的进行,他们公开发表反对意见,与变革者展开争论,有时还可能掺杂了个人情感,表现出对抗性或攻击性的行为。另一种则消极地阻挠变革,他们虽不公开表示反对,却采取不合作的态度,甚至采取扣压、延误或封锁消息的方式。不论何种方式,对变革都是有害的。

2. 消除组织变革阻力的管理对策

管理者确定变革阻力以后,可以采取以下措施予以克服。

(1)参与和投入。让涉及变革的当事人和潜在的抵制者参与变革的设计及实行。研究表明,人们对某事的参与程度越大,就越会承担工作责任,支持工作的进程。因此,当有关人员能够参与有关变革的设计讨论时,参与会带来承诺,抵制变革的情况就显著减少。参与和投入方法在管理人员所得信息不充分或者岗位权力较弱时使用比较有效。但是,这种战术耗时很多,在变革计划不充分时,有一定风险。

(2)沟通和教育。加强沟通和教育,是克服组织变革阻力的有效途径。通过沟通和教育、分享情报资料,可以使组织成员有一种认同感,使他们在计划变革中起作用,并产生一定的责任感。同时,有利于决策者及时发现实施中产生的新问题、新情况,获得有效的反馈。

（3）获得群体促进和支持。许多管理心理学家提出，运用"变革的群体动力学"，可以推动组织变革。这里包括创造强烈的群体归属感；设置群体共同目标，培养群体规范，建立关键成员威信，改变成员态度、价值观和行为等。这种方法在人们由于心理调整不良而产生抵制时使用比较有效。

（4）谈判。以某种有价值的东西来换取阻力减低。比如，可以通过谈判形成某一奖酬方案，使阻碍变革进行的人的需要得到满足。谈判作为一种策略，尤其在阻力来自于某权力源（如工会）时更为适用，但其潜在的高成本是不可低估的。

（5）强制。直接对抵制者使用威胁力和控制力。强制的举措包括调换工作、不予升职、负面绩效评估及不友善的推荐信等。但强制通常是不合法的，即便是合法的强制也容易被看成是一种暴力，从而有损变革者的威信。

知 识 链 接

几种组织变革模式

一、勒温模式

勒温认为，成功的组织变革应遵循以下三个步骤：解冻现状、移动到新状态、重新冻结新变革使之持久。该模式主要是针对员工的心理态度和行为的。

二、卡斯特模式

卡斯特将组织变革步骤分为六项。

1. 对组织的反省和批评：对组织内外部环境进行深入分析。

2. 觉察问题：认识到组织变革的必要性。

3. 辨明问题：找出现存状态与所希望状态之间的差距。

4. 探寻解决问题的方法：提出可供选择的多种方法，对它们进行评定，并研究如何实施以及成果的测定方式，最后做出选择。

5. 实施变革：根据所选择的方法及行动方案，实施变革。

6. 根据组织变革的效果，实行反馈，评定变革效果与计划有无差异，如有，反复循环加以修正。

三、吉普森模式

吉普森提出的计划性模式，将组织变革分成九个步骤。

1. 要求变革的压力：来自组织内部和外部两个方面。

2. 对问题的察觉与识别：关键在于掌握组织内部的多种信息。

3. 对问题的分析：包括需要纠正的问题、问题的根源、需要哪些变革、何时变革、变革的目标与衡量方法。

4. 识别限制条件：分析变革中的限制因素，包括领导作风、组织结构和成员特点等。

5. 变革途径和方法的设计：主要考虑变革方法与变革目标的相互匹配问题。

6. 选择方案：要把对现状不满的程度、对变革后可能达到目标的把握、实现的起步措施等与变革所花代价做比较。

7. 贯穿方案：通常考虑三方面的问题，即实施的时机、发动的地点、变革的深度。

8. 评价变革的效果。

9. 反馈：反馈评价结果，使管理人员了解是否达到预期的目标。

（资料来源：道客巴巴，http://www.doc88.com/p—8748051359377.html）

二、团队建设

团队是信息社会条件下最富活力的组织形式，团队管理是管理者组织职能的深刻变革。团队是现代社会高绩效组织的基石。

(一)团队的含义及特征

1. 团队的含义

团队是指有明确目标与个人角色定位，强调自主管理、自我控制、沟通良好、合作协调的一种扁平型组织形式。

2. 团队的特征

(1)在组织形态上，团队属于扁平型组织。实行团队模式的组织，管理层次较少，取消许多中间管理层次，以保证员工可以直接面对顾客与公司的总目标。

(2)在目标定位上，团队有明确的目标，每个成员有明确的角色定位与分工。团队成员的角色主要有三种：以工作为导向的角色，其主要任务是促进团队目标的实现；以关系为导向的角色，其主要任务是促进团队各种关系的协调与发展；以自我为导向的角色，其主要任务是注重自我价值的实现。

(3)在控制上，强调自主管理，自我控制。在团队中，领导者逐步由监督者变为协调者，团队成员充分发挥主动性、创造性，为满足顾客的需要与实现组织的总目标而自觉奋斗。

(4)在功能上，团队形成一种跨部门、交叉功能的融合体系。团队可以跨部门建立，来自不同部门的成员，淡化原有界限，实现功能交叉与融合，成员以多种技能实现互补，实行一种高度融合的协同作战。

(5)在相互关系上，团队构建合作、协调的团体。团队成员有共同的价值观与理念，建立良好沟通渠道，相互之间高度信任、团结合作、整体协调，形成强大的凝聚力与战斗力。

(二)团队的类型

按照不同的标志，可以将团队划分为多种类型，但最基本的划分方法是：按照团队的基本功能将团队分为三种基本类型，即工作团队、项目团队、管理团队。按照团队发展中的自主性程度，由低至高将团队分为六种类型，即传统工作群体、质量小组、高绩效工作团队、半自动工作团队、自我管理团队、自我设计团队。下面主要介绍三种基本类型的团队。

1. 工作团队

工作团队是最基本、最普遍的团队形式。工作团队主要承担组织生产经营等基本工作任务，如设计、制造和储运、销售产品或提供服务。工作团队由组织明确定义其职能，属正式结构的一部分,并由全职稳定的成员所组成。这些团队包括制造生产小组、新产品研发小组、销售与服务小组等。在制造业中,一个工作团队应该包含一组接受过多重技能训练的操作员,他们可以从事某种特殊商品生产所需要做的所有工作。

2. 项目团队

项目团队主要承担每个工作项目或解决特殊问题等专题性任务,如特别任务小组、流程改善小组、问题解决小组等,都属于项目团队。项目团队的成员大多是从一两个工作团队中吸收而来,与工作团队不同的是,项目团队往往是暂时性的。设立项目团队的目的主要是用来解决特殊问题或执行特殊计划,待任务完成后随即解散,该团队成员一般具有专门知识与技能,可以发挥专业与技术整合优势。

3. 管理团队

管理团队主要负责对下属一些部门或人员进行指导与协调。管理团队依靠与传统的"命令型"组织的集权式的纵向管理不同的方式管理下级或改善团队的绩效,促进团队的协调与整合,管理者从监督者变成协调者。管理团队既包括专司管理职能的团队,又包括质量管理小组、稽核小组等由兼职人员组成的团队,还包括由组织的资深经理人以及来自不同的跨部门与部门工作团队的领导者组成的管理团队。

(三)团队的建设

有效团队的建设,应抓好以下工作。

1. 科学地设定目标

科学地设定团队目标,是团队建设的首要任务。团队的目标既是团队设立的出发点与归宿,又是凝聚团队成员、合作协调、团结奋战的纽带。制定团队的目标要先进合理,特别注意在可行的基础上,一定要使团队目标具有挑战性,以激励团队成员合作奋战,并尽可能使成员的目标与团队的目标紧密融合,促进团队整体战斗力的提升。

2. 打造团队文化

共同的价值观与文化是团队建设的灵魂。要确立正确的价值观,并通过各种文化建设的途径,使全体成员共同认可,进而塑造健康向上的团队精神,全面建设具有团队特色的组织文化。

3. 促进跨部门整合与技能互补

工作团队是实行跨部门整合,其成员具有多种技能,并且在各成员之间实行技能的互补,以形成团队的整合优势。因此,要根据目标的要求,科学设计不同部门之间成员的组合,注重成员技能的培养,促进不同技能间的互补,打造整体优势。

团队成员接受新的职责与角色,需要新的技能。新的技能主要包括以下四类。

(1)技术性技能。团队成员必须具备某方面的知识与技能,并注意各种知识和技能的交叉训练。

(2)行政技能。由于团队成员承担了日常管理工作,因此必须具备相应的行政技能,包括制订计划与目标、指挥协调、联络沟通、主持会议、组织训练、协商与交涉、财务审计、绩效评估等技能。

(3)人际技能。沟通是维系团队的核心技能,特别是跨部门团队沟通就更为重要。因此,团队必须注意其成员沟通能力的培养,使其成员具备较强的交际能力。

(4)决策与解决问题的技能。团队成员要负担起进行决策与解决各种矛盾的职责,必须拥有较强的决策能力。团队成员必须接受一些决策能力的训练和有系统地解决问题的策略,使他们有能力胜任管理工作。

4. 维持适度规模团队

如果团队的规模过大,人数过多,就无法进行团队所需要的建设性沟通与互动,成员对管理与决策的参与程度低,而且对于共同面临的一些问题也不容易达成共识。因此,要适当控制团队的规模,以保证有效的沟通与合作。

5. 重新设计信息系统

团队的建设与绩效同信息沟通关系极为密切。计算机和互联网系统可以让团队成员在团队内与团队间沟通顺畅,也可以与客户、供应商和组织伙伴保持联络。因此,要按照团队建设的要求重新设计与完善信息系统,实现团队内外信息的有效沟通,促进团队的合作与协调。

6. 重新设计报酬系统

必须突破传统的奖酬理念,采取以知识技能为中心的报酬系统。即把员工的技能与知识作为决定奖酬多少的主要依据,而不是以其所处的职位而定。同时,要把团队绩效与整个团队的奖酬挂钩,利益与风险共担,荣辱与共,使团队真正成为利益共同体。

任务五　组织文化

组织文化是被组织成员共同接受的价值观念、思维方式、工作作风、行为准则等群体意识的总和。组织通过培养、塑造这种文化,来影响员工的工作态度,引导实现组织目标,因此,根据外在环境的变化适时变革组织文化被视为组织成功的基础。

一、组织文化的概念与特征

(一)组织文化的基本概念

综合国内外的研究可知,对组织文化有狭义和广义两种解释。狭义的解释认为:组织文化属于意识的范畴,仅仅包括组织的思想、意识、习惯和感情等。而广义的解释认为:组织文化是指人类在社会历史实践过程中所创造的物质财富和精神财富的总和。

对任何一个组织来说,由于每个组织都有自己特殊的环境条件和历史传统,从而也就形成自己独特的哲学信仰、意识形态、价值取向和行为方式,于是每种组织也都具有自己特定的组织文化。因此,组织文化是指组织在长期的实践活动中所形成的,并且为组织成员普遍认可和遵循的,具有本组织特色的价值观念、团体意识、行为规范和思想模式的总和。

(二)组织文化的特征

1. 独特性

每个组织都有其独特的组织文化,这是由不同的国家和民族、不同的地域、不同的时代背景以及不同的行业特点所形成的。如美国的组织文化强调能力主义,个人奋斗和不断进取;日本组织文化受儒家文化的影响,强调团队合作,家族精神。

2. 相对稳定性

组织文化是组织在长期的发展中逐渐积累而成的,具有较强的稳定性,不会因组织结构的改变、战略的转移或产品与服务的调整而变化。一个组织中,精神文化又比物质文化具有更多的稳定性。

3. 继承性

每一个组织都是在特定的文化背景之下形成的,必然会接受和继承这个国家和民族的文化传统和价值体系。但是,组织文化在发展过程中,也必须注意吸收其他组织的优秀文化,融合世界上最新的文明成果,不断地充实和发展自我,也正是这种融合使得组织文化能够更加适应时代的要求,并且形成历史性与时代性相统一的组织文化。

4. 发展性

组织文化随着历史的积累、社会的进步、环境的变迁以及组织的变革逐步演进和发展。强势、健康的文化有助于组织适应外部环境和变革,而弱势、不健康的文化则可能导致组织的不良发展。改革现有的组织文化,重新设计和塑造健康的组织文化的过程就是组织适应外部环境变化,改变员工价值观念的过程。

5. 人本性

强调人的重要性,是现代组织文化的一大特点。组织是人的组织,组织文化是以人为主体的文化。因此,组织文化必然体现出强烈的人本主义色彩。人的素质决定组织的素质和组织文化的品质。

6. 时代性

组织文化产生在特定的时代背景下,能反映出时代的精神,打上时代的烙印。一个时代的政治体制、经济体制、社会结构、文化时尚等都会对组织文化产生影响。

7. 开放性

组织文化是一种适应市场经济发展要求的开放性文化。它主要表现在组织文化是动态的,随市场条件、社会因素、组织具体情况等因素的变化而变化。

二、组织文化的结构与内容

(一)组织文化的结构

组织文化的结构是组织文化系统内各要素之间的时空顺序、主次地位与结合方式,也就是组织文化的构成、形成、层次、内容、类型等比例关系和位置关系。它表明各个要素是如何链接、形成组织文化的整体模式的。一般而言,组织文化可以分为三个层次,即物质层、制度层和精神层。

1. 物质层

物质层是组织文化的表层部分,是由组织创造的产品和各种物质设施等构成的器物文化,是形成制度层和精神层的条件。它往往折射出组织的经营思想、经营管理哲学、工作作风和审美意识。物质层主要包含两部分内容,一是表现特定设计思想、生产理念的产品和服务,比如产品的特色、式样、品质、牌子、包装、维修服务、售后服务等;二是组织创造出来的组织环境、组织容貌、生产环境(硬件和软件设施)和组织外部特征,例如组织的标志、建筑风格,工作区和生活区的绿化、美化,以及在公共关系活动中送给客人的纪念画册、纪念品、礼品等。

2. 制度层

制度层是组织文化的中间层次,主要是指对组织员工和组织行为产生规范性、约束性影响的部分,它集中体现了组织文化的物质层及精神层对员工和组织行为的要求。这一要求包括两部分内容,一是书面约束,即书面规定的组织成员在共同的工作活动中所应当遵循的行动准则,主要包括各种工作制度、责任制度、特殊制度(如员工生日、结婚、死亡、生病、退休时干部要访问员工家庭等)和特殊风俗(组织特有的典礼、仪式、特色活动,如生日晚会、周末午餐会、厂庆活动、内部节目等)。二是非书面约束,俗称"游戏规则",即组织虽然没有明文规定组织成员该做什么、说什么、相信什么,但是组织成员经过组织文化的熏陶并接受这一文化之后,会在生活和工作中自觉执行组织文化的要求。

3. 精神层

精神层是组织文化的核心层次,主要是指组织的领导和员工共同信守的基本信念、价值标准、职业道德及精神风貌,它是组织文化的核心和灵魂,是形成组织文化的物质层和制度层的基础和原因。组织文化中有没有精神层是衡量一个组织是否形成了自己的组织文化的主要标志和标准。组织文化的精神层主要包括组织哲学、组织价值观、组织精神和组织道德等内容,是组织意识形态的总和。

组织文化三个层次的内容相互依存、相互作用并且不断发展,形成了形形色色的组织文化:①组织精神层的内容决定了物质层和制度层的内容,精神层是组织文化的核心;②制度层是精神层和物质层的中介;③物质层和制度层是精神层的直观体现。组织文化的精神层是最根本的,它决定着其他两个层次。因此,建设组织文化要以精神层文化的确立为核心。

(二)组织文化的内容

从最能体现组织文化特征的内容来看,组织文化包括组织价值观、组织精神、伦理规范以及组织素养等。

1. 组织的价值观

组织的价值观就是组织内部管理层和全体成员对该组织的生产、经营、服务等活动以及指导这些活动的一般看法或基本观点。它包括组织存在的意义和目的、组织中各项规章制度的必要性与作用、组织中各层级和各部门的各种不同岗位上的人们的行为与组织利益之间的关系等。每一个组织的价值观都会有不同的层级和内容,成功的组织总是会不断地创造和更新组织的信念,不断地追求新的、更高的目标。

2. 组织精神

组织精神是指组织经过共同努力奋斗和长期培养逐步形成的,认识和看待事物的共同心理趋势、价值取向和主导意识。组织精神是一个组织的精神支柱,是组织文化的核心,它反映了组织成员对组织的特征、形象、地位等的理解和认同,也包含了对组织未来发展和命运所抱有的理想和希望。组织精神反映了一个组织的基本素养和精神风貌,成为凝聚组织成员共同奋斗的精神源泉。

3. 伦理规范

伦理规范是指从道德意义上考虑的、由社会向人们提出并应当遵守的行为准则,它通过社会公众舆论规范人们的行为,组织文化内容结构中的伦理规范既体现组织自下而上环境中社会文化的一般要求,又体现着组织各项管理的特殊需求,因此,如果高层主管不能设定并维持高标准的伦理规范,那么,正式的伦理准则和相关的培训计划将会流于形式。

由此可见,以道德规范为内容与基础的员工伦理行为准则是对传统的组织管理规章制度的补充、完善和发展,正是这种补充、完善和发展,使组织的价值观融入了新的文化力量。

4. 组织素养

组织的素养包括组织中各层级员工的基本思想素养、科技和文化教育水平、工作能力、精神以及身体状况等。其中,基本思想素养的水平越高,组织中的规律哲学、敬业精神、价值观念、道德修养的基础就越深厚,组织文化的内容也就越充实丰富。可以想象,当一个行为或一项选择不容易判断对与错时,基本素养较高的组织容易帮助管理者正确做出决策,组织文化必须包括组织运作成功所必要的组织素养。

三、组织文化的功能

组织文化在整个组织系统中发挥着重要的功能。

(一)凝聚功能

组织文化在其创建、成熟和发展的过程中,通过培育组织成员的认同感和归属感,建立起成员与组织之间相互依存的关系,使个人的行为、思想、感情、信念、习惯与整个组织有机地统一起来,以形成员工和组织之间相互依存的命运关系,凝聚成一种无形的合力与整体趋向,以此激发出组织成员的主观能动性,朝着组织的共同目标奋斗。

(二)约束功能

组织文化对组织成员的思想、心理和行为具有约束和规范作用。组织文化的约束不是一种制度化的硬约束,而是一种软约束,这种约束产生于组织的文化氛围、群体行为准则和道德规范。组织可以发挥文化的这一功能来减少那些起消极作用的"破坏分子",从而维持组织的良好秩序。

(三)导向功能

组织文化的核心是组织价值观。组织文化所营造的组织成员共同的价值观、共同的追求和共同的利益,可以直接引导员工的心理和行为,形成强烈的感召力,使之朝着组织确定的目标努力奋斗。

(四)自我完善功能

组织在不断的发展过程中所形成的文化积淀,通过无数次的辐射、反馈和强化,会随着实践的发展而不断地更新和优化,推动组织文化从一个高度向另一个高度迈进。也就是说,随着组织文化的不断深化和完善,一旦形成良性循环,就会持续地推动组织本身的发展。

(五)自我延续功能

组织文化的形成不是一蹴而就的,而是一个复杂的过程,往往会受到社会、人文和自然环境等因素的影响。组织文化和社会文化一样,一旦固定形成,就会有自己的历史延续性而持续不断地发挥着作用,并且不会因为组织领导层的人事变动而立即消失。良好的组织文化的延续是以其帮助实现组织目标为前提的,不适应环境的组织文化会随着时间的推移而被淘汰。

(六)辐射功能

组织文化形成以后,特别是在其发展到较高水平后,不仅会对组织本身产生强烈的感染力,还会传播、辐射到组织外部,对整个社会文化产生重大的影响。如中国工业界的铁人精神、孟泰精神对社会产生了巨大的影响。

(七)激励功能

优秀的组织文化能够满足成员的多种需要,有助于员工获得较高层次的心理满足,并对不合理的需要予以约束,使组织成员从内心产生高昂的情绪和奋发进取的精神。同时,积极向上的价值观念和行为准则会形成强烈的使命感、持久的驱动力,从而引导组织成员的自我激励。组织可以发挥文化的这一功能,促使适当的组织成员充当"活性因子",从而增加组织的活力。

四、组织文化的建设

(一)组织文化建设的原则

1. 以人为本的原则

组织文化是以人为载体的,人是文化生成与承载的第一要素。组织文化中的人不仅仅是指组织家、管理者,也体现于组织的全体员工。组织文化建设中要强调关心人、尊重人、理解人和信任人。只有坚持以人为本的原则,组织文化建设才算是找到了基础,才能很好地得到落实与发展。例如,松下公司强调的七个精神:"产业报国,光明正大,和亲一致,积极向上,礼节谦让,顺应同化,感谢报恩。"每一个内容都能够让人接受,也体现了人的价值,让员工感觉距离很近。

2. 目标性原则

组织文化建设的目的是提升组织的凝聚力、亲和力和员工的高效工作精神。所以,文化建设的内容和要求要在创新、差异的同时,让员工和管理者产生最大的共识。文化建设能够使组织的全体成员形成共同的价值观念,形成一致的奋斗目标,从而形成向心力,使组织成为一个具有战斗力的整体。

3. 个性化原则

每个组织都有自己的历史传统和经营特点,组织文化建设要充分利用这一点,建设具有自己特色和个性的文化。组织有了自己的特色,被员工和顾客所认可,才能在组织之林中独树一帜,才有竞争的优势。组织不论大小,在进行组织文化建设时切忌不可照搬别人的文化,要结合本组织的行业、经营地域、人员结构等特点,深入挖掘自己的特点,来建立自己的组织文化。

4. 系统性的原则

组织文化建设是一个庞大的工程,是一个系统的工程,从组织核心理念的建立到组织的视觉形象,都是要把组织的经营核心思想与制度、形象标识建立统一起来,形成一个整体。组织文化建设的核心层是其他所有内容的根本和统领,组织的制度和形象都要以此为依托来建设与实施。

5. 操作性原则

组织文化建设绝对不是空洞的口号,核心层面的理念要能起到对组织经营的全方位指导作用,行为制度层面要具有可操作性,不单单是让员工看得到,更重要的是能做得到。如:前些年,国家为防止官员的大吃大喝,规定招待要"四菜一汤",由于不具有可操作性,只能以失败告终。

6. 稳定性原则

立足长远,保持稳定是组织文化建设的一个重要原则,组织文化建设不能"三天打鱼,两天晒网",也不能是搞"拍头式",激动起来就做,工作忙了就放,除了讲究工作的长期性外,更主要的是内容上的稳定性。海尔、蒙牛的组织文化建设基本是十年左右一个周期,其核心思想更是指导了组织的整个发展过程,这也是很多组织在做组织文化时邀请专业人员参与的原因。

7. 追求卓越的原则

塑造组织文化,必须坚持卓越的原则,使组织和员工始终感到总有一股追求卓越的激情在激励着他们,激动人心的目标一个接一个地出现,即使是在其他组织都感到满足的时候,组织仍能保持创新上的不满足,崇尚革新,与时俱进,不懈地追求完美和第一,从而促进组织文化的健康发展。

8. 讲求实效的原则

进行组织文化建设,要切合组织实际,符合组织定位,一切从实际出发,不搞形式主义,必须制定切实可行的组织文化建设方案,借助必要的载体和抓手,建立规范的内部管控体系和相应的激励约束机制,逐步建立起完善的组织文化体系。

要以科学的态度,实事求是地进行组织文化的塑造,在实施中起点要高,要力求同国际接轨、同市场接轨,要求精、求好,搞精品工程,做到重点突出,稳步推进。要使物质、行为、制度、精神四大要素协调发展、务求实效,真正使组织文化建设能够为组织的科学管理和组织发展目标的实现服务。

(二)组织文化建设的内容

组织文化建设的主要内容包括三个方面。

1. 精神文化建设

(1)组织精神。组织精神是组织之魂,组织文化的核心,是全体职工认同信守的理想目标、价值追求、意志品质和行动准则,是组织经营方针、经营思想、经营作风、精神风貌的概括反映。

组织精神在整个组织文化中起着支配的地位,对组织经营哲学、管理制度、道德风尚、团体意识和组织形象起着决定性的作用。

(2)组织使命。所谓组织使命是指组织在社会经济发展中所应担当的角色和责任。是指组织的根本性质和存在的理由,说明组织的经营领域、经营思想,为组织目标的确立与经营战略的制定提供依据,也可以说是组织生存的目的和定位。它包括组织的经营哲学,组织的宗旨和组织的形象。

(3)组织目标。组织目标就是实现其宗旨所要达到的预期成果,没有目标的组织是没有希望的组织。美国行为学家 J. 吉格勒指出:设定一个高目标就等于达到了目标的一部分。

组织目标就是组织发展的终极方向,是指引组织航向的灯塔,是激励组织员工不断前行的精神动力。

(4)经营哲学。经营哲学也称组织哲学。一个组织在激烈的市场竞争环境中,面临着各种矛盾和多种选择,要求组织有一个科学的方法论来指导,有一套逻辑思维的程序来决定自己的行为,这就是经营哲学,它是指导组织行为的基础。例如,日本松下公司"讲求经济效益,重视生存意志,事事谋求生存和发展",北京蓝岛商业大厦以"诚信为本,情义至上"的经营哲学为指导,蒙牛的经营哲学是"百年蒙牛,强乳兴农"。

(5)价值观念。组织的价值观,是指组织员工对组织存在的意义、经营目的、经营宗旨的价值评价和为之追求的整体化、个异化的群体意识,是组织全体员工共同的价值准则。组织价值观决定着员工的行为取向,关系组织的生死存亡。只顾组织自身经济效益的价值观,就会急功近利,搞短期行为,使组织失去后劲,导致灭亡。

(6)组织道德。组织道德是指调整本组织与其他组织之间、组织与顾客之间、组织内部职工之间关系的行为规范的总和。它是从伦理关系的角度,以善与恶、公与私、荣与辱、诚实与虚伪等道德范畴为标准来评价和规范组织。

组织道德作为组织成员群体的组织道德具有内聚自约功能、均衡调节功能、导向激励功能,对于组织成员的道德品质和社会公德的形成具有重要的影响。

2. 制度文化建设

制度文化建设包括两个方面,一方面是指渗透于组织一般管理经营制度中的组织文化核心层面的要求内容。如,生产现场管理制度中的环境行为;财务管理制度中的做人准则;客户服务制度中的组织道德和价值观念等。

组织制度是在生产经营实践活动中所形成的,对人的行为带有强制性,并能保障一定权利的各种规定。从组织文化的层次结构看,组织制度属中间层次,它是精神文化的表现形式,是物质文化实现的保证。组织制度作为职工行为规范的模式,使个人的活动得以合理进行,内外人际关系得以协调,员工的共同利益受到保护,从而使组织有序地组织起来为实现组织目标而努力。

另一方面是指专指组织文化的相关制度,如组织人际关系行为准则、员工着装规定、维护组织利益制度等,这方面的内容很多,需要根据组织所在行业、生产特点、环境特点、经营性质来确定如何建立。

3. 物质文化建设

(1)组织的内部形象特征。主要是通过对员工的宣传、教育、培训产生影响,从而体现组织员工的精神面貌,如,员工参与组织管理的热情,员工维护组织利益的主人公精神,员工乐于奉献的敬业精神等。

(2)组织的外部形象特征。如招牌、门面、徽标、广告、商标、服饰、营业环境等,这些都给人以直观的感觉,容易形成印象;如人员素质、生产经营能力、管理水平、资本实力、产品质量等,它们是组织内部要素的集中体现。如北京西单商场以"诚实待人、诚心感人、诚信送人、诚恳让人"来树立全心全意为顾客服务的组织形象,而这种服务是建立在优美的购物环境、可靠的商品质量、实实在在的价格基础上的,即以强大的物质基础和经营实力作为优质服务的保证,达到表层形象和深层形象的结合,赢得了广大顾客的信任。

(3)媒体传播。主要体现的是组织通过报刊、杂志、电视、广播、公关、客户口碑等手段展示、宣传组织形象。

(三)组织文化建设的方法

1. 正面灌输法

正面灌输法是指借助各种教育、宣传、组织学习、开会传达等形式,对组织文化的目标与内容进行正面灌输的方法。通过正面灌输等方法,教育组织全体员工树立正确的思想与价值观。

2. 规范法

规范法是指通过制定体现预期文化要求的一整套制度规范体系来促进与保证组织文化建设的途径与方式,如制定反映组织文化要求的组织制度、管理规范、员工行为规范等。

3. 激励法

激励法是指运用各种激励手段,激发员工动机,以营造良好氛围、塑造组织精神的各种途径和方法。如通过表扬、工作激励、关心和满足员工需要,增强组织凝聚力,培育热爱本职工作、敢于拼搏与勤奋努力的精神。

4. 示范法

示范法是通过组织领导人的率先示范与行为暗示及先进人物的榜样作用,促进与影响组织的文化建设的方式与方法。组织要充分发挥领导和模范人物的示范作用,引导与带动组织的成员,培育组织精神,树立良好的组织风气。

5. 感染法

感染法是指通过各种人员交往,共同生活,形成互动,相互感染,以建设组织文化的途径与方式,如经过人员互动与感染,培养组织成员崇高的思想境界与健康的人格。

6. 实践法

实践法是指在生产与工作实践的过程中培育组织文化的途径与方式。如通过各种生产经营实践,培养既敢于创新,又从实际出发的科学精神。

(四)组织文化建设的过程

组织文化的建设是个长期的过程,同时也是组织发展过程中的一项艰巨、细致的系统工程。许多组织致力于导入的 CIS 系统颇有成效,它已成为一种直观的、便于理解和操作的组织文化建设的方法。从路径上讲,组织文化的建设需要经过以下几个过程。

1. 选择合适的组织价值观标准

组织价值观是整个组织文化的核心,选择正确的组织价值观是建设良好组织文化的首要战略问题。选择组织价值观,首先要立足于本组织的具体特点,根据自己的目的、环境要求和组织方式等特点选择适合自身发展的组织文化模式;其次要把握住组织价值观与组织文化各要素之间的相互协调,因为各要素只有经过科学的组合与匹配才能实现系统整体化。

为此,选择正确的组织价值标准要注意以下几点。

(1)组织价值标准要正确、明晰、科学,具有鲜明特点。

（2）组织价值观和组织文化要体现组织的宗旨、管理战略和发展方向。

（3）要切实调查本组织员工的认可程度和接纳程度，使之与本组织员工的基本素质相和谐，过高或过低的标准都很难奏效。

（4）选择组织价值观要发挥员工的创造精神，认真听取员工的各种意见，并经过自上而下和自下而上的多次反复，审慎地筛选出既符合本组织特点又反映员工心态的组织价值观和组织文化模式。

2. 强化员工的认同感

在选择并确立了组织价值观和组织文化模式之后，就应把基本认可的方案通过一定的强化灌输方法使其深入人心。其具体做法如下。

（1）利用一切宣传媒体，宣传组织文化的内容和精要，使之家喻户晓，以创造浓厚的环境氛围。

（2）培养和树立典型。榜样和英雄人物是组织精神和组织文化的人格化身与形象缩影，能够以其特有的感召力和影响力为组织成员提供可以仿效的具体榜样。

（3）加强相关培训教育。有目的的培训与教育能够使组织成员系统接受组织的价值观并强化员工的认同感。

3. 提炼定格

组织价值观的形成不是一蹴而就的，必须经过分析、归纳和提炼方能定格。

（1）精心分析。在经过群众性的初步认同实践后，应当将反馈回来的意见加以剖析和评价，详细分析和比较实践结果与规划方案的差距，必要时可吸收有关专家和员工的合理意见。

（2）全面归纳。在系统分析的基础上，进行综合化整理、归纳、总结和反思，除去那些落后或不适宜的内容与形式，保留积极进步的形式与内容。

（3）精练定格。把经过科学论证的和实践检验的组织精神、组织价值观、组织伦理，用精练的语言表述出来。

4. 巩固落实

要巩固落实已提炼定格的组织文化。首先，要建立必要的保障制度，在组织文化演变成为全体员工的习惯行为之前，要使每一位成员在一开始就能自觉主动地按照组织文化和组织精神的标准去行动是比较困难的。即使在组织文化业已成熟的组织中，个别成员背离组织宗旨的行为也是经常发生的。因此，建立某种奖优惩劣的规章制度十分必要。其次，领导者在塑造组织文化的过程中起着决定性的作用，应起到率先垂范的作用。领导者必须更新观念并带领组织成员为建立优秀组织文化而共同努力。

5. 在发展中不断丰富和完善

任何一种组织文化都是特定的历史产物，当组织的内外条件发生变化时，组织必须不失时机地丰富、完善和发展组织文化。这既是一个不断淘汰旧文化和不断生成新文化的过程，又是一个认识与实践不断深化的过程。组织文化由此经过不断的循环往复以达到更高层次。

阅读资料

让全体员工认同创新理念

远大空调有限公司是长沙的一家民营组织,近期将把组织的研发中心、资产中心、服务中心迁到北京,公司将面临新的发展机遇。

认真回忆思考这些年走过的路,总裁张跃说,之所以取得一些成就,我觉得是由于在组织初创时,我们就打下了良好的基础。开始时什么都没有,但就给组织起名为远大,不仅意味着组织拒绝短期行为,还表明我们在成功面前不停步,永远追求组织大发展,对社会大贡献。我认为组织家的经营理念决定着组织是否能成功,也决定着能否真正具备国际竞争力。1988年,我们兄弟创业时只有3万块钱和十几张草图,以及一大堆幻想。我们缺少资本、没有人才,所以需要想新东西,于是我们开发了无压锅炉。1992年,我们研制开发了中国第一台"溴化锂吸收式冷温水机",后统称"直燃机"。到1996年,我们的产品做到了世界最大规模。组织的不断发展,使我们意识到在技术上要有绝对的领先,光有大厂是没用的。因此,我们在1996年开发出用网络控制产品的技术。1998年我们开始着力开发节能产品,我们的产品与国际上先进的产品相比可节省20%的能源,燃油燃气方面的产品在全世界有很好的销量。远大1998年进入美国市场,2001年在美法取得同行业第一的市场占有率。2000年我们开始研发家用燃气空调,产品将全面投产,将会掀起一股浪潮,燃气空调的新时代即将到来。这一系列的研发生产活动,激发了员工的积极性、成就感。使创新的理念逐渐被全体员工广泛认同。当这一理念成为整个组织的共同理念后,组织各方面的效率大幅度提高。但如果没有形成一种持续的文化,组织长远的发展将难以保证。

(资料来源:豆丁网,http://www.docin.com/p—1293465482.html)

知识小结

(1)组织是指根据一定的目的,按照正式的程序建立的一种权责结构。

(2)组织设计就是指对一个组织的结构进行规划、构造、创新或再构造,以便从组织结构上确保组织目标的有效实现。

(3)组织结构就是组织的框架体系,是对完成组织目标的人员、工作、技术和信息所做的制度性安排。组织结构可以用复杂性、规范性、集权性三种特性来描述。

(4)组织的横向结构设计主要解决组织的部门化问题;组织的纵向结构设计主要包括管理幅度与管理层次的合理确定。

(5)组织结构的基本类型包括直线型、职能型、直线职能型、矩阵型、事业部型、网络型、控股型等。

(6)人力资源管理是指组织的一系列人力资源政策以及相应的管理活动。这些活动主要包括组织人力资源战略的制定,员工的招募与选拔,培训与开发,绩效管理,薪酬管理,员工流动管理,员工关系管理,员工安全与健康管理等。

（7）组织变革是组织根据外部环境和内部环境等方面的变化，不断调整与完善其自身结构与功能，提高生存与发展能力的过程。组织变革的目标是使组织、管理者和员工更加具有环境适应性。团队是信息社会条件下最富活力的组织形式，团队管理是管理者组织职能的深刻变革。团队是现代社会高绩效组织的基石。

（8）组织文化是指组织在长期的实践活动中形成的，并且为组织成员普遍认可和遵循的，具有本组织特色的价值观念、团体意识、行为规范和思想模式的总和。它可以划分为三个层次，即精神层、制度层和物质层。组织文化具有凝聚功能、约束功能、导向功能、自我完善功能、自我延续功能、激励功能和辐射功能。组织文化具有独特性、继承性、人本性、相对稳定性、时代性、开放性和发展性等特征。

技能练习

第 Ⅰ 部分　基本训练

一、判断题

1. 组织是指根据一定的目的，按照正式的程序建立的一种权责利结构。（　　）

2. 组织设计的任务是设计清晰的组织结构，规划和设计组织中各部门的职能和职权，确定组织中职能职权、参谋职权、直线职权的活动范围并编制职务说明书。（　　）

3. 组织结构可以用复杂性、规范性、集权性三种特性来描述。（　　）

4. 管理宽度是组织中一名管理人员管辖的下属人员的数量。（　　）

5. 直线型组织结构的最大优点是实现了指挥统一。（　　）

6. 职能型组织结构的缺点之一是形成了多头指挥。（　　）

7. 地域部门化是按照地域的集中化程度划分组织的业务活动，继而设置管理部门管理其业务活动。（　　）

8. 管理实践表明，理想的管理层次有三个：最高管理层、中间管理层和基层管理层。（　　）

9. 在管理层次与管理幅度的关系方面，起主导作用的是管理层次，即管理层次的多少取决于管理幅度的大小。（　　）

10. 组织变革的目的是促成组织发展。（　　）

11. 由于组织变革可以促进组织发展，所以任何变革对于组织来说都是必需的。（　　）

12. 根据职权的性质不同，职权分为直线职权、参谋职权和职能职权三种。（　　）

13. 过早或过迟发动变革都可能导致变革的失败。（　　）

14. 事业部制结构的管理原则是"集中决策，分散经营"，即组织高层集中决策，事业部独立经营。这是在组织领导方式上由集权制向分权制转化的一种改革。（　　）

15. 人员培训的目的是提高组织员工队伍的素质和能力，促进组织不断发展。（　　）

16. 对员工进行考核,主要涉及德、能、勤、绩和素质五个方面。 （ ）

17. 团队是指有明确目标与个人角色定位,强调自主管理、自我控制、沟通良好、合作协调的一种高耸型组织形式。 （ ）

18. 组织文化产生在特定的时代背景下,能反映出时代的精神,打上时代的烙印。

（ ）

19. 从最能体现组织文化特征的内容来看,组织文化包括组织价值观、组织精神、伦理规范以及组织素养等。 （ ）

20. 组织精神是组织之魂,组织文化的核心,是全体职工认同信守的理想目标、价值追求、意志品质和行动准则,是组织经营方针、经营思想、经营作风、精神风貌的概括反映。

（ ）

二、单项选择

1. 直线型组织结构一般只适用于（ ）。

A. 大型组织

B. 小型组织

C. 需要职能专业化管理的组织

D. 没有必要按职能实现专业化管理的小型组织

2. 职能型组织结构的最大缺点是（ ）。

A. 横向协调差　　　　　　　　　B. 多头领导

C. 不利于培养上层领导　　　　　D. 适用性差

3. 没有实行管理分工的组织结构是（ ）。

A. 直线型　　　B. 矩阵型　　　C. 职能型　　　D. 多维立体结构

4. 直线参谋型组织结构的主要缺点是（ ）。

A. 结构复杂　　　　　　　　　　B. 多头指挥

C. 职责权限不清　　　　　　　　D. 不利于调动下属的积极性和主动性

5. 事业部制组织结构产生于 20 世纪（ ）。

A. 20 年代　　　B. 30 年代　　　C. 40 年代　　　D. 50 年代

6. 采用"集中决策,分散经营"的组织结构是（ ）。

A. 直线型　　　B. 职能型　　　C. 事业部型　　　D. 矩阵型

7. 组织中主管人员监督管辖其直接下属的人数越是适当,就越是能够保证组织的有效运行,这是组织工作中（ ）的内容。

A. 目标统一原理　　　　　　　　B. 责权一致原理

C. 管理宽度原理　　　　　　　　D. 集权与分权相结合原理

8.（ ）职能部门化是按照生产、财务管理、营销、人事、研发等基本活动相似或技能相似的要求,分类设立专门的管理部门。

A. 顾客部门化　　B. 职能部门化　　C. 地域部门化　　D. 产品部门化

9. 组织规模一定时,组织层次和管理宽度呈（ ）关系。

A. 正比　　　　　　B. 指数　　　　　　C. 反比　　　　　　D. 相关

10. (　　)是某个职位、某个部门所拥有的包括提供咨询、建议等辅助性的权力,也即指导权。

A. 直线职权　　　　B. 参谋职权　　　　C. 职能职权　　　　D. 其他

11. (　　)是指上级授给下属一定的权力,使下属在一定的监督之下,有相当的自主权和行动权。

A. 授权　　　　　　B. 集权　　　　　　C. 分权　　　　　　D. 直线职权

12. 不越级授权、不交叉授权,以保证命令的统一,体现了组织设计的(　　)。

A. 统一性原则　　　B. 权责一致原则　　C. 重要性原则　　　D. 适度性原则

13. 在实践中使用较少的组织结构是(　　)。

A. 直线职能型　　　B. 直线型　　　　　C. 事业部型　　　　D. 职能型

14. 管理宽度小而管理层次多的组织结构是(　　)。

A. 扁平结构　　　　　　　　　　　　　B. 高耸结构

C. 直线型组织结构　　　　　　　　　　D. 直线参谋型组织结构

15. 对报考人员从品德、知识、能力、智力、心理、过去工作的经验和业绩进行全面考试、考核和考察,它体现的原则是(　　)。

A. 全面原则　　　　B. 竞争原则　　　　C. 平等原则　　　　D. 公开原则

16. 利用从上级、下级、员工本人及其同事处获得的反馈意见进行绩效评估的一种方法是(　　)。

A. 关键绩效指标考评法　　　　　　　　B. 书面描述法

C. 360度反馈法　　　　　　　　　　　D. 行为定位评分法

17. 这是变革后的强化阶段,其目的是要通过对变革驱动力和约束力的平衡,使新的组织状态保持相对稳定,它是指组织变革的(　　)。

A. 解冻　　　　　　B. 变革　　　　　　C. 再冻结　　　　　D. 不冻结

18. (　　)是指采用逐步演变的方式,在原有的结构与框架中进行一系列小的改变。这种变革不易触及组织的根本问题,进展缓慢,把握不好的话收效不大。

A. 渐进性变革　　　B. 革命性变革　　　C. 计划性变革　　　D. 集权性变革

19. 最基本、最普遍的团队形式是(　　)。

A. 项目团队　　　　B. 工作团队　　　　C. 管理团队　　　　D. 设计团队

20. 某公司总经理安排其助手去洽谈一个重要的工程项目合同,结果由于助手在工作中考虑欠周全,致使合同被另一家公司截走。由于此合同对公司经营关系重大,董事会在讨论其中失误的责任时,存在以下几种说法,(　　)说法最为合理。

A. 总经理至少应该承担领导用人不当与督促检查失职的责任

B. 总经理的助手既然承接了该谈判的任务,就应对谈判承担完全的责任

C. 若总经理助手又进一步将任务委托给其下属,则也可不必承担谈判失败的责任

D. 公司总经理已将此事委托给助手,所以,对谈判的失败完全没有责任

三、多项选择题

1. 组织工作的特点是(　　)。

A. 精确的　　　　　　　　　　　　B. 动态的

C. 一个过程　　　　　　　　　　　D. 重视非正式组织的影响

2. 组织结构可以用(　　)三种特性来描述。

A. 复杂性　　　　B. 规范性　　　　C. 集权性　　　　D. 灵活性

3. 影响组织设计的因素有(　　)。

A. 环境　　　　　B. 战略　　　　　C. 技术　　　　　D. 组织规模

4. 伍德沃德等人根据制造技术的复杂程度把技术分为(　　)。

A. 成批生产技术　　　　　　　　　B. 单件小批量生产技术

C. 大批量生产技术　　　　　　　　D. 流程生产技术

5. 扁平式组织结构的优点是(　　)。

A. 管理层次较少

B. 信息的沟通和传递速度较快

C. 信息失真度较低,管理费用低

D. 容易发挥下属人员的积极性、主动性和创造性

6. 根据职权的性质不同,职权分(　　)。

A. 直线职权　　　　B. 集权与分权　　　C. 参谋职权　　　D. 职能职权

7. 影响集权与分权的主要因素是(　　)。

A. 组织规模　　　　　　　　　　　B. 管理人员的能力与数量

C. 组织环境　　　　　　　　　　　D. 组织的可控性

8. 事业部制结构的优点是(　　)。

A. 组织高层主管摆脱了具体的日常事务,有利于集中精力做好战略决策和长远规划,
提高管理灵活性和适应性

B. 有利于发挥事业部的主动性和积极性

C. 有利于发展产品专业化

D. 有利于培养和训练管理人才

9. 人员招聘的原则是(　　)。

A. 全面原则　　　　B. 竞争原则　　　　C. 灵活性原则　　　D. 举贤原则

10. 外部招聘方式的优点是(　　)。

A. 被招聘人员具有"外来优势"

B. 有利于平息和缓和内部竞争者之间的紧张关系

C. 利于鼓舞内部员工的士气

D. 能够为组织带来新鲜血液

11. 内部招聘方式的缺点是(　　)。

A. 引起同事的不满

B. 会挫伤组织内部成员的积极性

C. 可能造成"近亲繁殖"的现象

D. 过多的内部招聘可能会使组织变得封闭

12. 影响管理幅度的因素是( )。

A. 工作能力　　　　B. 工作内容　　　　C. 工作条件　　　　D. 工作环境

13. 组织变革的外部动因是( )。

A. 宏观因素　　　　B. 资源变化　　　　C. 主观因素　　　　D. 科技进步

14. 组织变革的内容是( )。

A. 人员变革　　　　B. 结构变革　　　　C. 目标变革　　　　D. 技术与任务变革

15. 消除组织变革阻力的管理对策是( )。

A. 参与和投入　　　　B. 沟通和教育　　　　C. 谈判　　　　D. 命令

16. 按职能划分部门的优点有( )。

A. 充分发挥专业职能

B. 使主管人员的注意力集中在组织的基本业务上

C. 简化了训练工作

D. 加强了上层控制

17. 有效的团队建设包括( )。

A. 科学地设定目标　　　　　　　　B. 打造团队文化

C. 促进跨部门整合与技能互补　　　D. 维持适度规模团队

18. 组织文化的特征是( )。

A. 独特性　　　　B. 时代性　　　　C. 人本性　　　　D. 相对稳定性

19. 组织文化的功能是( )。

A. 凝聚功能　　　　B. 辐射功能　　　　C. 约束功能　　　　D. 导向功能

20. 组织文化建设的原则是( )。

A. 以人为本的原则　　B. 目标性原则　　　C. 个性化原则　　　D. 稳定性原则

四、简答题

1. 组织设计的原则是什么?

2. 什么是管理幅度?影响管理幅度的主要因素有哪些?

3. 影响集权与分权的因素有哪些?

4. 组织结构的基本类型是什么?

5. 人员招聘的原则是什么?

6. 如何建设团队?

五、论述题

1. 如何有效授权?

2. 人员招聘的途径有哪些?它们的优缺点是什么?

3. 如何建设组织文化?

第Ⅱ部分 知识应用

一、案例分析

【案例分析一】

王教授的建议

H市"宇宙"冰箱厂近几年来有了很大的发展,该厂厂长周冰是个思路敏捷、有战略眼光的人,早在前几年"冰箱热"的风潮中,他已预见到今后几年中冰箱热会渐渐降温,变"畅销"为"滞销",于是命该厂新产品开发部着手研制新产品,以保证企业能够长盛不衰,果然,近来冰箱市场急转直下,各大商场冰箱都存在着不同程度的积压。好在宇宙厂早已有所准备,立即将新研制生产出的小型冰柜投入市场,这种冰柜物美价廉且很实用,一问世便立即受到广大消费者的欢迎,宇宙厂不仅保证了原有的市场,而且又开拓了一些新市场。但是,近几个月来,该厂产品销售出现了一些问题,用户接二连三地退货,要求赔偿,影响了该厂产品的声誉。究其原因,原来问题主要出在生产上,主管生产的副厂长李迎是半年前从该市二轻局调来的。她今年42岁,是个工作勤恳、兢兢业业的女同志,工作认真负责,口才好,有一定的社交能力,但对冰箱生产技术不太了解,组织生产能力欠缺,该厂生产常因所需零部件供应不上而停产,加之质量检验没有严格把关,尤其是外协件的质量常常不能保证,故产品接连出现问题,影响了宇宙厂的销售收入,原来较好的产品形象也有一定程度的损坏。这种状况如不及时改变,该厂几年来的努力会付诸东流。周厂长为此很伤脑筋,有心要把李迎撤换下去,但又为难,因为李迎是市二轻局派来的干部,和上面联系密切,并且也没犯什么错误,如硬要撤,搞得不好,也许会弄僵上下级之间的关系(因为该厂隶属于市二轻局主管)。如果不撤换,厂里生产又抓不上去,长此以往,企业可能会出现亏损局面。周厂长想来想去不知如何是好,于是就去找该厂的咨询顾问某大学王教授商量,王教授听罢周厂长的诉说,思忖一阵,对周厂长说:"你何不……呢?"周厂长听完,喜上眉梢,连声说:"好办法、好办法!"于是便按王教授的意图回去组织实施,果然,不出2个月,宇宙厂又恢复了生机。王教授到底如何给周厂长出谋划策的呢?原来他建议该厂再设一生产指挥部,把李迎升为副指挥长,另任命一懂生产有能力的赵翔为生产指挥长主管生产,而让李迎负责抓零部件、外协件的生产和供应,这样既没有得罪二轻局,又使企业的生产指挥的强化得到了保证,同时又充分利用了李、赵两位同志的特长,调动了两人的积极性,解决了一个两难的难题。

小刘是该厂新分来的大学生,他看到厂里近来一系列的变化,很是不解,于是就去问周厂长:"厂长,咱们厂已经有了生产科和技术科,为什么还要设置一个生产指挥部呢?这不是机构重置吗?我在学校里学过有关组织设置方面的知识,从理论上讲组织设置应该是因事设人,咱们厂怎么是因人设事,这是违背组织设置原则的呀!"周厂长听完小刘一连串的提问,拍拍他的肩膀关照说:"小伙子,这你就不懂了,理论是理论,实践中并不见得都有效。"小刘听了,仍不明白,难道是书上讲错了?

(资料来源:道客巴巴网,http://www.doc88.com/p-9062668041362.html)

问题：

1. 在企业中如何设置组织机构？到底应该"因事设人"还是"因人设事"？

2. 你认为王教授的建议是否合适？为什么？

3. 你认为应该如何看待小刘的问题？

4. 如果你是厂长，你将如何处理这个难题？

【案例分析二】

小张的实习经历

小张是某大学管理学院大四学生。为顺利找到工作，也为检验和运用所学管理学知识，他到某公司进行毕业实习，并仔细观察和思考公司管理活动。该公司为取得市场优势，计划引进高科技型生产线。公司领导为促使其早日投产，决定从生产、销售、技术等部门临时抽调人员，采取"大会战"的形式保证生产线的早日投产。小张被安排到"大会战"一线某工程小组。第一任组长老张喜欢召开全体组员大会，几乎每星期召开一次。在会上向大家通报情况，传达上级指示，鼓励大家艰苦奋斗，共创佳绩，但并没有取得理想效果。第二任组长老吴不太喜欢召开全组会议，他喜欢找人个别交流，有针对性地进行鼓励，大家的积极性都比以前有了显著的提高。为进一步推进"大会战"，公司总裁决定进一步采取授权行动，最近公司发文规定，在文件所列举的 20 种紧急情况下，一线经理有权自主采取行动，但需要将进展情况和结果及时报告上级领导。受这些民主化管理氛围的激励，小张运用所学管理学知识，给组长老吴提出不少合理化建议，并在实习结束时领到了较丰厚的奖金。小张开始时很高兴，但随后不久，他无意之中看到了领发奖金一览表，脸色一下子就阴沉了下来。

问题：

1. 可以推测长期以来该公司在"大会战"前最有可能采用的组织结构形式是（　　）。

A. 直线制 B. 事业部制

C. 直线职能制 D. 矩阵结构制

2. 该公司采取从各部抽调人员，进行"大会战"的形式实际上是一种（　　）。

A. 事业部结构 B. 矩阵结构

C. 网络结构 D. 临时性结构

3. 对于公司总裁进一步采取的授权行动安排，你认为下列描述中合理的是（　　）。

A. 表明公司增加了一线经理的决策权

B. 表明公司在尝试分权管理

C. 只有无须报告上级经理，这种做法才是授权，可见公司没有采取授权行动

D. 这不是真正意义上的授权而只是一种工作落实

4. 对于两位组长的做法，下面评述中合理的是（　　）。

A. 老吴的权力比老张大，说话更有人听

B. 老张、老吴的做法各有千秋，难分高低

C. 老吴比老张更懂得沟通的艺术，说话更具鼓动性

D. 老吴比老张更懂得需求层次理论，因而激励更有效

5. 小张领到奖金,开始时很高兴,但随后不久脸色就阴沉了下来。下列可以较恰当地予以解释的理论是( )。

A. 双因素理论　　　　　　　　B. 期望理论

C. 公平理论　　　　　　　　　D. 需要层次理论

二、实训活动

【实训活动一】

模拟公司实训——建立组织结构与公司制度

【实训目标】

1. 培养组织结构的初步设计能力;

2. 培养制定制度规范的基本能力。

【实训要求】

1. 认真阅读有关组织管理方面的内容;

2. 把学生分成几个小组,5~10人为一组;

3. 教师给出一些资料,供学生参考。

【实训内容】

1. 制定公司基本制度。

具体制定哪几项制度,由各公司依本公司实际,自行决定,但既要有工商组织的制度,又有针对这次模拟管理的制度。

2. 分别制定各领导人员的岗位权责制度。

各职位要分别制定,内容应包括两大方面:工商组织中该职务应负的责任和拥有的权力;就本次模拟而言,担任不同职务的学生在模拟过程中应负的责任和拥有的权力。

3. 制定本公司的管理方针和经营战略。

(1)管理方针,应注意本公司的实际,要有自己的特点。

(2)经营战略,总体确定,到后面进行模拟游戏时再详细制定。

4. 管理制度编写要领提示。

(1)内容结构:标题,应反映出内容与性质;目的;适用范围;正文;实施日期及有关问题。

(2)要领把握:所规范的领域范围必须明确,标题与内容必须相符;有可操作性的规范或约束;结构合理,条理清楚,要点突出;用语要严肃、规范、准确、简练。

5. 设置公司组织机构。

运用所学知识,根据所设定的模拟公司的目标与业务需要,研究设置所需的模拟公司组织机构,并画出组织结构框图。同时,建立公司的制度规范,包括公司的组织专项管理制度、部门(岗位)责任制和生产技术标准、生产技术规程等。

【实训考核】

1. 检查组建模拟公司的有关文件。

①组织领导制度;②总经理选举(竞聘)办法;③每个成员的竞选讲演稿;④组织结构模式及组织系统图;⑤公司名称与管理人员组成情况;⑥各职位岗位权责制度;⑦公司管理方

针;⑧公司经营战略;⑨公司考核制度;⑩其他制度。

2. 利用课余时间组织一次班级交流,每组推荐两名学生介绍其起草的管理制度;由教师与学生为其评估打分。

【实训活动二】

校园体验——团队建设

【实训目标】

1. 培养团队管理的能力;

2. 初步培养团队建设的能力。

【实训要求】

1. 认真阅读有关团队建设方面的内容;

2. 把学生分成几个小组,5~10人为一组;

3. 组织学生到一些组织实地考察;

4. 教师给出一些案例,供学生参考。

【实训内容】

1. 分析学生所在的班级、小组或寝室的群体状况(和谐程度、优势与缺点、团体氛围等),并表述群体的目标;

2. 每个人制订一份团队建设方案;

3. 课上班级组织交流,每个公司推荐2名成员做介绍,并对团队建设问题进行研讨。

【实训考核】

1. 每人提交一份团队建设方案;

2. 由教师与学生共同对每个人的表现进行评估打分。

模块六 领导管理

学习目标

★知识点

(1)了解领导的含义和作用。

(2)了解激励的含义与过程。

(3)理解沟通的含义。

(4)掌握激励理论。

(5)掌握领导理论。

(6)掌握沟通的原则与要求,以及克服沟通障碍的方法。

★技能点

(1)培养提高自身权威与有效运用权力的能力。

(2)培养激励员工的能力。

(3)培养人际交往与沟通的能力。

(4)培养有效指挥的能力。

关键概念

领导　领导者　沟通　激励

管理聚焦

媒介大亨泰德·特纳

美国媒介大亨、时代华纳创始人泰德·特纳(Ted Turner)有句座右铭:"要么领导;要么服从;别无他图。"

1963年,特纳终止大学学业,开始经营濒临倒闭的广告牌企业。发生转机后,购买了亚特兰大一家独立的小型电视台,取名"超级电视台"。一年后又买下了亚特兰大屡战屡败的勇敢者棒球队,获得成功。

1981年,特纳认定24小时新闻直播必有市场,尽管当时没有一个人赞成他的想法,他还是倾全部财力创立了有线电视新闻网(Cable News Network,CNN),获得了令人难以置信的经济效益,并且,由于对 1991 年海湾战争的报道而赢得了无数赞誉。

1986 年又一次赌注,买下了联合艺术家电影图书馆。特纳的 CNN,因为上演经典影片而获得了巨大成功。

任务一　领　导

一、领导概述

(一)领导的含义

在字面上,"领导"有两种词性含义。一种是名词属性的"领导",即"领导者"的简称;二是动词属性的"领导",即"领导"是"领导者"所从事的活动。所以,领导既可以指一种类型的管理人员,也可以是作用于被领导者的一种活动。领导和管理有着密切的联系和区别。

关于领导的定义主要有以下几种。

哈罗德·孔茨认为,领导是影响力,是影响人们心甘情愿和满腔热情地为实现群体目标而努力的艺术或过程。

W. H. 钮曼和小 C. E. 萨默认为,领导是指管理人员与部属共同进行工作,以指导和激励部属的行为,使其能符合既定计划职务,了解部属的情感以及在按计划行动时所面临的各种问题。

巴纳德认为,领导是上级影响下级的行为,以及劝导下属遵循某个特定行动方针的能力。

综上所述,领导就是领导者依靠影响力,指挥、带领、引导和鼓励被领导者或追随者,实现组织目标的活动过程。

领导包括以下三个要素。

(1)领导者必须有部下或追随者。

(2)领导者拥有影响追随者的能力或力量,它们既包括由组织赋予领导者的职位和权力,也包括领导者个人所具有的影响力。

(3)领导的目的是通过影响力来使人们心甘情愿地努力达到组织的目标。

领导者是指那些能够影响他人并拥有管理权力的人。管理中的领导工作是对组织内每个成员(个体)和全体成员(群体)的行为进行引导和施加影响的活动过程,其目的在于使个体和群体能够自觉自愿而有信心地为实现组织的既定目标而努力。

知 识 链 接

领导三道

做人之道——先天下之忧而忧,后天下之乐而乐。

用人之道——德才兼备者重用,给权、给利、不信传言,因为这可能是嫉妒。近贤臣远小人。

有道德,品质好,有才能,素质高,留下重用。

有道德,品质好,才能略差,留下培养使用。

有才能,无道德,品质差,一刻也不要让他留在身边。

经营之道——满足消费者的需求是经营者的天职。要经常这样认为:您的需求就是我的目标,站在您的角度协助您赚钱。大家都好才是好。

(资料来源:豆丁网,http://www.docin.com/p-1327625380.html)

(二)领导与管理的关系

1. 领导与管理的联系

从行为方式看,两者都是一种在组织内部通过影响他人的协调活动,实现组织目标的过程。

从权利的构成看,两者也都是组织层级的岗位设置的结果。

2. 领导与管理的区别

领导的客体是人,管理的客体是包括人在内的所有组织资源;领导者通过愿景引领员工,管理者通过计划和预算控制员工;领导者更多地通过鼓舞和激励促使员工完成任务,管理者则更多地通过控制员工行为保证其实现目标。

从本质上看,管理是建立在合法的、有报酬的和强制性权力的基础上对下属下达命令的行为。领导则不同,领导可能是建立在合法的、有报酬的和强制性权力基础上,但更多的是建立在个人影响力、个长专长以及模范作用等基础上,而且二者所担负的工作内容也不同。

二、领导的作用

领导是组织的领导者通过各种激励措施指挥或带领组织成员来实现组织目标的过程,而领导需要通过领导者来组织实施。在带领、引导和鼓舞部下为实现组织目标而努力的过程中,领导者发挥着指挥、协调和激励三个方面的作用。

(一)指挥作用

在人们的集体活动中,需要有头脑清晰、胸怀全局,能高瞻远瞩、运筹帷幄的领导者帮助人们认清所处的环境和形势,指明活动的目标和达到目标的途径。领导者只有站在群众的前面,用自己的行动带领人们为实现组织目标而努力,才能真正起到指挥作用。

(二)协调作用

在许多人协同工作的集体活动中,即使有了明确的目标,也因各人的才能、理解能力、工作态度、进取精神、性格、作风、地位等不同,加上外部各种因素的干扰,人们在思想上发生各种分歧,行动上出现偏离目标的情况是不可避免的。因此就需要领导者来协调人们之间的关系和活动,把大家团结起来,朝着共同的目标前进。

(三)激励作用

在复杂的社会生活中,组织的每一个员工都有各自不同的经历,怎样才能使每一个员工都保持旺盛的工作热情,最大限度地调动他们的工作积极性? 这就需要有通情达理和关心群众的领导者来为他们排忧解难,激发和鼓舞他们的斗志,发掘和加强他们积极进取的动力。

引导不同的员工努力朝着同一个目标,协调这些员工在不同时空的贡献,激发员工的工作热情,促使他们在组织经营活动中保持高昂的积极性,这便是领导者在组织和率领员工为实现组织目标而努力工作的过程中必须发挥的作用。

三、领导的影响力

影响力是指一个人在人际交往过程中影响他人思想和行为的能力。人与人之间的影响力在速度、强度、持久性等方面存在着个体差异。领导的影响力构成是多方面的,主要有职位的权力和个人的权力(非职位的权力)。

(一)职位的权力

由于领导者在组织结构中所处的位置,上级或组织制度所赋予的权力,具有很强的职位特性。这种权力与领导者的职位相对应,退位后相应的权力便会消失。

职位的权力可分为法定权力、奖赏权力和强制权力(惩罚的权力)三种。

1. 法定权力

法定权力是指组织内各管理职位赋予领导者所固有的法定的正式权力。按照组织的条例或法律的规定,上级可以合法地对下级进行发号施令。法定权力随职务的授予而开始,因职务的免除而终止。在领导者的权力中,法定权力居于主导地位,是领导者开展领导活动的前提和基础。

2. 奖赏权力

奖赏权力是通过给予别人期望得到的东西来影响他们行为的能力。如提供奖金、提薪、升职、表扬、分配有利可图的任务、职位,或给予下属所希望得到的其他物质资源或精神上的安抚、信任、友谊等,从而有效地影响他人的态度和行为。它来自下级追求满足的欲望,即下级感到领导者有能力奖赏他,使他觉得愉快或满足某些需求。奖赏权力是否有效,关键在于领导者要确切了解对方的真实需要。

3. 强制权力

强制权力又称惩罚的权力,是领导者通过物质上或精神上的威胁,强迫下级服从的一种权力。强制权力具体表现为扣发工资奖金、降职、批评、分配较差的工作,甚至开除等惩罚性措施的权力。这实际上是利用人们对惩罚和失去既得利益的恐慌心理而影响和改变他们的态度和行为。应当注意,强制权力虽然十分必要,见效也快,但毕竟是一种消极的权力,因此必须慎用。

(二)个人的权力

由品格、才干、知识、情感构成的非职位权力，是由领导者自身的素质与行为造就的。它可使下属心甘情愿地跟随领导者。这种权力对下属的影响比职位权力更具有持久性，有时会显得更有力量。

非职位权力影响力不是外界附加的，它产生于个人的自身因素，与职位没有关系。在不担任职务时，这些因素仍对人们产生较大的影响。

个人的权力(非职位的权力)可分为专长权力、表率权和亲和权。

1. 专长权力

专长权建立在领导者拥有特殊知识、技能和专业技术的基础上，其性质取决于领导者在等级体系中所处的层级。如果既具备管理才能，又具备专业技能，那么就有了专家权，可赢得下属和同事的尊敬和服从。

2. 表率权

表率权是指领导者率先垂范，由其表率作用而形成的影响力。下属会出于对敬佩而追随与服从。

3. 亲和权

亲和权是指领导者借助与下属的融洽与亲密关系而形成的影响力。下属愿意追随与服从与自己有密切关系的领导。

任务二　领导理论

一、人性假设理论

人性假设与人的行为是决定管理者行为模式的最重要影响因素，在领导活动中，领导者如何看待被领导者，直接影响领导者的领导方式。

美国心理与行为学家埃德加·沙恩(Edgar H. Scheir)在其1965年出版的《组织心理学》一书中，将前人提出的人性假设总结为四种模式："经济人"的假设、"社会人"的假设、"自我实现人"的假设和"复杂人"的假设。

1."经济人"的假设

"经济人"又称"理性—经济人"，也称为"实利人"。此假设认为：人的一切行动都是为了最大限度地满足自己的利益，工作动机是为了获取经济报酬。美国的道格拉斯·麦格雷戈(Douglas M. Mc Gregor)在1960年出版的《企业的人性方面》一书中将"经济人"假设归纳为X理论。其基本观点如下。

(1)多数人十分懒惰，他们总想设法逃避工作。

（2）多数人没有雄心大志，不愿负任何责任，而心甘情愿地受别人的指导。

（3）多数人的个人目标都是与组织目标相矛盾的，必须用强制、惩罚的办法才能迫使他们为达到组织的目标而工作。

（4）多数人工作是为了满足基本的需要，只有金钱和地位才能鼓励他们工作。

（5）人大致可分为两类，一类是符合上述设想的人；另一类是能够自我鼓励、自我控制的人，这些人适于承担管理工作。

基于这种假设所引出的管理方式，组织以经济报酬来使人们服从和做出成绩，并以权力与控制体系来保护组织本身及引导员工，其管理的重点在于提高效率，完成任务，其管理特征是订立各种严格的工作规范，加强各种法规和管理。为了提高士气，则用金钱刺激，同时对消极怠工者严厉惩罚，即采用"胡萝卜加大棒"的政策。

2."社会人"的假设

霍桑实验研究的最大意义在于，它使大家注意到社会性需求的满足往往比经济上的报酬更能激励人们。人们在长期的社会生活中发现，只有在顾及全群体利益时，个人利益才能得到保障。"社会人"基本假设包括以下内容。

（1）从根本上说，人是由社会需求而引起工作动机，并且通过与同事的关系而获得认同感。

（2）工业革命与工作合理化的结果，使工作本身失去了意义，因此只能从工作上的社会关系中寻求意义。

（3）员工对同事们的社会影响力，要比管理者所给予的经济诱因及控制更为重视。

（4）员工的工作效率随着工作能满足他们社会需求的程度而改变。

此假设得出的管理方式与根据"经济人"的假设得出的管理方式完全不同。他们强调除了注意工作目标（指标）的完成外，更应注意从事此项工作的人们的需求。不应只注意指挥、监督等，而更应重视员工之间的关系，培养员工的归属感和认同感；不应只注意对个人的奖励，应提倡集体奖励制度。

3."自我实现人"的假设

"自我实现人"是马斯洛提出的。所谓自我实现，指的是人都需要发挥自己的潜力，表现自己的才能，只有人的潜力充分发挥出来，人的才能充分表现出来，人才会感到最大的满足，这就是说，人们除了上述的社会需求之外，还有一种充分运用自己的各种能力，发挥自己自身潜力的欲望。

麦格雷戈总结并归纳了马斯洛及其他类似的观点，提出了Y理论，其基本假设如下。

（1）一般人都是勤奋的，如果环境条件有利，工作就如同游戏或休息一样自然。

（2）控制和惩罚不是实现目标的唯一手段，人们在执行任务中能够自我指导和自我控制。

（3）在适当条件下，一般人不仅会接受某种职责，而且还会主动寻求职责。

（4）大多数人在解决组织的困难时，都能发挥出高度的想象力、聪明才智和创造性。

（5）有自我满足和自我实现需求的人往往以达到组织目标作为自己致力于实现目标的

最大报酬。

(6)在现代社会条件下,一般人的潜力只得到了一部分的发挥。

因此,管理者的任务是,安排好组织工作方面的条件和作业的方法,使人们的智慧潜能充分发挥出来,更好地为实现组织目标和自己的个人目标而努力。

4."复杂人"的假设

"复杂人"是20世纪60年代末至70年代初提出的假设。上述三种假设虽各有一定的合理性,但不能适用于一切人。因为人是复杂的,不仅因人而异,而且一个人本身在不同的年龄、地点、时期也会有不同的表现。人的需求随各种变化而改变,人与人之间的关系也会随之改变。

根据上述假设,又发展出了超Y理论,其基本假设如下。

(1)人的需要是多种多样的,而且这些需要随着人的发展和生活条件的变化而发生改变,每个人的需要都各不相同,需要的层次也因人而异。

(2)人在同一时间内有各种需要和动机,它们会发生相互作用并结合成为统一的整体,形成错综复杂的动机模式。

(3)人在组织中的工作和生活条件是不断变化的,因而会产生新的需要和动机。

(4)一个人在不同单位或同一个单位的不同部门工作,会产生不同的需要。

(5)由于人的需要不同,能力各异,对不同的管理方式会有不同的反应,因此没有适合于任何组织、任何时间、任何个人的统一的管理方式。

在上述假设下,要求管理者根据情况,灵活采用不同的管理措施,即因人而异,不能千篇一律。

二、领导理论

(一)领导特质理论

领导特质理论又称性格理论,主要是通过研究领导者的个性特征、生理、智力及社会因素等方面来研究领导者特有的品质,或预测具有怎样性格特征的人才能成为有效的领导者。

领导特质理论所涉及的身体特征、才智和个性,对管理成功的影响不是绝对重要的,实际上不过是人们期望于一个领导者,特别是一个从事上层领导工作的领导者的行事方式。该理论的基本研究方法是:先根据实际生活中不同的领导者领导效果的好坏,来归纳出成功的领导者和失败的领导者在个人品质或特质上的差异,进一步总结成功领导者的个人品质,并把这些归纳的结果作为一种理论标准,用于考察某个组织中的领导者是否具备这些品质,由此推断该领导者是否是一个成功的领导。

1. 传统的领导特质理论

(1)斯托格第尔的个人因素论。领导者的个人因素包括:五种身体特征、四种智力特征、十六种个性特征、六种与工作有关的特征、九种社交特征和两种社会特征。

五种身体特征:精力、外貌、身高、年龄、体重。

四种智力特征:果断性、说话流利、知识渊博、判断分析能力强。

十六种个性特征:适应性、进取心、热心、自信、独立性、外向、机警、支配力、有主见、急性、慢性、见解独到、情绪稳定、作风民主、不随波逐流、智慧。

六种与工作有关的特征:责任感、事业心、毅力、首创性、坚持、对人的关心。

九种社交特征:能力、合作、声誉、人际关系、老练程度、正直、诚实、权力的需要、与人共事的技巧。

两种社会特征:社会经济地位、学历。

(2)吉赛利的领导品质论。美国管理学家吉赛利在其《管理才能探索》一书中提出了五种激励特征和八种品质特征。

五种激励特征:①对工作稳定性的需要;②对金钱奖励的需要;③对指挥权力的需要;④对自我实现的需要;⑤对事业成就的需要。吉赛利认为,这五种激励特征中,对领导效率的影响最大者为后面两项,前面三项的影响较小。

八种品质特征:①才智,以及语言与文字方面的才能;②督察能力,指导监督别人的能力;③自信心,自我评价高,自我感觉好;④适应性,善于与下属沟通信息,交流感情;⑤判断能力,决策判断能力较强,处事果断;⑥首创精神,开拓创新的愿望和能力;⑦成熟程度,经验,工作阅历较为丰富;⑧性别,男性与女性有一定的区别。吉赛利认为,这八种品质特征中,对领导效率影响最大的为前面五项,⑥⑦两项次之,至于最后一项,即性别,则对领导效率的影响不大。

吉赛利的研究结果表明,一个有效的领导者监察能力和决断能力十分重要,而对事业成功的追求以及个人才智和自我实现等个性特质是一个人取得事业成功的关键。

2. 现代领导的特质理论

现代领导的特质理论认为,领导是一个动态的过程,领导者的特性和品质是在实践中逐步形成的,并且可以通过教育和培训而形成。不同国家的学者根据本国的情况研究提出了应该培养和训练领导者所必须具备的特性条件。如日本的有效领导观要求一个领导者具有十项品德和十项能力。十项品德包括使命感、责任感、信赖感、积极性、忠诚老实、进取心、忍耐性、公平、热情和勇气。十项能力包括思维能力、决策能力、规划能力、改造能力、洞察能力、劝说能力、理解能力、解决问题能力、培养下级的能力和调动积极性的能力。美国组织界认为一个组织家应具备十个条件,即合作精神、决策才能、组织能力、精于授权、善于应变、敢于求新、勇于负责、敢担风险、尊重他人和品德高尚。

(二)领导行为理论

领导行为理论把重点放在研究领导者的行为风格对领导有效性的影响上,其中较典型的理论有以下几种。

1. 勒温的三种极端的领导方式理论

在管理实践中,不同的领导者或同一领导者在不同的工作情况下倾向于采取某种特定的领导风格,这往往与他们对权力的运用方式不同有关。在引导和影响组织成员的过程中,领导者对所拥有权力的使用方式就反映了领导方式或领导风格的差异。美国著名心理学家勒温在实验研究基础上，将领导者的行为方式划分为专制式、民主式、放任自流式三种。

(1)专制式。专制式亦称为专权式或独裁式。这类领导者是由个人独自做出决策，并要求下属不容置疑地遵从其命令。该领导行为的主要特点是：个人独断专行，从不考虑别人的意见，组织的各种决策完全由领导者本人独自做出；除了工作命令外，从不把更多的消息告诉下级，下属没有任何参与决策的机会，只能奉命行事；领导者预先安排一切工作内容、程序和方法，下属只能服从；主要靠行政命令、纪律约束、训斥惩罚来维护领导者的权威，很少或只有偶尔的奖励；领导者与下属保持相当的心理距离。

(2)民主式。在民主式领导风格下，领导者在采取行动方案或做出决策之前会主动听取下级意见，或者吸收下属参与决策制定。民主式领导行为的主要特点是：领导者在做出决策之前通常都要同下属商讨，得不到下属的一致同意不会擅自采取行动；分配工作时，会照顾到组织每个成员的能力、兴趣和爱好；对下属工作的安排并不具体，个人有相当大的工作自由，有较多的选择性与灵活性；主要运用个人的权力和威信，而不是靠职位权力和命令使人服从；领导者积极参加团体活动，与下属无任何心理上的距离。

(3)放任自流式。放任自流式领导的主要特点是：极少运用其权力影响下属，而给下级以高度的独立性，以达到放任自流的程度；权力完全给予个人，没有规章制度；领导者仅仅为下级提供信息并与组织外部进行联系。

勒温还指出这三种领导方式中，放任自流式的领导方式工作效率最低，只能达到组织成员的社交目标，但完不成工作目标；专制式的领导方式虽然通过严格管理能够达到既定的任务目标，但组织成员没在责任感，情绪消极，士气低落；民主式的领导方式工作效率最高，不但能完成工作目标，而且组织成员之间关系融洽，工作积极主动，富有创造性。

在实际工作中，很少有极端式的领导，大多数领导者都是介于专制式、民主式和放任自流式之间的混合式。

2. 利克特四种管理模式

以伦西斯·利克特(Resis Likert)为首的美国密歇根大学社会调查研究中心，从1947年开始通过对大量组织的调查访问和长期研究，根据领导者在运用自身权力过程中所表现出来的专制独裁程度的高低，以及民主参与程度的强弱，他们把领导方式归纳为四种类型。这些研究成果后来写进了《管理的新模式》(1961)和《人民组织》(1967)两部著作中。他们的研究成果通常又被称为"密歇根大学研究"。

(1)专制—命令式领导方式。这种方式的特点是：领导者发布指示，下属执行且不参与决策；领导者很少用奖励的方法激励下属，而较多地采用处罚的方式；领导者习惯于自上而下发布指示和命令，而不注意自下而上的信息反馈。

(2)温和—命令式领导方式。这种方式的特点是：领导者兼用奖励和处罚的方法管理下属；自上而下和自下而上地双向沟通信息，适当地听取下属对决策的意见；适当地授权给下属，但加以严格的政策控制。

(3)协商—参与式领导方式。这种方式的特点是：领导者在决策前，较充分地听取下属的意见，并且适当地加以采纳；兼用奖励和处罚的方式管理下属，注意信息的双向沟通，调动下属的管理者进行具体的决策等。

（4）群体参与式领导方式。这种方式的特点是：领导者提出挑战性的目标，由下属根据目标自行决策并制定实施规划，主要采用奖励的方法，而较少采用处罚的方法来管理下属；保持上下级之间、同级之间信息渠道的畅通，使整个组织形成一种良好的氛围。

研究表明，利用群体参与式领导方式从事管理工作的人是极有成就的领导人。因为用这种方式管理的组织在制定目标和实现目标等方面是十分有效的。在这类组织中，全体成员感到在实现价值、满足需要和愿望、达到目标和期望方面有共同的利益。个人目标和组织目标融为一体，工作的积极性和创造性能充分地发挥出来，而这些都归功于员工参与者管理的程度较深。

3. 四分图理论

大约在密歇根大学对领导方式展开研究的同一时期，美国俄亥俄州立大学的研究人员弗莱西曼（E. A. Fleishman）和他的同事们也在进行关于领导方式的比较研究。他们的研究样本，是国际收割机公司的一家卡车生产厂。他们的研究结果本来罗列了十种不同的领导方式，但最后，他们把这十种类型进一步分为两个维度，即领导方式的关怀维度（consideration）和定规维度（initiation structure）。

关怀维度代表领导者对员工之间以及领导者与追随者之间的关系、相互信任、尊重和友谊的关心，即领导者信任和尊重下属的观念程度。定规维度代表领导者构建任务、明察群体之间的关系和明晰沟通渠道的倾向。或者说，为了达到组织目标，领导者界定和构造自己与下属的角色的倾向程度。该项研究说明，一个领导者的行为在每一种维度中可以出现很大的变化。领导者在每种维度中的位置，通过对两种维度的问卷调查测度。根据这样的分类，领导者可以分为四种基本类型，即高关怀高定规、高关怀低定规、低关怀高定规和低关怀低定规，如图 6-1 所示。

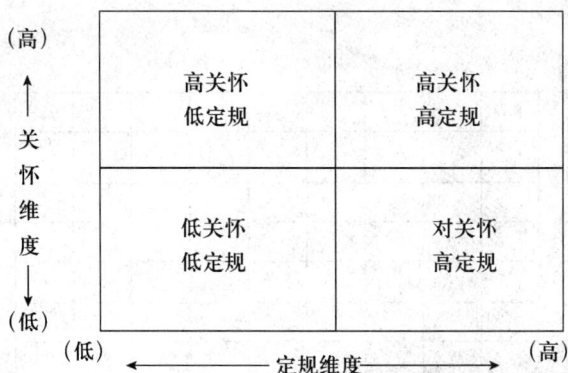

图 6-1　领导行为四分图

（1）高关怀低定规领导方式。高关怀低定规的领导者注意关心爱护下属，经常与下属交换思想，交换信息，与下属感情融洽，但是组织内规章制度不严，工作秩序不佳，这是一类较仁慈的领导者。

(2)低关怀高定规领导方式。低关怀高定规的领导者注意严格执行规章制度,建立良好的工作秩序和责任制,但是不关心爱护下属,不与下属交流信息,与下属关系不融洽。这是一类较为严厉的领导者。

(3)高关怀高定规领导方式。高关怀高定规的领导者注意严格执行规章制度,建立良好的工作秩序和责任制,同时关心爱护下属,交流信息,沟通思想,想方设法调动组织成员的积极性,在下属心目中可敬又可亲。这是一类高效成功的领导者。

(4)低关怀低定规领导方式。低关怀低定规的领导者不注意关心爱护下属,不与下属交换思想,交流信息,与下属关系不太融洽,也不注意执行规章制度,工作无序,效率低下。这是一类无能、不合格的领导者。

俄亥俄州立大学的这项研究发现,在两个维度方面皆高的领导者,一般更能使下属达到高绩效和高满意度。不过高关怀高定规领导方式并不总是产生积极效果;而其他三种维度组合类型的领导者行为,普遍与较多的缺勤、事故、抱怨以及离职有关系。其他发现还有,领导者的直接上级给领导者的绩效评估等级,与高关怀性成负相关。

4. 管理方格图

密歇根大学和俄亥俄州立大学的研究结果发表以后,引起了对理想的领导方式广泛的讨论。一般的看法是,理想的领导行为既要是绩效型又要是关怀型的。对这种理想的领导方式加以综合的重要成果,是美国得克萨斯大学的罗伯特·布莱克(Robert R. Blake)和简·莫顿(Jane S. Mouton)提出的关于培养领导方式的管理方格论。这一理论充分概括了上述两项研究所提炼的员工导向和生产导向维度。在这种领导方式论中,首先把管理人员按他们的绩效导向行为(称为对生产的关心)和维护导向行为(称为对人员的关心)进行评估,给出等级分值。然后以此为基础,把分值标注在两个维度坐标界面上,并在这两个维度坐标轴上分别划出九个等级,从而生成八十一个方格,每个方格代表一种对"生产"和"人"关心的不同程度的组合形成的领导行为,如图6-2所示。布莱克和穆顿的管理方格中列出了五种典型的领导方式。

图6-2 管理方格图

(1,1)型管理。(1,1)型管理(或称贫乏型管理)中管理者极少关心人或生产,他们放弃自己的职责而无所作为,或者只扮演"信使"的角色,把上级的信息传达给下属。

(9,9)型管理。(9,9)型管理(团队式管理或称战斗集体型管理)中管理者无论对人员还是对生产都表现出最大可能的关心,善于把组织集体的目标和个人目标之间有机地结合起来,工作效率高而且工作环境好,这是一种最有效的管理方式。

(1,9)型管理。(1,9)型管理(或称乡村俱乐部型的管理)是指管理者极少或根本不关心生产,他们更关心人。在他们促成的环境中,每个人都轻松、友好并且快乐,但谁也不关心做出协同努力去实现组织目标。

(9,1)型管理。(9,1)型管理(或称独裁的、任务型的管理或权威式的管理)中管理者仅仅关心促成一种高效率的经营活动,而对人则几乎或根本不关心,他们的领导是极其专断的。

(5,5)型管理。(5,5)型管理(或中间式管理)中管理者对生产与人都具有中等程度的关心。他们获得足够的士气与产量,但不突出,他们不把目标制定得过高,对人往往采用一种较仁慈的专断态度。

20世纪60年代,管理者方格培训受到美国工商界的普遍推崇。但在后来,这一理论逐渐受到批评,因为它仅仅讨论一种直观而且是最佳的领导方式。而且,管理方格论并未对如何培养管理者提供答案,只是为领导方式的概念化提供了框架。另外,也没有实质性证据支持在所有情况下,(9,9)领导方式都是最有效的方式。例如,在不同的社会、经济、文化和政治背景中,管理者领导方式的优劣,并不是简单地通过中性或平衡的管理方格分布能够陈述的。这说明,领导方式的行为理论并不是对某种领导方式的最佳选择,领导方式的研究应是多角度的。

(三)领导权变理论

领导特质理论和领导行为理论分别从不同角度探讨了有效领导的问题,但这两种理论都无法解释为什么具有同样特质或采用相同领导方式会导致不同的结果。于是,人们便把注意力转向对领导所处情境的探讨,提出了情境理论,即权变理论。

领导的权变理论关注的是领导者和被领导者的行为与环境的相互影响。该理论认为,一种具体的领导方式不会随处适用,有效的领导行为应随着被领导者的特点和环境的变化而变化,这种关系可以用下式来表示:

$$领导方式\ S=f(L,F,E)$$

其中:S为领导的有效性;L为领导者;F为被领导者;E为环境。

1. 菲德勒模型

菲德勒从组织绩效和领导态度之间的关系着手进行研究,经过长达15年的调查试验,提出了"有效领导的权变模式",即菲德勒模型。他认为任何领导形态均可能有效,其有效性完全取决于是否与所处的环境相适应。

(1)确定领导风格。菲德勒相信领导成功的关键因素之一是个体的基本领导风格:任务导向型和人际关系导向型。菲德勒设计了一种问卷来测定领导者的领导方式。该问卷的主要内容是询问领导者对最不与自己合作的同事(LPC)的评价。如果领导者对这种同事的评价大多用敌意的词语,则该领导趋向于工作任务型的领导方式(低 LPC 型);如果评价大多用善意的词语,则该领导趋向于人际关系型的领导方式(高 LPC 型)。

(2)确定情景。菲德勒分析了环境因素,他认为,影响领导效果的"情境因素"主要有三个,即职位权力、任务结构和上下级关系。

①职位权力。职位权力指的是与领导人职位相关联的正式职位以及领导者从上级和整个组织各方面所取得的支持程度。

②任务结构。任务结构指的是任务明确程度和人们对这些任务的负责程度。

③上下级关系。菲德勒认为这个方面,从领导者的角度看是最重要的。因为职位权力与任务结构大多可以置于组织的控制之下,而上下级关系可影响下级对一位领导者的信任和爱戴,从而乐于追随他,与之共同工作。

(3)领导风格与情景的匹配。菲德勒将三种主要的环境因素加以组合,得出八种不同的环境类型,并在广泛调查的基础上,找出了不同环境类型下最适应、最有效的领导类型,如图 6-3所示。

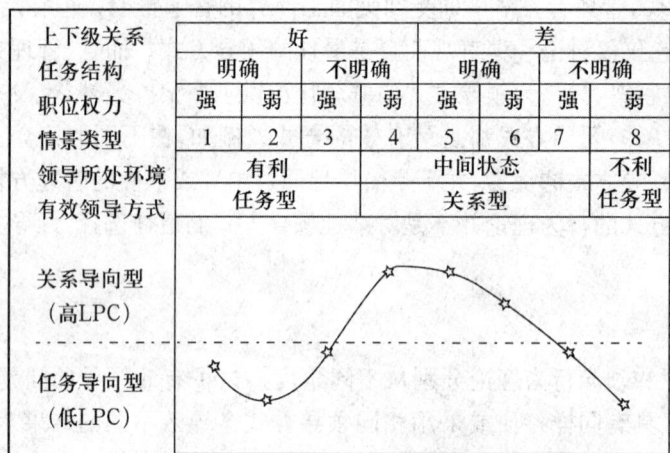

图 6-3 菲德勒的权变领导模型

根据菲德勒的研究,在有利和不利的环境类型下,采用任务导向型效果较好;而在环境条件一般时,采用关系导向型较有效。

另外,由于个体的领导风格是由领导者的个性决定的,基本无法改变,因此,提高领导有效性的基本途径实际上只有两条:一是替换领导者以适应环境,二是改变环境以适应领导者。

2. 领导生命周期理论

领导生命周期理论由美国俄亥俄州立大学教授卡曼首先提出,后由赫西和布兰查德予以发展。他们补充了另外一种因素,即领导行为在确定是任务绩效还是维持行为更重要之前应当考虑的因素——成熟度,并以此发展为领导方式生命周期理论。

赫西和布兰查德将成熟度定义为:个体对自己的直接行为负责任的能力和意愿。它包括两项要素:工作成熟度与心理成熟度。工作成熟度包括一个人的知识和技能。工作成熟度高的个体拥有足够的知识、能力和经验完成他们的工作任务而不需要他人的指导。心理成熟度指的是一个人做某事的意愿和动机。心理成熟度高的个体不需要太多的外部激励,他们主要靠内部动机激励。

领导的生命周期理论使用的两个领导维度与菲德勒的划分相同:工作行为和关系行为。但是,赫西和布兰查德更向前迈进了一步,该理论认为,领导的成功取决于下属的成熟程度以及由此确定的领导风格。下属成熟度包括工作成熟度和心理成熟度。该理论将领导风格分为四类:高工作—低关系;高工作—高关系;低工作—高关系;低工作—低关系。从而组成以下四种具体的领导风格。

(1)命令式(低关系—高任务):领导者决策,强调指挥和控制,不重视人际关系和激励。

(2)说服式(高关系—高任务):领导者决策,但重视人际关系,采用激励手段调动下属积极性。

(3)参与式(高关系—低任务):领导者与下属共同参与决策,同时采用激励手段,鼓励群体积极性。

(4)授权式(低关系—低任务):领导者授权给下属,由其独立自主开展工作,完成任务。

该理论还认为,随着下属成熟度的提高,领导者可以不断减少对其下属活动的控制,还可以不断减少关系行为,如图6-4所示。

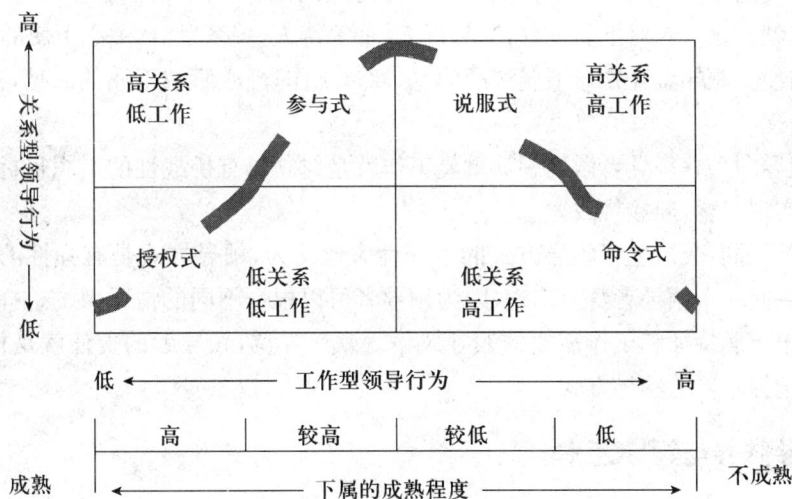

图6-4　领导生命周期理论模型

和菲德勒的权变理论相比,领导方式生命周期理论更容易理解和直观。但它只针对了下属的特征,而没有包括领导行为的其他情景特征。因此,这种领导方式的情景理论算不上完善,但它对于深化领导者和下属之间关系的研究,具有重要的基础作用。

3. 路径—目标理论

路径—目标理论是罗伯特·豪斯(Robert House)发展的一种领导权变理论。

路径—目标理论是以期望概率模式和对工作、对人的关心程度模式为依据,认为领导者的工作效率是以能激励下属达到组织目标并且使他们在工作中得到满足的能力来衡量的。领导者的基本职能在于制定合理的、员工所期待的报酬标准,同时为下属实现目标扫清道路,创造条件。根据该理论,领导方式可以分为指导型、支持型、参与型及成就导向型四种,如图6-5所示。

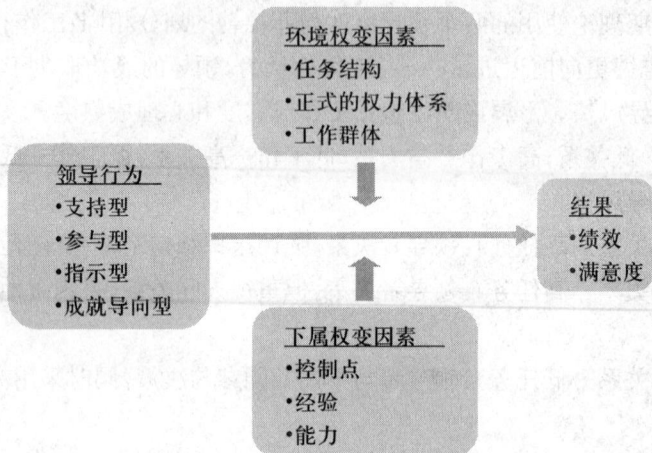

图 6-5　路径—目标理论

(1)指导型。领导者应该对下属提出要求,指明方向,给下属提供他们应该得到的指导和帮助,使下属能够按照工作程序去完成自己的任务,实现自己的目标。

(2)支持型。领导者对下属友好,平易近人,平等待人,关系融洽,关心下属的生活福利。

(3)参与型。领导者经常与下属沟通信息,商量工作,虚心听取下属的意见,让下属参与决策,参与管理。

(4)成就导向型。领导者做的一项重要工作就是树立具有挑战性的组织目标,激励下属想方设法去实现目标,迎接挑战。

和菲德勒不同,豪斯主张领导方式的可变性。他认为,领导方式是有弹性的,这四种领导方式可能在同一个领导者身上出现,因为领导者可以根据不同的情况斟酌选择,在实践中采用最适合于下属特征和工作需要的领导风格。豪斯强调,领导者的责任就是根据不同的环境因素来选择不同的领导方式。

三、领导修养与领导艺术

(一)领导的修养

一位有修养的领导者能极大地改善与被领导者之间的人际关系,因此领导者的修养甚至比单纯的知识更为重要。

1. 懂得领导者的知识

对一些管理者进行观察,可发现一点令人感到吃惊的现象:他们似乎没有想象力,总是例行公事,对自己怎样成为一个更好的管理者与领导者缺乏考虑。

诚然,领导理论及其研究工作量如此之大,不可能让每一个管理者全部精通。然而作为一个管理者必须学习和理解管理的基本内容,必须具备将这种知识应用于实际的能力。

2. 移情作用

"移情作用"是美学和心理学的概念,是一个人将自己的意识以想象力投射在他人身上的能力,是将自己置于别人的地位,模拟他人的情感、意见与价值观念的能力。

一位管理者如果没有这样的移情作用,他常常会假定下属具有同他们一样的某些品性,对事物的观点都是一致的,而实际并非如此。如果做出这种假设,在工作上往往就会导致独断专行的"家长式管理",所以管理者必须对下属进行全面的了解。将自己置于下属的位置仅仅只是一个方面,而直率又真诚地努力去了解下属将是更重要的方面,管理者如果能自问一下"在他们的位置上我会如何反应",这样长期坚持下去,会在实践中形成一种技能,设身处地地为下属着想会取得下属的信赖,从而为有效地领导打下基础。

3. 客观性

管理者应力求不带感情地对下属进行评价,并采取措施帮助表现较差者,鼓励表现较好者。这就要求管理者不能只强调有移情作用,在客观性与移情作用之间要尽可能地予以平衡。

为培养客观性,一个管理者需要有很强的意志,管理者只要有决心和修养,就能克服仓促判断、愤怒、责怪以及感情用事的倾向,领导者的克制与冷静的分析是有修养的表现。

4. 自知之明

人们为了了解自己为什么这样做,自己的行为会引起什么别的反应或不引起反应,甚至可能是反感,那就必须了解自己,即有自知之明,因为人的习惯、言词或行为,往往会不自觉地影响别人。

(二)领导艺术

领导艺术是指领导者在实施领导行为过程中具有创造性的领导才能、技巧、艺术和方法。

1. 决策艺术

在非程序化(或非常规化)的决策过程中,管理者的主观决策技能起着重要的作用,人们在一定经验的基础上,对未来事件的判断具有远见和洞察力,主要表现在及早察觉组织发展的有利与不利条件,依靠自己的周密考虑和集中群众的正确意见,做出既有事实根据又先于别人想到的不寻常的战略决策,促使组织取得重大的成就或改进。

2. 用人艺术

在充分了解和发挥职工长处的基础上,把工作的需要和个人的能力很好地结合起来,使每个职工在各自的工作岗位上兢兢业业,积极进取;把发挥每个人的长处与组织目标很好地结合起来,使每个职工的长处同集体和他人的长处相得益彰;使每个人的短处同集体和他人的长处结合起来而不至有损于组织;在组织中创造一种气氛,使能够做出显著成绩的人,得到尊重和提拔;顺利履行职责,依靠和运用平凡人的聪明才智做出不平凡的成绩,促使组织的目标实现。这些都是用人艺术的具体体现。

3. 授权的艺术

根据民主集中制,在不同的主客观条件下,把不同程度的领导权力下放给下级管理者或其他人员,并对其进行指导与监督;使每项工作都能在最适当的层次得到较好的处置,既利于充分发挥下属的积极性、主动性,又能帮助上级领导人集中精力研究和解决主要问题,维护和加强整个组织的统一指挥。这些就是授权艺术的具体体现。

4. 指挥和激励的艺术

在实践中,树立和维护必要的权威,使职工自觉地团结在管理者的周围,并接受其指挥;在管理过程中,善于运用各种通信手段进行沟通,认真听取下属的意见,及时对下属人员进行必要的教育或发布必要的指令,指令的内容力求切合实际,详略深浅适度,方法和形式能为有关人员所理解和接受;根据加强思想政治教育和物质利益原则的精神,使组织中的激励制度和方法等能适应广大职工经常变化的需要,进而起到维持纪律、鼓舞士气、充分挖掘潜力、克服各种困难、提高效益和效果的作用。

5. 集中精力抓主要环节的艺术

在组织各项生产、工作任务中,找出对实现组织目标具有重要作用的某项工作或某个环节;在突出重点的基础上统筹全局,正确决定每个时期、阶段的工作秩序,科学地分配自己的时间和组织资源,并把这种决定坚持贯彻下去。

6. 领导变革的艺术

组织在发展过程中不断革新技术,改进管理,必然引起人们的思想认识和组织行为的变革。这要求管理者因势利导,正确处理变革过程中革新与守旧的矛盾,达到促进变革、稳定局面的目的。

领导艺术建立在管理者个人的经验、素质和洞察力的基础上,认真研究领导艺术,有助于提高工作的有效性,有助于密切管理者和职工的关系。

任务三　激　励

一、激励概述

(一)激励的概念与作用

1. 激励的概念

激励是一个广为使用的概念,但要给其下一个准确的定义却有相当的难度。"激励"从中文字义上讲,是激发和鼓励的意思;从心理学上讲,则是指激发人的动机的心理过程。

激励是指影响人们的内在需求或动机,从而加强、引导和维持行为的活动或过程。

2. 激励的作用

(1)激发员工的工作积极性；

(2)将员工的工作目标导向实现组织目标的轨道；

(3)增强组织凝聚力,促进内部协调和统一。

(二)激励的心理机制

心理学研究表明,人的行为具有目的性,而目的源于一定的动机,动机又产生于需要。由需要引起动机,动机支配行为并指向预定的目标,是人类行为的一般模式,也是激励赖以发生作用的心理机制和基础。

1. 需要

所谓需要,是指人们对某种事物或目标的渴求或欲望。当人们缺乏所需事物而引起生理或心理紧张时,就会产生需要,并为满足需要而采取行动。因此,需要是人类一切行为的最初原动力。

2. 动机

动机是在需要基础上产生的,引起和维持着人的行为,并将其导向一定目标的心理机制。

3. 目标

目标是行为所要实现的结果。人们采取的一切行为,总是指向特定的目标。目标在行为过程中,具有双重意义:一方面,目标表现为行为的结果,目标达到了,需要也就满足了,行为就将结束;另一方面,目标又表现为新的行为的诱因。

(三)激励的过程

需要、动机和目标作为激励的主要心理机制分别处于行为的不同阶段,三者既彼此独立,又相互依存,并按照所处阶段密切连接,顺次对行为发挥激励功能,由此构成一个完整的激励过程,如图6-6所示。

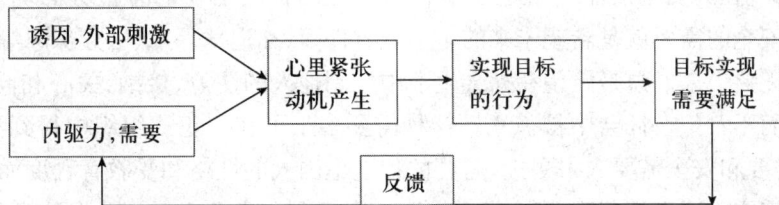

图6-6　激励过程

图6-6中可见,处于过程起点的是人的各种需要。当需要萌发而未得到满足时,会引起生理或心理紧张,从而激发寻求满足的动机,在动机的驱使下人们采取行动,行动的结果达到预定目标,使需要得到满足,进而进一步强化原有需要,或促进生成新的需要,而新的需要则导致新的激励过程的开始。

因此,激励实质上就是以未满足的需要为基础,利用各种目标诱因激发动机,驱使和诱导行为,促进实现目标,提高需要满足程度的连续的心理和行为过程。

二、激励理论

许多管理学家、心理学家和社会学家们从不同角度研究了如何激励人的问题,并提出了相应的激励理论,通常把各种激励理论归纳分为三大类:内容型激励理论、过程型激励理论和行为改造型激励理论。内容型激励理论主要包括:马斯洛的需要层次理论,赫茨伯格的双因素理论,麦克利兰的激励需求理论,奥德弗的生存—相关—成长理论。过程型激励理论主要包括:亚当斯的公平理论,弗鲁姆的期望理论,利特温的组织环境理论,佩顿的主管人员激励理论,波特的激励过程模式理论,罗伯特豪斯的综合激励模式理论。行为改造型激励理论主要包括:斯金纳的强化理论、海德的归因理论和库尔特勒温的力场理论。下面就各种主要理论进行简单介绍。

(一)内容型激励理论

1. 需要层次理论

需要层次理论是由美国社会心理学家亚伯拉罕·马斯洛(Abraham Harold Maslow)提出来的,因而也称为马斯洛需要层次论。

需要层次理论认为人类的需求是以层次的形式出现的,由低级的需求开始逐级向上发展到高级需求,当一级需求得到满足时,这级需求就不再成为激励因素了。马斯洛的需要层次理论认为:人是有需要的动物,其需要取决于他已经得到了什么,还缺少什么,只有尚未满足的需要才能影响行为;人的需要都有等级层次之分,某一层次的需要得到满足后,才会产生更高层次的需要。为此,人的需要可以划分为五个层次:生理需要、安全需要、社交需要、尊重需要、自我实现需要。

(1)生理需要。人们为了能够继续生存,首先必须满足人类最基本的需要,如衣、食、住、行。这些需要如果得不到满足就不能生存,当然也就谈不上其他需要了。

(2)安全需要。这种需要又可以分为两类:一是对现在的安全的需要;二是对未来的安全的需要。对现在的安全的需要就是要求自己现在的社会活动的各个方面均能有安全保障,对未来的安全的需要就是希望未来的生活能有保障,如退休保障、医疗保障等。

(3)社交需要。人们总是希望在社会生活中受到他人的注意、接纳、关心和同情,在感情上有所归属,而不希望在社会中被孤立。这种需要多半可在非正式组织中得到满足。社交需要比生理需要和安全需要来得更细,需要的程度也因人的性格和受教育程度而不同。

(4)尊重需要。这里的尊重,既包括自尊,也包括受人尊重。自尊是自己在取得成功时有一种自豪感,受别人尊重是当自己做出贡献时,能得到他人的承认。

(5)自我实现需要。这是更高层次的需要,这种需要就是希望在工作上有所成就,在事业上有所建树,实现自己的理想和抱负。自我实现的需要通常表现在两个方面:一是胜任感方面,有这种需要的人试图控制事物或环境,不是等事情被动地发生,而是希望在自己控制下进行;二是成就感方面,对某些人而言,工作的乐趣在于取得成果或成功,这远比获得丰厚的报酬更重要。

2. 双因素理论

美国心理学家赫茨伯格提出了双因素理论。该理论的主要内容如下。

(1)影响人的工作动机的因素很多,大致分为两大类:一类称为保健因素;一类称为激励因素。保健因素是指与人们的不满意情绪相关的因素,主要与工作条件和工作环境有关,如薪金、管理方式、公司的政策、人事关系、工作条件等;激励因素是指与人们的满意情绪相关的因素,主要与工作内容有关,包括成就感、工作的挑战性、责任感以及个人成长与发展等。

因此,赫茨伯格认为在满意与不满意之间存在着中间状态,二者不是对立的,即满意的对立面是没有满意,而不是不满意,不满意的对立面是没有不满意,而不是满意。换句话说,消极的对立面是不消极,但不是积极,积极的对立面是不积极,但不是消极。

(2)只有满足了人的激励因素,才能起到激励作用。即并不是所有需要的满足都能产生激励力,只有那些激励因素的满足,才能激发起人的积极性。因此,尽管激励是以满足需要为前提,但并不是满足了需要就一定能产生激励作用。

对同一个因素而言,不能一概而论是属于保健因素还是激励因素,需要因环境而异、因人而异。

3. 激励需求理论

美国心理学家戴维·麦克利兰(David Mc Clelland)提出激励需求理论,认为人的基本需要有三种,即成就、权力、社会需要。这一研究是值得重视的,因为任何一个组织及每一个部门都代表了实现某些目标而集结在一起的工作群体。所以这三种动力,对管理工作都有特别的意义。

(1)成就的需要。重成就的人,他们愿意接受挑战,为自己树立具有一定难度的(但不是不能达到的)目标。对待风险采取现实主义态度,宁愿承担所做工作的个人责任,对正在进行的工作情况,希望得到明确而又迅速的反馈。他们一般喜欢表现自己。

(2)权力的需要。具有较高权力欲的人对施加影响和控制表现出极大的热情。这样的人一般寻求领导者的地位;他们十分健谈、好争辩、直率、头脑冷静、善于提出要求、喜欢讲演、爱教训人。

(3)社交的需要。极需社交的人通常能从友爱中得到欢乐,并总是设法避免因被某个团体拒之门外而带来的痛苦。他们往往保持一种融洽的社会关系,与周围的人亲密无间和相互谅解,随时准备安慰和帮助危难中的伙伴,并喜欢与他们保持友善的关系。

对管理者来说,成就需要比较强烈,因此这一理论常常应用于管理者的激励;成就需要可以通过培养来提高;同时一个组织的成败,与他们具有高成就需要的人数有关。

(二)过程型激励理论

1. 期望理论

期望理论是美国心理学家维克托·弗鲁姆(Victor H. Vroom)提出的。期望理论的基本观点是:人们在预期他们将会达到某个目标的情况下,才会被激励去做某事情以达到这个目标。弗鲁姆认为,一个人从事某一行动的动力,是由其行动的全部结果的期望值乘以那个人预期这种结果将会达到所要求目标的程度决定的。换言之,激励是一个人某一行动的期望价值和将会达到其目标的概率的乘积。用公式表示为:

$$激励力 = 效价×期望值$$

期望理论注重以下三种关系。

努力—绩效关系,即个人认为通过一定努力会带来成效的可能性。

绩效—奖励关系,即个人认为一定水平的绩效会带来希望的奖励的程度。

奖励—个人目标关系,即组织奖励满足个人目标或需要的程度以及这些潜在的奖励对个人的吸引力。

从公式上可以看出,当一个人对达到某一目标漠不关心时,效价是零。而当一个人宁可不要达到这一目标时,就是负的效价,结果当然是毫无动力。同样,期望值如果是零或负值时,一个人也就无任何动力去达到某一目标。因此,为了激励员工,管理者应当一方面提高员工对某一成果的偏好程度,另一方面帮助员工实现其期望值,即提高期望值的概率。

2. 公平理论

公平理论是美国著名心理学家斯塔西·亚当斯(Stacy Adams)于1965年提出的,主要研究了报酬对人们工作积极性的影响。公平理论认为,激励中的一个重要因素是个人对报酬结构是否觉得公平,也就是个人主观地将自身的投入同别人的投入相比,以此来评价是否得到公平或公正的报酬。所以公平理论中的公平考虑的是一种相对公平,而不是绝对公平,是用自己的收入与付出同他人的收入与付出相比较,如果比值大体相当,则认为是公平的,否则则是不公平的,用公式表示为:

$$本人所得/本人付出=他人所得/他人付出$$

一般情况下,人往往会过高地估计自己的投入和他人的所得,过低地估计自己的所得和他人的投入,从而使得上面的等式不成立,出现左边小于右边的现象,一旦出现这种情况,员工就会产生不公平感,产生消极和不满情绪。这种不公平感时间长了以后,员工可能会产生以下几种选择行为:一是减少自己的投入;二是希望增加自己的所得;三是希望改变他人的所得;四是选择离开原组织;五是重新选择一个新的参照对象。

公平理论不仅就员工对自己所得奖励与他人比较后的心理状态做了详尽的描述,而且还对比较后可能引起的行为变化进行了预测。这些研究结果对管理者客观地评价工作业绩和确定合理的工作报酬,以及敏锐地估计员工的行为是非常重要的。

(三)行为改造型激励理论

这里主要介绍伯尔赫斯·弗雷德里克·斯金纳(Burrhus Frederic Skinner)的强化理论。强化是指通过不断改变环境的刺激因素来达到增强、减弱或消失某种行为的过程。激励强化理论是行为改造型理论之一,它是由美国心理学家斯金纳提出来的。管理者可以采用四种强化类型来改变下属的行为。

1. 正强化

在积极行为发生后,立即用物质的或精神的激励来肯定这种行为。在这种激励作用下,个体感到对他有利,从而增加以后的行为反应频率,称为正强化。正强化是对有利于组织目标的行为加以奖励,以使这种行为能不断地重复出现。科学的正强化的方法是:保持强化的间断性,强化的时间和数量也不固定。也即管理者根据组织的需要和员工的行为,不定期、不定量地实施强化。实践证明,连续的、固定的正强化可能会使员工感到组织的强化是理所当然的,甚至会产生越来越高的期望。

2. 惩罚

在消极行为发生之后,使实施者受到经济上或名誉上的损失,从而减少这种行为的发生,称为惩罚。惩罚的方法也包括物质惩罚和精神处罚两种。与正强化相反,惩罚要维持其连续性,即对任何不符合组织目标的行为都应及时予以处罚,从而消除人们的侥幸心理,减少直到完全消除这种行为重复出现的可能性。强化理论认为,管理者应把重点放在积极强化而不是简单的惩罚上,惩罚产生的作用很快,但效果可能是暂时的,也容易产生消极作用。

3. 负强化

与正强化和惩罚不同的是,负强化是在行为发生之前进行的处理,负强化是一种事前的规避。它通过对不符合组织目标要求的行为做出惩罚的规定,使员工从力图避免得到不合意、不愉快结果的考虑中对自己的行为形成一种约束力。这种约束、规避的作用会使组织成员的行为趋向于符合要求的比较规范的状态。由于这是一种非正面的强化行为,所以称为负强化。负强化与惩罚是相关联但不同的两个概念。俗语"杀鸡吓猴"形象地说明了两者的联系与区别,对出现了违规行为的"鸡"加以惩罚,意欲违规的"猴"会从中深刻地意识到组织规定的存在,从而加强对自己行为的约束。当然,规定本身并不一定就是负强化,只有当它使员工对自己的行为形成了约束,即"规避"作用时才是。

4. 自然消退

自然消退是撤销对原来可以接受的行为的强化,由于一定时期内连续不强化,这种行为将逐步降低频率,以至最终消失。自然消退是对某种行为采取既不奖励也不惩罚的措施,这是一种消除不良行为的策略,实质上是一种负强化手段,这样既可以消除某些不合理的行为,又能避免上下级之间的不愉快甚至矛盾冲突。

在实际工作中,要综合各种激励理论,融会贯通,创造性地加以运用,特别是公共管理部门的领导,在满足需要,激发人们行为积极性时,一定要言出必行。要注意满足员工需要必须公平合理且有区别,同时从思想意识上引导下属树立正确的价值观,从低层次的需要转向更高层次的需要,使其行为取向与社会标准趋于一致。

三、激励的方式

有效的激励,必须通过适当的激励方式来实现。按照激励中诱因的内容和性质,激励的方式主要有物质激励、社会心理激励和工作激励三种。

(一)物质激励

物质激励是指通过物质刺激的手段来鼓励员工工作。主要包括以下形式。

1. 奖酬激励

奖酬激励包括工资、奖金、津贴、福利等。在进行奖酬激励时应注意下面几点。

（1）设计奖酬机制与体系要为实现工作目标服务。关键是奖酬与贡献直接挂钩的科学化与定量化。

（2）要确定适当的刺激量。要依工作完成情况、人的贡献、总体奖酬水平，公平合理地确定奖酬的增长水平和成员之间的差别。

（3）奖酬要同思想工作有机结合。奖酬的作用是重要的，但也不是万能的，必须注意辅以必要的思想工作和其他激励形式，尽可能避免物质激励的副作用。

2. 关心照顾

管理者要对下级在生活上给予关心照顾，是激励的有效形式。它不但使下级获得物质利益，而且能够获得尊重和归属感上的满足，从而产生巨大的激励作用。

3. 处罚

在经济上进行处罚，是一种管理上的负强化，属于一种特殊的激励。运用处罚时注意：一是必须有可靠的事实和政策依据；二是处罚方式与刺激量要适当；三是要同思想工作结合。

（二）社会心理激励

社会心理激励是指管理者运用社会心理学方法，刺激被管理者的社会心理需要，以激发其动机的方式。主要包括以下形式。

1. 目标激励

目标激励是指设置适当的目标来激发人的动机和行为，达到调动人的积极性的目的。大多数情况，人们希望工作具有挑战性，体现自我价值的实现感和成就感。明确的工作目标可调动成员的积极性。目标激励主要有工作目标、个人成长目标和个人生活目标。

2. 情感激励

情感激励就是加强与员工的感情沟通，对员工思想、生活、工作等各方面给予诚挚的关怀，想人所想，急人所难，与员工建立平等、亲切的感情，让员工感受到领导的关心和企业的温暖，以此来激发其积极性、主动性和创造性。

3. 表扬与批评

表扬与批评是管理者经常运用的激励方式。在运用时要注意：①坚持以表扬为主，批评为辅；②必须以事实为依据；③要讲究表扬与批评的方式、时机、地点，注重实际效果；④批评要对事不对人；⑤要尽量减少批评的次数；⑥批评与表扬要适当结合。

4. 榜样激励

榜样的力量是无穷的，发挥榜样的激励作用能够促中间带落后，推动各项工作的开展。榜样激励要求管理者身先士卒，率先垂范，即模范作用或以身作则，树立先进典型。

5. 尊重激励

管理者应利用各种机会信任、鼓励、支持下属，满足其尊重需要，以激励其工作的积极性,包括尊重下属的人格、满足下属的成就感、支持下属自我管理与自我控制等。

6. 参与激励

参与激励是指让下属参与管理,以激发其积极性和主动性。在运用时注意:建立参与机制,真正授权下属,鼓励全员参与。

7. 行为激励

管理者以身作则,通过自己的实际行动,言传身教,带动组织成员努力工作,积极进取。

8. 危机激励

当企业所面临的环境恶化或对手的能量危及自己的生存时,就可以用不生即死的方法来激励员工,这就是危机激励法。

9. 竞赛激励

管理者可以结合工作任务,组织各种形式的竞赛,鼓励员工参加各种竞赛,就会激发员工的工作热情、工作兴趣和克服困难的勇气和力量。

(三)工作激励

按照赫茨伯格的双因素理论,对人最有效的激励来自于工作本身,即满意于自己的工作是最大的激励。因此,管理者必须善于调整和调动各种工作因素,搞好工作设计,以实现最有效的激励。在实际工作中,主要有以下几种。

1. 工作与人的特长相适应

工作的性质与特点要与从事工作的员工的条件与特长相吻合,充分发挥其优势,引起其工作兴趣,从而使员工满意于自己的工作。管理者要善于研究人和工作的性质与特点,用人之所长,用人兴趣之所在,科学调配与重组,实现人与事的最佳组合,从而调动员工的工作积极性。

2. 工作的挑战性

员工怎样看待自己的工作,直接关系到员工对工作的兴趣与热情。从而决定其工作积极性的高低。员工愿意从事重要的工作,并愿意接受具有挑战性的工作,实现其成就感和满足感。

3. 参与决策和管理

管理者要让员工参与组织的决策和各项管理工作。管理者要把员工放在主人翁的位置上,尊重他们,信任他们,让员工在不同层次和不同深度上参与决策,采纳他们的意见和建议。通过让员工参与管理,能够满足员工尊重和自我实现的需要,增强员工对组织的归属感和认同感,从而调动员工的工作积极性。

4. 工作丰富化

工作丰富化就是让员工参与一些具有较高技术和管理含量的工作,通过提高他们的工作层次,使他们获得一种成就感,使其渴望得到尊重和自我实现的需要等到满足,从而激发其工作积极性,主要包括将部分管理工作交给员工,使员工也成为管理者;吸收员工参与决策和计划,提高其工作层次;对员工进行业务培训,全面提高其技能;让员工承担一些较高技术的工作,提高其工作的技术含量等。

5. 工作扩大化

工作扩大化就是要消除单调乏味、枯燥的工作,增加员工工作的种类,使他们得到工作的满足感,提高其各种工作技能,激发其工作积极性。主要包括兼职作业,即同时承担几种工作或几种工作任务;工作延伸,即向前、先后地接管其他环节的工作;工作轮换,即在不同工作或工作岗位上进行轮换。

任务四 沟 通

一、沟通的概念

沟通是指为了达到一定的目的,将信息、思想、情感等在个人或群体之间进行传递和交流的过程。简单地说,沟通就是人与人之间进行信息交流的活动过程,它是人们社会生活的基本要求之一。它是组织内部联系的最主要手段,通过信息沟通,可以让领导者更好地了解和掌握内部情况,建立并改善组织内部的人际关系,影响并改变组织成员的行为。

从概念可以看出,沟通须具备三个基本条件,即:

(1)沟通必须涉及两个或两个以上的人;

(2)沟通必须有一定的沟通客体,即情报信息等;

(3)沟通必须有传递信息情报的一定方法,如语言、书信等。

沟通包括人际沟通和管理沟通两方面。人际沟通就是人与人之间的沟通。管理沟通就是一定组织中的人,为了达到组织目标而进行的管理信息交流的行为和过程。管理沟通与一般意义上的人际沟通不同,它是存在于组织范围中的沟通,是一种特殊的人际沟通,它具有沟通目的更明确、沟通渠道更健全、沟通活动更有计划等特点。

二、沟通的过程

沟通必须具有四个因素:信息发送者、信息接收者、所传递的内容和传递信息的渠道。要达到有效沟通的目的,要求满足三个条件:发送者发出的信息应完整、准确;接收者能接收到完整信息并能够正确理解;接收者愿意以恰当的形式按传递过来的信息采取行动。

一般来说,沟通过程就是一个发送者把信息通过沟通渠道传递给另一个接收者的过程。如图6-7所示。

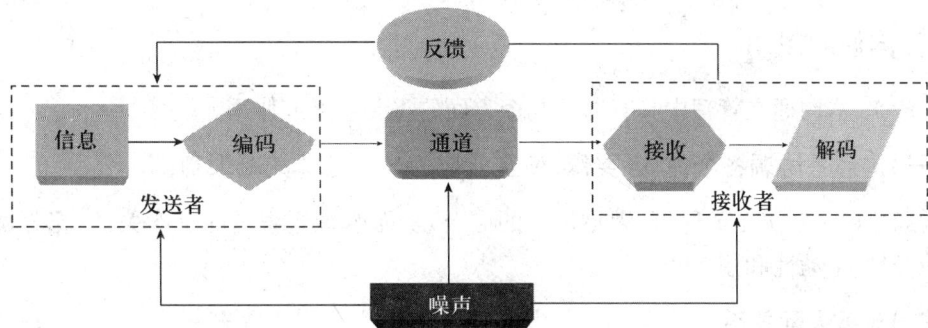

图 6-7 沟通过程

1. 发送者

发送者是信息的源头,是指有信息并试图进行沟通的人。发送者必须激发沟通过程,决定沟通的对象,并决定沟通的目的。作为信息的发出者,在实施沟通前,必须决定试图沟通的信息,然后将这些信息转化为可以接收的信息符号,如语言、文字等。

2. 编码

发送者将这些信息翻译成接收者容易理解的一系列符合沟通媒介要求的符号。

3. 信息

信息是经过编码后的产物,信息具有丰富的内涵。

4. 通道

通道是由发送者选择的、传递信息的媒介物,发送者必须确定何种通道是正式的,何种通道是非正式的。

5. 解码

信息被接收以前,接收者首先将通道中的信息翻译成他所理解的形式,即为解码。一个人的知识、态度、沟通技能、社会文化背景不仅影响其传递信息的能力,而且影响其接收信息的能力。

6. 接收者

在沟通过程中,往往认为接收者是被动的,容易受到忽视。事实上,良好的沟通离不开接收者的需求和对沟通的反馈。在沟通中要学会有效地理解别人和被别人理解,提高解码的能力,才能提高沟通的效率。

7. 反馈

反馈的作用在于使沟通过程成为双向过程,具有互动性。

8. 噪声

噪声是指发生沟通的情境、环境等,它会影响沟通的每一个因素,同时也是影响整个沟通的关键因素。一般认为,对沟通过程发生影响的噪声因素主要包括心理噪声、物理噪声、社会噪声、文化噪声等。

三、沟通的作用

一般来说,沟通在管理中具有以下几个方面的重要意义或作用。

(一)沟通是协调各个体、各要素,使企业成为一个整体的凝聚剂

沟通可以了解员工的愿望,满足员工的需要,从而改善组织内的工作关系,充分调动员工的积极性、主动性和创造性。

(二)改善人际关系

通过人际交往,可以消除人们内心的紧张和怨恨,使人们感动,精神舒畅,增加人们之间的感情,巩固友谊。

(三)沟通也是企业与外部环境之间建立联系的桥梁

组织之间的沟通可以降低交易的成本,实现资源的有效配置,提高组织的竞争力。

四、沟通的类型

(一)按组织管理系统划分

按组织管理系统划分,沟通可分为正式沟通和非正式沟通。

1. 正式沟通

正式沟通是指通过组织的正式结构或层次系统进行的沟通,这是由组织内部管理规章制度所规定的,和组织结构紧密相关,包括正式组织发布的命令、知识、文件,组织召开的正式会议,组织正式颁布的法令、规章、简报、手册、通知、公告,组织内部上下级和同事之间的工作接触。正式沟通的优点:沟通效果好、比较严肃、约束力强、易于保密,可使信息沟通保持权威性。正式沟通的缺点:速度慢、方式比较刻板,效率低,也存在信息失真和扭曲的可能。

正式沟通按照信息的流向可以分为上行沟通、下行沟通、平行沟通和斜向沟通四种。

(1)上行沟通。上行沟通是指在组织中信息从较低层次向较高层次流动的一种沟通。主要是下级按照规定向上级所提出正式的书面或口头报告。除此之外,上行沟通还包括意见箱、员工座谈会等。优点:管理者可以广泛地听取下级的意见,发现问题及时更正,并且通过给员工参与决策的机会来提高员工的满意度和积极性。缺点:速度一般较慢,容易被曲解和贻误。

(2)下行沟通。下行沟通是指组织中信息从较高的层次向较低层次的传递所形成的沟通。下行沟通是传统组织中最主要的沟通流向,一般以命令或指示的方式向下传达管理政策、计划或者规划等信息。例如,组织质量战略的实施就是由高层向中层发布命令,然后由中层管理者向基层传达。优点:带有命令性和权威性;有利于增强合作意识,有助于管理者的决策和控制。缺点:速度一般较慢,容易被曲解和贻误。

(3)平行沟通。平行沟通是指同层次、不同业务部门之间以及同级人员之间的沟通。这

是为了更好地开展工作而进行的沟通,在组织的具体运作中非常重要,也是各个部门日常运作不可缺少的环节。平行沟通的主要目的是谋求相互之间的理解和工作中的配合,因此,它通常带有协商性。有效地加强平行沟通,可以增进相互之间的了解,克服本位主义。

(4)斜向沟通。斜向沟通是指信息在不同层次的不同部门之间流动时的沟通。按照法约尔的组织跳板原则,在必要时可以进行斜向沟通,这样使得组织更加富有效率,但沟通完成后要向上级部门汇报。斜向沟通时常发生在职能部门和直线部门之间。斜向沟通的目的是为了加快信息的传递。

2. 非正式沟通

非正式沟通是正式沟通以外的沟通,信息发布者一般不代表组织和上级。主要是通过个人之间接触进行的,是由组织成员在感情和动机上的需要而形成的信息交流,其传播的范围远远超过部门和层级的限制,具有非正规性、随意性,信息传递速度快,可以满足组织部分员工的需要,并带有较强的感情色彩等优点。非正式沟通往往是通过非正式组织进行信息的传播,在某种程度上可以弥补正式沟通中沟通速度慢、刻板且容易失真、有一定的片面性等缺点,所以聪明的管理者应学会引导和利用非正式沟通。研究证明,非正式沟通的信息反而容易引起接收者的重视。由于这种沟通一般采用口头传播,不留证据,不负责任,在正式沟通中不易表达的信息可以在非正式沟通中透露。但在组织的沟通实践中一般将非正式沟通的信息称为小道消息,虽然小道消息并不都是错误的,但是,作为管理者应该看到,遭到扭曲和歪曲的小道消息,常常形成所谓的谣言,会破坏组织的正常运作。管理者应及时发现并制止这种消息的传播。

(二)按沟通的方向划分

按沟通的方向划分,可将沟通分为对外沟通和对内沟通两类。

1. 对外沟通

组织开展经营活动是在一定的外界环境的制约下进行的,需要不断地从外界获得市场、经济、政治、贸易、政策等相关信息,进而做出相关决策并适时向外界发布。组织所要面对的外部公众主要有:产品或服务的消费者、政府、投资者、债权人、社区、媒体等。组织为了对外进行有效的沟通,必须把有关公众关心的问题对外传播,如通过广告、公共宣传、赞助活动、展览会等方式适时向各有关方面提供信息,满足其需要。特别要指出的是,上述的沟通作为组织促销产品的有效沟通方式,对短期销售业绩的提升是非常关键的。

2. 对内沟通

对内沟通是指信息在组织内部的传递渠道,与组织的内部管理关系也极大。可以认为,缺乏有效的内部沟通,组织机构就无法开展经营活动,部门间的协作和配合也将成为一种幻想。当组织内部信息沟通出现问题时,会导致下级或一线员工的正确意见不能及时传送给高层管理者,不但延误决策,而且还会造成员工的不满,严重挫伤其工作的积极性。

(三)按沟通媒介划分

按沟通媒介划分,可将沟通分为语言沟通和非语言沟通。

1. 语言沟通

语言沟通又可分为口头沟通和书面沟通。

(1)口头沟通。口头沟通是沟通信息传递的重要通道,包括人与人之间面谈、电话、讨论会、演讲会等,既可以是面对面的直接信息交流,也可以是群体的会议和讨论;既可以是正式的交谈,也可以是非正式的闲聊。

口头沟通的优点是:双向交流,信息能得到及时传递和反馈。在这种沟通方式下,信息可以以最快的速度被传递,并以最快的速度得到反馈,接收信息的听众若有疑问可以迅速向发送者提出。同时,面对面的口头沟通使得下级感觉自己被尊重和重视。除此之外,口头沟通有利于沟通信息的快速传递,节省了时间。口头沟通的缺点是:信息传递过程中会存在失真的可能。每个人都倾向用自己的方式解释信息,经过组织层次的层层过滤后,真正的意义有可能会面目全非。

(2)书面沟通。书面沟通是指以书面文字的形式进行的沟通,信息可以得到长时间保存。一般情况下,发送者与接收者双方都拥有沟通记录,如果双方对传递的信息有疑问,过后可以查询。对于复杂的活动来说,书面的记录有利于双方的信息沟通。例如,组织的销售统计报表和每天的销售记录可以作为买卖双方发生问题时的查询依据。

书面沟通的优点是:传播的内容正式、逻辑性强、条理清楚。因为经过书面表达出来的信息经过反复思考、认真推敲,减少了口头沟通的情绪化、他人观点的影响,对沟通内容的大规模传播非常有利。书面沟通包括向外发送的广告、一般性文件、公告、往来信函、备忘录等。在处理明确的常规信息时,组织往往采用这种沟通方式。但是书面沟通也有缺陷:相对于口头沟通,书面沟通消耗时间较长,沟通的效率较低;不能及时提供沟通的反馈,书面的信息疑问和查询比口头沟通要慢得多,需要信息发送者花费很长的时间来确认信息是否已被接受并被准确地理解。

2. 非语言沟通

非语言沟通主要包括身体语言沟通和副语言沟通。其中身体语言包括动作、手势、面部表情、身体空间、服饰与仪态等。一般认为有声的口头语言沟通作用于人的听觉,而丰富的身体语言沟通作用于人的视觉,这两种信息同时协调传递,不仅使人听到绘声绘色的讲述,而且通过丰富多彩的表情、姿态、动作,获得形象的感受,同时管理者的身体语言可以体现出高深的文化修养,展现管理者的个人魅力。副语言沟通主要是通过声音、语调、停顿等来实现的。心理学研究表明,一句话的含义不仅取决于其字面的意思,而且取决于它的弦外之音,语调的变化可能使同样一句话变得含义截然相反。

非语言沟通的作用主要表现在以下几方面。

(1)可以用来代替字句。人们现在使用的身体语言经过人类社会的历史文化的沉淀而不断传播、演化,从而自成体系,具有替代语言的作用。例如用"V"表示胜利,摇头表示不,点头表示是或同意。另外,身体语言作为一种特定的形象语言,可以产生有声语言所不能达到的效果。每个人在日常工作中都在自觉或不自觉地使用非语言沟通方式。

(2)非语言沟通可以用来补充信息。例如,可以用手势表示以下五种情况:第一,强调所说的话;第二,表示途径或思考的方向;第三,表示位置,如服务员可用手势对客人表达"请坐那一桌";第四,用来描述,如用手势说明某种物体的尺寸;第五,用来模仿。

(3)非语言沟通可以作为判断发送者情感的论据。非语言沟通大多数是人们的非自觉行为,它所包含的信息往往是沟通主体在不知不觉中表现出来的,一般是沟通双方内心情感的自觉流露,所传递的信息更具有真实性,因此要正确判断一个人的心理活动和真实思想,必须要观察其身体语言。例如,某人因为愤怒而表现得面目狰狞,但是其有声语言可能表达的是对某种事情的不在意。

(四)按沟通是否有反馈划分

按沟通是否有反馈,可将沟通分为单向沟通和双向沟通。

1. 单向沟通

单向沟通是指没有反馈的信息沟通,如报告、指示、通知等。优点是:信息传递速度快,易保持传递信息的权威性。缺点是:准确性较差,难以把握沟通效果。一般单向沟通在以下情况使用:问题简单,要求迅速传递的信息;下属易于接受和理解问题解决方案时;下属没有了解问题的足够信息时;上级缺乏处理负反馈的能力时。

2. 双向沟通

双向沟通是指有反馈的信息传递,指发送者和接收者相互之间进行信息交流的沟通,如讨论会、面谈、协商等。优点是:准确性较高,有助于意见沟通。缺点是:费时较多,速度较慢,易受干扰。一般双向沟通在以下情况使用:时间充足,内容复杂;下属对解决问题的方案的接受程度非常重要;上级希望下属能对管理中的问题提供有价值的信息和建议;上级能建设性地处理负反馈。

五、沟通的障碍与对策

(一)沟通的障碍

一般来讲,沟通联络中的障碍主要有主观障碍、客观障碍和沟通联络方式的障碍三个方面。

1. 主观障碍

主观障碍包括以下几个方面。

(1)个人的性格、气质、态度、情绪、见解等的差别,使信息在沟通过程中受个人主观心理因素的制约。

(2)在信息沟通中,如果双方在经验水平和知识结构上差距过大,就会产生沟通的障碍。

(3)信息沟通往往是依据组织系统分层次逐级传递的。然而在按层次传达同一条信息时,往往会受到个人的记忆、思维能力的影响,从而降低信息沟通的效率。

(4)对信息的态度不同。有些员工和主管人员忽视对自己不重要的信息,不关心组织目标、管理决策等信息,而只是重视和关心与他们物质利益有关的信息,使沟通发生障碍。

(5)主管人员和下级之间互相不信任。这主要是由主管人员考虑不周,伤害了员工的自尊心或决策错误所造成。而相互不信任则会影响沟通的顺利进行。

(6)下级人员的畏惧感也会造成障碍,这主要是由于主管人员的管理方式和下级人员本身的素质所决定。

2. 客观障碍

客观障碍主要有以下两个方面。

(1)信息的发送者和接收者如果空间距离太远,接触机会少,就会造成沟通障碍;社会文化背景不同,种族不同而形成的社会距离也会影响信息沟通。

(2)组织机构过于庞大,中间层级太多。信息从最高决策层到基层单位,产生失真,浪费时间,影响其时效性。

3. 沟通联络方式的障碍

(1)语言文字系统所造成的障碍。语言是沟通的工具。人们通过语言、文字及其他符号信息沟通工具来沟通,但是语言使用不当就会造成沟通障碍。这主要表现在:①误解,这是由于发送者在提供信息时表达不清楚,或者是由于接收者接收失误所造成的;②歪曲,这是由于对语言符号的记忆模糊所导致的信息失真;③信息表达方式不当,表现为措词不当、词不达意、丢字少句、空话连篇、文字松散、句子结构别扭、使用方言、土语、千篇一律等。这些都会增加沟通双方的心理负担,影响沟通的进行。

(2)沟通方式选择不当。沟通的方式、方法多种多样,且它们都有各自的优缺点。如果不根据组织目标及其实现策略来进行选择,不灵活使用适宜的方式、方法,则沟通就不可能顺利进行。

在管理工作实践中,存在着信息的沟通,也就必然存在沟通障碍。主管人员的任务在于正视这些障碍,采取一切可能的方法消除这些障碍,为有效的信息沟通创造条件。

(二)促进有效沟通的对策

沟通中的障碍是难免的,但可以采取适当的行动方式将这些沟通障碍有效消除,也就实现了管理的有效沟通。促进有效沟通的主要对策有如下几种。

1. 运用反馈

很多沟通问题是由于误解或理解不准确造成的。如果管理者在沟通中运用反馈,就会减少问题的发生。

2. 缩短信息传递链,拓宽沟通渠道

缩短信息传递链,拓宽沟通渠道,可以保证信息的畅通和完整性。信息链过长,会导致信息传递速度慢并造成信息失真。减少组织机构重叠和管理层次,则可以提高沟通的效率和效果。

3. 加强平行沟通,促进横向交流

通常,组织内部的沟通以与命令链相符的垂直沟通居多,各部门和人员之间的横向交流

少。而平行沟通却可以加强它们之间的横向合作。

4. 明确沟通的重要性,正确对待沟通

管理人员十分重视计划、组织、领导、控制和创新,对沟通经常有疏忽,认为信息的上传下达有组织系统就可以了,对非正式沟通中的"小道消息"常常采取压制的态度,这表明管理者没有从根本上对沟通给予足够的重视。

5. 培养"听"的艺术

对管理人员来说,"听"不是件容易的事,一些积极倾听的内容是:表现出兴趣,全神贯注,选择安静的地方,留适当的时间用于辩论,注意非语言暗示等。

6. 了解下属,消除顾虑

了解下属,消除顾虑,就是要求上级全面了解并掌握下属的心理和行为的实际情况,消除他们的顾虑,让他们不仅报"喜",还要报"忧",从而获得真实可靠的信息。

7. 建立特别委员会,定期加强沟通

特别委员会可由管理人员和第一线的人员组成,可定期进行问题的讨论。

六、沟通的技巧

(一)明确沟通的目标

沟通是一种有目标的行为。在生活和工作节奏不断加快的今天,大家的时间和精力都很宝贵,面对面的沟通成了一种难得的形式。组织活动强调具体的目标性,因此必须为所有的沟通进行准备,尤其是明确沟通的目标。

如果是正式的沟通,更应当明确沟通的目标。一个主管因为业务的进展与老板沟通,在推开老板办公室的门前,他必须理解自己的目的,是仅仅汇报业务的进展,还是讨论业务的发展;是为了显示自己的功劳,还是为了推卸责任;是简单的汇报,还是寻求新的指示;是为了申请更多的资源做准备,还是直接提出要求;是沟通业务本身,还是借此机会谈论其他问题……总之,必须有明确的目标。

(二)了解沟通的对象

双向沟通要达到良好的效果,一定要首先了解沟通对象的身份,因为特定沟通对象往往有多种身份,特定的身份决定了沟通的基调。对于被动沟通,也就是沟通对象主动找上门,则可以通过对方选择的时间、地点、谈话的基调等判断沟通对象的身份。

(三)掌握语言的表达艺术

沟通作为传递信息的基本手段,都是以语言作为载体的。所以,准确地使用语言是保证沟通效率的提前。掌握语言表达艺术的前提是通过学习、训练,提高自身运用文字、语言的表达能力,使自己运用语言的水平达到一个较高的水准。这需要做到以下几点。

(1)沟通的语言运用要与对象一致。不同的沟通对象,其理解能力不一样,要求也应不同。如对普通职工,语言文字则应该朴实生动,有理有据,简单扼要,通俗易懂。

(2)沟通中语言运用要与内容一致。例如,交心谈心应该是语言真挚动人,以显示真诚;宣传、倡议就应选择带感染力的语句;布置工作任务就应当严肃认真,切忌夸夸其谈;批评教育就应该是循循善诱等。

(3)注意语言文字净化、规范、准确、简洁。

(4)要学会用身体语言表达。在什么样的场合使用什么样的身体语言,既受沟通内容、沟通对象的约束,同时也受风俗习惯等方面的约束。如果身体语言使用得当,就会起到强化沟通效果的作用。

(四)重视聆听艺术

有时候聆听要比诉说更有效果。沟通是双方的互动过程,说是表达自己的意思;听是理解对方的想法,职业生涯推广中的沟通,更重要的是理解对方的想法,因此听比说更重要。首先站在对方的角度考虑问题,明白对方的真实观点、目的,再听对方说下去,并理解对方为什么这样说。

在双向沟通、当面沟通中,信息接收者对传递的信息主要是通过耳听来接收的,对管理者来说,听也是一门艺术,不能等闲视之。因为这不仅仅是影响信息接收效果的重要因素,也是影响发送效果的重要因素。一些不良的聆听习惯,比如心不在焉、交头接耳、闲聊、打瞌睡等,一旦被信息发送者所注意,往往会影响信息的正常发送,甚至中断。因此,掌握聆听艺术,一是要克服不良的聆听习惯,二是要学会有效的聆听方式。

聆听方式可分为以下几种。

(1)漫不经心式。这种方式最容易影响信息发送者的情绪,可能影响信息的正常发送或者截留信息,沟通效果最差。管理者应防止出现此种聆听方式,俗话说得好,要想获得对方的尊重,首先必须尊重对方。这种聆听方式实际上就是不尊重对方的表现。

(2)争论式。信息接收者边听边反馈,与信息发送者进行争论。这种聆听方式的沟通效果好坏取决于参与沟通双方的身份、地位和沟通内容。比如上级对下级,争论甚至反驳,则往往会增加其心理负担,甚至有可能不敢再发送信息。如果是个人对群体,群体对群体的沟通中,这种方式的沟通效果会更糟。

(3)全神贯注式。聆听时注意力高度集中,不时地做记录,经常点头表示注意、理解。一般而言,沟通效果比较好。

(五)把握面谈艺术

在组织中,最常见的沟通是面谈方式,作为管理者,掌握好面谈的艺术,对沟通的效果甚至管理效果都有很大影响。掌握面谈艺术主要应把握以下要点。

(1)选择恰当的谈话地点。不同的谈话地点,往往会产生不同的沟通效果。一般而言,在办公室谈话,表示的是慎重、认真、重视;亲临下级家中,显示的是友好、亲近、关怀;边走边谈或是边饮边谈则表示的是轻松、随意等。管理者应根据谈话的内容选择好谈话的地点。

(2)创造一个相互信任的谈话环境。交谈气氛对信息沟通的效果会有重大影响。如果过于紧张，或者互相不信任，甚至怀疑、猜忌，交谈则会十分困难，甚至难以进行。管理者不仅要取得下级的信任，而且要得到上级和同级的信任，这就要求管理者诚心诚意，切忌言不由衷。

（3）做好充分的交谈准备。面谈是一种双向沟通，随时可能出现意料之外的情况。因此，交谈前应尽可能地做好充分的准备，多做各种可能发生的设想和安排。此外，如有必要，应做好交谈的计划，有利于正式交谈时思路清晰，层次分明，结构严谨，观点明确，进而增强说服力，提高沟通效果。

（4）合理安排交谈时间。面谈时间应选择得适宜、适度。应尽量紧扣主题，避免不必要的闲谈、空谈。

（5）注意控制情绪。管理者进行面谈时，有时会碰到下级的顶撞、争论，甚至对抗，或者对上级的挖苦、讽刺，甚至怒骂等现象。此时，应做到胸怀坦荡，有礼、有节，控制自己的情绪，尽可能避免受对方情绪的影响。

知识链接

领导者沟通十戒

美国管理学会在美国的组织管理实践中，为了提高管理过程中沟通的效果，总结出了领导者在沟通中应注意的十个问题，表述如下：①沟通前先将概念澄清；②检讨沟通的真正目的；③考虑好沟通时的一切环境；④计划沟通内容时，应尽可能听取他人意见；⑤做好必要的记录；⑥尽量传递有效信息；⑦应有必要的反馈；⑧沟通时不仅要着眼于当前，更要着眼于未来；⑨言行一致；⑩应成为一位"好听众"。

（六）注意有效反馈

有效反馈是提高沟通效果的重要方面，管理者在沟通中要注意信息接收者的反馈。这些反馈，有些是通过语言表达的，而有些则是以非语言方式表现出来。如表情、动作，甚至是眼神。对此，管理者应高度重视，并注意自身的反馈。做到有效反馈，应把握如下几点。

（1）把握反馈时机。比如对上级的决策、指示有意见，当场顶撞争论就欠妥，而应在事后寻找恰当的时间提出来。

（2）反馈应针对目标。比如会场秩序不佳，往往是部分与会者的某些不良行为，是个体而不是全体，批评应针对目标而不应该殃及无辜。

（3）反馈应当对事不对人。出现同样的问题，应当坚持公平、公正，不能厚此薄彼。

（4）反馈要确保理解。即要能使对方接受。比如内容要具体、明确，批评要得体等。

（5）反馈要主动。特别是上行沟通，应主动汇报自己的工作，包括取得的成绩、存在的问题、自己的想法和建议，既有利于取得上级的支持，也能争取上级的帮助、指导和信任。要及时传递上级希望知道的信息，当好领导的参谋和助手，维护和促进组织的有效运行。

（七）正确对待传言

传言属非正式沟通方式，通用形式是口头传播。具有速度快、范围广、易失真，传言的发送者与接收者没有固定的结构和位置等特点。传言的性质具有两重性,有利的一面可以对正式沟通起补充作用,不利的一面在于其扰乱作用。因此,对待传言,既不能全盘否定、禁止,也不可放任自流、听之任之,而应该一分为二、正确对待。

(1)明辨传言性质。传言可能是政治性的,也可能是社会问题、工作问题、人际关系问题等,应区别对待。

(2)辟谣。很多情况下,小道消息之所以不胫而走,传播甚广,主要原因是正式沟通不足,给人以可乘之机。对于谣言,应通过正式沟通渠道发送消息,使之真相大白,那么,谣言也就不攻自破了。

(3)正确对待传言者。对于一般的传言者,应加强引导、教育,增强他们明辨是非、分析真伪的能力。对于传言可能引起严重后果的,应予以重视,要根据情节轻重和造成的后果加以处理。对于有意制造谣言并大肆传播者,应严加处理。

阅读资料

狼性领导十大原则

狼性原则之一:忍辱负重。

领导者必须懂得从小到大是一个对伟大原则的培育过程,要像一个母亲一样勇于牺牲。

狼性原则之二:整体至上。

领导者最大的使命就是使员工听到公司强大的声音中也有自己的那一份。

狼性原则之三:自知之明。

领导者必须懂得专注于一点可以使自己成为这一领域的老虎。

狼性原则之四:顺水行舟。

领导者必须永远懂得是时势造英雄,而不是英雄造时势。

狼性原则之五:血浓于水。

领导者必须懂得斗志是用鲜血激发出来的,鲜血形成团队牢不可破的信赖。

狼性原则之六:表里如一。

领导者必须懂得所谓职业化就是利益背后的原则高于一切,法不容情。

狼性原则之七:知己知彼。

领导者必须明白胜利并不是说明自己强大,而是说明自己比对手更用心。

狼性原则之八:原则第一。

领导者绝不把精力放在落后的员工身上,而是把精力放在表现不错的员工身上。

狼性原则之九:团队精神。

领导者必须懂得通过尊重、鼓励其他成员表现自我,整个集体定会变得强大而令人敬畏。

狼性原则之十:持续基因。

领导者必须懂得超越利益的文化才是一个团队凝聚的核心。

知识小结

（1）领导就是领导者依靠影响力，指挥、带领、引导和鼓励被领导者或追随者，实现组织目标的活动过程。领导有指挥、协调和激励三个方面的作用。领导的影响力构成是多方面的，主要有职位的权力和个人的权力（非职位的权力）。

（2）领导理论主要包括领导特质理论、领导的行为理论和领导权变理论。

（3）激励是指影响人们的内在需求或动机，从而加强、引导和维持行为的活动或过程。激励理论分为三大类，即内容型激励理论、过程型激励理论和行为改造型激励理论。

（4）沟通是指为了达到一定的目的，将信息、思想、情感等在个人或群体之间进行传递和交流的过程。其主要内容包括沟通的过程、沟通的作用、沟通的类型、沟通的障碍与对策和沟通的技巧等。

技能练习

第Ⅰ部分　基本训练

一、判断题

1. 领导与管理是相同的。　　　　　　　　　　　　　　　　　　　　（　　）

2. 领导艺术最重要的特征是随机性。　　　　　　　　　　　　　　　（　　）

3. 领导的实质是权力与权威。　　　　　　　　　　　　　　　　　　（　　）

4. 现实生活中可以导致追随关系的因素主要是追随者自身的非理性因素。（　　）

5. 对领导者来说，要有效地进行领导职位权力比个人权力更重要。　　（　　）

6. 对人积极性的激励保健因素和激励因素的运用同等重要。　　　　　（　　）

7. 动机和行为具有一一对应关系。　　　　　　　　　　　　　　　　（　　）

8. 员工在考虑其是否得到公平待遇时，往往更注重纵向的比较。　　　（　　）

9. 从行为方式看，领导和管理都是一种在组织内部通过影响他人的协调活动，实现组织目标的过程。　　　　　　　　　　　　　　　　　　　　　　　　（　　）

10. 领导有指挥、协调、激励和沟通等作用。　　　　　　　　　　　（　　）

11. 美国著名心理学家勒温在实验研究基础上，将领导者的行为方式划分为专制式、民主式、放任自流式三种。　　　　　　　　　　　　　　　　　　　　　　（　　）

12. 管理方格理论中，乡村俱乐部型的管理最好。　　　　　　　　　（　　）

13. 根据菲德勒的研究，在有利和不利的环境类型下，采用任务导向型效果较好；而在环境条件一般时，采用关系导向型较有效。　　　　　　　　　　　　　　（　　）

14. 心理学研究表明，人的行为具有目的性，而目的源于一定的动机，动机又产生于需要。由需要引起动机，动机支配行为并指向预定的目标，是人类行为的一般模式，也是激励

赖以发生作用的心理机制和基础。 （　　）

15. 内容型激励理论主要包括：马斯洛的需要层次理论、赫茨伯格的双因素理论、麦克利兰的激励需求理论和弗鲁姆的期望理论。 （　　）

16. 自我实现需要是马斯洛的需要层次理论中的中间层次。 （　　）

17. 按照激励中诱因的内容和性质，激励的方式主要有物质激励、社会心理激励和工作激励三种。 （　　）

18. 沟通必须具有四个因素：信息发送者、信息接收者、所传递的内容和传递信息的渠道。 （　　）

19. 正式沟通按照信息的流向可以分为上行沟通、下行沟通、平行沟通和斜向沟通四种。 （　　）

20. 一般来讲，沟通联络中的障碍主要有主观障碍、客观障碍和信息障碍三个方面。 （　　）

二、单项选择题

1. 在菲德勒模型中，下列（　　）情况属于较好的领导环境。

A. 人际关系差，工作结构复杂，职位权力强

B. 人际关系差，工作结构简单，职位权力弱

C. 人际关系好，工作结构复杂，职位权力弱

D. 人际关系好，工作结构复杂，职位权力强

2. 管理方格理论中，(9,9)型对应的是（　　）领导方式。

A. 任务型　　　　B. 乡村俱乐部　　　　C. 中庸之道型　　　　D. 团队型

3. 如果一个领导者决断力很强，并且信奉 X 理论，他很可能采取（　　）的领导方式。

A. 专权型领导　　　B. 民主型领导　　　C. 放任型领导　　　D. 综合型

4. 要做到有效倾听，下列不正确的是（　　）。

A. 领导者必须控制自己的情绪

B. 对于力所能及的要求，要大方许诺

C. 不要随意插话

D. 适时发问，鼓励对方进一步解释和说明

5. 王先生是某公司的一名年轻技术人员，一年前被调到公司企划部任经理，考虑到自己的资历、经验等，他采取了较为宽松的管理方式，下列（　　）情况下，王先生的领导风格最有助于产生较好的管理效果。

A. 企划部任务明确，王先生与下属关系好但职位权力弱

B. 企划部任务明确，王先生与下属关系差但职位权力弱

C. 企划部任务不明确，王先生与下属关系差且职位权力弱

D. 企划部任务不明确，王先生与下属关系好且职位权力强

6. 下述（　　）活动和领导职能无关。

A. 向下属传达自己对销售工作目标的认识

B. 与用户谈判以期达成一项长期销售计划

C. 召集各地分公司经理讨论和协调销售计划的落实情况

D. 召集公司有关部门的职能人员开联谊会,鼓励他们攻克难关

7. 某组织多年来任务完成得都比较好,职工经济收入也很高,但领导和职工关系却很差,该领导很可能是管理方格中所说的( )。

A. 贫乏型　　　　B. 乡村俱乐部型　　C. 任务型　　　　D. 中庸之道型

8. 如果你是公司的总经理,在周末下午下班后,公司某位重要客户给你打来电话,说他向公司购买的设备出了故障,需要紧急更换零部件,而此时公司的全体人员均已下班。对于这种情况,你认为以下( )做法比较好。

A. 告诉客户,因周末找不到人,只好等下周解决,并对此表示歉意

B. 请值班人员打电话找有关主管人员落实送货事宜

C. 因为是重要客户的紧急需要,马上亲自设法将货送去

D. 亲自打电话找有关主管人员,请他们设法马上送货给客户

9. 某技术专家,原来从事专业工作,业务精通、绩效显著,近来被提拔到所在科室负责人的岗位。随着工作性质的转变,他今后应当注意把自己的工作重点调整到( )方面。

A. 放弃技术工作,全力以赴,抓好管理和领导工作

B. 重点仍以技术工作为主,以自身为榜样带动下级

C. 以抓管理工作为主,同时参与部分技术工作,以增强与下级的沟通和理解

D. 在抓好技术工作的同时,做好管理工作

10. 有位老师一直认为研究生是不需要课堂闭卷考试的,但学校规定研究生必须采取闭卷考试。结果,这位老师在考场上对学生翻阅参考资料采取了默许的做法。作为一位管理者,你将如何对待这种情况?( )

A. 组织学校管理人员,加强考场巡视,以杜绝这种情况的发生。

B. 找这位老师谈话,对他的这种做法进行批评,让其不再放任自流。

C. 任何事情都不能绝对化,这位老师不主张闭卷考试,就不必强求。

D. 设法消除这位老师的心理抵触情绪,以取得该教师对学校做法的理解。

11. 南方某厂设立有严格的上下班制度并一直遵照执行。一天深夜突降大雪,给交通带来极大不便,次日早晨便有许多同志上班迟到了,厂长决定对此日的迟到者免于惩罚。对此,组织内部职工议论纷纷。在下列议论中,你认为哪种说法最有道理?( )

A. 厂长滥用职权。

B. 厂长执行管理制度应征询大部分职工的意见。

C. 治厂制度又不是厂长一人定的,厂长无权随便变动。

D. 规章制度应有一定的灵活性,特殊情况可以特殊处理。

12. 处于需要最高层次的是( )。

A. 生理的需要　　　B. 自我实现的需要　　C. 感情的需要　　　D. 尊重的需要

13. 下列关于强化理论的说法正确的是( )。

A. 强化理论是美国心理学家马斯洛首先提出来的

B. 所谓正强化就是惩罚那些不符合组织目标的行为,以使这些行为削弱直至消失

C. 连续的、固定的正强化能够使每一次强化都起到较大的效果

D. 实施负强化,应以连续负强化为主

14. 高级工程师老王在一家研究所工作,该所拥有一流的研究设备,根据双因素理论,你认为下列哪一种措施最能对老王的工作起到激励作用?（　　）

A. 调整设计工作流程,使老王可以完成完整的产品设计而不是一直重复做局部的设计。

B. 调整工资水平和福利措施。

C. 给老王配备性能更为先进的个人电脑。

D. A、B、C 都起不到激励作用。

15. 从期望理论中,能得到的最重要的启示是（　　）。

A. 目标效价的高低是激励是否有效的关键

B. 期望概率的高低是激励是否有效的关键

C. 存在着负效价,应引起领导者注意

D. 应把目标效价和期望概率进行优化组合

16. 组织中,常常见到员工之间在贡献和报酬上会相互参照攀比,你认为员工最可能将哪一类人作为自己的攀比对象?（　　）

A. 组织的高层管理人员。　　　　　　B. 员工们的顶头上司。

C. 组织中其他部门的领导。　　　　　D. 与自己处于相近层次的人。

17. 某组织规定,员工上班迟到一次,扣发当月50％的奖金,自此规定出台之后,员工迟到现象基本消除,这是哪一种强化方式?（　　）

A. 正强化　　　　B. 负强化　　　　C. 惩罚　　　　D. 忽视

18. 中国组织引入奖金机制的目的是发挥奖金的激励作用,但到目前,许多组织的奖金已经成为工资的一部分,奖金变成了保健因素。这说明（　　）。

A. 双因素理论在中国不怎么适用

B. 保健和激励的具体内容在不同国家是不一样的

C. 防止激励因素向保健因素转化是管理者的重要责任

D. 将奖金设计成为激励因素本身就是错误的

19. 公司好几个青年大学生在讨论明年报考 MBA 的事情。大家最关心的是英语考试的难度,据说明年将会有很大提高。请根据激励理论中的期望理论,判断以下四人中谁向公司提出报考的可能性最大?（　　）

A. 小郑大学学的是日语,两年前来公司,才开始跟着电视台初级班业务学了英语。

B. 小齐英语不错,本科就学管理,但他妻子年底就要分娩,家中又无老人可依靠。

C. 小吴被公认为"高材生",英语棒,数学强,知识面广,渴望深造,又无家庭负担。

D. 小冯素来冷静多思,不做没有把握的事。她自信 MBA 联考每门过关绝对没有问题,但认为公司里面报考的人太多,领导最多只能批准一人,而自己与领导关系平平,肯

定没希望获得领导批准。

20. 下列关于非正式沟通的说法正确的是(　　)。

A. 非正式沟通传播的是小道消息,准确率较低

B. 非正式沟通经常将信息传递给本不需要它们的人

C. 非正式沟通信息交流速度较快

D. 非正式沟通可以满足职工的需要

三、多项选择题

1. 领导的作用是(　　)。

A. 指挥　　　　　　　B. 激励　　　　　　　C. 沟通　　　　　　　D. 协调

2. 激励理论主要包括(　　)。

A. 立场理论　　　　B. 需要层次理论　　　C. 权变理论　　　　D. 公平理论

3. 领导的职位权力可分为(　　)。

A. 法定权力　　　　　　　　　　　B. 奖赏的权力

C. 强制的权力(惩罚的权力)　　　　D. 专长权力

4. A、B两人都是同一个组织的职工,两人横向比较结果是 QA/IA>QB/IB,则 B 可能的表现是(　　)。

A. 要求增加报酬　　　　　　　　　B. 自动减少投入以达到心理上的平衡

C. 更加努力　　　　　　　　　　　D. 没有任何改变

5. 美国心理与行为学家埃德加·沙恩在其1965年出版的《组织心理学》一书中,将前人提出的人性假设总结为(　　)。

A.“经济人假设”　　　　　　　　　B.“社会人假设”

C.“自我实现人假设”　　　　　　　D.“复杂人假设”

6. 领导理论包括(　　)。

A. 领导特质理论　　B. 领导行为理论　　C. 领导权变理论　　D. 领导激励理论

7. 领导包括的要素有(　　)。

A. 有部下追随　　　　　　　　　　B. 拥有影响追随者的能力

C. 影响部下达到组织目标　　　　　D. 强制下属听从

8. 路径—目标理论是罗伯特·豪斯发展的一种领导权变理论,主要有(　　)。

A. 指导型　　　　　B. 支持型　　　　　C. 参与型　　　　　D. 成就导向型

9. 领导的修养包括(　　)。

A. 懂得领导者的知识　　　　　　　B. 移情作用

C. 客观性　　　　　　　　　　　　D. 自知之明

10. 内容型激励理论主要包括(　　)。

A. 马斯洛的需要层次理论　　　　　B. 赫茨伯格的双因素理论

C. 麦克利兰的激励需求理论　　　　D. 斯金纳的强化理论

11. 按照激励中诱因的内容和性质,激励的方式主要有(　　)。

A. 竞争激励 B. 工作激励 C. 社会心理激励 D. 物质激励

12. 社会心理激励主要是( )。

A. 目标激励 B. 情感激励 C. 榜样激励 D. 行为

13. 沟通的过程是( )。

A. 发送者 B. 编码 C. 接收者 D. 解码

14. 正式沟通按照信息的流向可以分为( )。

A. 上行沟通 B. 下行沟通 C. 平行沟通 D. 斜向沟通

15. 非正式沟通的优点是( )。

A. 非正规性 B. 信息传递速度快

C. 速度慢 D. 可以满足组织部分员工的需要

16. 双向沟通的优点是( )。

A. 准确性较高 B. 信息传递速度快

C. 有助于意见沟通 D. 准确性差

17. 促进有效沟通的对策是( )。

A. 运用反馈 B. 培养"听"的艺术

C. 明确沟通的重要性,正确对待沟通 D. 缩短信息传递链,拓宽沟通渠道

18. 沟通的技巧包括( )。

A. 明确沟通的目标 B. 掌握语言的表达艺术

C. 重视聆听艺术 D. 把握面谈艺术

19. 一般来讲,沟通联络中的障碍主要有( )。

A. 主观障碍 B. 客观障碍

C. 沟通联络方式的障碍 D. 其他

20. 领导的艺术包括( )。

A. 用人艺术 B. 授权艺术

C. 决策艺术 D. 激励艺术

四、简答题

1. 简述领导的定义及要素。

2. 简述马斯洛的需要层次理论。

3. 简要说明期望理论的主要内容。

4. 简要说明公平理论的主要内容。

5. 简述领导的影响力。

6. 如何克服沟通的障碍?

五、论述题

1. 沟通的技巧。

2. 激励的方式。

3. 领导的修养与艺术。

第Ⅱ部分　知识应用

一、案例分析

【案例分析一】

ABC公司的领导风格

ABC公司是一家中等规模的汽车配件生产集团。最近,对该公司的三个重要部门经理进行了一次有关领导类型的调查。

一、安西尔

安西尔对他本部门的产出感到自豪。他总是强调对生产过程、出产量控制的必要性,坚持下属人员必须很好地理解生产指令以得到迅速、完整、准确的反馈。安西尔遇到小问题时,会放手交给下级去处理,当问题很严重时,他则委派几个有能力的下属人员去解决问题。通常情况下,他只是大致规定下属人员的工作方针、完成怎样的报告及完成期限。安西尔认为只有这样才能实现更好的合作,避免重复工作。

安西尔认为对下属人员采取敬而远之的态度对一个经理来说是最好的行为方式,所谓的"亲密无间"会松懈纪律。

安西尔说,在管理中的最大问题是下级不愿意接受责任。他讲到,他的下属人员可以有机会做许多事情,但他们并不是很努力地去做。

他表示不能理解以前他的下属人员如何能与一个毫无能力的前任经理相处,他说,他的上司对他们现在的工作运转情况非常满意。

二、鲍勃

鲍勃认为每个员工都有人权,他偏重于管理者有义务和责任去满足员工需要的学说,他说,他常为他的员工做一些小事,如给员工两张下月在Colusa City举行的艺术展览的入场券。他认为,每张门票才15美元,但对员工和他的妻子来说却远远超过15美元。通过这种方式,也是对员工过去几个月工作的肯定。

鲍勃说,他每天都要到工厂去一趟,与至少25％的员工交谈。鲍勃不愿意为难别人,他认为安西尔的管理方式过于死板,安西尔的员工也许并不那么满意,但除了忍耐别无他法。

鲍勃说,他已经意识到在管理中有不利因素,但大都是由于生产压力造成的。他的想法是以一个友好、粗线条的管理方式对待员工。他承认尽管在生产率上不如其他单位,但他相信他的雇员有高度的忠诚与士气,并坚持他们会因他的开明领导而努力工作。

三、查里

查里说他面临的基本问题是与其他部门的职责分工不清。他认为不论是否属于他们的任务都安排在他的部门,似乎上级并不清楚这些工作应该谁做。

查里承认他没有提出异议,他说这样做会使其他部门的经理产生反感。他们把查里看成是朋友,而查里却不这样认为。

查里说过去在不平等的分工会议上,他感到很窘迫,但现在适应了,其他部门的领导也不以为然了。

查里认为纪律就是使每个员工不停地工作,预测各种问题的发生。他认为作为一个好的管理者,没有时间像鲍勃那样握紧每一个员工的手,告诉他们正在从事一项伟大的工作。他相信如果一个经理声称为了决定将来的提薪与晋职而对员工的工作进行考核,那么,员工则会更多地考虑他们自己,由此而产生很多问题。

他主张,一旦给一个员工分配了工作,就让他以自己的方式去做,取消工作检查。他相信大多数员工知道自己把工作做得怎么样。

如果说存在问题,那就是他的工作范围和职责在生产过程中发生的混淆。查理的确想过,希望公司领导叫他到办公室听听他对某些工作的意见。然而,他并不能保证这样做不会引起风波而使情况有所改变。他说他正在考虑这些问题。

(资料来源:豆丁网,http://www.docin.com/p-1455083270.html)

问题:

1. 你认为这三个部门经理各采取什么领导方式?试预测这些模式各将产生什么结果?
2. 是否每一种领导方式在特定的环境下都有效?为什么?

【案例分析二】

保罗的领导方式

保罗在 1971 年从美国中西部的一所名牌大学拿到会计专业的学士学位后,到一家大型的会计师事务所的芝加哥办公处工作,由此开始了他的职业生涯。9 年后,他成了该公司的一名最年轻的合伙人。公司执行委员会发现了他的领导潜能和进取心,遂在 1983 年指派他到纽约的郊区开办了一个新的办事处。其工作最主要的是审计,这要求有关人员具有高程度的判断力和自我控制力。保罗主张工作人员间要以名字直接称呼,并鼓励下属人员参与决策制定。对长期的目标和指标,每个人都很了解,但实现这些目标的办法却是相当不明确的。

办事处发展得很迅速。到 1988 年,专业人员达到了 30 名。保罗被认为是一位很成功的领导者和管理人员。

保罗在 1989 年初被提升为达拉斯的经营合伙人。他采取了帮助他在纽约工作时取得显著成效的同种富有进取心的管理方式。他马上更换了几乎全部的 25 名专业人员,并制订了短期的和长期的客户开发计划。职员人数增加得相当快,为的是确保有足够数量的员工来处理预期扩增的业务。很快,办事处有了约 40 名专业人员。

但在纽约成功的管理方式并没有在达拉斯取得成效。办事处在一年时间内就丢掉了最好的两个客户。保罗马上认识到办事处的人员过多了,因此决定解雇前一年刚招进来的 12 名员工,以减少开支。

他相信挫折只是暂时性的,因而仍继续采取他的策略。在此后的几个月时间里又增雇了 6 名专业人员,以适应预期增加的工作量。但预期中的新业务并没有接来,所以又重新缩减了员工队伍。在 1991 年夏天的那个"黑暗的星期二",13 名专业人员被解雇了。

伴随着这两次裁员,留下的员工感到工作没有保障,并开始怀疑保罗的领导能力。公司的执行委员会了解到问题后将保罗调到新泽西的一个办事处,在那里他的领导方式显示出很好的效果。

（资料来源：豆丁网，http://www.docin.com/p－627360117.html）

问题：

1. 保罗作为一位领导者的权力来源是什么？

2. 这个案例更好地说明了领导的行为理论，还是领导的权变理论？为什么？

3. 保罗在纽约取得成功的策略，为什么在达拉斯没能成功？其影响因素有哪些？

二、实训活动

【实训活动一】

情景剧

【实训目标】

1. 培养了解人的心理需求，分析解决复杂管理问题的能力；

2. 培养运用激励理论，调动人的积极性的能力。

【实训要求】

1. 把全班分成几个小组，每组 5～10 人；

2. 选择自己不太熟悉的对象进行一对一的激励训练；

3. 制定训练提纲，设计训练内容；

4. 对激励结果进行评价，并提出意见和建议。

【实训内容】

1. 本次实训的主要内容是进行情景剧表演与分析。情景剧是指根据教学需要，设计一定的管理情景，由学生扮演角色进行演出，并进行分析的一种实践教学方式；

2. 根据本章内容和实训目标，由学生在课下搜集、选择、编写和讨论预习剧本，并进行必要的排练；

3. 由"演员"按照选择的方案与剧本进行表演。表演分为两部分进行：一是表演需决策事件的基本事实或过程；二是由学生按照自己设计的方案进行分析与决策（由学生分别扮演情景剧中的有关人员，提出自己的主张与决策建议，并充分论证，以说服别人；不同的扮演者可以有不同的决策方案）；

4. 由同学们对各成员的表演，特别是管理行为的合理性进行分析与评价；

5. 在表演和讨论的过程中，教师可以随剧情发展进行提问，以引导剧情与讨论的逐步深入，并进行小结。

【实训考核】

1. 每个学生至少搜集一个案例或资料；

2. 每个模拟公司经过优选写一个剧本，并进行表演；

3. 教师及学生观众对各公司的情景剧及"演员"的决策意见与表演打分评估。

【实训活动二】

实地交际与沟通

【实训目标】

1. 培养与陌生人交际的能力；

2. 培养与别人沟通的能力。

【实训要求】

1. 把全班分成几个小组，每组 5～10 人；

2. 选择自己不太熟悉的对象进行一对一的沟通训练；

3. 制定训练提纲，设计训练内容；

4. 对训练结果进行评价，并提出意见和建议。

【实训内容】

1. 主动同一位相关专业的陌生人士交往，交流某个专业问题；

2. 同一位认识的人，通过沟通解决一个难题；

3. 运用交际与沟通理论，讲究交际与沟通的艺术；

4. 事先要有精心的策划；事后要进行简要的小结。

【实训考核】

1. 完成沟通实录卡；

2. 班级组织一次交流，每个公司推荐 2 人介绍交际与沟通过程及体会；

3. 由教师与学生进行评估与打分。

模块七 控制管理

学习目标

★知识点

(1)了解控制的概念、必要性与特点。

(2)理解控制的内容和类型、管理控制与一般控制的关系。

(3)掌握管理控制的过程、原则与方法。

(4)掌握有效控制。

★技能点

(1)培养学生有效控制的能力。

(2)培养学生正确应用控制方法的能力。

(3)培养学生信息处理的能力。

关键概念

控制　预算控制　现场控制

管理聚焦

哈勃望远镜的研制

经过长达15年的精心准备,耗资超过15亿美元的哈勃(Hubble)太空望远镜最后在1990年4月发射升空。但是,美国国家航天管理局(NASA)仍然发现望远镜的主镜片存在缺陷。由于直径达94.5英寸的主镜片的中心过于平坦,导致成像模糊。因此望远镜对遥远的星体无法像预期的那样清晰地聚焦,结果造成一半以上的实验和许多观察项目无法进行。

更让人觉得可悲的是,如果有一点更好的控制,这些是完全可以避免的。镜片的生产商是Perkin Elmer公司,使用了一个有缺陷的光学模板来生产如此精密的镜片。具体原因是,在镜片生产过程中,进行检验的一种无反射校正装置没有设置好。校正装置上的1.3毫米的误差导致镜片研磨、抛光成了错误的形状,但是没有人发现这个错误。具有讽刺意义的是,与许多NASA项目所不同的是,这次并没有时间上的压力,而是有足够充足的时间来发现望远镜上的错误。实际上,镜片的粗磨在1978年就开始了,直到1981年才抛光完毕,此后，由于"挑战者号"航天飞机的失事，完工后的望远镜又在地上待了2年。

美国国家航天管理局(NASA)中负责哈勃项目的官员，对望远镜制造过程中的细节根本就不关心。事后，航天管理局中一个由6人组成的调查委员会的负责人说："至少有3次有明显的证据说明问题的存在，但这3次机会都失去了。"

(资料来源：豆丁网，http://www.docin.com/p—116553358.html)

任务一　控制概述

控制是管理的五大职能之一。从管理的角度看，控制是保证组织计划与实际运行状况动态适应的管理职能，是组织管理过程中不可分割的一部分，是组织各级管理人员的一项重要工作内容。

一、控制的基本概念

(一)控制的定义

控制作为一个专门的术语，其概念来自于"控制论"。它是由美国数学家、生物学家、通信工程师诺伯特·维纳(Norbert Wiener)于1948年创立的一门科学理论。

法约尔曾说："在一个企业中，控制就是核实所发生的每一件事是否符合所规定的计划、所发布的指示以及所确定的原则，其目的就是要指出计划实施过程中的缺点和错误，以便加以纠正和防止重犯。控制对每件事、每个人、每个行动、每个组织的成效都起作用。"

广义上的控制是指除计划以外的所有保证计划实现的管理活动，包括组织、领导、创新等一系列活动。

狭义上的控制是指继计划、组织、领导之后，按照计划标准衡量计划完成情况和纠正偏差，确保计划目标完成的一系列活动。

控制就是按既定计划、标准和方法对工作进行对照检查，发现偏差，分析原因，进行纠正，以确保组织目标实现的过程。

这个概念包括以下几个含义。

(1)控制的目的是保证组织中的各项活动按预定的计划或标准进行，保证实际工作与计划一致。

(2)控制的实质是使工作按计划实施，或只做适当的调整。

(3)控制是自觉进行的一种有意识的活动，要求管理者能根据环境变化，有效地运用组织的资源来达到预定的目标。

知识链接

管理中的"控制"一词来源于希腊语"掌舵术"，意思是领航者通过发号施令将偏离航线的船只拉回到正常的航线上来。法约尔认为："控制是核查一个组织中所发生的每一件事是否符合规定的计划、已发布的指示及所制定的原则,其目的是要指出计划实施过程中所出现的缺点与错误,以便改正和避免再犯。"

(二)控制与计划

控制是对管理系统的计划实施过程进行监测,将监测结果与计划目标相比较,找出偏差,分析其产生的原因,并加以处理。由此可见,控制和计划息息相关,要准确理解控制的含义,必须把它放在与计划工作的联系中加以说明。如果说管理的计划工作是谋求一致、完整而又彼此衔接的计划方案,那么管理控制工作则是使一切管理活动都按计划进行。

计划和控制是一个问题的两个方面。计划产生控制的标准,是控制的前提,而控制是计划目标能够实现的保证。一旦计划付诸实施,控制工作就必须跟随、穿插其中,衡量计划的执行进度,揭示计划执行中的偏差以及指明纠正措施,以保证对工作发展态势的控制。计划越明确、全面和完整,控制的效果也就越好;控制越是完善,管理者实现组织计划的目标就越容易。

简单地说,控制就是强迫事件发生过程与既定计划相吻合;引用管理语言,控制就是用于保证实际结果与计划相吻合的过程。

因此,计划是控制的前提,控制就是保证计划的完成。如果没有控制,没有实际结果与计划的比较,也就不知道计划是否能够完成,计划也就没有实际的意义。所以,计划和控制是密不可分的。

(三)管理控制与一般控制的关系

管理控制与一般控制既有区别又有联系。

1. 管理控制与一般控制的联系

(1)反馈过程相同。管理控制也是通过信息反馈,发现管理中的不足,进行不断调整和变革,使之达到最佳状态。

(2)控制过程相同。它们都包括三个过程:制定控制标准、衡量绩效和纠正偏差。

(3)都是一个有组织的系统。根据系统内外条件的变化而进行相应的调整,使系统保持相对稳定的状态。

2. 管理控制与一般控制的区别

(1)实质不同。一般控制的实质是一个简单的信息反馈,它的纠正措施往往是即刻付诸实施;管理控制的实质是把实际和计划进行比较,发现偏差,分析偏差原因,进行纠正,这需要一定的人力、物力、财力和时间等的支出。

(2)目的不同。一般控制的目的是使体系运行偏差在控制允许的范围内,使活动维持在平衡点上;管理控制的目的是不仅要使组织按计划正常运行,实现目标,而且使组织活动有所创新达到新的高度,提出和实现新目标。

二、控制的必要性

(一)组织环境的变化

组织的目标和计划是指组织对未来一定时期内的努力方向和行动步骤的描述,任何组织的计划和目标都是在特定的时间和环境下制订的。而组织所面临的环境是复杂多变和不确定的,在计划实施过程中,组织内外的相关因素都有可能发生变化,甚至发生重大变化。为了使计划和目标适应环境的变化,为了保证组织计划和目标更好地实现,组织就必须通过控制来及时了解环境变化的程度和原因,从而对原来制订的计划和目标进行有效的调整和修改。

(二)组织活动的复杂性

随着社会生产力的不断发展,各种组织的规模和内部结构也日趋庞大和复杂。每个组织要实现自己的目标,都必须进行一系列艰苦的工作,而每项工作都有可能涉及组织的每个部门,为了使每个部门的工作紧紧围绕组织目标,为了保证每项工作顺利进行,组织就必须对每个部门及其工作进行有效的控制。

(三)管理失误的不可避免性

俗话说"智者千虑,必有一失",一个计划无论制订得多么详细、具体,在执行的过程中,都不可避免出现一些失误。认识并纠正错误是组织发展的必要前提,而控制是组织发现错误、纠正错误的有效手段。通过对实际活动的反馈,管理者可以及时发现失误,并通过分析采取措施纠正错误。

(四)管理权力的分散

随着经济的不断发展,组织的规模越来越大,组织的主要管理者已经不可能直接地、面对面地组织和指挥全体员工的工作。为了使各层的管理者有效地承担各自的管理职责,完成自己的工作任务,必然要层层授予他们相应的权力,这就导致了管理的权力都制度化或制度化地分散在各个管理层次和管理部门。组织分权程度越高,控制就越有必要。如果没有控制,没有建立起相应的控制系统,管理者就不能检查下属的工作。若出现权力的滥用、不负责任的放任、偏离目标的行为,管理者也无法发现,更无法及时采取措施纠正其行为,必然导致管理的失控。

三、控制的特点

管理中的控制,相对于其他方面的控制(如物理、机械、经济等控制)有其自身的特点。

(一)整体性

它包含两个方面的含义:一是管理控制是组织全体成员的职责,完成计划是组织全体成员的共同责任,参与控制是全体成员的共同任务;二是控制的对象是组织的各个方面,为了确保组织各部门在工作上的均衡和协调,必须对组织各部门的工作情况进行控制。

(二)动态性

管理中的控制不同于其他方面的控制(如空调的温度控制),后者的控制是高度程序化的,具有稳定性的特征。而组织不是静态的,其内外环境都在发生变化,从而决定了管理控制的标准和方法不可能是固定不变的。只有实行动态的控制,才能提高控制的有效性。

(三)人本性

管理控制是保证组织工作按计划进行并实现组织目标的管理活动,而组织中的每项工作都要由人来完成,每项控制活动也要由人来执行。所以,管理控制是对人的控制。

(四)指导性

管理控制工作不仅仅是监督,更重要的是指导和帮助。管理者可以制订纠正偏差的计划,但只有当员工认识到纠正偏差的必要性并具备纠正能力时,偏差才会被真正纠正。通过管理控制,管理者可以帮助员工分析偏差产生的原因,端正他们的态度,并指导他们采取纠正措施。

(五)创新性

控制不等于管、卡、压。控制不仅要保证计划的完成,并且还要保证管理的创新。实施过程要通过控制活动调动受控者的积极性,这是现代控制的特点。

四、控制的内容

控制作为管理的重要职能,是由管理者来承担的。美国管理学家斯蒂芬·罗宾斯(Stephen P. Robbins)认为控制的内容主要有以下几个方面。

(一)人员的控制

管理者是通过他人的工作来实现其目标的,为了实现管理目标,管理者可以通过直接巡视和评估被管理者的表现,以实现对人员的控制,也就是在管理的每一个层次中,都存在着管理者对被管理者工作情况的控制。

(二)财务的控制

为了保证组织的正常运行和不断发展壮大,管理者必须对组织的财务进行控制。它主要包括审核财务报表,以保证一定量的现金存量,保证债务控制在警戒范围内,使组织能持续、稳定、快速发展。因此,财务控制适用于一切组织,所有的管理者都应关心组织的财务问题,学会通过财务控制来提高组织活动的效率,降低组织运行的成本。

(三)信息的控制

管理者需要信息来完成他们的工作任务。不准确的、不完整的信息将会严重阻碍他们的行动。因此,管理者应当重视信息的作用,应当开发或建立一个科学合理的管理信息系统(MIS),为管理者实施控制服务。

(四)作业的控制

日常管理的绝大部分内容是作业控制,而且一切管理工作最终都要归结到作业控制的成功与失败上来。因为,一个组织的成功在很大程度上取决于它在生产产品或提供服务的效率和效果上。

(五)组织绩效的控制

组织绩效是管理者关心的核心问题,这是由管理的效益原则决定的,管理者的一切管理活动都应以绩效为目标。因此,管理者应经常根据组织整体绩效的状况来实施控制。

五、控制的类型

(一)按控制的时点不同分类

按控制的时点不同,可以将控制分为前馈控制、现场控制、反馈控制三种类型。

1. 前馈控制

前馈控制又称预先控制或事前控制,它是在实际工作开始之前进行的控制,是指为增加将来的实际结果达到计划预期效果的可能性,而事先进行的管理活动。

前馈控制的主要目的是防止问题的发生,做到防患于未然,而不是当问题出现时再予以补救。要实现这个目的,及时、准确的信息以及未来活动结果的预测就显得特别重要。

前馈控制的特点:能在问题发生之前告诉管理者,使管理者一开始就采取各种防范措施,尽可能减少问题的出现,从而把损失降低到最低。

前馈控制的优点:一是在工作开始之前进行,可防患于未然,避免事后控制无能为力的弊端;二是针对某项计划行动所依赖的条件进行的控制,不是针对具体人的,因而不易造成冲突,易于被人接受并付诸实施;三是适用于一切领域中的所有工业组织、学校、军队等,适用范围广。

前馈控制的缺点:实施前馈控制的前提条件较多,需要及时、准确的信息,要求管理人员充分了解前馈控制因素与计划工作的影响关系。

2. 现场控制

现场控制又称同期控制、过程控制、事中控制、同步控制、跟踪控制,是一种在工作之中同步进行的控制。

现场控制的特点:在工作进行过程中,一旦发生偏差,可以马上进行纠正。现场控制的目的是及时纠正工作中出现的偏差,改进本次工作活动的质量。

现场控制的优点:具有指导的职能,可以提高管理人员的工作能力和自我控制能力。

现场控制的缺点:一是易受管理者的时间、精力、业务水平的制约;二是应用范围较窄;三是容易形成心理上的对立,容易损害被控制者的积极性和主动性。

3. 反馈控制

反馈控制又称事后控制,是一种在工作结束之后进行的控制,传统的控制方法几乎都属于反馈控制。

反馈控制的特点:把注意力集中在工作的结果之上,通过对前一阶段工作的总结,对比标准进行测量、比较、分析和评价,发现存在的问题,并以此作为下一阶段工作的依据。

反馈控制的优点:总结规律,增强了人员的积极性,实现良性循环,提高效率。

反馈控制的缺点:在实施矫正措施之前偏差就已经产生,控制存在时间滞后的问题。

总之,这三种控制各有优缺点,在实际控制工作中,不能只依靠某一种控制方式,而是必须根据实际情况,综合运用各种控制方式,以达到提高控制的效果。

前馈控制、现场控制、反馈控制三种类型之间相互影响、相互作用,其关系如图 7-1 所示。

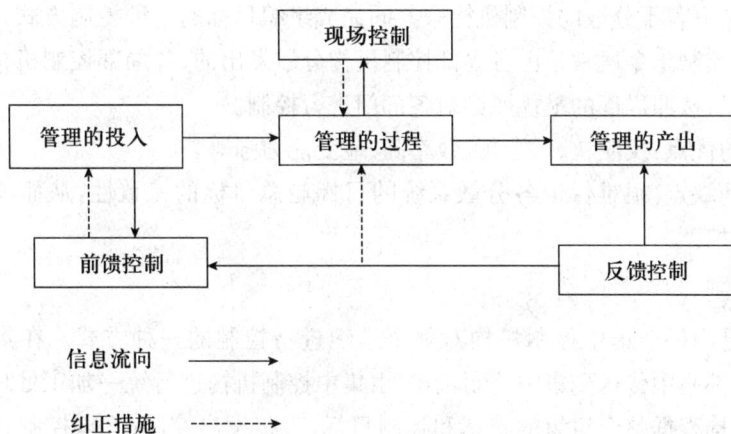

图 7-1　前馈控制、现场控制、反馈控制的关系图

(二)按控制的方式不同分类

按控制的方式不同分类,可以分为直接控制和间接控制两种类型。

1. 直接控制

管理中的直接控制是指主要通过行政命令和手段对被控制对象直接进行控制的一种方式。直接控制主要是对人的控制,是一种对偏差产生源头的控制。

直接控制的优点:准确性较高;有利于主动采取纠正措施;有利于计划目标的顺利实现;节约经费开支。

直接控制的缺点:对管理人员的要求较高。

直接控制是以人们会犯错误为依据的。在管理实践中,由于不确定因素造成的管理失误,直接控制是不能起作用的。但对由于管理人员缺乏经验而导致的偏差,运用直接控制就可以纠正错误,总结经验教训,提高管理水平。

2. 间接控制

间接控制是指通过检查结果追查偏差发生的原因,然后找到责任者,督促其改变操作行为的一种控制方式。间接控制主要是对事的控制。

间接控制的优点:在管理中简单易行,易被人们接受,实际效果较好。

间接控制的缺点:一是要耗费组织的费用与时间;二是因为间接控制的有效性是建立在假设的基础上的。这些假设可以归纳为:①工作成效能准确计量;②每个组织成员对自己负担的工作都有强烈的个人责任感;③能预测可能出现的偏差并能及时发现错误;④主管人员能自觉迅速采取有效的纠正措施等。

因此,不少西方管理者和管理学家比较倾向和重视采用直接控制。

(三)按控制的结构不同分类

按控制的结构不同分类,可以分为分散控制、集中控制和分层控制三种类型。

1. 分散控制

分散控制是由若干分散的控制机构来共同完成组织目标的一种控制方式。在分散控制中,各种决策及控制指令通常是由各局部控制机构分散发出的,各局部控制机构主要是根据自己的实际情况,按照局部的最优原则对各部门进行控制。

分散控制的优点:反应快、时滞短、效率高、应变能力强等。

分散控制的缺点:很难保证各分散系统的目标与总目标的一致性,从而危及整体的优化,甚至导致失控。

2. 集中控制

集中控制是由一个集中控制机构对整个组织进行控制的一种方式。在集中控制方式中,把各种信息都集中传送到集中控制机构,由集中控制机构进行统一加工处理。在此基础上,集中控制机构根据整个组织的状态和控制目标,直接发出控制命令,控制和操纵所有部门和成员的活动。

集中控制的优点:简单易行,指标控制统一,便于整体协调和最优控制。

集中控制的缺点:灵活性和适应性差,机构的变革和创新困难。

3. 分层控制

分层控制是把分散控制与集中控制结合起来的一种控制方式。

分层控制的特点:一是各子系统都具有各自独立的控制能力和条件,从而有可能对子系统的管理实施独立的处理;二是整个管理系统分为若干层次,上一层次的控制机构对下一层次的各子系统活动进行指导性和导向性的间接控制。

(四)按控制源不同分类

按控制源不同分类,可以分为正式组织控制、群体控制和自我控制三种类型。

1. 正式组织控制

正式组织控制是由管理者设计和建立起来的一些机构或规定来进行的一种控制方式。如预算、审计部门等。组织可以通过规划指导成员的活动、预算控制消费、审计监督来检查各部门或各成员是否按规定进行活动,并提出具体的更正措施和建议。

在大多数组织中,普遍实行的正式组织控制的内容主要有:制定和实施标准化;保护组织的一切财产完整不受侵犯;产品质量标准化;合理使用权力;对职工的工作进行指导等。

2. 群体控制

群体控制是由非正式组织基于群体成员的价值观念和行为准则来加以维持的一种控制方式。非正式组织中的行为规范虽然没有明文规定,但通过这些约定俗成的规范,奖励或惩罚组织成员,也可以起到强化自己在非正式组织中的地位的作用。群体控制有利于实现组织目标,也有可能给组织带来危害。

3. 自我控制

自我控制是个人有意识地去按某一行为规范进行的一种控制方式。自我控制的能力取决于个人本身的素质。具有良好修养的人自我控制能力较强,顾全大局的人比仅看重自己局部利益的人有较强的自我控制能力,具有高层次需求的人比具有低层次需求的人有较强的控制能力。

自我控制的优点:有利于发挥员工的积极性、主动性和创造性,减轻管理人员的负担,提高控制的及时性和准确性。

自我控制的缺点:每个人员的素质不同,控制的能力不同。

任务二　控制的基本过程

控制是根据计划的要求,确定衡量绩效的标准,然后把实际工作与预定标准进行比较,以确定组织活动中出现的偏差及其严重程度。在此基础上,有针对性地、及时地采取必要的纠正措施以确保组织资源的有效利用和组织目标的实现。尽管控制的类型多种多样,控制的对象不同,但控制的基本过程是相同的。控制过程分为制定控制标准、衡量绩效和纠正偏差三个阶段。

一、制定控制标准

(一)控制标准的含义

控制标准是人们检查和衡量实际工作及其结果的规范,是由一系列目标构成的。标准是进行控制的基础,如果没有一套完整的标准,衡量绩效或纠正偏差就失去了依据。

(二)选择关键控制点

组织无力,也没有必要对所有的活动进行控制,只能选择对组织影响较大的因素作为控制的关键点。控制的关键点是指重大问题,它们是活动中的一些限定性不利因素,关键控制点一般是影响整个工作运行过程的重要操作与活动。

知识链接

关键控制点

美国通用汽车公司建立了八个标准作为关键控制点:获利能力、市场地位、生产率、产品领导地位、人员发展、员工态度、公共责任、短期目标与长期目标的平衡。

(三)制定控制标准

控制标准可以分为定量标准和定性标准两大类。定量标准是数字化了的标准,是控制标准的主要形式,最常用的定量标准是实物标准、时间标准、价值标准和质量标准。

1. 实物标准

实物标准是用实物量表示的标准,在基层生产单位中普遍采用,如组织中的产品产量、汽车每百千米所耗汽油的升数、单位产品台时定额等。可以说,实物标准在某种程度上是计划工作的基石,也是控制的基本标准。

2. 时间标准

时间标准是用时间表示的标准,如工时定额、工期、交货期限、提前期等。

3. 价值标准

价值标准是用货币表示的标准,如资金、收益、利润、生产成本等。

4. 质量标准

质量标准是工作应达到的要求或产品和劳务应达到的品质标准,如产品的合格率、废品率、投资回报率、产品服务的零投诉等。

定性标准主要是有关服务质量、组织形象等难以量化的标准,如服务态度、组织形象等。虽然定性标准具有非定量性质,但在实际工作中为了便于掌握这些方面的工作绩效,有时也尽可能采用一些可度量的方法。

(四)制定控制标准的方法

在确定控制标准后,应根据具体的情况,选择合适的控制方法。制定控制标准的方法主要有经验估计法、统计分析法和工程法三种。

1. 经验估计法

经验估计法是根据管理人员的经验、判断、评估来建立的控制标准的方法。经验估计法具有简单易行的优点,但这种方法受人们的主观因素影响较大,结果不是很准确。

2. 统计分析法

统计分析法是根据组织的历史数据或者对比同类组织的水平,运用统计的方法来确定组织各方面工作的标准的方法。统计法具有计算比较简单,数据比较准确等优点,但是统计法所需要的相关数据必须准确,否则结果就不准确。

3. 工程法

工程法是根据对具体工作情况做出客观的定量分析,来制定标准的一种方法。工程法是对实际发生的活动进行测量,使制定出的标准符合实际、更可靠。工程法具有数据更准确、更科学的优点,但这种方法的工作量较大。

二、衡量绩效

控制标准制定以后，管理者就要对照控制标准，对受控系统的实际情况进行监督。

(一)衡量绩效的要求

为了使衡量绩效的工作更加有效，组织的衡量绩效的工作必须满足以下要求。

1. 实用性

衡量的结果应方便管理者对绩效的准确评价，有助于纠正措施的实施，具有实用性。

2. 可靠性

衡量绩效必须采用客观、公正、公平的方法和手段，同时要求准确，使实际的绩效与计划的比较能真正反映存在的问题。

3. 及时性

绩效的衡量应该是及时的，并且衡量的结果能够及时地传到有关人员的手中，以便及时采取措施防止偏差的扩大。

4. 经济性

绩效的衡量都要付出一定的时间、精力、资金等，即一定的成本。经济性就是要求采用尽可能低的成本衡量的方法，从而降低其总成本。

(二)确定衡量的内容、衡量的方法和衡量的主体

1. 衡量的内容

衡量的内容主要是资源配置、运行状况、工作成果等，监测的核心是实际与计划是否一致，即是否存在偏差。

2. 衡量的方法

管理者为获得实际工作绩效方面的资料和信息可以通过以下四种方法。

(1)亲自观察法。个人通过深入现场观察，可以看到现场的实际情况，可以与工作人员现场交谈来了解工作进展情况和存在的问题。这种方法所耗的时间长、精力多。

(2)利用报表和报告。这是从书面资料了解工作情况的方法。这种方法可以节约管理者的时间，但所获资料是否全面、准确取决于报表和报告的质量。

(3)抽样调查法。从整个调查对象中抽取一部分样本进行调查，然后从个体推断整体的情况。这种方法可以节省调查的时间和成本。

(4)召开会议。在会议上，让各部门的管理者汇报各部门的工作情况及存在的问题。这种方法有助于管理者了解各部门的工作情况，加强各部门的沟通与协调。

以上方法各有利弊，在实际控制工作中，多种方法应结合使用。

3. 衡量的主体

衡量绩效的主体是人，他可以是工作者本人，也可以是同一级的其他人员，还可以是上

级的管理者。控制的主体不同,对控制的效果和控制的方式产生的影响也不同。

(三)确定衡量的频度

衡量的频度是实际工作的次数或频率。衡量的频度取决于被控制活动的性质、控制活动的要求。对产品质量的控制通常以时或以日来进行的,对一些高、精、尖产品的控制必须时时进行监控,不能有半点马虎。

(四)建立信息反馈系统

应建立有效的信息反馈系统,使反映实际工作情况的信息能及时收集上来,并迅速传递给管理者,适时将纠错指令下达给有关人员,使之能与预定标准进行比较,及时发现问题并进行处理。

三、纠正偏差

通过将实际绩效与控制标准进行比较,可以发现两者之间是否有偏差。如果没有偏差,则按原计划进行。如果有偏差,必须进行偏差分析。

(一)找出产生偏差的原因

实际上,并非所有的偏差都会影响组织的成果,有些偏差是由于计划本身和执行过程中的问题造成的,而有些偏差是由于偶然因素造成的,不一定会给组织的成果造成影响。管理者必须把精力放在查找产生偏差的原因上,既要查内部因素,也要查外部环境。一般产生偏差的原因主要有以下几项。

1. 标准本身不合理

如果确定的标准脱离实际,那么即使控制再有效,也无法改变实际与标准之间的偏差现象。

2. 控制力选择不当

由于主观上的认识问题,指挥失误、调节不当或在某些环节上安排不妥、资源的质量不符合要求等造成偏差。

3. 外部环境发生重大变化

如果组织所处的外部环境特别是宏观环境发生重大变化,组织的实际情况与标准肯定会发生偏差,甚至发生的偏差很大。

4. 组织内部结构不合理

组织机构是组织功能的基础,如果组织内部结构不合理,即使是合理有效的输入,其结果也会与标准产生偏差。

(二)确定纠正偏差措施的实施对象

在纠正偏差的过程中,需要纠正的不仅是组织的实际活动,也包括指导这些活动的计划或衡量活动的标准。因此,纠正偏差的对象可能是生产活动,可能是衡量的标准,也可能是指导这些活动的计划。

(三)纠正偏差的措施

根据产生偏差的原因,可采取有效的改进措施,保证预期目标的实现。常见的纠正偏差的方法如下。

1. 调整原计划

如果发现原计划安排不当或不合理,或者由于内外环境发生变化而不得不调整计划。

2. 改进生产技术

在管理中,如果达不到控制标准,生产技术的原因占很大的比例。因此,应采取各种措施提高技术水平,纠正偏差,实现预定的目标。

3. 启用备用计划或重新制订新计划

如果组织所处的环境发生重大变化,使计划不能适应新的环境,这时就要启用备用计划或制订新计划。

这三个环节就构成了控制的基本过程,如图 7-2 所示。

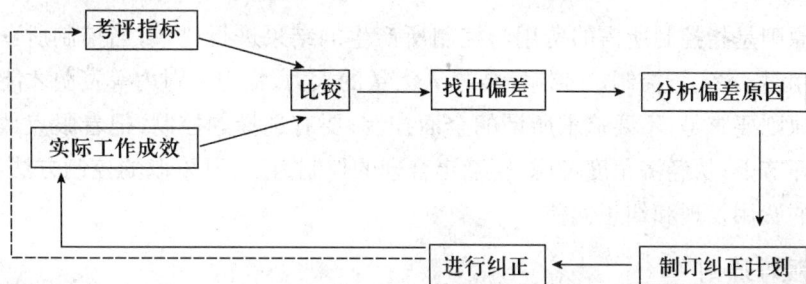

图 7-2 控制基本过程示意图

任务三 控制原则与有效控制

一、控制的原则

(一)重点原则与例外原则

1. 重点原则

重点原则是指组织在建立控制系统时必须从实际出发,对影响实现组织目标或反映工作绩效的各种因素进行科学的分析研究,从中选择关键要素作为控制的对象,并进行严格的控制。事实上,控制住了关键点,也就控制住了全局。

2. 例外原则

例外原则是管理人员应考虑那些重要的偏差,尤其要注意特别好的或特别差的情况。

管理人员越是把注意力放在那些与预期绩效例外情况的控制上,控制的效能和效率就越高。

(二)灵活性原则

灵活性原则又称弹性原则或柔性原则,是指控制工作即使在面临计划发生变化、出现未能预见的情况或计划失败的情况下,也能发挥作用。任何控制对象和控制过程都要受到各种因素的影响,尽管人们追求预测的准确性,但不确定性总是存在的。因此,控制系统应能适应环境的变化,持续地发挥作用,并与计划保持同一变动。

灵活性控制通常与控制标准有关。一般来说,灵活性控制要求组织制订灵活的计划和衡量标准。

(三)及时性原则

及时性原则是指能够及时发现偏差、纠正偏差。及时性原则表现在两个方面:一是在偏差尚未发生之前,就能准确预见并制定对策,防患于未然,把各方面的损失降低到最低;二是一旦产生偏差,能够及时发现并采取措施予以纠正,避免延误时间,使控制失去应有的效果。

(四)经济性原则

经济性原则是指控制所需的费用与控制所产生的结果进行比较,当控制所获得的收益大于所需费用时,才实行控制。控制需要投入大量的人力、物力和财力等资源才能实现。

经济性原则要求是:不要追求所谓的全面控制,要有选择的控制,把着眼点放在最重要和最关键的环节上;从经济角度考虑,要确定合理的控制力度;所采取的控制方法和技术,应该是以最少的费用发现和纠正偏差。

(五)客观性原则

客观性原则是指坚持实事求是,一切从实际出发,防止主观片面的原则。在管理控制中,应遵循客观控制的原则,让事实和数据说话。客观性原则的要求是有效的控制需要有客观的、准确的和适当的标准。无论控制的标准是定量的还是定性的,在任何情况下,控制的标准是客观的、可测的和可考核的。

(六)鼓励自我控制原则

组织成员是计划、决策的最终执行者,员工进行自我控制是提高控制有效性的根本途径。员工进行自我控制,有助于满足员工的自尊需要,调动员工的积极性、主动性和创造性,达到控制及时、准确、节约的要求。

鼓励自我控制可根据控制的基本过程采取相关的措施:员工参与制定控制标准,可以增强标准的可行性,增强员工的责任感;员工实行自检自测,可以及时获得工作成果信息而调整自身的行为;利用信息反馈推动自我控制。

(七)综合性原则

为了保证控制及时有效,应采取多种控制方法和手段,综合各自的优点。在控制方式方面,应将前馈控制、现场控制、反馈控制结合起来;在控制手段方面,应将行政手段、经济手段、法律手段和文化手段结合运用;在控制主体方面,应将上级主管控制、专职机构控制、相关部门相互监督和自我控制结合起来。

(八)以人为本原则

科学技术的进步、物质财富的创造、社会生产力的发展、社会经济的运行等都离不开人的服务、人的劳动与人的管理,控制的对象是人,一切控制工作都要从人出发,以人为本原则就是以人为中心的控制思想。

二、有效控制

控制的目的是保证组织的活动符合计划的要求,以实现组织的目标。因此,有效的控制应具有以下几个方面的内容。

(一)科学的标准

控制标准的水平必须是科学的、合理的、符合实际的。标准制定得过高或过低,都不利于组织目标的实现,不能调动员工的积极性、主动性和创造性。控制标准的数量也必须是科学的、合理的,数量过多或过少,都不利于组织目标的实现。

(二)客观控制

控制应根据组织的实际情况,采取必要的纠偏措施。因此,有效的控制必须是客观的,符合组织实际的。在组织的实际管理工作中,必须做到以下几点:尽量避免主观因素的影响,建立客观的、标准的方法;管理者必须对所获取的信息进行适当的分析;管理者要从组织的目标出发,客观地观察分析问题,避免个人的偏见。

(三)弹性控制

组织在生产经营过程中可能会遇到各种突发的、不可抗拒的变化,这些变化会使组织的计划与实际条件严重背离。有效的控制在这种情况下仍能发挥作用,维持组织的正常运转。也就是说,控制应具有灵活性或弹性。通常,弹性控制要求组织制定有弹性的计划和控制标准。

(四)适度控制

适度控制是指控制的范围、程度和频度要恰如其分。适度控制要注意以下几个方面:防止控制过多或控制过少;处理好全面控制与局部控制、重点控制与一般控制的关系;控制要有战略的高度。

(五)适时控制

组织在生产经营过程中产生的偏差,只有及时采取有效的措施进行纠正,才能避免偏差的扩大,或防止偏差对组织产生不利的影响。及时纠正偏差,要求管理者能及时掌握反映偏差产生及其严重程度的信息。

任务四 控制的方法

为了保证控制的有效性,必须选择相应的控制方法。根据控制对象、内容和条件的不同,可以选择不同的控制方法。控制的方法很多,本书主要介绍几种常用的控制方法。

一、预算控制法

(一)预算和预算控制的含义

预算控制法是管理控制中使用最广的一种控制方法。预算是以货币或实物量来表示的计划,是计划的具体化,它为控制提供了明确的控制标准。预算的作用是:明确工作目标,协调各部门的关系,控制日常活动,考核绩效标准。

预算控制是根据预算规定的收支标准检查和监督各部门的活动,以保证各种活动或各部门在完成既定目标、实现利润的过程中对资源的利用,从而使费用支出受到严格有效的约束。

(二)预算的种类

预算的种类主要有以下几种。

1. 收支预算

收支预算又称营业预算,是以货币表示的组织经营管理的收支计划,它综合反映了组织在预算期内生产经营的财务状况。它主要包括销售预算、生产预算、生产成本预算、费用预算、工资预算等,其中最基本的是销售预算,它是预算的基础。

2. 实物量预算

实物量预算是以实物量来表示货币支出的预算,即以实物单位表示的预算。常用的实物预算有:直接工时数、台时数、原材料的数量、占有的面积与空间、生产数量等。

3. 现金预算

现金预算实际上是一种现金收支的预算,主要反映组织在计划期内现金的使用情况。现金预算是以收支预算中的基本数据为基础编制的。从某种意义上来说,现金预算是组织中最重要的一种控制。为了更好地利用现金,现金预算的编制时期越短越好,在中国,最常见的是按季度和月份进行编制。

4. 投资预算

投资预算是组织为了更新和扩大规模,投资厂房、机械设备等,增加固定资产支出的预算。它包括了何时进行投资、投资多少、资金融资的渠道、何时取得收益、投资回收期和投资报酬率等内容。投资的金额大,时间长,因此投资预算和组织的发展战略以及长远规划相一致。

5. 资产负债预算

资产负债预算是用来预测组织某一特定时期的资产、负债、所有者权益及其相互关系的情况。资产负债预算是其他预算的一个综合统计,进行资产负债预算的目的是描绘出组织的财务状况,显示全部预算是否恰当。

(三)预算的编制方法

预算的编制方法很多,常用的主要有以下几种。

1. 固定预算法

固定预算又称静态预算,是组织以未来既定的业务量水平为基础编制预算的方法。固定预算法具有相对的稳定性,没有特殊情况没有必要对预算进行修订,因此该种方法适用于经济状况比较稳定的组织或部门。

2. 弹性预算法

弹性预算又称变动预算,是组织在不能确定预测业务量的情况下,根据量本利之间有规律的数量关系编制的能够适应不同生产经营水平需要的预算方法。弹性预算具有预算范围广、灵活性强等特点。弹性预算的步骤是:确定业务量,确定业务量的范围,确定各项成本与业务量之间的数量关系计算各项预算成本。弹性预算的编制方法通常采用公式法和列表法。

3. 零基预算法

零基预算法是不受过去实际收支情况的限制,一切从零开始的编制预算方法。零基预算法目前被西方发达国家广泛采用。零基预算与传统预算相比具有预算的基础不同、预算编制分析的对象不同、预算的着眼点不同等特点。零基预算法的编制步骤是:划分和确定基层预算单位,编制本单位的费用预算方案,进行成本效益分析,审核资金的分配,编制并执行预算。

零基预算法的优点:有利于提高员工的投入—产出意识;有利于合理分配资金;有利于发挥基层单位参与预算编制的积极性、主动性和创造性;有利于提高预算管理水平。

零基预算法的缺点:投入的人力、物力大,时间长,费用高;主观因素影响大;过分注重短期利益,忽视长期利益;适用于国家机关、事业单位以及组织内部的行政部门,制造部门等则不适合。

知 识 链 接

零基预算法

零基预算法(Zero Base Budgeting,ZBB)是美国得克萨斯仪器公司的彼得·A.菲尔(Peter. A. Pyher)于 1970 年提出的,美国的政府部门,当时佐治亚州州长卡特读了菲尔的文章,并于 1971 年聘请菲尔为本州建立了这种制度。1977 年,卡特就任总统后,零基预算法就成了管理界的一个流行词,并被广泛采用。

4. 增量预算法

增量预算是以基期成本费用水平为基础,结合预期业务量水平及有关降低成本的措施,通过调整有关原有费用项目而编制预算的方法。增量预算具有往往不加分析地保留或接受原有成本项目,或按主观臆断平均削减,或只增不减、不利于组织的未来发展等弊端。

5. 滚动预算法

滚动预算又称连续预算或永续预算,是一种随着时间的推移而自行延伸预算期间,从而使预算期始终保持在一个特定的期限内的预算方法。在这种预算方法下,预算期是连续不断的,始终保持一定的期限。采用这种预算方法,由于需要逐期修改编制,工作量较大。但是由于它逐期修改,能不断适应新环境,从而使预算更加符合实际,更加便于控制。

二、非预算控制法

非预算控制法主要包括视察、报告和比率分析等。

(一)视察

视察是一种最常见、最直接的控制方法。视察的具体形式是上级管理者在对其下级人员执行计划的过程中进行实地的检查和评价,发现问题立即采取措施进行纠正。由于视察是一种直接的、面对面的控制,因而上级管理者获取的信息具有较高的真实性和及时性,从根本上保证了控制的有效性。

(二)报告

报告是用来向负责人全面地、系统地阐述计划的进展情况、存在的问题及原因、已经采取了哪些措施、收到什么效果、预计可能出现问题的重要方式。报告控制法是利用第二手资料对组织的运行情况进行分析,衡量实际绩效并采取相应的纠正措施。一份优秀的报告必须做到适时、突出重点、指出例外情况、简明扼要。

在一些规模较大的组织管理中,管理人员的控制效果在很大程度上取决于报告,因为较大规模组织中主管人员不可能实施对每一个方面的直接控制,所以,他必须依赖于报告,而且对报告的形式和内容以及时间等都有严格的规范要求。

(三)比率分析

对于组织经营活动中的各种不同度量之间的比率分析,是一项非常有益的和必需的控制技术或方法。一般说来,仅从有关组织经营管理工作成效的绝对数量的度量中是很难得出正确的结论的。例如,仅从一个组织年创利 1 000 万元这个数字上很难得出明确的概念,因为我们不知道这个组织的销售额是多少,不知道它的资金总数是多少,不知道它所处的行业的平均利润水平是多少,也不知道该组织上年和历年实现利润是多少,等等。所以,在做出有关一个组织的经营活动是否有显著成效的结论之前,必须首先明确比较的标准。

组织经营活动分析中常用的比率可以分为两大类,即财务比率和经营比率。前者主要用于说明组织的财务状况,后者主要用于说明组织经营活动的状况。

1. 财务比率

组织的财务状况综合地反映着组织的生产经营情况。通过财务状况的分析可以迅速地、全面地了解一个组织资金来源和资金运用的情况,了解组织资金利用的效果以及组织的支付能力和清偿债务的能力。常用的财务分析比率有以下几类。

(1)资本金利润率。对于一个组织来说,分析其资本金利用效果的出发点和归宿,就是采用的资本金利润率这一重要指标。资本金利润率是财务绩效的最佳衡量尺度,是一种高度综合的计量比率。资本金利润率的计算公式如下:

$$资本金利润率＝利润总额/资本金总额×100\%$$

式中:利润总额指的是税前利润;资本金总额指的是组织在工商管理部门登记的注册资金。

资本金利润率说明的是一定时期组织投入资本的获利水平,它是直接衡量组织经营成果的尺度,具有重要的现实经济意义。组织人、财、物、供、产、销等各方面工作的好与坏,都会影响这项指标。组织的固定资产利用率高,流动资产周转速度快,用同样的资本可完成更多的财务成果。资本金利润率,应高于银行存款利率或债券利率,组织才能继续经营下去。

(2)销售利润率,或称销售收入利润率。销售利润率是反映实现的利润在销售收入(或营业收入)中所占的比重。比重越大,表明组织获利的能力越高,组织的经济效益越好。其计算公式为:

$$销售利润率＝利润总额/产品销售收入(或营业收入)×100\%$$

营业收入利税率是衡量组织营业净收入获取赢利的指标。其计算公式如下:

$$营业利税率＝(利润总额＋销售税金)/营业收入总额×100\%$$

(3)成本费用利润率。成本费用利润率指利润总额与营业成本(销售成本)之间的比率。它是衡量组织营业成本、各项费用获利水平的指标,表明组织在成本降低方面取得的经济效益。其计算公式如下:

$$成本费用利润率＝利润总额/产品销售成本×100\%$$

销售利润率、成本费用利润率均是收益性指标,受组织机械化、自动化程度的影响,但不受生产规模大小的影响。因而可以比较本组织不同时期的经济效益。

资本金利润率、销售利润率和营业收入利税率、成本费用利润率三种指标属于评价组织赢利能力的比率指标,分析这些指标的目的在于考察组织一定时期实现组织总目标的收益及获利能力,分析组织以一定的劳动占用和劳动耗费取得多少赢利。

(4)资产负债率。资产负债率指组织负债总额与组织全部资产的比率,即在组织全部资产中负债总额占多大比重,用以衡量组织利用债权人提供资金进行经营活动的能力,也就是反映债权人借出资金的安全程度。因此它是组织长期偿债能力的晴雨表,负债的比例越低,表明组织的偿债能力越强,债权人得到保障的程度越高。其计算公式如下:

$$资产负债率＝负债总额/全部资产总额×100\%$$

(5)流动比率。流动比率指流动资产与流动负债的比率,它用以衡量组织流动资产在短期债务到期以前,可以变为现金用于偿还流动负债的能力。其计算公式如下:

$$流动比率＝流动资产合计数/流动负债合计数×100％$$

组织流动资产大于流动负债,一般表明组织偿还短期债务的能力强。同时,用流动比率去衡量组织资产流动性如何。一般要求组织的流动资产在清偿流动负债以后,应基本满足日常生产经营中的资金需要,但并不意味着流动比率越大越好。从组织的角度看,过大的流动比率说明经营管理不善,因为它很可能是一种不能利用的现金超出。这也就意味着组织流动资产占用较多,会影响组织经营资金周转率和获利能力,同时,组织很可能没有充分利用它当前短期信贷的能力。当然,如果比率过低,说明组织偿债能力较差。经验表明,2:1左右的流动比率对大多数组织来说是比较适合的。但各行业生产经营方式不同、生产周期不同,对资产流动性的要求并不一致。因此,要根据具体情况确定标准比率,作为考核的尺度。

(6)速动比率。速动比率指组织速动资产与流动负债的比率。所谓速动资产是指流动资产减去存货等非速动资产后的差额。其计算公式如下:

$$速动比率＝速动资产/流动负债×100％$$

速动比率是衡量组织短期偿债能力的指标,反映组织流动资产中可以立即用于偿付流动负债的能力。速动资产具体来讲,只包括流动资产中的现金、银行存款、应收票据、短期投资、应收账款、有价证券等能变现的资产。速动比率的目的是要测试假设存货根本没有什么价值可以留下时,在真正的危机出现的情况下,流动负债的收集能力(偿还流动负债的能力)有多大。作为组织面临困境时对偿付能力的有效的测量,这种比率是非常有用的。一般认为这个比率低于0.6,就说明某些事情或某些地方可能很糟糕;而低于0.4,就已经接近破产的边缘。在美国,一般认为这个比率在100％以上为好。但是,从经营的动态性角度来看,速动比率应为多少合适,最好还应同时分析一下组织在未来时期的经营情况。

资产负债率、流动比率和速动比率三种比率,是用于评价组织偿债能力的指标。组织在经营中需要从银行或其他途径获得贷款或投资。作为贷款者或投资者必然有两方面的考虑,他们既乐于投资到一家经营成功的组织中,又非常小心地判断该组织有无发生清算破产的可能性以及收不回其资金的风险。因此,在国外,贷款者或投资者通常使用上述这三种比率来估计组织的支付能力和偿还债务的能力。

(7)应收账款周转率。应收账款周转率指组织赊销收入净额与平均应收账款余额的比率。它是衡量组织收回应收账款效率的指标,反映组织应收账款的流动程度。其计算公式如下:

$$应收账款周转率＝赊销收入净额/平均应收账款余额×100％$$

式中:

$$赊销收入净额＝销售收入-现销收入-(销售退回＋销售折让＋销售折扣)$$
$$平均应收账款余额＝(期初应收账款＋期末应收入账款)/2$$

应收账款周转率反映的是组织一定时期内销售债权(即应收账款的累计发生数)与期末应收账款平均余额之比,表明销售债权的收回速度。收回速度越快,说明资产的利用效率越高。

(8)存货周转率。存货周转率指销货成本与平均存货的比率。它是衡量组织销售能力和管理存货效率的指标。其计算公式如下：

$$存货周转率＝销货成本/平均存货×100\%$$
$$式中：平均存货＝(期初存货＋期末存货)/2$$

存货周转率反映组织存货在一定时期内使用和利用的程度，即利用存货的效率如何，或者存货是否过量。在一定时期内周转率越高，即周转次数越多，周转一次所需的时间越少，表明资产的利用效率越高。

应收账款周转率和存货周转率两个比率是用于分析组织营运能力的指标。

2. 经营比率

前面已指出，财务比率是衡量一个组织生产经营状况和财务状况的综合性指标。除此以外，还有一些更直接的比率，可以用来进一步说明组织的经营情况。这些比率称为经营比率，常用的有以下几种。

(1)市场占有率。市场占有率又称市场份额，指的是组织的主要产品在该种产品的市场销售总额中所占的比重。对大公司来说，这是一个最重要的经营比率，是应当为之奋斗和捍卫的目标。因为只有取得了稳定的市场占有率，组织才能在激烈的市场竞争中取胜，才能获得可观的利润。而市场占有率的下降，是一个组织开始衰败的最显著特征。值得引起注意的问题是，市场占有率的下降，可能被销售额的缓慢增长所掩盖。

(2)相对市场占有率。当缺乏总的市场规模的统计资料的，可以采用相对市场占有率作为衡量的指标。常用的相对市场占有率指标有两种：一种是某公司的销售量与该公司所在市场中占领先地位的最大的头三名竞争对手销售量总和的百分比；另一种是某公司的销售量与该公司所在市场中最大的公司的销售量的百分比。

(3)投入—产出比率。用作控制度量的投入—产出比率是对投入利用效能的直接测量标准。其中一些比率采用的是实物计量单位。

投入方面的标准包括工资及资金、实用工时、生产能力、主要原材料、能源等。

产出方面的标准包括产品产量、销售量、销售收入、工业总产值等。几乎每项投入都能够同其成对应比率，以衡量某一方面的经营或管理效果和效率。

三、会计控制法

会计控制是管理控制中的一个综合性控制方法，具有从价值角度进行综合性管理的特点。

(一)现金收支计划控制

现金收支计划控制主要是按年、季、月编制的，规定现金收支的额度，作为组织资金平衡和调度的依据。

(二)收入控制

收入控制主要是保证组织所有收入来源清楚、数据准确、账账相符、账实相符、账表相符、及时入账等。

(三)支出控制

支出控制主要是资金的支出必须合法有据,有严格的授权,有完备的批准和支付手续。

(四)库存控制

库存控制主要是为了减少库存,降低仓储费用,提高经济效益。管理者要使用各种控制库存的方法,如 ABC 法、CVA 法等,使所有费用降到最低。

(五)成本控制

成本控制是对组织所有的工作进行全面的分析,通过层层分解成本指标,并以其作为控制的标准,把成本控制在预定的范围之内,以提高经济效益。

四、审计控制法

审计是一种常用的控制方法,主要有以下几种。

(一)财务审计

财务审计是以财务活动为中心内容,以检查和核实账目、凭证、财物、债务以及结算关系等为主要手段,以判断财务报表中各项记录正确无误、合理合法为目的的方法。

财务审计分为外部财务审计和内部财务审计。外部财务审计是由外单位的审计机构和专业人员对本组织的财务和管理进行的审计。内部财务审计是由本组织内部的审计部门和人员对财务活动进行的审计。

财务审计的方法有审计检查法、审计调查法、审计分析法、抽样审计法等。

(二)业务审计

业务审计是组织内部财务审计的扩展,审计的范围包括财务、生产、市场、人事等。

(三)管理审计

管理审计是业务审计的进一步发展,是对组织各项职能及战略目标所进行的全面审计,其范围包括审计机构、计划方法、预算、管理决策、研发、市场、管理信息等。管理审计的目的是明确组织的优势与劣势,全面改进组织的管理工作。

(四)经营审计

经营审计是对组织经营计划的实施过程进行的审计。它是经营决策、经营战略和经营计划等的必然延续和补充,可验证、补充或纠正经营计划审计的结论,并为经营成果、效益的审计提供依据。经营审计的目的是保证组织的实际经营活动及其成果同预期的目标一致。经营审计包括制度方面的审计、经营业务方面的审计、财务方面的审计等内容。

五、现代综合控制方法

(一)标杆控制

作为一种学习先进经验的系统、科学、高效的方法,标杆管理和控制在当代组织管理中得到了广泛的应用。

1. 标杆控制的含义

根据大多数学者的观点,标杆控制是以在某一项指标或某一方面实践上竞争力最强的组织或行业中的领先组织或组织内部某部门作为基础,将本组织的产品、服务管理措施或相关实践的实际状况与这些基准进行定量化的评价、比较,在此基础上制定、实施改进的策略和方法,并持续不断反复进行的一种管理方法。标杆控制的心理基础在于人的成就动机导向,其认为任何个人与组织都应设定既富有挑战性又具有可行性的目标,只有这样,个人和组织才有发展的动力。

2. 标杆控制的步骤

标杆控制实施的步骤如下。

(1)确定标杆控制的项目。标杆控制的项目一般是对组织竞争力有重要影响的因素,同时也是组织的薄弱环节。一般来说,项目应在对自己状况进行比较深入、细致研究的基础上确定。

(2)确定标杆控制的对象和对比点。标杆控制的对象应当是同组织、同行业、同部门中业绩最佳、效率最高的少数有代表性的对象。标杆控制的对比点应当在标杆控制项目范围内决定,通常为业绩的作业流程、管理实践或关键要素,在此基础上确立测量指标作为控制的依据。

(3)组成工作小组,确定工作计划。组织层次标杆控制活动的组成人员通常由决定竞争力因素的核心部门的能够识别专业流程优劣的人员参加。

(4)调查和收集资料。首先收集相关项目、相关调查对象和调查内容方面已有的研究报告、调查报告或相关信息,在研究这些已有资料的基础上,拟订实地调查提纲和调查问卷。在实地调查之前,要在内部对调查问卷和实地调查方法进行检验,确定调查问卷和方法的有效性。在实地调查过程中,需要重点关注造成差异的地方。

(5)分析比较,进行纠偏。在对调查所取得的资料进行分类、整理,并进行必要的进一步调查的基础上,进行调查的对象之间以及调查数据与自己组织的实际情况的比较研究,确定出各个调查对象所存在的差异,明确差距形成的原因和过程,并确定最佳做法。

(6)明确改进方向,制订实施方案。在明确最佳做法的基础上,找出弥补自己和最佳实践之间差距的具体途径或改进机会,设计具体的实施方案,并进行实施方案的经济效益分析。实施方案要明确实施重点和难点,预测可能出现的困难和偏差,确定对实施情况的检查和考核标准。

(7)沟通与修正方案。利用各种途径,将拟订的方案、所要达到的目标前景同全体成员进行反复交流与沟通,征询意见,争取全体成员的理解和支持,并根据成员建议,修正和完善方案,以统一成员思想,使全体成员在方案实施过程中目标一致、行动一致。

(8)实施与监督。将方案付诸实施,并将实施情况不断和最佳做法进行比较、监督偏差的出现并采取有效的措施,以努力达到最佳实践水平,努力超过标杆对象。

(9)总结经验、进行再循环。在完成了首次标杆控制活动之后,必须对实施效果进行合理的评判,并及时总结经验,对新的发现进行进一步的分析,锁定下一次标杆的项目对象。

3. 标杆控制的缺点

与其他控制方法一样,标杆控制也存在着不足。

(1)标杆控制容易导致组织的竞争战略趋同。标杆控制方法鼓励组织相互学习和模仿,因此在奉行标杆控制的行业中,可能所有的组织都企图通过采取类似行动来改进绩效,在竞争的某个关键方面超过竞争对手。模仿可能使得组织之间相对效率差距日益缩小,这会导致各个组织在战略上趋同一致,各个组织的产品、质量、服务甚至供应销售渠道大同小异,在组织运作效率上升的同时,利润率却在下降。

(2)标杆控制容易使组织陷入"落后—标杆—又落后—再标杆"的"标杆管理陷阱"。例如 IBM 公司和通用电器公司在复印机刚刚问世时,曾标杆于复印机领先者施乐公司,结果陷入了无休止的追赶游戏之中,最终不得不退出复印机行业。

(二)平衡积分卡控制

由于传统的控制方法偏重于财务性衡量指标,而忽视组织创造未来长远的经济价值与利益,因此,1992 年卡普兰和诺顿的文章《平衡积分卡:企业绩效的驱动》一经发表,便在学术界和组织界得到广泛的推崇和应用。

1. 平衡积分卡控制的含义

卡普兰和诺顿认为,组织的发展,不仅依赖于组织内部的因素,还依赖于外部环境的变化。组织不仅要注重短期目标,还要能兼顾长期发展的需要。除了关注财务指标之外,必须同样重视非财务方面的组织运作能力。平衡积分卡是由财务、顾客、内部经营过程、学习和成长四个方面构成的,衡量组织、部门和人员的卡片,之所以取名为"平衡积分卡",是因为它的目的在于平衡,兼顾战略和战术、长期和短期目标、财务和非财务衡量方法、滞后和先行指标。

2. 平衡积分卡的控制指标

(1)财务方面。财务衡量在平衡积分卡中不仅是一个单独的衡量方面,而且是其他几个衡量方面的出发点和落脚点。一套平衡积分卡应该反映组织战略的全貌,从长远的财务目标开始,然后将它们与一系列行动相联系。如果质量、客户满意度、生产率方面的改善和提高无法转化为销售额的增加、营业费用的减少、资产报酬率的增加等财务成果,那么做得再好也无济于事。

(2)客户方面。在客户方面,核心的衡量指标主要包括市场份额、客户回头率、新客户获得率、客户满意度和从客户处所获得的利润率。这些指标存在着内在的因果关系:客户满意度决定了新客户获得率和老客户回头率,后两者又将决定市场份额的大小;新客户获得率、老客户回头率和市场份额等指标共同决定了销售利润率,而客户满意度又源于组织对客户需求的反应时间,产品的功能、质量、价格。

(3)内部经营过程。在内部经营过程方面,应本着满足客户需要来制定衡量指标。现在的内部经营过程往往是以销定产式,常常要创造全新的流程,它循着"调研—寻找市场—产品设计开发—生产制造—销售与售后服务"的轨迹进行。生产制造过程的业绩衡量可以沿用财务指标;售后服务质量的衡量,则可以采用公司对产品故障反应的速度、用于售后服务的人力和物力成本、售后服务一次成功的比例等指标。

(4)学习和成长。在学习和成长方面,最关键的因素是人才、信息系统和组织程序。要促进组织的学习和成长,必须改善组织内部的沟通渠道,加强对员工的基于生存发展的教育和培训,激发员工的积极性,提高员工的满意度。这方面的衡量指标主要包括培训支出、培训周期、雇员满意度、雇员换留率、信息覆盖比率、每个员工提出建议的数量、被采纳建议的比例、采纳建议后的成效、工作团队成员彼此的满意度等。

3. 平衡积分卡控制的优点

(1)平衡积分卡将组织的战略置于核心地位。

(2)平衡积分卡使战略目标在组织上下进行交流和学习,并与各部门和个人的目标联系起来。

(3)平衡积分卡使战略目标在各个经营层面上达成一致。

(4)平衡积分卡有助于短期目标和长远目标、组织内部和组织外部的发展的协同和统一。

阅读资料

麦当劳公司的控制

麦当劳公司以经营快餐闻名遐迩。1955 年,雷·克洛克(Ray Kroc)在美国创办了第一家麦当劳餐厅,其菜单上的品种不多,但食品质量高,价格廉,供应迅速,环境优美。连锁店迅速扩大到每个州,至 1983 年美国国内分店已超过 6000 家。1967 年,麦当劳在加拿大开办了首家国外分店,以后国外业务发展很快。到 1985 年,国外销售额约占销售总额的 1/5。在40 多个国家里,每天都有 1800 多人光顾麦当劳。

麦当劳金色的拱门允诺:每个餐厅的菜单基本相同,而且"质量超群,服务优良,清洁卫生,货真价实"。它的产品、加工和烹制程序乃至厨房布置,都是标准化的,严格控制的。它撤销了在法国的第一批特许经营权,因为他们尽管赢利可观,但在快速服务和清洁方面未达到相应的标准。

麦当劳的各分店都是由当地人所有并由当地人从事经营管理。鉴于在快餐饮食业中维持产品质量和服务水平是其经营成功的关键,因此,麦当劳公司在采取特许连锁经营这种开辟分店和实现地域扩张的同时,特别注意对连锁店的管理控制。如果管理控制不当,使顾客吃到不对味的汉堡包或受到不友善的接待,其后果不仅是这家分店将失去这批顾客及其周围人的光顾,还会影响到其他分店的生意,乃至损害整个公司的信誉。为此,麦当劳公司制定了一套全面、周密的控制方法。

麦当劳公司主要是通过授予特许权的方式来开辟分店。其考虑之一,就是使购买特许经营权的人在成为分店经理人员的同时也成为该分店的所有者,从而使其在直接分享利润的激励中形成了对所扩展业务的强有力控制。麦当劳公司在出售其特许经营权时非常慎重,总是通过各方面调查了解后,挑选那些具有卓越经营管理才能的人作为店主,而且事后如发现其能力不符,则撤回这一授权。

麦当劳公司还通过详细的程序、规则和条例,使分布在世界各地的麦当劳分店的经营者和员工们进行标准化、规范化的作业。麦当劳公司对制作汉堡包、炸土豆条、招待顾客和清理餐桌等工作都事先进行翔实的动作研究,确定各项工作开展的最好方式,然后再编成书面的规定,用以指导和规范各分店管理人员和一般员工的行为。公司在芝加哥开办了专门的培训中心——汉堡包大学,要求所有的特许经营者在开业之前都要接受为期一个月的强化培训。回去之后,还要求他们对所有的工作人员进行培训,确保公司的规章条例得到准确的理解和贯彻执行。

为了确保所有特许经营分店都能按统一的要求开展活动,麦当劳总部的管理人员还经常走访、巡视世界各地的经营店,进行直接的监督和控制。例如,有一次巡视中,公司总部管理人员发现某家分店自作主张,在店厅里摆放电视机和其他物品以吸引顾客,由于这种做法与麦当劳的风格不一致,立即得到了纠正。除了直接控制外,麦当劳公司还定期对各分店的经营业绩进行考评。为此,各分店要及时提供有关营业额、经营成本和利润等方面的信息,这样总部管理人员就能及时把握各分店经营的动态和出现的问题,以便商讨和采取改进的对策。

麦当劳公司的另一个控制手段,是在所有经营分店中塑造公司独特的组织文化,这就是大家熟知的"质量超群,服务优良,清洁卫生,货真价实"口号所体现的文化价值观。麦当劳公司的共享价值观建设,不仅在世界各地的分店,在上上下下的员工中进行,而且还将公司的一个主要利益团体——顾客也包括进这支建设队伍中,麦当劳的顾客虽然要求自我服务,但公司特别重视满足顾客的要求,如为他们的孩子开设游戏场所、提供快乐餐厅和组织生日聚会等,以形成家庭式的氛围,这样既吸引了孩子们,也增强了成年人对公司的忠诚感。

(资料来源:博商网,http://www.bosum.com.cn/guanlipeixun/2015-11-04/79349.html)

知识小结

(1)控制就是按既定计划、标准和方法对工作进行对照检查,发现偏差,分析原因,进行纠正,以确保组织目标实现的过程。

(2)控制具有组织环境的不确定性、组织活动的复杂性、管理失误的不可避免性、管理权力的分散等必要性。

(3)控制具有整体性、动态性、人本性、指导性和创新性等特点。

(4)控制的内容是人员、财务、信息、作业和组织绩效等。

(5)按控制的时点不同,可以将控制分为前馈控制、现场控制、反馈控制三种类型;按控制的方式不同分类,可以分为直接控制和间接控制两种类型;按控制的结构不同分类,可以分为分散控制、集中控制和分层控制三种类型;按控制源不同分类,可以分为正式组织控制、群体控制和自我控制三种类型。

(6)控制的过程分为制定控制标准、衡量绩效和纠正偏差三个步骤。

(7)控制的原则有重点原则与例外原则、灵活性原则、及时性原则、经济性原则、客观性原则、自我控制原则、综合性原则和以人为本原则。有效的控制包括科学的标准、客观控制、弹性控制、适度控制和适时控制。

(8)控制的方法有预算控制法、非预算控制法、会计控制法、审计控制法和现代综合控制方法。

技能练习

第Ⅰ部分　基本训练

一、判断题

1. 管理控制与一般控制是相同的。　　　　　　　　　　　　　　　　　　　　　　（　　）

2. 从经济性的角度考虑,控制系统越复杂越好,控制力越大越好。　　　　　　（　　）

3. 有人说,人的身体"三分治七分养",这说明现场控制比反馈控制更重要。　（　　）

4. 直接控制的缺点是对管理人员的要求较高。　　　　　　　　　　　　　　　（　　）

5. 分层控制是把分散控制与集中控制结合起来的一种控制方式。　　　　　（　　）

6. 产品的合格率、废品率、投资回报率、产品服务的零投诉等标准是价值标准。（　　）

7. 管理控制过程的第一步是衡量绩效。　　　　　　　　　　　　　　　　　　（　　）

8. 灵活性控制通常与控制标准有关。一般来说,灵活性控制要求组织制订可伸缩的计划和灵活的衡量标准。　　　　　　　　　　　　　　　　　　　　　　　　　（　　）

9. 目前被西方发达国家广泛采用的控制方法是弹性预算法。　　　　　　　　（　　）

10. 计划是控制的前提,控制就是保证计划的完成。　　　　　　　　　　　　（　　）

11. 控制的实质是使工作按计划实施,或做适当的调整。　　　　　　　　　　（　　）

12. 财务审计的方法有审计检查法、审计调查法、审计分析法、抽样审计法等。（　　）

13. 自我控制的优点是有利于发挥员工的积极性、主动性和创造性,减轻管理人员的负担,提高控制的及时性和准确性。　　　　　　　　　　　　　　　　　　　　（　　）

14. 现场控制的特点是在工作进行过程中,一旦发生偏差,不可以马上进行纠正。

（　　）

15. 反馈控制又称事后控制,是一种在工作结束之后进行的控制,传统的、现代的控制方法几乎都属于反馈控制。　　　　　　　　　　　　　　　　　　　　　　（　　）

16. 正式组织控制是由管理者设计和建立起来的一些机构或规定来进行的一种控制方式。如预算、审计等部门是正式组织控制的例子。　　　　　　　　　　　　　（　　）

17. 控制过程分为制定控制标准、衡量绩效、纠正偏差和采取措施四个阶段。（　　）

18. 衡量的内容主要是资源配置、运行状况、工作成果等,监测的核心是实际与计划是否一致,即是否存在偏差。　　　　　　　　　　　　　　　　　　　　　　（　　）

19. 控制应根据组织的实际情况,采取必要的纠偏措施。因此,有效的控制必须是客观的,符合组织实际的。   (   )

20. 非预算控制法是管理控制中使用最广的一种控制方法。预算是以货币或实物量来表示的计划,是计划的具体化,它为控制提供了明确的控制标准。   (   )

21. 标杆控制的基础在于人的成就动机导向,认为任何个人与组织都应设定既富有挑战性又具有可行性的目标,只有这样,个人和组织才有发展的动力。   (   )

22. 平衡积分卡是由财务、顾客、内部经营过程、学习和成长四个方面构成的,衡量组织、部门和人员的卡片,之所以取名为"平衡积分卡",是因为它的目的在于平衡,兼顾战略与战术、长期和短期目标、财务和非财务衡量方法、滞后和先行指标。   (   )

二、单项选择题

1. 控制过程的最后一步是(   )。

A. 制定控制标准　　B. 发现问题　　　　C. 纠正偏差　　　　D. 衡量绩效

2. 管理人员在控制过程中发现问题并采取措施进行纠正的控制是(   )。

A. 现场控制　　　　B. 直接控制　　　　C. 前馈控制　　　　D. 反馈控制

3. 2003 年 5 月,SARS 疫情还未解除时,中国政府颁布了《突发公共卫生事件应急条例》,这对以后的公共卫生事件管理来说,它是(   )。

A. 前馈控制　　　　B. 直接控制　　　　C. 反馈控制　　　　D. 集中控制

4. "治病不如防病,防病不如讲究卫生",这句话反映了(   )的重要性。

A. 间接控制　　　　B. 现场控制　　　　C. 反馈控制　　　　D. 前馈控制

5. "关键的是少数,一般的是多数"体现了控制的(   )。

A. 灵活性原则　　　　　　　　　　　B. 综合性原则

C. 重点原则和例外原则　　　　　　　D. 客观性原则

6. 西方发达国家广泛采用的控制方法是(   )。

A. 零基预算法　　B. 固定预算法　　　C. 弹性预算法　　　D. 滚动预算法

7. 以财务活动为中心内容,以检查和核实账目、凭证、财物、债务以及结算关系等为主要手段,以判断财务报表中各项记录正确无误、合理合法为目的的方法是(   )。

A. 业务审计　　　　B. 财务审计　　　　C. 管理审计　　　　D. 经营审计

8.(   )是管理者关心的核心问题,这是由管理的效益原则决定的,管理者的一切管理活动都应以绩效为目标的。

A. 组织绩效　　　　B. 人员　　　　　　C. 财务　　　　　　D. 信息

9. 管理控制与一般控制的区别是(   )。

A. 反馈过程不同　　　　　　　　　　B. 实质不同

C. 控制过程不同　　　　　　　　　　D. 控制人员不同

10.(   )是一种最常见、最直接的控制方法。

A. 视察　　　　　　B. 报告　　　　　　C. 比率分析　　　　D. 比较分析

11. 以下属于质量标准的是(   )。

A. 工时定额　　　　B. 资金　　　　　　C. 提前期　　　　　D. 产品的合格率

12. 控制住了关键点,也就控制住了全局,做到事半功倍的效果,这体现了(　　)。

A. 重点原则　　　　B. 例外原则　　　　C. 灵活性原则　　　　D. 及时性原则

13. (　　)是指坚持实事求是,一切从实际出发,防止主观片面的原则。

A. 重点原则　　　　B. 客观性原则　　　　C. 灵活性原则　　　　D. 及时性原则

14. 控制的对象是人,一切控制工作都要从人出发,(　　)是以人为中心的控制思想。

A. 重点原则　　　　B. 客观性原则　　　　C. 以人为本原则　　　　D. 及时性原则

15. 组织在生产经营过程中可能会遇到各种突发的、不可抗拒的变化,这些变化会使组织的计划与实际条件严重背离。有效的控制在这种情况下仍能发挥作用,维持组织的正常运转。也就是说,控制应具有灵活性或(　　)。

A. 固定性　　　　B. 客观性　　　　C. 弹性　　　　D. 及时性

16. 管理控制中使用最广的一种控制方法是(　　)。

A. 预算控制法　　　　B. 财务控制法　　　　C. 非预算控制法　　　　D. 会计控制法

17. 组织在不能确定预测业务量的情况下,根据本利之间有规律的数量关系编制的能够适应不同生产经营水平需要的预算方法是(　　)。

A. 固定预算法　　　　B. 零基预算法　　　　C. 增量预算法　　　　D. 弹性预算法

18. 用于分析组织营运能力的指标是(　　)。

A. 资产负债率　　　　　　　　B. 应收账款周转率

C. 市场占有率　　　　　　　　D. 流动比率

19. 属于评价组织赢利能力的比率指标是(　　)。

A. 资本金利润率　　　　　　　B. 应收账款周转率

C. 市场占有率　　　　　　　　D. 速动比率

20. 作为一种学习先进经验的系统、科学、高效的方法,(　　)管理和控制在当代组织管理中得到了广泛的应用。

A. 预算　　　　B. 平衡积分卡　　　　C. 标杆　　　　D. 会计

三、多项选择题

1. 控制的特点是(　　)。

A. 整体性　　　　B. 科学性　　　　C. 动态性　　　　D. 经济性

2. 按控制的方式不同分类,可以分为(　　)。

A. 直接控制　　　　B. 间接控制　　　　C. 自我控制　　　　D. 现场控制

3. 衡量绩效的要求是(　　)。

A. 经济性　　　　B. 实用性　　　　C. 可靠性　　　　D. 及时性

4. 制定控制标准的方法有(　　)。

A. 经验估计法　　　　B. 统计分析法　　　　C. 工程法　　　　D. 线性规划法

5. 常见的纠正偏差的方法有(　　)。

A. 调整原计划　　　　　　　　B. 改进生产技术

C. 调整组织结构　　　　　　　D. 启用备用计划或重新制订新计划

6. 预算控制的方法有（   ）。

A. 固定预算法   B. 弹性预算法   C. 零基预算法   D. 增量预算法

7. 现场控制的缺点有（   ）。

A. 易受管理者的时间、精力、业务水平的制约

B. 应用范围较窄

C. 实施前馈控制的前提条件较多

D. 容易形成心理上的对立，容易损害被控制者的积极性和主动性

8. 管理控制与一般控制的联系是（   ）。

A. 反馈过程相同   B. 控制过程相同

C. 实质相同   D. 目的相同

9. 控制的必要性表现在（   ）。

A. 环境的变化   B. 活动的复杂性

C. 管理失误的不可避免性   D. 管理权力的分散

10. 定量标准是数字化了的标准，是控制标准的主要形式，最常用的定量标准是（   ）。

A. 实物标准   B. 时间标准   C. 价值标准   D. 质量标准

11. 有效控制的内容包括（   ）。

A. 适时控制   B. 弹性控制   C. 适度控制   D. 质量控制

12. 非预算控制法主要包括（   ）。

A. 视察   B. 报告   C. 比较分析   D. 比率分析

13. 审计是一种常用的控制方法，主要有（   ）。

A. 财务审计   B. 业务审计   C. 管理审计   D. 效益审计

14. 财务比率的指标主要是（   ）。

A. 资本金利润率   B. 销售利润率   C. 资产负债率   D. 速动比率

15. 平衡积分卡的控制指标是（   ）。

A. 财务方面   B. 客户方面   C. 学习和成长   D. 外部经营过程

16. 会计控制法主要有（   ）。

A. 现金收支计划控制   B. 收入控制   C. 支出控制   D. 经营控制

17. 用于评价组织偿债能力的指标是（   ）。

A. 存货周转率   B. 流动比率   C. 资产负债率   D. 速动比率

18. 预算的种类很多，主要有（   ）。

A. 收支预算   B. 实物量预算   C. 现金预算   D. 投资预算

19. 一般产生偏差的原因主要有（   ）。

A. 控制力选择不当   B. 标准本身不合理

C. 内部结构不合理   D. 外部环境发生变化

20. 比率分析主要是（   ）。

A. 资产比率   B. 负债比率   C. 财务比率   D. 经营比率

四、简答题

1. 简述控制的内容。

2. 控制的原则有哪些?

3. 控制的方法有哪些?

4. 控制的特点是什么?

五、论述题

1. 控制的基本过程。

2. 在控制的过程中,如何进行有效的控制?

第Ⅱ部分　知识应用

一、案例分析

【案例分析一】

邯钢的成本控制模式

邯钢在组织内部推行"模拟市场核算,成本否决"的经营机制,这一经营机制的基本模式是市场—倒推—否决—全员。

市场:组织主动走向市场,内部实行模拟市场机制。把市场竞争引入组织内部经营管理,内部核算的计划价格一律改为市场价格,根据市场上产品售价和采购原材料的市场价来计算目标成本和利润。

倒推:将过去从前向后逐道工序核定成本的传统方法,改为"倒推"的办法,即从产品在市场上被承认能接受的价格开始,一个工序、一个工序地剖析其潜在效益,从后向前核定,直到原材料采购。

否决:完不成成本指标,别的工作干得再好,也要否决全部奖金,连续完不成,否决内部升级。

全员:降低生产成本是组织全体员工的目标,每一个人都要分担成本指标或费用指标,实行全员、全过程的成本管理。

在推行这个机制中,他们着重抓以下四项工作。一是"效"。反复进行测算,确定合理先进、效益最佳化的单位产品目标成本。核定出全场 53 个主要产品、品种、规格的内部成本和内部利润。二是"责"。层层分解指标,形成责任共同体。为把指标落到实处,在总厂下达成本指标后,各单位进一步将构成产品成本的各项指标层层分解落实到有关科室、工段、班组和职工个人,层层签订承包协议,使每个单位和职工都与市场挂钩,经受市场的考验。三是"严"。严格奖金考核,强化对新的经营机制的操作和管理。四是"优"。优化机构设置,促进新机制的高效运转。

(资料来源:豆丁网,http://www.docin.com/p—1114964400.html)

问题:

1. 邯钢实行的成本控制是预算控制还是战略控制?

2. 邯钢在实行成本控制中采取了哪些控制方法?

【案例分析二】

计划与控制

王雷任某厂厂长已经一年多,他刚看了工厂今年实现目标情况的统计资料。厂里各方面工作进展出乎他的意料。记得他担任厂长后的第一件事是亲自制定了厂里一系列工作的目标,例如,为了减少浪费、降低成本,他规定在一年内要把原材料成本降低 10%~15%,把运输费用降低 3%。他把这些具体目标都告诉了下属的有关负责人。而年终统计资料表明,原材料的浪费比去年更严重,浪费率竟占总额的 16%;运输费用则根本没有降低。

他找来了有关方面的负责人询问原因。负责生产的副厂长说:"我曾多次跟下面的人强调过要注意减少浪费,我原以为下面的人会按我的要求去做。"而运输方面的负责人则说:"运输费用降不下来很正常,我已想了很多办法,但汽油费等还在涨,我想,明年的运输费用可能要上升 3%~4%。"

王雷了解了原因,并做了进一步分析后,又把这两个负责人召集起来布置第二年的目标:生产部门一定要把原材料成本降低 10%,运输部门即使是运输费用提高,也绝不能超过今年的标准。

(资料来源:豆丁网,http://www.docin.com/p-1102959440.html)

问题:

1. 王雷的控制有什么问题?

2. 王雷的控制标准是一个什么标准?

3. 王雷制定的明年的目标能完成吗? 为什么?

二、实训活动

【实训活动一】

如何实施管理控制

【实训目标】

1. 增强学生对控制的感性认识;

2. 培养学生有效控制的能力。

【实训要求】

1. 认真阅读有关控制方面的内容和方法;

2. 把学生分成几个小组,5~10 人为一组;

3. 组织学生到一些组织实地了解控制的过程和方法;

4. 教师给出一些案例资料,供学生使用。

【实训内容】

1. 控制的过程;

2. 控制的方法。

【实训考核】

每个学生写一份分析报告,或每组提交一份报告,教师对报告进行评价打分。

【实训活动二】

模拟公司的综合评价

【实训目标】

培养学生收集和处理信息的能力。

【实训要求】

1. 把学生分成几个小组,5～10人为一组;

2. 每个小组组建一个公司,学生分别扮演公司各部门的负责人;

3. 能够完整地收集和整理有关公司的资料与个人绩效的信息;

4. 各公司之间要进行交流与总结。

【实训内容】

1. 各小组的学生模拟各部门的负责人,写出自我评估报告;

2. 召开各公司的交流和评估会。

【实训考核】

每组提交一份报告,教师对报告进行评价并询问有关学生,然后进行打分。

模块八 创新管理

学习目标

★知识点

(1)了解创新的定义、条件和特点。

(2)理解创新的重要性、创新机制、维持与创新。

(3)理解创新的原则和方法。

(4)掌握创新的内容、创新的基本过程。

★技能点

(1)培养学生的创新意识与能力。

(2)培养学生正确应用创新方法的能力。

关键概念

创新 创新机制 技术创新 管理创新 产品创新

管理聚焦

海尔的创新

2006年,海尔向外界发布的一个全新的无线连接网络家庭平台:U-home。它诠释了网络家庭的新标准,向人们展示了一种崭新的网络化时代的生活方式。U-home可以通过网络自动无线控制所有带电的设备,哪怕距家万里之遥,也能通过网络、手机、电话,随时随地与家里的带电设备对话,可以了解家电的运行状况,可以远程控制,还可以实现信息共享。

专家指出,海尔搭起的U-home网络家庭标准,将促使网络家庭世界标准提升到一个新高度。同时,将大大促进网络家电技术的兴起,并逐步带动以网络为基础的技术进步,不但改变了人们的生活方式,还将改变社会的生产形态,使生产方式信息化,进而带动全社会进入信息化时代。

1. 海尔U-home惊艳全球

自2006年海尔U-home在中国炫目亮相后,在之后一年的国际展会上,海尔U-home一经现身便成为热点。在2007年3月27日的俄罗斯中国国家展上,海尔的工程师向两国领导人演示了海尔 U - home,通过手机发送一条短信给空调,海尔空调收到短信后,徐徐开启,过硬的领先技术受到两国领导人的赞许,也深深折服了当地媒体。

2. 需求创新成就海尔 U - home

海尔 U - home 创新领先全球,再次体现组织超强的自主创新能力。而且在家电行业的微利时代,海尔从"产品创新"到"需求创新",品牌竞争力持续加强,组织持续发展能力不断被创造出来。哈佛大学博士亚得里安·斯莱沃斯基(Adrian J. Slywotzky)在《微利时代的成长》一书中说:"创新新产品已经过时了!因为产品改进、新产品的推出,都只是产品创新,而非需求创新。以产品为中心的传统战略,只会让组织拱手让出所得利润,并且必须面对产品同质化的危险和越来越残酷的竞争,已然无法获得显著的持续增长。"

创造新的增长,亚得里安·斯莱沃斯基的答案正是"需求创新",即为顾客提供解决方案。这种"需求创新"的能力,提供"解决方案"的能力,会获得成倍的利润增长,满足增长型组织的需求。单独的冰箱、空调、电脑等只是"产品",通过 U - home 平台,让用户体验到 U - play(网络娱乐)、U - safe(网络安防)、U - service(网络服务)、U - hospital(网络医疗)、U - shopping(远程购物)等,尽享生活品质。这正是海尔 U - home 所体现出的海尔品牌持续发展的竞争力。

3. 海尔 U - home 引领中国家电业进入 U 时代

海尔是中国网络家电起步最早的组织,在全球也起步最早,U - home 的发展引起了业内的广泛关注,在海尔之后,国内众多家电行业纷纷启动网络家电研发。E 家佳联盟发展到 200 多家国内外会员单位加入,阵营扩展到电子、通信、IT、数码、办公、娱乐等众多产业,已经形成了完善的产业链。

海尔 U - home 已经让大量用户开始分享到这一高科技的时尚生活,在 2006 年一年的时间里,已经有 15 万的海尔 U - home 用户开始了海尔 U - home 的 U - life。比尔·盖茨说:"我完全能够想象,30 年后机器人将是我们日常生活的一部分。"海尔 U - home 的发展也才刚刚开始,它的明天更值得期待,若干年后,海尔 U - home 或许就是我们家中那个必不可少的可爱的机器人的代称。

(资料来源:中国 IC 网,http://www.ic37.com/htm_news/2007-8/67791_462427.htm)

任务一　创新概述

一、创新的概念

"创新"一词最早出现在《南史·后妃传·上·宋世祖殷淑仪》中,原意是创立和创造新东西。在《现代汉语词典》中,"创新"的解释是:抛开旧的,创造新的。最近几十年来,由于科学技术的迅猛发展,社会经济活动空前活跃,市场需求瞬息万变,社会关系日益复杂,组织之间的竞争更加激烈。管理者们每天都会遇到新情况、新问题,面临新的挑战。因此,接受挑战、大胆创新是每个成功者必须研究的新课题。创新是人类社会的永恒主题,是组织发展和社会进步的根本途径。

有关创新的概念,可谓是众说纷纭,仁者见仁,智者见智,目前尚无统一的定义。

创新的概念最早是由美籍奥地利经济学家约瑟夫·阿罗斯·熊彼特(Joseph Alois Schumpeter)首先提出的。他在1912年出版的《经济发展理论》一书中第一次阐述了创新的定义。他认为创新就是建立"新的生产函数",即"组织家对生产要素的新组合",也就是把一种从来没有过的生产要素和生产条件的"新组合"引入生产体系,从而引起生产方式的变革,形成一种新的生产力。熊彼特的创新包括五种情况:引入一种新产品,就是消费者还不熟悉的产品;采用一种新的生产方法;开辟一个新的市场;获得一种原材料或半成品的新的供给来源;实行一种新的组织形式。

目前,学术界对创新的定义主要有以下几种:①创新就是创造出与现存事物不同的新东西,如新技术、新产品、新观念等;②创新就是开发一种新事物的过程;③创新就是产生、接受并实现新的理想、新的产品、新的服务;④创新就是发明与开发的结合;⑤创新就是对一个组织或相关环境的新变化的接受。

综上所述,创新就是新产品的开发、新市场的开拓、新生产要素的发现、新生产经营管理方式的引进和新组织形式的实施。

二、创新的特点

(一)新颖性或独创性

创新不是模仿,而是前人没有解决的问题,即前所未有的新问题。创新的新颖性表现在三个层次:一是世界新颖性或绝对新颖性;二是局部新颖性;三是主观新颖性,即只是对创造者个人来说是前所未有的。无论是在思路的选择上、思考的技巧上,还是在最后的结果上,创新往往具有"前无古人"的独到之处,具有一定范围内的首创性和开拓性。

(二)高风险性

创新活动涉及许多环节和因素的影响,从而使创新的结果呈现出不确定性,因此,创新有较大的风险性。主要是由于创新特别是技术创新需要大量投入,而且这种投入有时不只局限于研发阶段,很有可能延伸到生产经营管理和市场营销阶段;创新信息具有不对称性;创新的效益难以估计。

(三)高回报率

一般来说,在经济活动中高风险与高收益是并存的,创新活动也是如此。尽管创新的成功率难以估计,但是一旦成功,获得的利润非常高。正因为创新具有高回报率,又具有高风险性,许多金融机构向创新者提供了风险性贷款,以促进创新的不断发展。

(四)不确定性

任何创新都具有不确定性,创新的程度越高,不确定性就越大。创新的实现与扩散过程,也就是创新不确定性逐步消除的过程。创新的不确定性有三种类型:一是市场的不确定性;二是技术不确定性;三是战略的不确定性。

(五)灵活性

创新活动处于不同的环境变化中,在不同的时期、不同的环境,创新活动的内容和方式是不同的,创新活动随环境的变化而变化,不是一成不变的。

(六)综合性

创新的综合性主要表现在创新活动是很多人共同努力的结果。创新需要组织家的冒险精神和组织管理能力,也需要科技工作者的理论知识和技术,只有科技工作者、生产管理者和管理者之间相互协作与努力,才能达到创新的目的。

(七)艺术性

创新活动是一种开发的、灵活多变的思维活动,具有极大的特殊性、随机性和技巧性。这与艺术活动有相似之处,艺术活动就是每个人充分发挥自己的才能,包括利用直觉、灵感、想象等非理性的活动,艺术活动的表面现象和过程可以模仿,但是艺术的精髓和内在的东西却是无法模仿的。因此,创造性思维被称为是一种高超的艺术。

(八)时效性

创新的时效性表现在:一是不同创新类型的顺序分配上;二是反映在产品的替代过程中。正因为创新具有时效性,所以创新者在进行创新时,必须识别市场对所要创新产品的需求持续时间,该产品被替代的可能性以及创新所处的时期。

三、创新的重要性

(一)创新是组织系统自身的需要

每个组织都有它的寿命周期,都要经过孕育、成长、成熟、蜕变以及消亡五个阶段。创新的重要功能是增强组织获取资源、利用资源的能力,对社会需要的认识能力,员工满意度及组织士气等,组织因此可获得相对于竞争者的综合比较优势,可增强竞争的实力。

在商品越来越同质化的今天,组织要想占有更多的市场份额,只有凭借自身的经济实力和独创特色,才有可能在竞争中取胜。新科技使产品花色品种不断推陈出新,产品更新换代的周期也大为缩短。顾客的需求日渐多样化。很自然地,组织的形象(包括知名度、信用度和美誉度)成为顾客选择产品的重要参照物。对此,组织必须从根本做起,提高自身的创新能力,及时调整经营管理举措,树立良好社会形象。只有创新才能给系统注入活力,带来新的生命。

(二)创新是适应环境变化的需要

在经济全球化的今天,组织的外部环境发生了迅猛的变化,这种变化主要表现在以下几个方面。

1. 商业全球化

组织的生产要素已不限于国内,而是在全球范围内自由流动,竞争也在全球范围内展开,任何组织无论在何地都可以方便地加入竞争中,如果组织不能生产让用户满意的产品,就不能在竞争中取胜,组织环境的不确定性增加。许多跨国公司如吉利、可口可乐、美孚石油、雀巢等大型组织均属于总部设在美国的跨国公司,而他们的业务收入中,超过 60% 来自美国之外的分支机构。

2. 信息技术的发展

信息技术的迅猛发展,改变了组织与组织之间,组织内各单位之间的沟通联系方式,加快了组织的反应速度,使全球经营与虚拟经营成为可能。因此,在信息时代的大背景下,组织必须认识到竞争是在全球范围内进行的,要求组织以世界标准来衡量自己,在创新方面给自己以更大的压力,需要调整自己的组织适应全球竞争的需要,以克服组织环境的不确定性所带来的影响。

(三)创新是增强组织活力、提高经济效益的需要

增强组织活力和提高经济效益,首先是管理创新,培养创新人才。创新来源于人的知识、能力与素质。一个人素质的高低、能力的大小、知识的多少,对一个组织的发展影响重大。在人才质量关上,要树立能力与市场相适应的观念,要鼓励、支持、培养和发挥人的创新意识,这样可以增强组织活力,提高经济效益。

四、创新的条件

创新活动对经营管理而言关系重大,在正确认识创新活动特点的基础上,分析创新应具备的条件,有助于管理者对创新这一职能进行恰如其分的管理。创新的条件很多,不同的组织创新的条件是不同的,主要有以下几个方面。

(一)创新的意识

实施创新要有创新的主体即创新意识。它表现在两个方面:一是反映在远见卓识上。这种远见卓识能够判断组织与管理发展的趋势,能够结合具体的情况,提出一些有价值的创意,作为创新的萌芽。二是反映在创新主体的文化素质、价值观上。

(二)创新的能力

创新的能力直接关系到创新意识能否实施以及最终能否获得创新的成果。从东西方组织管理创新差异的原因中,可以看到创新能力对创新的重要性以及对创新成果的影响。

(三)创新的人才

组织的竞争,实际上就是组织人才的竞争。组织创新活动的源泉在于组织人才的积极性、主动性和创造性的发挥。组织的人才是组织创新的主体,如果没有人才,组织的创新就无从谈起。

(四)创新的资金

组织的资金是否充足,投入多少,反映着组织创新的经济实力,资金的多少直接影响创新的规模和质量。组织研发经费投入越多,组织的创新能力就越强,必须投入大量的资金,创新成功的可能性才越大。

(五)创新的氛围

创新必须拥有良好的氛围。在良好的氛围中,人们的思想才会活跃,新点子才会产生得多而且快,不好的氛围则可能导致人们思想僵化、思路堵塞。

五、创新机制

(一)创新机制的含义

"机制"一词用于经济学大约是 20 世纪 50 年代初。"机制"一词,原意是指机器、机械、机构的构造和工作原理,后来逐渐地应用于生物学和医学,表示生命有机体的各个组织和器官有机地结合在一起,并通过它们各自的相互作用产生特定功能,从而维护生命有机体的正常活动。机器运转或生命有机体的生命活动,主要是依据各种组织和器官的有机结合,才能维护机器或生物有机体的运动和发展。同样,社会经济形态作为社会的有机体,必须依靠自身经济机制的功能,才能维持和规范整个经济过程的运行和发展。否则将会出现各种病态或停滞不前。

创新机制是不断追求创新的内在机能和相应的运转方式,创新活动是一个循环过程,它从创新设想的产生与形成到研发,从创新内容的形式到创新成果的扩散,再到市场效益的形成,既有顺序,也有交叉和交互作用。研究创新机制应着重分析创新活动的内在机能和运转方式。

(二)创新机制体系

创新机制体系主要由动力机制、运行机制和发展机制构成。

1. 创新动力机制

创新动力机制是创新的动力来源和作用方式,是能够推动创新实现优质、高效运行并为达到预定目标提供激励的一种机制。对于以赢利为目的的组织来说,这种机制主要是自身的经济利益,是利润的最大化。

要使组织创新具有强大的动力源泉,一是要实现组织的制度创新,这是建立创新机制的前提条件;二是要求组织家具有创新精神,创新精神是搞好组织创新活动的重要因素;三是要求组织建立激发创新意识的人事制度、工资制度和奖励制度;四是要搞好推动创新的组织文化建设,通过组织文化建设形成具有特色的组织精神。

2. 创新运行机制

创新运行机制主要包括创新管理的组织机构、运行程序和管理制度。一个良好的创新运行机制,能够使组织创新活动在正确决策下高质量高效率地连续运转。

在运行机制建设方面,组织应建立一套能够有效进行决策、指挥、控制、信息反馈的组织、制度和各种人才的合理结构。组织内部有很多组织环节,有各类管理人员,各职能科室,各生产车间,还有质量检验、计量等机构,这些机构和人员构成了一个有机的整体,组织才能实现创新的要求。

3. 创新发展机制

创新发展机制是在组织创新效益的驱动下,加强人才、技术、资金、信息等资源储备,建立能够吸引外部资金、不断谋求发展的创新。组织如果不能创新,就会在不断变化的环境中处于不利地位,甚至破产倒闭。组织要能够不断地创新,就要有资源的储备和积累机制,处理好长期和短期的关系。

这三种创新机制,不是简单地叠加,而是相互有机联系在一起的,由内在动力、有效运行、不断发展三方面的机制构成一种组织创新活动不断循环增值的创新机制系统,并贯穿于创新的整个过程。

六、创新与维持

在管理实践中,整个管理活动的基本内容是维持与创新的矛盾统一,任何组织的任何管理工作都是在维持和创新中实现其管理的。根据物理学的熵增原理,原来基于合理分工、职责明确而严密衔接起来的有序的组织结构,会随着组织在运转过程中各部分之间的摩擦而逐渐地从有序走向无序,最终导致有序平衡结构的解体。管理的维持职能是要严格地按预定的规划来监督和修正组织的运行,尽力避免各子系统之间的摩擦,或减少因摩擦而产生的结构内耗,以保持组织的有序性。所以,维持对于组织系统的生命是十分重要的。

但是仅有维持是不够的。任何社会组织都是一个由众多要素构成的,与外部不断发生物质、信息、能量交换的动态、开放的非平衡系统。而组织的外部环境是不断地发生变化的,这些变化必然会对组织活动的内容、形式及要素产生不同程度的影响;同时,组织内部的各种要素也是在不断发生变化的。组织内部某个或某些要素在特定时期的变化必然要求或引起组织内其他要素的连锁反应,从而对组织原有的目标、活动要素间的相互关系等产生一定的影响。组织若不及时根据内外变化的要求适时进行局部或全局的调整,则可能被变化的环境所淘汰,或为改变了的内部要素所不容。这种为适应组织内外变化而进行的局部和全局的调整,便是管理的创新职能。

组织的社会存在是以社会的接受为前提的,而社会之所以允许某个组织存在,也是因为该组织提供了社会需要的某种贡献;组织要向社会提供这种贡献,则必须首先以一定的方式从社会中取得某些资源并加以组合。组织向社会的索取(投入资源)越是小于它向社会提供的贡献(有效产出),组织能够向社会提供的贡献与社会需要越吻合,则组织的生命力就越旺盛,其寿命周期越可能延长。孕育、初生期的组织,限于自身的能力和对社会的了解,提供社会所需要的贡献的能力总是有限的;随着组织的成长和成熟,它与社会的互相认识不断加深,所能提供的贡献与社会需要的贡献便越和谐;而一旦组织不能跟上社会的变化,其产品或服务不再被社会需要,或内部的资源转换功能退化,组织向社会的索取超过对社会的贡献,则组织会逐步地被社会所抛弃,趋向消亡。

根据上面的分析,可以看出,组织的生命力取决于社会对组织贡献的需要程度和组织本身的贡献能力;而组织的贡献能力又取决于组织从社会中获取资源的能力、组织利用资源的能力以及组织对社会需要的认识能力。要提高组织的生命力,扩展组织的生命周期,就必须使组织提高内部的这些能力,并通过组织本身的工作,增强社会对组织贡献的需要程度。由于社会的需要是在不断变化的,社会向组织供应的资源在数量和种类上也在不断变化,组织如果不能适应这些变化,以新的方式提供新的贡献,则可能难以被社会允许继续存在。组织不断变化,或调整取得资源和组合资源的方式、方向和结果,向社会提供新的贡献,这正是创新的主要内涵和作用。

作为管理的两个基本职能,维持与创新对系统的生存发展都是非常重要的,它们是相互联系、不可或缺的。创新是维持基础上的发展,而维持则是创新的逻辑延续;维持是为了实现创新的成果,而创新则是为更高层次的维持提供依托和框架。任何管理工作,都应围绕着系统运转的维持和创新而展开。只有创新没有维持,系统会呈现无时无刻无所不变的无序混乱状态,而只有维持没有创新,系统就会缺乏活力,犹如一潭死水,适应不了任何外界变化,最终会被环境淘汰。卓越的管理是实现维持与创新最优组合的管理。

任务二　创新的内容

一、技术创新

(一)技术创新的定义

技术创新是组织在已有科技知识的基础上,进行独创性的技术研发,使组织取得技术优势并将创新成果进行商业化应用的过程。技术创新是组织创新的主要内容,是与新产品的制造、新工艺过程或设备的首次商业应用有关的研究开发、设计、制造及其他商业活动,组织中出现的大量创新活动是有关技术方面的,因而有人把技术创新等同于组织创新,实际上技术创新只是组织创新的重要组成部分。

🏃 知识链接

技术创新的作用

统计研究表明,技术创新对中国中小组织的作用非常明显。清华大学经济管理研究所对中国组织技术创新的一项调查分析显示,在所调查的1 026家组织中(其中大组织229家,中小组织797家),通过技术创新,有93.2%的组织提高了劳动生产率和增加了产品品种,有96.7%的组织提高了经济效益,96%的组织扩大了市场,91.5%的组织提高了产品的质量,88%的组织提高了产量,77%的组织降低了材料消耗,69.4%的组织降低了能耗。

(二)技术创新的分类

(1)按创新的技术形态不同分为产品创新和工艺创新。

(2)按创新过程中技术变化程度不同分为渐进性创新和根本性创新。

(3)按创新的技术来源不同分为自主技术创新和引进技术创新。

(4)按创新活动方式不同分为独立型创新和合作型创新。

(三)技术创新的特征

1. 以技术为基础

在组织的经营活动中存在管理创新、制度创新和组织创新等,它们都有可能产生商业价值,而技术创新往往要有相应的制度、组织和管理与创新相配合,其他方面的创新往往要以技术创新为基础。

2. 所依据的技术变动有较大的弹性

主要表现在以下两个方面。

(1)在概念的外延上,它不仅包括新产品、新工艺,也包括对产品和工艺的改进。

(2)在实现方式上,可以是在研发获得新知识、新技术的基础上实现技术创新,也可以是将已有的技术进行新的组合以实现技术创新。

3. 具有商业价值

技术创新是一种以技术为手段实现经济目的的活动,技术创新的关键在于商业化,检验技术创新成功与否的基本标准是实现其商业价值。

(四)技术创新的动力

推动组织技术创新的主要动力如下。

1. 科技发展的推动

科技发展永不停息,其发展所经历的基础研究—应用研究—开发研究是一个循序渐进的过程。每一环节都具有不断地向生产化、商品化发展的内在动力。

2. 市场需求的推动

市场需求为技术创新指明了方向,提供机会和激发创新火花,使组织看到潜在的商机并进行技术创新。组织只有在技术上不断进行创新,才能不断满足市场的需求。

3. 组织自我发展的内驱动力

组织创新的主体是具备了创新欲望和积极进取精神的组织家、管理者等,他们实现自我价值的愿望构成了组织技术创新的内驱动力。

4. 组织外部的竞争压力

组织间的市场竞争,是迫使组织进行技术创新的外部压力;人才市场的竞争,也是迫使组织家、科技人员提高创新能力的外部压力,这些外部压力都有可能转换为组织创新的动力。

(五)技术创新的要素

技术创新的实现必须依赖四个要素,即机会、环境、支持系统和创新者。

1. 机会

机会就是指技术和市场两个方面所提供的创新机会。市场和技术所提供的创新机会很多,关键在于组织能否发现和抓住创新机会。

2. 环境

环境是指组织的经营环境和政府的创新政策。政府的创新政策对技术创新的影响非常大,如果政府大力支持创新,那么创新的速度就快,创新成功的概率就高。

3. 支持系统

支持系统是指组织可以利用的资源(包括价格、公平竞争、技术创新的鼓励等)和组织的内部组织功能(包括研究开发、试制、生产和营销等)。

4. 创新者

创新者是指能够把技术创新的成果商业化的组织家、科研单位的负责人和政府计划管理人员等。

在以上四个要素中,创新者是核心要素,创新者根据市场需求信息和技术进步信息,捕捉创新机会,通过市场需求与技术上的可能结合起来,产生新的构思。新的构思在组织的经营环境和创新政策的鼓励下,利用组织的资源和内部的组织功能,转化为在市场上销售的产品,从而实现技术创新。

(六)技术创新的模式

根据技术创新的方法,技术创新主要有自主创新模式、模仿创新模式和合作创新模式三种。

1. 自主创新模式

自主创新是创新主体以自身的研究开发为基础实现科技成果的商品化、产业化和国际化,获取商业利益的创新活动。自主创新具有率先性,率先者只能有一家,其他的都是追随者。自主创新所需的核心技术来源于组织内部的技术积累和突破,其后续过程也都是通过组织自身知识与能力支持实现的。

自主创新的优点:有利于创新主体在一定时期内掌握和控制其核心技术,在一定程度上左右行业的发展,从而赢得竞争优势;在一些技术领域的自主创新往往能导致一系列的技术创新,带动一批新产品的诞生,推动新兴产业的发展;有利于创新组织积累生产技术和管理经验,获得产品成本和质量控制方面的经验;有利于组织较早建立原材料供应网络和销售渠道,获得高额利润。

自主创新也有很多缺点:投资大,不仅需要巨资投入研究与开发,还必须拥有实力雄厚的科研队伍,具备一流的研发水平;自主研发的成功率较低,风险性大;时间长,不确定性大;市场开发难度大、投资大、时滞性强、市场开发投入收益容易被跟随者无偿占有;一些法律法规不健全、知识产权保护不力的地方,自主创新的成果有可能被侵犯,搭便车现象难以避免。

2. 模仿创新模式

模仿创新是通过学习模仿率先创新者的创新思路和创新行为,吸取率先创新者的成功经验和失败教训,引进购买或破译率先创新者的核心技术和技术秘密,并在此基础上进一步改进、完善,进一步开发。模仿创新不是简单的抄袭,而是投入一定的资金和人才等资源,进一步完善和开发。

模仿创新的优点:投入低;风险小;适应性强;时间短;成功率高。

模仿创新的缺点:较被动,在技术研发方面缺乏前瞻性;模仿创新受率先创新者技术壁垒、市场壁垒的制约,甚至面临法律、制度方面的障碍等。

🏃 知 识 链 接

模仿创新

模仿创新是世界各国普遍采用的创新行为。日本是模仿创新最成功的典范,松下公司、三洋机电等都是依靠模仿创新取得了巨大的成功。综观世界各国,大多市场领袖并非原来的率先创新者,而是模仿创新者。

3. 合作创新模式

合作创新是组织之间或组织与科研机构、高等院校之间的联合创新行为。合作创新通常以合作伙伴的共同利益为基础,以资源共享或优势互补为前提,有明确的合作目标、合作期限和合作原则,合作各方在技术创新的全过程或某些环节上共同投入、共同参与、共享成果、共担风险。合作创新一般集中在新兴技术和高新技术产业,以合作进行研发为主要形式。合作创新的优点:优化资源组合;缩短创新时间;分摊创新成本;分散创新风险。合作创新的缺点:组织不能独享创新的成果,获取垄断优势。

二、管理创新

在当前全球信息化、网络化、经济一体化的大趋势下,科学技术日新月异,新的产品层出不穷,市场竞争日趋激烈,经济生活瞬息万变,每一个组织都应该学会用世界的眼光从高处和远处审视自己,使创新工作规范化、日常化;否则,随时都有被淘汰的可能。

(一)管理创新的含义

管理既是一门科学,也是一门艺术,管理的灵魂就在于创新。管理创新是根据内部条件和外部环境的变化,对管理思想、管理方法、管理工具和管理模式的创新,是面对技术和市场变化所做出的相应改进和调整,是一种更有效的组织活动的协调方式和资源整合模式。管理创新至少包括以下五种情况:一是提出一种新的经营思路并加以有效实施;二是创设一个新的组织机构并使之有效运转;三是提出一个新的管理方式方法;四是设计一种新的管理模式;五是进行一项管理制度的创新。

(二)管理创新的特点

1. 开拓性

组织管理创新不仅仅是一项创造性的经济活动,而且还是一种创造性的精神和事业。根据组织发展需求及其发展规律,要大胆设想、大胆创造、大胆实践,要有开拓精神。

2. 前瞻性

管理创新是一种首创和超前行为,总是超前于人们的普遍认识。

3. 实践性

管理创新源于管理实践中的发现、需要解决的问题,针对这些问题要大胆设想设计,并付诸实践,在实践中接受检验并不断得到改进和完善。

4. 不确定性

管理创新的开拓性和前瞻性决定了管理创新的不确定性。创新程度越高,不确定性也就越大。这种不确定性主要源于管理的内外环境的不确定性。

(三)管理创新的动因

管理创新的动因是进行管理创新的动力来源。管理创新的动因有外部动因和内在动因。

1. 管理创新的外部动因

管理创新的外部动因是创新主体进行创新行为的各种外部因素,主要包括以下几个方面。

(1)社会政治因素。政府的制度与政策是组织重要的影响因素,政府角色的转变和制度的变迁都会对社会、经济组织和个人带来影响。

(2)经济的发展变化。经济的发展直接影响到人们的生活方式、消费选择,呼唤着消费者对各种新产品、新服务、新时尚等的追求。因此,需要进行管理创新,推动生产力的发展,满足人们的需要。

(3)社会文化因素。创新目标和创新行为都要受到社会文化的影响,文化的变迁会导致人们价值观念、兴趣、行为方式的改变,从而可能改变人们的需求和劳动者对工作及其报酬的态度。

(4)科学技术的发展。科学技术对生产经营活动存在普遍的影响。科学技术的发展可能影响组织资源的获取、产品市场的变化、生产设备和产品的改造,从而导致管理创新成为必然。科学技术的发展也促使组织机构和人员素质的提高,以适应经济发展的要求。技术的创新,特别是计算机、通信、互联网等信息技术的迅猛发展,使管理创新成为必然。

(5)资源和环境保护的需要。由于自然条件的影响,人们越来越重视自然条件的挑战。自然资源日益短缺,营运成本日益提高,环境污染日益严重,政府对自然资源的干预和对生态环境的治理不断加强,这些都对组织形成了巨大的压力,迫使组织进行管理创新。

2. 管理创新的内在动因

管理创新的内在动因是创新主体进行创新行为的内在动力和原因,主要包括以下几个方面。

(1)物质利益的追求。管理创新的成功,可以促进管理效率的提高,提高资源配置率,创造出更多的物质利益。

(2)自我价值的实现。根据马斯洛的需要层次理论,人们的需要是一个由低级向高级转化的过程,当生理、安全、社交、尊重等方面的需求得到满足后,自我实现的需要就会凸显出来,而且自我实现需要是需求层次中最高的,因此,自我实现需要成为追求管理创新的动力。

(3)创新心理需要。它是管理创新主体对某种创新目标的渴望或欲望,也就是管理创新主体希望自己的潜力得到充分发挥,希望自己完成更有挑战性的工作,从而推动创新主体实施管理创新。

(四)管理创新的内容

管理创新起源于管理观念的创新,然后才是一系列管理内容的创新。管理创新主要有以下内容。

1. 管理观念创新

观念创新是形成能够比以前更好地适应环境的变化并能更有效地整合资源的新思想、新构想,它是前所未有的,能充分反映并满足人们某种物质或思想需要的构想。

管理观念的创新主要表现在:提出新的经营方针和经营策略,产生新的管理思路并付诸实施,提出新的经营理念,采用新的发展方式,提供资本营运新思路等。观念创新既包括员工个人的观念创新,也包括整个组织的观念创新。

根据观念创新与环境变化之间的关系,观念创新分为三种:一是超前型,即观念创新领先于环境变化,在时间上是提前的,能够应付环境的变化;二是同步型,即观念创新与环境变化同步,能够随环境的变化及时进行观念创新;三是滞后型,即观念创新落后于环境变化,观念落后于时代,少变、慢变甚至不变。

2. 管理方式方法创新

管理方式方法是管理的方法和管理的形式,它是组织整合过程中所使用的工具。管理方式方法创新可以是单一性的管理方式方法创新,如 ABC 管理法、MRP(物料需求计划)、NPT(网络计划技术)等;也可以是综合性的管理方法,如 MRPⅡ(制造资源计划)、ERP(组织资源计划)、TQM(全面质量管理)、CIMS(计算机集成制造系统)、JIT(准时制)等。管理方式方法创新主要包括:采用新的管理手段,采取新的领导风格,创设新的管理方法,对人的管理的新发展,提出新的资源利用措施,采用新的业务流程,实现组织生产经营的新的组合等。

3. 管理模式创新

管理模式是基于整体的一套相互联系的观念、制度和管理方式方法的总称。管理模式既是管理创新的条件,也是管理创新的结果。不同组织有不同的管理模式,管理模式体现一个组织的核心能力状况,有了先进的管理模式才会有较高的管理效率。管理模式创新主要包括:组织综合管理方面的创新,组织中某一管理方面的综合性创新,组织管理方式方法和手段的综合性创新,组织综合性管理方式方法的创新等。

4. 管理组织创新

组织创新是组织机构创新和管理制度创新,组织创新与制度创新存在内容交叉。组织创新主要包括:提出新的组织理念,采用新的组织结构形式,改变部门机构的职责与权限,提出集权与分权的新方式,采用新的组织沟通网络,提出组织学习的新方式,设计新的管理制度并付诸实施等。

三、制度创新

(一)制度创新的含义

制度是组织运行的主要原则规定。制度创新是改变原有的组织制度,塑造适应生产力发展的市场经济体制和现代化大生产的新的微观基础,建立起产权清晰、权责明确、政企分开、管理科学的现代化组织制度的过程。也就是建立一种能更有效率地组织生产经营活动的新制度。

(二)制度创新的意义

制度创新是组织发展的基础,是组织整体创新的前提和条件,也是实现组织不断创新的保证。制度创新的意义如下。

1. 制度创新可以使组织站在发展的前沿

组织的外部环境是不断变化的,组织必须和外部环境保持良好的关系,组织才能不断地发展,才能站在发展的前沿。

2. 制度创新是搞好组织各项管理工作的基础

为了使组织的各项管理工作如生产管理、质量管理、人力资源管理、营销管理等符合组织内外环境变化的需要,并取得良好的管理成效,就必须从体制上、制度上进行创新。

3. 制度创新可以为创新过程中的合作提供基础

随着创新活动的不断发展和深化,随着社会化和专业化程度的不断提高,创新活动已由个人行为转变为集体行为,使得不同创新者之间的合作越来越重要。但是,不同创新者之间的合作是以"共识"的形成为基础的。

(三)制度创新的内容

制度创新包括产权制度创新、经营制度创新和管理制度创新三方面内容。

1. 产权制度创新

产权制度是决定组织其他制度的根本性制度,它规定着组织最重要的生产要素的所有者对组织的权利、利益和责任。不同时期,组织的各种生产要素的相对重要性是不同的。产权制度主要是指组织生产资料的所有制。产权制度创新就是要改变组织所有者结构、控制权结构和资产结构,建立一个高效率的现代组织制度。产权制度的主要特征表现为:产权明晰化、产权结构多元化、产权可交易性、产权组织体系合理化等。

2. 经营制度创新

经营制度是有关经营权的归属及行使权利的条件、范围、限制等方面的原则规定。它构成公司的法人治理结构,包括目标机制、激励机制和约束机制等。它表明组织的经营方式,确定谁是经营者,谁来组织组织生产资料的占有权、使用权和处置权的行使,谁来确定组织的生产方向、生产内容、生产形式,谁来保证组织生产资料的完整性及其增值。经营制度的创新方向是不断寻求组织生产资料最有效的利用方式。

3. 管理制度创新

管理制度是行使经营权,组织组织日常经营的各种具体规则的总称,包括对材料、设备、人员和资金等各种要素的取得和使用的规定,如人事管理制度、分配制度、财务管理制度等,其中分配制度是最重要的内容之一。管理制度创新主要包括:组织管理制度的创新、管理制度效用评价的创新、管理制度制定方式的创新、系统化管理制度的创新等。

四、产品创新

(一)产品创新的概念

1. 产品创新的概念

产品创新就是在技术变化基础上的产品商业化,它可以是全新技术、全新产品的商业化,也可以是现有技术发展后现有产品的改进。它包括新产品的开发和老产品的改进。

2. 产品创新的意义

产品创新对组织的生存和发展具有重要的意义。

(1)可以提高产品的竞争力和组织竞争力。产品竞争力和组织竞争力的强弱,从根本上取决于产品对顾客的吸引力,具体表现为产品的成本竞争力和产品的特色竞争力。产品创新促使组织创造知名品牌,不断提高组织的整体竞争力。

(2)可以促进社会物质文明的发展。组织不断进行产品创新,可以促进社会物质财富的不断增加,满足人们日益增长的物质文化生活的需要,促进社会的发展。

(二)产品创新的动力

产品是组织生产的核心,产品创新是组织生存和发展的主要动力。产品创新的动力主要包括以下几个方面。

1. 社会需求

社会需求是产品创新的第一动力。无论是物质产品,还是服务产品,其目的都是促使组织进行产品创新,都是为了让顾客乐于接受而又能满足实际的需求和欲望。

2. 科技发展

科学技术的进步可以激发产品的创新。当今世界,科学技术迅猛发展,对产品的创新起着非常重要的作用。没有科学技术,产品的创新就无从谈起。

3. 竞争的压力

市场竞争压力在推动当今世界组织产品创新方面发挥着越来越重要的作用,市场竞争推动产品的不断创新。

4. 利益驱动

组织生存和发展必须以产品的生产和销售为依托,目的在于获得组织生产和销售产品的利润。在产品生命周期中,成长期是利润增长的最高时期。产品开发必须是生产一代、储备一代、研制一代。

(三)产品创新的内容

1. 功能创新

功能创新,即开发出具有新性能的产品。如 3G 手机具有上网传输速度快、电话会议、视频通话等新功能。

2. 结构创新

结构创新,即不改变原有产品的基本性能,对现有生产的产品进行改造和改进,寻求更经济的材料、更合理的结构、更科学的工艺,生产出成本更低、性能更完善、使用更安全、更具竞争力的产品。

3. 外观创新

外观创新,即产品外观的改变,可以满足消费者的需求,提高市场占有率,增加组织的经济效益。

4. 品种创新

品种创新,即要求组织根据市场和消费者的需求变化,及时调整产品结构,生产出消费者欢迎和适销对路的新产品。

(四)产品创新的策略

产品创新的策略主要有以下几种。

1. 开拓性产品创新策略

实施这一策略必须以雄厚的财力和强大的科研力量为支撑,投资巨大,有一定的市场风险,但新产品研发成功可以为组织创造巨大的经济效益。

2. 引进消化性产品创新策略

引进消化性产品创新策略即对从国外引进的某种新产品进行全面的剖析,在充分消化和吸收的基础上,再通过自主研发,研制出具有更新功能和特点的新产品,这种策略既可以借鉴国外最新的技术成果,又可以推动组织自身的技术进步。

3. 紧跟性产品创新策略

紧跟性产品创新策略即当市场上出现新产品后立即进行仿制,或者寻找新产品的缺陷,然后加以改进创新,生产出功能齐全、款式新和质量更好的产品。

4. 组合化产品创新策略

组合化产品创新策略即通过对现有技术进行组合,形成创新产品,技术组合可以以现有的市场为目标来满足现有的需要,也可以以新市场为目标市场创造新的需求。

五、组织创新

组织创新是在一种全新的理念的基础上,彻底打破传统的组织结构,创造出新的组织结构来增加组织的竞争力和活力,以适应新形势和信息化时代对组织发展的要求。组织创新要求组织根据内外环境的变化,适时进行组织的变革。因此,不同的组织有不同组织结构,同一组织在不同的时期,随着环境的变化,也要求组织的结构不断进行调整。组织创新的目的在于更合理地组织管理人员,提高管理的效率。

六、目标创新

组织是在一定的环境中从事经营活动的,组织在每个时期的经营目标,必须根据市场的环境和消费者的需求特点以及变化趋势进行调整,每一次调整都是一种创新。

七、观念创新

观念创新是观念的创造革新,是改变人们对某种事物错误的、过时的、不利于实践的既定看法和思维模式,换一个新的角度,得出一个新的结论或新的观点,从而采取新的态度和方法进行管理实践的活动。进行观念创新,需要有大无畏的开拓精神、冲破教条主义和形而上学的勇气,需要有实事求是的科学精神。观念创新主要包括经营思想的创新、经营理念的创新、经营方针和经营战略的创新等。

八、市场创新

市场创新是通过组织的活动去引导消费,创造需求。新产品的开发往往被认为是组织创造市场需求的主要途径。成功的组织经营不仅要适应消费者已意识到的市场需求,还要去开发和满足消费者没有意识到的市场需求。市场创新的方式有首创型、改创型与仿创型等。

九、环境创新

环境是组织经营的土壤,同时也制约着组织的经营。环境创新不是组织为适应外部环境的变化而调整其内部结构,而是通过组织积极的创新活动去改造环境,去引导环境朝着有利于组织的经营方向变化。从组织来说,环境创新的主要内容就是市场创新。

十、文化创新

文化创新是组织文化的创新。组织文化是组织在生产经营实践中逐步形成的,为全体员工所共同认同并遵守的,带有本组织特点的使命、愿景、宗旨、精神、价值观念、经营理念以及这些理念在生产经营实践、管理制度、员工行为和组织形象的总和。文化创新是组织创新的内在源泉,明智的管理者将视野扩大到文化领域,努力营造新型组织文化,将文化效益转为经济效益。

任务三　创新的原则和方法

一、创新的原则

为了使创新能够顺利进行,提高创新的效率,在创新过程中必须遵循一定的原则。

(一)反向思维原则

反向思维是指与一般人、一般组织思考问题的方向不同。别人认为正常的事情,而自己却要加以思考,从中发现问题;区别于其他人看问题的角度,从其他方面去考虑,这都属于反向思维的表现。反向思维,通常可以得到许多创新的灵感。以下是一些反向思维的管理观点。

(1)稳定性较低的环境,通常的想法是使组织目标变得更有弹性或灵活性。然而,如果从另一个角度看,组织目标应该更稳定。

(2)竞争要求更多的合作,更多的竞争者和更多的产品,要求组织具有更大的灵活性、反应能力和更高的产品质量等,但反过来考虑可以加强组织的伙伴关系,如组织与供应商的关系,组织与经销商的关系等。

(3)对已成功的产品,一般认为应抓住不放,反向思维认为应减少对它的依赖性。

(4)市场上商品相似时,通常是降价竞争,但可以通过增加商品的附加价值来抬价竞争。

(5)失败乃成功之母,但是可以通过加速失败率来加速成功率等。

(二)交叉综合原则

交叉综合原则是创新活动的开展可以通过多种学科知识的交叉综合得到。目前,科学发展的趋势是综合和边缘的交叉,许多科学家都把目光放在这两个方面,以求创新。

心理学在组织管理人际关系方面的引入,导致了行为科学、管理心理学、组织行为学等理论和方法的产生。

人文科学中社会学、伦理学、文化学等的最新研究成果被应用到组织管理之中,导致了经营理论、组织文化等一系列综合管理模式的变革。

(三)内外环境相符的原则

创新要求组织不断地向新领域尝试,要求组织不拘于现状,积极地进行创新。但是组织创新要量力而行,根据组织自身的实际情况进行创新,不考虑组织本身的资金、人才、技术力量,盲目进行创新,只能给组织带来困难,并不是真正意义上的创新,反而会削弱组织的创造力。同样,组织的外部环境是不断变化的,创新必须与外部环境相适应,这样的创新才是有意义的。因此,组织的创新必须符合实际,符合内外环境的变化。脱离实际的创新,其结果注定要失败。

(四)灵活性原则

创新是不拘于现状的,创新是有目的和计划的。但是,创新又有一定的偶然性,所有的计划并不能将任何事情都包括其中,特别是组织的外部环境是不断变化的,计划不如变化快。因此,创新必须随外部环境的变化而变化,具有灵活性。

二、创新的方法

创新方法是人们在创新过程中所采用的具体方法,主要包括创新思维方法和创新技法两种。

(一)创新思维方法

1. 发散思维法

发散思维法是为解决某一问题而最大限度地放开思路,从多视点、多层次、多方向、多途径寻求解决问题的一种开放性思维方法。它包括以下几种思维方式。

(1)立体思维。立体思维就是突破平面思维的定式,从多维视觉对事物进行观察和思考。

(2)求异思维。求异思维就是打破常规,寻求变更和差异,找到新的突破点,建立新的思维方式。

(3)逆向思维。逆向思维就是改变原有的思维方向,以相反的方向进行思维,它是一种违反常规的思维方式。

(4)想象思维。想象思维就是在掌握大量信息的基础上,凭借丰富的想象力,产生一种全新的思维方式。

(5)联想思维。联想思维就是借助事物之间的某种共性而将它们联系起来,产生新的思维和想法。

(6)替代思维。替代思维就是以整体替代或者局部替代的方式,产生新的方案或认识。

(7)侧向思维。侧向思维就是从所研究领域以外的事物寻求启示,求得新的认识或创造。

(8)联结思维和反联结思维。联结思维就是将某些相关的事物以某种方式组合起来加以认识;反联结思维就是将整体分解为各个部分,分别进行思考和分析,两者的目的都是寻求新的事物或新的思路。

2. 形象思维

形象思维是一种借助于具体形象来开展思维的过程,带有明显的直觉性。形象思维属于感性认识活动,它的特点是大脑完整地自觉实现。日常的形象思维被动复现外界事物的感性形象,而创新性思维则是把外界事物的感性形象重新组织安排加工创造出新的形象。

形象思维按其内容分为直觉判断、直觉想象和直觉启发三种。

（1）直觉判断。直觉判断就是人们通常所说的思维洞察力，也就是通过主体接通、激活在学习和实践中积累起来并储存在大脑中的知识单元——相似块，对客观事物迅速判断、直接理解或综合判断。直觉判断是一种直接的综合判断，中间没有经过严密的逻辑推理程序。

（2）直觉想象。直觉想象与直觉判断相比，它不仅依靠人的潜能意识得到的相似块，更有潜在意识的参与，即已经忘记、下沉到意识深处的知识，通过对潜在意识的重新组合，做出新的判断或理解。对于这种判断或理解，当事人往往也说不出其中的原因或道理，只是觉得应该如此。

（3）直觉启发。直觉启发就是通过原型，运用联想或类比，给互不相干的事物架起创新的桥梁，从而产生新的判断和新的意识。如牛顿是从苹果坠地找到了解决引力问题的线索。

3. 灵感思维

灵感思维就是一种突发式的特殊思维形式，它常出现在创新处于高潮时期，是人脑的高层活动。灵感思维是潜藏于人们思维深处的活动形式，它的出现有许多偶然的因素，并不以人们的意志为转移，但人们能够有能力创造条件，也就是要有意识地让灵感随时突现出来。这需要了解和掌握灵感思维的活动规律，灵感在思维过程中的不连贯性、不稳定性、跳跃性等特点，加强各方面知识的积累，勤于思考，给灵感的出现创造条件。需要做到：执着地追求目标；有知识和经验的积累；进行长期艰苦的思维劳动；常通过事物或信息的启发；有潜在意识的参与。

总之，创新思维的形成必须满足以下三个条件。

第一，建立创新思维必须使认识形成概念。人们要在原有事物的基础上有所创新，必须摆脱原有事物在具体形象、方法等方面对思维的约束。所以，人们必须通过事物的表象抓住其本质。而概念是在人们大量观察同一现象时形成的。因此，使认识形成概念是创新思维形成的先决条件。

第二，创新必须借助于正确的判断。判断是人们的一种思维形式，正确的判断能够反映事物的内在联系及其规律性，它可以使人们对未来做出正确的预测。

第三，建立创新思维必须有正确的推理，因为正确的判断来自于正确的推理。人类的推理有三种方式，即演绎法、归纳法和类比法。演绎法是从一般到个别的方法。归纳法是个别到一般的方法。类比法是从一方面的相似推广到其他方面也相似的方法。使用演绎法要注意大前提的满足，使用归纳法要考虑特殊性的存在，使用类比法要注意其可比性。

(二)创新技法

创新技法是人们在创新过程中具体采用的方法，主要有以下几种。

1. 列举创新法

列举创新法是创意生成的各种方法中较为直接的方法。按其列举对象分为特性列举法、缺点列举法、希望列举法和列举配对法四种。

（1）特性列举法。特性列举法就是通过对研究对象进行分析，一一列出其特性，并以此为起点探讨对研究对象进行改进的方法。在使用该方法进行创新时,所列举的特性明确、具体,以便有针对性地加以改进。具体是把事物的特性分为名词特性、动词特性和形容词特性三种,并把各种特性列举出来,从这三个角度进行详细的分析,然后通过联想,看看各个特性是否可以改善,以便找出新的解决问题的方法。

(2)缺点列举法。缺点列举法就是通过对研究对象进行分析,一一列举其缺点,然后针对这些缺点寻求改进方案的方法。

(3)希望列举法。希望列举法就是通过对研究对象的需要或他们的希望或要求,通过列举服务对象的希望点,来寻求满足他们的需要或希望的方法,从而实现创新。

(4)列举配对法。列举配对法就是通过对研究对象进行分析,把其中不同的组成部分任意组合以寻求创新的方法。

2. 联想创新法

联想创新法就是依靠创新者从一个事物联想到另一个事物的心理现象来产生创意,从而进行革新或发明的方法。按联想对象及其在时间、空间、逻辑上所受的限制不同,联想创新的方法分为以下几种。

(1)非结构化自由联想。非结构化自由联想就是在人们的思维活动过程中对思考的时间、空间、逻辑方向等方面不加任何限制的方法。这种方法在解决某些疑难问题时很有效,往往能产生新颖独特的解决方法,但不适合用于解决那些时间紧迫的问题。

(2)相似联想。相似联想就是根据事物在原理、结构、功能、形状等方面的相似性进行想象,期望从现有的事物中寻找发明创造的灵感的方法。

(3)对比联想。对比联想就是创新者根据现有事物在不同方面具有的特征,反其道而行之,向与之相反的方向进行联想,以此来改善原有的事物,或发明创造出新的事物。

3. 类比创新法

类比创新法的共同特点是,由于两个或两类事物在某些方面具有相同或相似的特点,因而希望通过类比把某些事物的特点复现在另一事物上以实现创新。类比创新法主要有以下几种。

(1)综摄法。综摄法就是通过召开会议的形式,利用非推理因素来激发群体创造力的方法。综摄法的运用过程可以分为变陌生为熟悉和变熟悉为陌生两个阶段。

变陌生为熟悉阶段。本阶段是综摄法的准备阶段。在这一阶段,创新者把所创新的问题分解为几个较小的问题,并熟悉它们的每个细节,深入了解问题的实质,找出对本次创新至关重要的问题。在认识事物的过程中,创新者要把不熟悉的事物同已经熟悉的事物进行比较,找出其异同点,并通过对异同点的把握,重点认识事物的特点,再把它们结合成关于事物的综合形象。在这一阶段,问题的分解非常重要,要把问题分解到能够同已熟悉的事物相比较为止。

变熟悉为陌生阶段。本阶段是综摄法的核心。在这一阶段,创新者在对事物有了全面把握的基础上,通过各种类比手法的综合运用,放大创新对象的不同点,从陌生的角度对问题进行探讨,在得到启发后再回到原来的问题上,通过强行关系法把类比得到的结果应用于原来问题的解决过程。

（2）因果类比法。因果类比法是根据已掌握事物的因果关系与正在接受研究改进事物的因果关系之间的相同或类似之处,去寻找创新思路的一种方法。

（3）相似类比法。相似类比法是根据类比对象不同之间在一些属性上的相似性,推出它们在其他属性或综合属性上应该相似,或根据它们在综合属性上的相似。相似类比法对于改进产品的综合或具体的个别性能提供了参考。

（4）模拟类比法。模拟类比法即模拟法,是对某一对象进行实验研究时,对实验模型进行改进,最后再把结果推广到现实的产品或经营决策中去的一种方法。模拟法借助于计算机技术应用将范围大大扩大,甚至在许多重大决策过程中需要进行全过程模拟。模拟法可以在问题出现之前发现并消灭它们。

（5）仿生法。仿生法要模仿的对象是生物界中神奇的生物,创新者试图使人造产品具有自然界生物的独特功能。仿生法可以从原理、结构、形状等多个方面对有关生物进行模仿。如人们模仿青蛙的眼睛发明了电子蛙眼等。

（6）剩余类比法。剩余类比法是把两个类比对象在各方面的属性进行对比研究,如果发现它们在某些属性上具有相同的特点,那么可以推定它们在剩余的那些属性上也可能是相同或类似的,从而可以根据一事物推定另一事物的属性。

4. 反头脑风暴法

反头脑风暴法又称质疑头脑风暴法,是靠专家相互批评而激发创造性的方法。与头脑风暴法相比,反头脑风暴法的过程比较简单,一般分为三个阶段。

第一阶段,与会者对在直觉头脑风暴法中提出的每一个设想或解决方案提出质疑,并进行全方位的评价,重点放在研究有碍设想实现的所有限制性因素。

第二阶段,对每一个设想设计一个评论意见一览表以及可行设想一览表。

第三阶段,对质疑过程中的评价意见进行评估,以便形成一个对解决所讨论问题实际可行的最终设想一览表。

任务四　创新的基本过程

创新是人类活动的最高境界,创新是一项极其复杂的活动,要受很多因素的影响。因此,创新要取得成功,不仅要掌握创新的方法,更有掌握创新的基本过程。一般来说,创新包括以下几个基本过程。

一、准备阶段

创新不是纯粹的偶然的"突发奇想",它对创新者的要求很高。因此,创新必须具备一定的前提条件。

(一)广博的知识和经验的积累

知识和经验的积累是人们进行创新的基本条件。不管进行哪种创新或革新,人们都必须具备有关创新对象的知识和经验。创新不是无中生有,而是在已有的知识和经验基础上的升华。发明或革新不可能从天而降,也就是说,一个对发明或革新对象一无所知的人,没有知识和经验的积累,不可能进行发明或革新。

这种知识和经验的积累要形成合理的结构,既要有扎实的专业知识与技能,也要有广博的相关知识。因为创新从某种意义上来说是对知识、技术、信息的组合,仅在本专业知识领域内组合是不够的,还要到其他相关领域甚至完全不同的领域去组合,才能获得创新的灵感。

(二)客观压力

客观压力就是社会的需要以及组织生存和发展的需要。所有成功的创新都是建立在需要的基础上,需要紧迫感,就越能迫使人们去想办法解决它,它所产生的动力就越大,越能促使人们不断地进行创新。

(三)主观压力

主观压力就是创新者发自内心的强烈的创新欲望和动机,是主观意愿支配着人们的行为,而主观意愿的迫切性在很大程度上决定着人们行为的主动性和积极性。如果没有创新的主动性、积极性和自觉性,就不会有创造性。对创新来说,始终需要的是身心健康和斗志旺盛。只有身心健康和斗志旺盛的人,才能在创新过程中不畏艰难,知难而上,不屈不挠地去争取成功。

(四)强烈的好奇心

好奇心是指引人们走向未知领域的重要力量,是发现机会、引发创新的重要因素。真正的好奇心经常会带来一些意想不到的创新。有了强烈的好奇心,人们才会关注生活、工作中出现的各种不协调现象,并深入研究这些不协调产生的原因,从而积累必要的知识和发现创新的机会。随着知识的不断积累,以及对某一领域的深入研究,好奇心又会引导人们去发现并解决新的问题,从而引发创新。总之,好奇心是人们进行创新必不可少的条件。

(五)推陈出新的心理勇气

创新者应该认识到,所有事物都是向前发展的,人们对世界的认识是在不断否定中不断深化和提高的,不敢否定旧的,新的就不会出现,就是人们通常所说的"不破不立"。因此,在事实的基础上要敢于质疑旧的"金科玉律",要敢于突破甚至否定那些被人们视为神圣不可侵犯的所谓的"理论""原则"。真理永远只是相对的,在创新者的眼里没有不可突破的禁区。因此,敢于推陈出新的心理勇气是创新者必备的心理条件。

二、寻找创新的机会

创新是对原来秩序的破坏。原来的秩序之所以要打破,是因为组织内部存在着或出现了某种不协调的现象,这些不协调对组织的发展提供了机会或造成了某种威胁。创新活动正是从发现和利用这些不协调现象开始的。不协调为创新提供了契机。

这些不协调既可存在于组织的内部,也有可能产生于对组织有影响的外部。组织的创新,往往是从密切地注视、系统地分析组织在运行过程中出现的不协调开始的,这种不协调实质上就是意外事件。意外事件主要是意外的成功或失败与不一致性。

三、提出构想

发现组织内外的不协调只是创新活动的开始,还必须在此基础上分析和预测这种不协调的未来变化发展的趋势,估计它们给组织带来的积极或消极后果,运用各种创新的方法来解决问题,这就要求人们提出新的构想。

在这方面可以采用头脑风暴法、反头脑风暴法、特尔菲法、哥顿法、电子头脑风暴法等,提出消除不协调并解决问题的方法,使组织在更高层次上实现新的平衡。提出各种解决问题的构想,并综合分析和评价各个构想的可行性和效益性,从中找出真正解决问题的方法。创新是一个复杂的过程,为了减少创新的投入,必须对创新的过程进行合理的安排。

🏃 知识链接

吉列剃须刀

金·吉列只是一家瓶盖公司的推销员。1895 年夏天,吉列到保斯顿市区出差,前一天买了火车票。早晨,他起床迟到了,正匆忙用刀刮胡子,旅馆服务员匆匆走进来喊到:"再有 8 分钟火车就要开车了!"吉列听到后一紧张,不小心就把脸刮破了。又气又恨的吉列看看剃刀,突然产生了灵感:如果发明一种新型的安全的剃须刀,一定会有市场。从那时起,吉列就开始了他的剃须刀创新行动。不过,由于受传统模式的影响,新发明的基本构想总是摆不脱老式长把剃须刀的局限,尽管他一次又一次地改造设计,结果总是不能令他满意。几年过去了,新的安全的剃须刀仍没有发明出来。一天,吉列望着一片刚收割的田地,看到一个农民正轻松自如地挥着耙子修整田地。一下子,一个新的思路在他脑海中出现了:如果新的剃须刀就像耙子一样,那一定安全、简便、运用自如。这一不经意的发现终于解决了他的最大苦恼,一种新型的剃须刀就这样应运而生了,它就是我们现在还在用的那种像个小型耙子的安全剃须刀。吉列由此成为世界安全剃须刀大王。

(资料来源:豆丁网,http://www.docin.com/p-72866386.html)

四、迅速付诸实施

组织的内外环境瞬息万变,解决问题的构想提出后,就必须付诸实施。

🏃 知识链接

20 世纪 70 年代,施乐公司为了把产品搞得十全十美,在罗彻斯特建造了一座全由工商管理硕士占用的 29 层高楼。这些 MBA 坐在大楼里,对每件可能开发的产品设计了拥有数百个变量的模型,编写了一份又一份市场调查报告……然而,当这些人继续着不实际的分析时,当产品研制工作被搞得越来越复杂时,竞争者已把施乐公司的市场抢走了50％以上。

(资料来源:豆丁网,http://www.docin.com/p—1444166543.html)

由于外部环境的不确定性及决策时掌握的信息有限,人们决策时提出的构想可能还不完善,但这种构想毕竟是在考虑了变化的内外环境的基础上提出来的,有可能解决组织上所面临的新情况、新问题,必须迅速付诸实施。而且,实践是检验构想正确与否的有效途径,不能付诸实施的构想都是"纸上谈兵",如果苛求构想的完美以减少失败的风险,而迟迟不能对内外环境的变化做出反应,必将错失良机,把创新的机会拱手让给竞争对手,导致创新的失败。创新是与风险并存的,如果没有风险,创新就失去了意义。

五、不断完善

创新的构想必须经过实践才能成熟,而实践是有风险的。因此,创新的过程是不断实践、不断失败、不断完善、不断提高的。所以,创新者在开始行动后,必须坚定不移地继续下去,绝不能半途而废,要不断地探索,不断地总结行动中的经验教训,失败并不可怕,重要的是要对当初的构想不断地修正和完善,否则,就会前功尽弃。要在创新中坚持下去,创新者必须要有足够的自信心和勇气,有较强的忍耐力,才能正确面对实践过程中的失败,善于及时从失败中总结经验教训,不因暂时或局部的挫折而气馁,失败乃成功之母。伟大的发明家爱迪生曾经说过:"我的成功乃是从一路失败中取得的。"这句话对创新者应该有很大的启示。创新的成功在很大程度上取决于"最后五分钟的坚持",浅尝辄止是创新的大忌。

六、再创新

一次创新的成功,为下一次创新提供了动力。创新是不断发展的,不能只停留在某次创新上,必须要在新的起点上再进行创新。即使这一次创新失败,也要从失败中总结经验教训,为持续创新提供借鉴。组织只有不断地进行创新,才能在激烈的竞争中处于有利地位,才能不断地发展。

阅读资料

透视沃尔玛六大创新

1953年,山姆买下了费耶特维尔一家濒临倒闭的老杂货店。山姆将凭着这一家又小又旧的杂货店,与临街的两家老牌杂货店——伍尔沃思商店和斯克特商店竞争。而这两家商店的店主根本没有想到山姆能在这样的竞争环境中取胜。

然而,就是凭借这家小店,山姆不断创新经营方式,不断地领先别人,终于一步步发展为零售第一大连锁公司,战胜了老牌的竞争对手,让世人刮目相看。

不断地创新、试验,始终走在别人的前面——这正是山姆获取成功的最重要的原因之一。在长达半个世纪的零售业探索中,山姆还是凭借这一信念得以在零售业立足并持续发展。在他创业的每一步几乎都留下了他创新的轨迹。

1.人才创新

山姆成功的关键首先在于他不拘一格聘用人才、使用人才,在他创业初期随着事业日益扩大,山姆越来越觉得需要有个助手来帮助他打理生意。由于他还不具备自己培养管理人员的条件,于是山姆决定到别人的商店去搜寻现成的人才。

山姆雇用的第一个经理,是威拉德·沃克,是从TG&Y廉价商店挖过来的,山姆为了吸引他留下,决定给他商店股份的1%。

这位准经理甚至在正式上任前就已经开始帮助山姆筹备下一家新店的开张事宜了:每天,威拉德在山姆那儿免费工作半天,晚上就在储藏室的帆布床上过夜,第二天一早还得再赶回TG&Y去上班。虽然山姆答应威拉德分享其1%的利润。但正如TG&Y的副总经理所说的:"一无所有的1%仍然是一无所有。"因此威拉德必须努力工作,才能获得较他以前的工作更为丰厚的报酬,而山姆的这种用人方法也算别出心裁。事实证明,他们两人都成功了。当年整个本顿维尔共做了96 000美元的生意,而威拉德却帮山姆做成了其中的90 000美元;威拉德也获得了全部利润的1%。此后,山姆在用人方面越发大胆,而他的员工也没有让山姆失望。

2. 细节创新

在人们的理解中,创新总是在大的方面,小细节总人被人忽略。但山姆没有,在小的方面他也没有放过。比如一开始,山姆所有的商店用的货架一直是向本·富兰克林公司购买的木头支架。这是当时最标准的式样了,可木头货架一旦年深日久,就会因被虫蛀或发霉腐朽而虚塌;另外,从外表上看,也不够美观。山姆一直都想设法改善这种状况。在他的费耶特维尔开设第二家分店时,他在斯特林商店看到了用金属制的货架,马上请人在他的费耶特维尔的商店制作了成批的这种货架。这一举动使该店成为全国第一家100%使用金属货架的杂货店,这仅仅是一个小小的细节,但以小见大,从一个小的侧面反映了山姆的细致入微和不断创新的精神。

3. 进货创新

早期的连锁店,如果加盟于一家大公司(比如本·富兰克林后)就要在进货、销售各方面遵守公司的要求。然而山姆却在实践中悟出进货价格方面的一个规律——如果直接向制造商进货,而不通过巴特勒兄弟公司,这可以省下25%的佣金。刚开始,山姆还是按照加盟的规定进货,当时巴特勒公司对加盟店进货有严格的规定,必须保证80%以上的货物从巴特勒公司采购。不久,山姆开始尝试另一种做法,即一方面他尽量遵守80%货物从巴特勒公司采购的承诺,另一方面,他到处寻找制造商并从他们那里直接进货。因此,他常常是白天在店里照顾生意,打烊后就开上自制的"拖拉机"到密西西比河以东的田纳西州寻找便宜货。他还通过纽约的采购服务公司直接向生产厂家订单,服务公司只收取相当于货款5%的佣金,远低于从本·富兰克林总部进货的25%的佣金。从这时起,山姆就是明白了直接从生产组织进货,会降低交易成本,从而降低商品售价。

山姆的做法令本·富兰克林总部十分生气,但总部年底还是给了他奖金回扣,是因为山姆的经营业绩实在太好了。虽然他向总部进货的比例可能未达到80%,但由于销售额非常高,进货总量也就高。

新一轮的试验成功了,与此同时,山姆开始坚持他的低价进货计划,并且开始向田纳西以外的地区扩展业务。与哈里的合作就是这一计划的典型例子。哈里是一名制造商代理,他手头掌握着各种制造商的产品信息,一旦有人请他帮助采购,他就会立马把订单交给对应的工厂,他只从中抽取5%的佣金。5%的"回扣"对山姆而言还是相当合算的,因此山姆在早期一直与他合作。虽然日后沃尔玛不需要与这类代理人合作,但这一早期的实践对沃尔玛的日后发展来说是至关重要的。

4. 经营方式的创新

山姆早期先尝试了自助购物这一形式。这种方式源自20世纪30年代开始的食品城市,但直到50年代在杂货业这仍是一种全新的做法。山姆到两家采取这种方式经营的商店中进行实地考察,而后总结经验,在自己的商店中进行了实验。结果他的商店成了全国第三家采取开架自选服务方式的杂货店,也是附近八个州中唯一的一家。

之后,山姆又进入了折扣行业。他的思路来源于自己日常的工作实践。例如,当山姆从本·富兰克公司进货时,购进一打紧身裤的成本是2.5美元,因此只能按1美元3条的零售价出售而从制造商那里,能得到每打2美元的优惠价,因而山姆的零售价也可优惠到1美元4条。这使他的紧身裤在很短时间内销售一空,山姆不仅在极短的时间内就收回了全部成本,他的纯利润也达到了很高的程度。

这场价格战引起了山姆对低价销售这种经营方式的思考,他对此进行了深入的研究,并且得出结论:通过削价,不仅可以扩大销售量而且由于销售额的迅速增长,使利润仍可以在单价降低的情况下有所增加。用零售业的行话来说,你可以降低标价,但因为销售量增加,销售利润仍然可以保证。但这一观点并没有得到普遍赞同。在零售业中,完全以廉价为主的促销还没有得到广泛的认可,当时许多大的零售商甚至不屑于采取这种方式,认为在价格上做文章只是小型零售商的做法。然而,就在十几年之后,折价销售的浪潮席卷了美国,从根本上改变了全美零售商销售以及顾客购买商品的方式。

5. 销售策略的创新

山姆在经营过程中,常有一些新奇的想法,将它用在商品销售中,收效十分显著。这也是日后沃尔玛在销售策略上不断创新的源泉所在。

山姆早期开店的小镇,一到星期六下午就挤满了各个农场前来纽波特采购的老乡。特别是在秋天,棉花收获的季节,整个前街都是人。这时,山姆出人意料地搬出一台爆米花机,这在小镇上是一件新鲜事,而且对于这些簇拥的人群来说是极具吸引力的。因此山姆的小店顾客盈门。

山姆从街上的一派繁荣景象中,看到了人们潜在的日益高涨的购买欲望。于是,他打算抓住机会,进一步扩大生意。山姆鼓起勇气跟银行借了一笔款,款额1 800美元。他用这笔钱买了一台冰激凌机,同样也摆在人行道上,跟爆米花一道,成为山姆小店引人注目的焦点之一。

山姆还很善于利用广告进行宣传,1960年7月29日,山姆做了他经商以来的第一次报纸广告。广告印在《本顿县民主党人》报的其中一版上,内容是宣传沃尔顿的商店"重新开张大甩卖"。山姆还想出一些促销方法,如免费赠送气球、9美分一打的衣夹、10美分一只的玻璃杯等。

居民们蜂拥而至,纷纷抢购便宜货。这是一次成功的减价"大甩卖"。也是山姆继续贯彻薄利多销原则所获得的成果。由于山姆看到了廉价策略的成功,他这家新店的名字甚至干脆就叫沃尔顿廉价商店,尽管他仍是一家本·富兰克林特许经营店。就像纽波特的那家店一样,这家店也在极短的时间内就脱颖而出,成了当时同行中的一流商店。

还有一次,山姆去纽约出差了几天,发现在这城市里,正流行着一种露趾襻带鞋,人们称为"凉鞋"。山姆认为这将会给小镇居民带来城市的潮流和新鲜感。于是,当他从纽约回家时,顺便扛回了一大箱各式各样的凉鞋。

但他的店员都认为这样的鞋根本就卖不出去,"它们只会使你的脚趾头起泡"。可山姆信心十足,他把他们一双双捆好,放在人行道的一头的一张台子上,标价每双19美分。结果,销售情况十分好,所有的凉鞋都被抢购一空。

这让他的店员们吃惊不小,因为他们从来没有看到一件东西卖得那么快,而山姆则很为自己的想法感到满意。那个夏天,本顿维尔镇几乎每个人的脚上都套着一双凉鞋。

另一次非常成功的销售是在20世纪50年代后期,当时,全美兴起了呼啦圈热。城里的大商店乘机大量进货,高价售出,然而这么一来,小商人要寻找货源可就困难了,也害怕赚不了钱。如何解决这个问题呢?

山姆想到:呼啦圈的制作方法实际上十分简单,任何经营小塑胶管的人都能生产。如果能找到这样一家小公司,然后自产自销的话,不仅解决了货源问题,更可以大大地降低成本,于是,山姆就和朋友一起寻找制造商加工这种产品。

加工厂临时设在朋友的顶楼,山姆本人也亲自参加制作。他们买来五颜六色的塑胶管,把它们截成2.74米(9英尺)一截,然后两端用塞子一连,再用U形钉固定,这样就做成了一个呼啦圈。

由于成本低,山姆他们每只呼啦圈只卖1美元,他们的呼啦圈有十几种颜色可供选择,比起大商店里有限的几种颜色,更受人青睐。可以说他们的呼啦圈是价廉物美。

结果,山姆他们每天都能卖出几千个呼啦圈,需要工人加班加点地干才能跟上供应。这使山姆从中获得了很大利润。

山姆认为,每种商品都可能成为畅销赚钱的商品,但需要动脑筋找出来,并不怕麻烦地促销。例如,在与一位推销员的谈话中,山姆发现一种床垫有推销的潜力,尽管这种床垫每月只卖5件。以前他从没卖过床垫,但他觉得这是一种值得开发的商品,于是进一批,把价格和利润压低,将床垫放在花篮车里,陈列在明显的位置。结果这种床垫大为畅销,10年里卖出了50多万件。

还有一次,山姆在田纳西州一家百货公司看到一种在美国南方很流行的甜点——"圆月馅饼",沃尔玛从未经营过这种商品,但他看到在该百货公司卖得很好,而且想好了促销手段,于是大量采购。山姆将甜点放在收银机旁的桌上,依不同的口味排开,每个价值10美元,一周之内就卖了50万个。

6. 经营领域创新

这与前面所说的经营方式有很多相似之处,但它的范围更广。不仅有经营方式,还有不同领域的创新,这是沃尔玛不断发展壮大的最关键的因素。

经营领域扩展是美国大组织的一种战略,特别是第二次世界大战后大组织为寻找扩张和抓住新的增长点常用的一种战略。当组织原来所处行业已基本饱和,同时又存在着很大范围的竞争时,要想保持高速增长同时又避免陷入恶性竞争,就必须将经营领域扩大或者改变。而且,急剧变动的经营环境又不断出现新的市场机会,如果捷足先登,则有获利的机会,因此许多组织都十分看重这一点。不过,贸然闯入多角化经营,自身实力、财力不足,导致经营失败者不乏先例。因此,要想采取这种方式必须考虑现实状况,并选择适宜组织发展的方式。

20世纪70年代,山姆曾试开过"家庭购物中心"和"房屋装修中心",但都不太成功,很快就关闭了。80年代初又开始着手尝试新零售形式。依靠公司独特的配送系统,山姆不仅继续保持了折价零售的旺盛竞争力,而且及时采取新策略,成功进入批发俱乐部、药店、欧式超级市场、超级商店等诸多领域。

(资料来源:中国企业培训网,http://www.chinacpx.com/zixun/103968.html)

知识小结

(1)创新就是新产品的开发、新市场的开拓、新生产要素的发现、新生产经营管理方式的引进和新企业组织形式的实施。

(2)创新的特点是新颖性、高风险性、高回报率、时效性、灵活性、艺术性和综合性等。

(3)创新的条件是创新的意识、创新的能力、人才、资金和创新的氛围。

(4)创新机制是不断追求创新的内在机能和相应的运转方式,创新活动是一个循环过程,它从创新设想的产生与形成到研发,从创新内容的形式到创新成果的扩散,再到市场效益的形成既有顺序,也有交叉和交互作用。创新机制体系主要包括动力机制、运行机制和发展机制三个方面。

(5)创新的内容包括技术创新、管理创新、制度创新、产品创新、组织创新、环境创新、观念创新、目标创新、市场创新和文化创新。

(6)创新必须遵循反向思维、交叉综合、内外环境相符和灵活性等原则。

(7)创新的方法包括创新思维的方法和创新技法两种。

(8)创新的基本过程包括准备阶段、寻找创新的机会、提出构想、迅速付诸实施、不断完善和再创新六个阶段。

技能练习

第Ⅰ部分　基本训练

一、判断题

1. 创新活动涉及许多环节和因素的影响,从而使创新出现不确定性,因此,创新有较大的风险性。（　）

2. "机制"一词用于经济学大约是 20 世纪 50 年代末。（　）

3. 技术创新是创新的核心内容。（　）

4. 合作创新是通过学习模仿率先创新者的创新思路和创新行为,吸取率先创新者的成功经验和失败教训,引进购买或破译率先创新者的核心技术和技术秘密,并在此基础上进一步改进、完善,进一步开发。（　）

5. 管理既是一门科学,也是一门艺术,管理的灵魂就在于创新。（　）

6. 产品创新的内容是功能创新、结构创新、品质创新和外观创新。（　）

7. 目前,科学发展的趋势是综合和边缘的交叉,许多科学家都把目光放在这两个方面,以求创新。（　）

8. 求异思维就是改变原有的思维方向,以相反的方向进行思维,它是一种违反常规的思维方式。（　）

9. 直觉判断是一种直接的综合判断,中间没有经过严密的逻辑推理程序。（　）

10. 反头脑风暴法又称质疑头脑风暴法,是靠专家相互批评而激发创造性的方法。与头脑风暴法相比,反头脑风暴法的过程比较简单。（　）

11. 创新的成功在很大程度上取决于"最后五分钟的坚持",浅尝辄止是创新的大忌。（　）

12. 创新是与风险并存的,如果没有风险,创新就失去了意义。（　）

13. 仿生法要模仿的对象是生物界中神奇的生物,创新者试图使人造产品具有自然界生物的独特功能。仿生法可以从原理、结构、形状等多个方面对有关生物进行模仿。（　）

14. 对比联想就是根据事物在原理、结构、功能、形状等方面的相似性进行想象,期望从现有的事物中寻找发明创造的灵感的方法。（　）

15. 发散思维就是一种借助于具体形象来开展思维的过程,带有明显的直觉性。形象思维属于感性认识活动,它的特点是大脑完整地自觉实现。（　）

16. 文化创新是组织创新的内在源泉,明智的管理者将视野扩大到文化领域,努力营造新型组织文化,将文化效益转为经济效益。（　）

17. 从组织来说,环境创新的主要内容就是产品创新。（　）

18. 产品创新就是在技术变化基础上的产品商业化,它可以是全新技术、全新产品的商业化,也可以是现有技术发展后现有产品的改进。它包括新产品的开发和老产品的改进。（　）

19. 制度创新包括产权制度创新、经营制度创新和管理制度创新三个方面。（　）

20. 创新是维持基础上的发展,而维持则是创新的逻辑延续;维持是为了实现创新的成果,而创新则是为更高层次的维持提供依托和框架。   (   )

二、单项选择题

1. 创新的概念最早是由美籍奥地利经济学家(   )首先提出的。他在 1912 年出版的《经济发展理论》一书中第一次阐述了创新的定义。

A. 泰勒　　　　　　B. 法约尔　　　　　C. 熊彼特　　　　　D. 西蒙

2. 属于按创新活动方式不同分类的是(   )。

A. 独立型创新　　　B. 产品创新　　　　C. 工艺创新　　　　D. 根本性创新

3. 改变人们对某种事物错误的、过时的、不利于实践的既定看法和思维模式,换一个角度,得出一个新的结论或新的观点,从而采取新的态度和方法进行管理实践的活动是(   )。

A. 自主创新　　　　B. 观念创新　　　　C. 制度创新　　　　D. 市场创新

4. 为解决某一问题而最大限度地放开思路,从视点、多层次、多方向、多途径寻求解决问题的一种开放性思维方法是(   )。

A. 侧向思维　　　　B. 形象思维　　　　C. 发散思维　　　　D. 灵感思维

5. 根据事物在原理、结构、功能、形状等方面的相似性进行想象,期望从现有的事物中寻找发明创造的灵感的方法是(   )。

A. 非结构化自由联想　　B. 相似联想　　　C. 类比联想　　　　D. 突发联想

6. 对某一对象进行实验研究时,对实验模型进行改进,最后再把结果推广到现实的产品或经营决策中去的一种方法是(   )。

A. 综摄法　　　　　B. 因果类比法　　　C. 相似类比法　　　D. 模拟类比法

7. 创新活动的开展可以通过多种学科知识的交叉综合得到,这个原则是(   )。

A. 反向思维原则　　　　　　　　　　B. 交叉综合原则

C. 内外环境相符原则　　　　　　　　D. 灵活性原则

8. 单一性的管理方式方法创新是(   )。

A. TQM　　　　　　B. ERP　　　　　　C. 网络计划技术　　D. CIMS

9. 任何创新都具有不确定性,创新的程度越高,不确定性就越大,它体现了创新的(   )。

A. 灵活性　　　　　B. 不确定性　　　　C. 独创性　　　　　D. 综合性

10. 组织的(   )是组织创新的主体,如果没有它,组织的创新就无从谈起。

A. 人才　　　　　　B. 资金　　　　　　C. 意识　　　　　　D. 能力

11. (   )主要包括创新管理的组织机构、运行程序和管理制度。

A. 创新动力机制　　B. 创新约束机制　　C. 创新发展机制　　D. 创新运行机制

12. 组织创新的主要内容是(   )。

A. 产品创新　　　　B. 制度创新　　　　C. 市场创新　　　　D. 技术创新

13. 通过学习模仿率先创新者的创新思路和创新行为,吸取率先创新者的成功经验和失败教训,引进购买或破译率先创新者的核心技术和技术秘密,并在此基础上进一步改进、完善,进一步开发,这种创新是(   )。

A. 自主创新　　　　B. 制度创新　　　　C. 模仿创新　　　　D. 合作创新

14.（　　）是最早提出的模型,它认为技术创新是由科学发现和技术发明推动的,研发是创新的主要来源,市场是创新成果的被动接受者,研发生产的成果在寻求应用过程中推动创新的完成。

A. 技术推动模型　　　　　　　　　B. 需求拉动模型

C. 技术与市场交互作用模型　　　　D. 一体化模型

15. 根据内部条件和外部环境的变化,对管理思想、管理方法、管理工具和管理模式的创新是面对技术和市场变化所做出的相应改进和调整,是一种更有效的组织活动的协调方式和资源整合模式,这种创新是（　　）。

A. 管理创新　　　　B. 制度创新　　　　C. 市场创新　　　　D. 技术创新

16. 组织根据市场和消费者的需求变化,及时调整产品结构,生产出消费者欢迎和适销对路的新产品,这种创新是（　　）。

A. 外观创新　　　　B. 功能创新　　　　C. 品种创新　　　　D. 技术创新

17. 主要包括经营思想的创新、经营理念的创新、经营方针和经营战略的创新是（　　）。

A. 组织创新　　　　B. 观念创新　　　　C. 文化创新　　　　D. 环境创新

18.（　　）就是一种突发式的特殊思维形式,它常出现在创新处于高潮时期,是人脑的高层活动。

A. 发散思维法　　　B. 灵感思维　　　　C. 形象思维　　　　D. 抽象思维

19. 依靠创新者从一个事物联想到另一个事物的心理现象来产生创意,从而进行革新或发明的方法是（　　）。

A. 联想创新法　　　B. 列举创新法　　　C. 类比创新法　　　D. 反头脑风暴法

20. 通过"原型",运用联想或类比,给互不相干的事物架起"创新"的桥梁,从而产生新的判断和新的意识,这是（　　）。

A. 直觉判断　　　　B. 直觉想象　　　　C. 直觉感受　　　　D. 直觉启发

三、多项选择题

1. 创新的特点是（　　）。

A. 新颖性　　　　　B. 低风险性　　　　C. 高回报率　　　　D. 综合性

2. 推动组织技术创新的主要动力是（　　）。

A. 科技发展的推动　　　　　　　　B. 市场需求的推动

C. 自我发展的内驱动力　　　　　　D. 组织内部的压力

3. 管理创新的特点是（　　）。

A. 开拓性　　　　　B. 实践性　　　　　C. 不确定性　　　　D. 前瞻性

4. 产品创新的策略主要有（　　）。

A. 开拓性产品创新策略　　　　　　B. 引进消化性产品创新策略

C. 紧跟性产品创新策略　　　　　　D. 渐进性创新策略

5. 根据技术创新的方法,技术创新主要有（　　）。

A. 自主创新模式　　　　　　　　　B. 渐进性创新模式

C. 模仿创新模式　　　　　　　　　　D. 合作创新模式

6. 管理创新的内容主要有(　　　)。

A. 管理观念创新　　　　　　　　　　B. 管理方式方法创新

C. 管理组织创新　　　　　　　　　　D. 管理制度创新

7. 创新的原则是(　　　)。

A. 反向思维原则　　　　　　　　　　B. 交叉综合原则

C. 内外环境相符原则　　　　　　　　D. 灵活性原则

8. 创新思维的方法是(　　　)。

A. 发散思维法　　　　B. 头脑风暴法　　　　C. 联想思维法　　　　D. 灵感思维法

9. 创新的技法是(　　　)。

A. 列举创新法　　　　B. 联想创新法　　　　C. 类比创新法　　　　D. 反头脑风暴法

10. 创新的基本过程包括(　　　)。

A. 准备阶段　　　　　B. 寻找机会　　　　　C. 提出构想　　　　　D. 不断完善

11. 创新的准备阶段包括(　　　)。

A. 强烈的好奇心　　　B. 主观压力　　　　　C. 客观压力　　　　　D. 技术条件

12. 类比创新法是(　　　)。

A. 因果类比法　　　　B. 相似类比法　　　　C. 模拟类比法　　　　D. 仿生法

13. 发散思维法是(　　　)。

A. 立体思维　　　　　B. 求异思维　　　　　C. 逆向思维　　　　　D. 联想思维

14. 市场创新的方式有(　　　)。

A. 首创型　　　　　　B. 寻异型　　　　　　C. 改创型　　　　　　D. 仿创型

15. 产品是组织生产的核心,产品创新是组织生存和发展的主要动力。产品创新的动力主要是(　　　)。

A. 社会需求　　　　　B. 竞争的压力　　　　C. 科技发展　　　　　D. 利益驱动

16. 制度创新包括(　　　)。

A. 社会制度创新　　　B. 产权制度创新　　　C. 经营制度创新　　　D. 管理制度创新

17. 管理模式创新主要包括(　　　)。

A. 组织综合管理方面的创新

B. 组织管理方式方法和手段的综合性创新

C. 组织综合性管理方式方法的创新

D. 组织中某一管理方面的综合性创新

18. 自主创新的缺点是(　　　)。

A. 自主研发的成功率较高,风险性大

B. 时间长,不确定性大

C. 市场开发难度大、投资小、时滞性强、市场开发投入收益容易被跟随者无偿占有

D. 不仅要巨资投资于研究与开发,还必须拥有实力雄厚的科研队伍以及研发水平

19. 创新的重要性是(　　　)。

A. 创新是组织系统自身的需要　　　　B. 创新是适应环境变化的需要

C. 创新是增强组织活力、提高经济效益的需要　D. 创新是组织生存发展的需要

20. 创新的条件很多,不同的组织创新的条件是不同的,但主要有(　　)。

A. 创新的意识　　　B. 创新的氛围　　　C. 创新的能力　　　D. 创新的人才

四、简答题

1. 创新的特点是什么?

2. 创新的内容是什么?

3. 创新的原则是什么?

4. 创新的方法是什么?

5. 技术创新的动力是什么?

6. 创新的基本过程包括哪些?

五、论述题

你认为组织进行创新有必要吗? 应怎样进行创新?

第Ⅱ部分　知识应用

一、案例分析

【案例分析一】

王麻子剪刀与瑞士军刀

王麻子刀剪创始于清朝顺治八年(1651),至今已有 350 多年历史。王麻子与杭州的张小泉南北呼应,曾长期占据了大半个刀剪市场。特别是王麻子创造的"铁夹钢"工艺迄今为止仍是世界上最好的刀剪制造工艺。但是,从 20 世纪 90 年代开始就一年不如一年,到 2002 年,北京王麻子剪刀厂其资产负债率高达 216.6%,已经向当地法院申请破产。

至今王麻子剪刀仍旧停留于"一只风箱一把锤,一块磨石一只盆"的作坊式生产格局,一直延续传统的铁夹钢板工艺,虽然硬度、韧度都比不锈钢刀好得多,但其工艺复杂,成本高,外观档次低,归根到底,技术创新能力的严重不足,直接导致了王麻子产品陈旧落后、制作粗糙,百年来产品样式变化缓慢,产品质量停滞不前。

遗憾的是,王麻子刀剪 300 多年来基本上是一副老面孔。在市场千变万化、技术日新月异、竞争对手层出不穷的今天,即使拥有久负盛名的传统工艺,如果不能在功能上比人家管用、式样上比人家漂亮、品种上比人家更有选择性、价格上比人家更有优势,那么百年老店同样也会被竞争对手无情地挤出市场。

瑞士军刀举世闻名,创造这一品牌的是 100 多年前瑞士乡村的一个工场。至今瑞士军刀的生产仍沿用代代相传的家族式管理,传统工艺被高质量地保持下来。究其原因,主要还是创新的动力没有衰竭。瑞士军刀新一代当家人总是能根据市场需求的变化,不失时机地改进军刀的款式、功能、包装、销售网络等,使瑞士军刀持久地扬名天下。目前瑞士军刀的品种有几百种,每年还不断地有新的款式面市。

瑞士军刀虽以传统工艺起家,但 100 多年来从未原地踏步,它一直紧跟科学技术的发展步伐,始终致力于运用技术创新推动产品质量的不断提升。瑞士军刀的安身立命之道正是

持之以恒的技术创新,因此有人说瑞士军刀,刀刃刀把和刀身,处处洋溢创新魂。

(资料来源:创业资讯网,http://zixun. 3158. cn/20080918/n209918695076100.html)

问题:

王麻子刀剪为什么退出了市场? 瑞士军刀为什么一直保持长盛不衰?

【案例分析二】

自主创新:企业发展的不竭动力
——访上海振华港机(集团)股份有限公司总裁管彤贤

上海振华港机(集团)股份有限公司在 2005 年 1 月自主完成的"新一代港口集装箱起重机关键技术研发与应用"项目获得 2005 年度国家科技进步一等奖之后,发展迅速,成绩显著。公司总裁管彤贤在接受采访时清醒而又理智,他回顾了组织发展的历程,深有感触地说:"自主创新是组织发展的原动力。没有自主创新,就没有振华港机的今天。"

的确,振华港机是在浦东开放中依靠自主创新发展起来的。它于 1992 年创办,从当初十几个人,100 万美元起步的"小舢板",到现在已有 2.5 万名员工、4.5 亿美元家底的"航空母舰"。经过 10 多年的艰苦创业和自主创新,振华港机已发展成为国有控股、AB 股上市,占有本行业世界市场的 66% 的份额,技术从模仿到创新,产品从制造到创造,产品出口到 50 多个国家和地区,连续 7 年订单数量居世界集装箱港机榜首,产值连续 4 年同比增长 50% 以上的世界著名组织。振华港机用 10 多年走过了世界同行 30～40 年走过的道路,使中国港口机械由进口国到出口国,创造了重型机械行业的奇迹。海内外同行由衷赞叹:"振华港机开创了中国世纪。"

"自主创新要以组织为主体,处于市场经济竞争旋涡之中的组织既是自主创新的投资者,又是受益者。"管总意味深长地说。组织要成为自主创新的主体、实体,就要形成自主创新的机制和匹夫有责的风气。10 多年来,振华港机不断加大对科技的投入,每年将 2% 的产值投入科研,开发新产品,并注重科学实验,不断改进产品质量和增加技术含量。公司还与上海国际港务集团和高校共同合作,把外高桥码头作为整机新产品的大实验台,经实验成功再推广新技术、新材料、新工艺,使之转化为生产力。目前,组织产品国产化率达到 80% 以上。同时,他们鼓励成功,宽容失败,鼓励员工自主创新,重奖科技成果,颁发了 4 个创新项目科技大奖作为示范,每个项目奖励百万元。这些行之有效的措施充分调动了科技人员和员工自主创造的积极性,促进了组织发展。迄今,组织已经申请专利保护 100 余项,其中获得国家和市级 55 项科技成果奖,尤其是在主产品集装箱机械领域开发了 30 余个新机型,拥有完全的自主知识产权。

"自主创新要以市场竞争为出发点和归宿,不断研发新产品,满足市场竞争的需求。"管总说道,"当前,世界集装箱运输发展突飞猛进,科学技术日新月异,港机生产前景广阔,潜力很大。然而竞争也很激烈。我们要抓住机遇,应对挑战,以攻克世界领先的高效自动化、节能环保型新一代起重关键技术为目标,组织攻关,研发创新。"

2003 年,为提高集装箱装卸效率,改变起重机一次只能吊起 12 米集装箱的现状,振华港机打破常规,独辟蹊径。改进吊具,加大起重量,试制成功双 12 米集装箱起重机,使"港口大力士"一次能吊运两个重达 80 吨的 12 米集装箱,顿时引起轰动,产品走红全球。阿联酋迪拜港 2005 年订购了 10 台双 12 米集装箱起重机,一举创下了每小时装卸 104 箱的世界纪录。振华港机除了世界首创 12 米起重机外,还研制成功了世界领先水平的全自动化小车集装箱起重机,应用全球卫星定位 GPS 实现直线行走和箱位管理的集装箱起重量,国际首创采用超级电容绿色环保型的集装箱起重机,首创 12 米、双小车集装箱起重机技术等高科技产品,不断适应世界集装箱起重机市场高效、高技术、高可靠的需要。

"自主创新要以人为根本,在实践中不断培养和造就创新队伍中领军人物,建立一支科研团队,打造世界知名品牌。"管总话锋一转,继续说道。作为组织领导层,要有振兴中华的精神和宏观意识,掌握全球港口集装箱生产发展趋势,了解国际市场对装卸机械需求,更要有创新理念和思维,展开想象的翅膀在自由王国里翱翔。同样,组织的领导就是要有创新思维,破天下陈规,敢为世界先,带领员工自主创新。

如今,经过 10 多年的创业、创新、创造,振华港机涌现出一批艰苦奋斗、自强不息、开拓创新、矢志不渝改变中国港机落后的面貌、争取世界第一的领军人物和一支创新大军,同时建立了完整的创新体系、管理体系和国际一流水平的浦东、张江、江阴、常州、长兴岛 5 个研发生产基地,拥有 13 艘 6 万吨级整机运输船队,组成了一支 800 人的科研团队,形成了强大的自主创新能力和多项令同行望尘莫及的核心竞争力,打造了世界知名品牌 ZPMC,占领世界港机市场超过了"半壁江山",实现了人才本地化、产品国产化、实现全球化的目标。

（资料来源:豆丁网,http://www.docin.com/p－1486235937.html）

问题:

1. 本案例的核心理念是什么?
2. 上海振华港机在哪些方面进行了创新?

二、实训活动

企业创新调查

【实训目标】

1. 培养学生初步具有创新的能力;
2. 增强学生对创新的感性认识。

【实训要求】

1. 把全班分成几个小组,每组 5～10 人;
2. 选择一家进行创新的组织进行实地调查;
3. 运用所学创新的内容、方法和基本过程;
4. 制定调查提纲,设计调查内容;
5. 写调查分析报告;
6. 对组织的创新结果进行评价,并提出意见和建议。

【实训内容】

1. 创新的内容;
2. 创新方法;
3. 创新的基本过程。

【实训考核】

要求每个学生写调查报告,在班上组织交流活动,以组为单位进行讨论,并指派学生进行发言,教师对报告进行评估打分。

参考文献

[1]蔡昭君,戚登林,王鑫,姜姝宇.管理学基础[M].北京:中国地质大学出版社,2011.

[2]崔国旗.哈佛经典案例全集(1—4)[M].北京:中国标准出版社,2004.

[3]单凤儒.管理学基础[M].3版.北京:高等教育出版社,2008.

[4]董义才.管理学[M].2版.北京:北京师范大学出版社,2012.

[5]胡建宏,刘雪梅.管理学原理与实务[M].北京:清华大学出版社,2009.

[6]姜仁良.管理学习题与案例[M].北京:中国时代经济出版社,2006.

[7]李新庚,熊钟琪.管理学原理[M].长沙:中南大学出版社,2004.

[8]刘涛,赵蕾.管理学原理[M].北京:清华大学出版社,2009.

[9]钱仲威.管理决策[M].重庆:重庆大学出版社,2002.

[10]万君宝.管理伦理[M].上海:上海财经大学出版社,2005.

[11]王爱民,张素罗.管理学原理[M].成都:西南财经大学出版社,2009.

[12]王宏宝,张美清.管理学原理与实务[M].北京:清华大学出版社,2009.

[13]王建民.管理经济学[M].2版.北京:北京大学出版社,2004.

[14]王鑫,蔡昭君,祝开平.管理学实务[M].北京:北京工业大学出版社,2010.

[15]王毅捷.管理学案例100[M].上海:上海交通大学出版社,2003.

[16]吴照云.管理学[M].4版.北京:经济管理出版社,2003.

[17]傅宗科,彭志军,袁东明.《第五项修练》300问[M].上海:上海三联书店,2002.

[18]赵爱威,耿红莉.管理学基础[M].北京:化学工业出版社,2008.

[19]赵文明,何嘉华.百年管理失败名案[M].北京:中华工商联合出版社,2003.

[20]周景勤.管理创新二十三讲[M].北京:北京大学出版社,2005.

[21]周三多.管理学[M].3版.北京:高等教育出版社,2000.

[22]朱占峰.管理学原理[M].2版.武汉:武汉理工大学出版社,2009.